集人文社科之思 刊专业学术之声

本成果受到中国人民大学 2023 年度
"中央高校建设世界一流大学（学科）和特色发展引导专项资金"支持

第一卷　　感觉　图像　叙事

第二卷　　概念　文本　方法

第三卷　　文化史研究的再出发

第四卷　　再生产的近代知识

第五卷　　清史研究的新境

第六卷　　历史的生态学解释

第七卷　　20 世纪中国革命的再阐释

第八卷　　历史与记忆

第九卷　　医疗史的新探索

第十卷　　激辩儒教：近世中国的宗教认同

第十一卷　近代中国的旅行写作

第十二卷　量化史学专辑

第十三卷　历史的统一性和多元性

第十四卷　中古时代的知识、信仰与地域

第十五卷　社会史的新探索

第十六卷　历史的尘埃——微观历史专辑

新 史 学

中文社会科学引文索引（CSSCI）来源集刊
集刊全文数据库（www.jikan.com.cn）收录

中国人民大学清史研究所　主办

表象中的历史：
事件·记忆·书写

第十七卷

本卷主编

李里峰

社会科学文献出版社
SOCIAL SCIENCES ACADEMIC PRESS (CHINA)

导语：历史与表象之间[*]

李里峰^{**}

黑格尔指出，"历史"一词将主观与客观结合在一起，它既包含事情的叙述，也包含事情本身，当我们研究"过去"的时代，一种"现在"便涌现在我们心头，因此发生的史迹不属于过去而属于现在。[①]过去发生之事与对过去发生之事的记忆、探究和书写，堪称历史的一体两面，二者间的交缠与张力也构成了形形色色"新史学"的基本前提。

在中国和西方，传统史学皆以重大政治、军事、外交事件及重要历史人物为中心，注重描述事件的起因、过程、后果，刻画历史人物的成长背景、言行举止和性格特征，并对特定民族、国家兴亡成败的经验教训进行总结，以资后人借鉴。19世纪，以实证主义为旨趣的兰克（Leopold von Ranke）学派兴起，强调史学家的任务在于对史料进行甄别批判、去伪存真，在此基础上据事直书，不偏不倚，从而让历史学摆脱哲学和神学的桎梏而向科学的行列迈进。

到19世纪、20世纪之交，人们对传统史学和实证主义史学的不满日益强烈。在德国，兰普雷希特（Karl Lamprecht）站在批判历史哲学的立场上，斥责德国正统史学过于偏重政治史和伟人，认为史学应从社会心理学、人文地理学等学科汲取概念和理论资源，甚而宣称"历史学首先是一门社会心理学"。在法国，贝尔（Henri Berr）倡导打破过分专门化造成的狭隘局面，拓宽历史研究的领域，运用历史学、哲学、社会学、心理学等多学科的方法解释历史，并创办《历史综合评论》杂志来实践这些主张。在美国，鲁滨逊（James H. Robinson）明确提出"新史学"口号，主张把历史研究的范围扩大到人类既往的全部活动，强调

---

　* 导语部分内容来自李里峰《从社会科学拯救历史——关于历史学学科特质的再思考》（《江海学刊》2014年第6期）。

　** 李里峰，南京大学政府管理学院暨学衡研究院教授。

　① 参见黑格尔《历史哲学》，王造时译，上海书店出版社，2006，"绪论"。

历史学家应该吸收人类学家、经济学家、心理学家、社会学家的成果，用综合的观点、进化的眼光来解释和分析历史事实。在中国，梁启超批评传统史学知有朝廷而不知有国家、知有个人而不知有群体、知有陈迹而不知有今务、知有事实而不知有理想、能铺叙而不能别裁、能因袭而不能创作，在"民族主义"时代发出"史界革命"之呼声。①

1929 年，布洛赫（Marc Bloch）和费弗尔（Lucien Febvre）在斯特拉斯堡创办《经济与社会史年鉴》杂志，揭开了 20 世纪影响最深远的年鉴学派的序幕。顾名思义，这份刊物要以经济史、社会史挑战传统的政治、军事、外交史，进而主张一种"更全面、更贴近人的历史"，一种涵盖全部人类活动、重结构分析甚于事件叙述的历史学，在理论和方法上极力倡导历史学与社会科学的相互借鉴。第二代年鉴派的代表人物布罗代尔（Fernand Braudel）在其文集中称，贯穿全书的"一个固执的想法"，就是要看其他学科能给历史学提供些什么启示，以及历史学家反过来能给邻居们提供些什么。②他承认"历史学家和社会科学家永远会在死的文献和太活泼的证据之间、在遥远的过去和太贴近的现实之间各执一端"，但仍坚信"过去和现在是互惠地照亮着对方"。③

自此以降，历史学与社会科学之间的相互借鉴和交叉融合未曾间断，历史学家越来越多地借用社会科学的概念、理论、方法，社会科学家也越来越注重在自己的研究中引入历史的维度，并逐渐形成历史社会学、历史人类学、历史地理学等交叉学科。如伯克（Peter Burke）所说，如今历史学家频繁使用的许多概念，诸如社会角色、性和性别、社区和认同、阶级、身份、社会流动、炫耀性消费、象征资本、互惠、庇护和腐败、权力、中心和边缘、霸权和反抗、社会运动、心态、意识形态、口述和书写等，都是从社会科学借用而来的，离开了这些概念，历史学家将面临失语的危险。④

与此同时，人们也在不断反思历史学相对于社会科学的独特性。勒

①　中国之新民（梁启超）：《新史学》，《新民丛报》第 1 号，1902 年，第 39—48 页。
②　〔法〕布罗代尔：《论历史》，刘北成、周立红译，北京大学出版社，2008，"前言"。
③　〔法〕布罗代尔：《历史学和社会科学：长时段》，《论历史》，第 40 页。
④　参见〔英〕彼得·伯克《历史学与社会理论》，姚朋等译，上海人民出版社，2001，第三章。

高夫（Jacques Le Goff）曾言，"历史学是时间的科学"，一语道出历史学的真谛。何谓"时间的科学"？论者云：社会中的任何存在都是历史的存在；历史时间与具体的历史事件相关，从而承载了特殊的意义；历史演变的轨迹体现了历史学家的时间观；时间是理解历史和进行历史评判的重要因素；人类的历史乃是一部争取时间的历史。[①]从更质朴的角度来理解，历史学的研究对象是已经逝去了的事物，历史学家无法亲身观察和感受它们，而只能依靠留存下来的文献和实物进行研究。换言之，历史学家需要穿越时间进入另一个时代，可他们不能真的穿越，只能以一种"不在场的在场"的方式去接近自己的研究对象。

一种常见的说法是，过去是一个异邦（foreign country），即历史学家所研究的并非他们自己的国度，而是时间意义上的异国他乡。哈特利（L. P. Hartley）说，过去是一个异邦，在那里，人们的行为方式全然不同；亚当斯（Douglas Adams）则说，过去的确是一个异邦，那里人们的行为方式就像我们一样。[②]人们去往另一个国度，可能会看到和本国大不相同的社会景象和风俗民情，也可能感觉到他们有着和自己相似的日常生活和七情六欲。历史学家要去研究、再现过去这个异邦，同样会有类似的体验。既然以异邦为研究对象，历史学家就须具备"设身处地"的意识和能力，也就是要借助历史资料以及史学家的合理推测甚至想象，回到过去的场景中去。如陈寅恪所说："凡著中国古代哲学史者，其对于古人之学说，应具了解之同情，方可下笔。盖古人著书立说，皆有所为而发。故其所处之环境，所受之背景，非完全明了，则其学说不易评论。……所谓真了解者，必须神游冥想，与立说之古人，处于同一境界，而对于其持论所以不得不如是之苦心孤诣，表一种之同情，始能批评其学说之是非得失，而无隔阂肤廓之论。"[③]或如狄尔泰（Wilhelm Dilthey）所说，真正的历史知识乃是对过去的一种内在体验，历史学家就活在他的对象之中，或者是使他的对象活在他的心中。[④]如果没有设

---

① 参见俞金尧《历史学：时间的科学》，《江海学刊》2013 年第 1 期。
② 〔英〕约翰·H. 阿诺德：《历史之源》，李里峰译，译林出版社，2008，第 7 页。
③ 陈寅恪：《金明馆丛稿二编》，上海古籍出版社，1980，第 247 页。
④ 参见〔英〕柯林伍德《历史的观念》，何兆武、张文杰译，商务印书馆，1997，第 247 页。

身处地的"移情"能力，没有对历史研究的自我反省，史学研究的所谓"后见之明"就会大打折扣，上焉者不过是毫无意义的"马后炮"，下焉者则成为阻碍人们探寻真相的"后见之蔽"。

历史学的研究对象一般是具体的、个别的，而不是抽象的、普遍的。李凯尔特（Heinrich Rickert）指出，形成科学概念有两种截然相反的方法：一种是把现实的异质的间断性改造为同质的连续性，这是自然科学的方法；一种是把现实的连续性改造为异质的间断性，这是历史学的方法。①伯克指出，社会科学是对单数的人类社会（human society）的研究，侧重对其结构和发展的归纳；历史学是对复数的人类社会（human societies in the plural）的研究，侧重于研究它们之间的差别和各个社会内部基于时间的变化。社会科学家被训练成着重留意并概括一般规则，因而时常删除例外的东西；历史学家则学习如何以牺牲一般模式为代价去关注具体细节。②研究对象的个殊性特征，不仅使历史学与自然科学、社会科学划清了界限，也在很大程度上把它与其他人文学科如哲学区别开来。

波普尔（Karl Popper）曾经提出，科学是由种种猜想和假说构成的，科学的增长也是通过不断的猜想和反驳来实现的，由经验研究而来的主张不能被证实，只能被证伪，可证伪性（falsifiability，即是否容许逻辑上的反例存在）是判断科学与否的基本依据。③同样是波普尔，在另一本书中却明确宣称："我愿意维护被历史决定论攻击为陈旧的这个观点，即认为历史的特点在于它关注实际的独特的或特定的事件，而不关注规律或概括。"④许多历史学家不甘止步于简单"再现过去"，而以探寻历史规律为己任，这样的学术追求当然值得称道，可不同的历史学家总能概括出各不相同，甚至相互抵牾的历史规律，很难说清孰对孰错、孰优孰劣。换言之，作为一门研究过去的（而非当下的）、具体的

---

① 〔德〕H. 李凯尔特：《文化科学和自然科学》，涂纪亮译，商务印书馆，1986，第50页。
② 〔英〕彼得·伯克：《历史学与社会理论》，第2—3页。
③ 参见〔英〕卡尔·波普尔《猜想与反驳——科学知识的增长》，傅季重等译，上海译文出版社，1986。
④ 〔英〕卡尔·波普：《历史决定论的贫困》，杜汝楫、邱仁宗译，华夏出版社，1987，第114页。

（而非抽象的）、个别的（而非普遍的）事物的学问，历史学难以归入科学之列，其研究结论往往是既不能被证实，也不能被证伪的。

自韦伯（Max Weber）以降，价值无涉（value free）逐渐成为社会学、经济学乃至所有社会科学研究的第一要义。按照这一原则，"实然"（to be）与"应然"（ought to be）之间存在不可逾越的鸿沟，研究者应该无条件地坚持把经验事实的确定同他自己的判断和评价区别开来，否则其研究的合法性和可信性就会遭到质疑。① 但对于人文学科来说，价值无涉可能只是一种难以实现的空想。正如李凯尔特所说，自然科学是对规律或普遍概念的联系进行研究，它不必关心文化价值或自己的对象与文化价值的关系；历史学则只有借助价值的观点，才能把文化事件和自然区别开，历史的方法只能是与价值相联系的方法，"没有价值，也就没有任何历史科学"。② 或者说，人文学科要像社会科学乃至自然科学那样去追求价值无涉，在很大程度上正是现代科学话语之霸权地位过度膨胀的一种表征。

近百年来，西方历史学经历了两次重要的范式转移，一是20世纪上半期传统政治史的衰落和社会史或社会经济史的兴起，一是20世纪70年代以来新文化史的异军突起。传统史学从古希腊时期开始，绵延两千多年，至19世纪的兰克学派发展到顶峰。进入20世纪，传统史学遭受重创，以年鉴派为代表的新史学风起云涌，社会史和社会经济史取代了政治史的中心地位，以科学主义为导向、强调长时段和结构分析、注重从社会科学汲取灵感，成为越来越多历史学家的自觉意识。最近半个世纪，新史学的旗帜仍在飘扬，社会史的潮流仍在继续，但一种新的史学类型——新文化史（new cultural history）——已逐渐兴起并产生越来越大的影响力，大有取代社会史成为史学主潮之势。③ 新文化史深受"语言学转向"（linguistic turn）的影响并从人类学家格尔茨（Clifford Geertz）、历史哲学家怀特（Hayden White）和种种"后"学（后现代主义、后结构主义、后殖民主义）那里汲取灵感，把历史材料视为承载

---

① 参见〔德〕韦伯《社会科学方法论》，杨富斌译，华夏出版社，1999。
② 〔德〕H. 李凯尔特：《文化科学和自然科学》，第76页。
③ 参见〔英〕彼得·伯克《文化史的风景》，丰华琴、刘艳译，杨豫校，北京大学出版社，2013。

着意义的文本，注重通过"深描"（thick description）去进行意义重建和文化阐释。

在此过程中，作为"史"之修饰词的"政治"、"社会"和"文化"都具有研究对象和研究视角的双重意涵。在研究对象的意义上，政治史侧重精英人物和政治、军事、外交等重大事件，社会史侧重社会结构、社会生活和社会变迁，文化史侧重思想文化、道德观念、社会心态等主观要素；在研究视角的意义上，政治史意味着权力、支配和反抗的视角，社会史意味着结构、关系和下层的视角，新文化史意味着观念、象征和意义的视角。[①]从政治史到社会史再到新文化史（区别于以精英为中心的传统文化史），从根本上重塑了人们认知、探究、书写乃至想象历史的方式。

自20世纪初以来，中国史学也经历了复杂而曲折的发展历程。梁启超于1902年倡导的新史学，是要将"二十四姓之家谱"改造为国家之史学、民族之史学、国民之史学，"叙述人群进化之现象而求得其公理公例者也"。20世纪20年代后期到30年代初期，学术界曾发生一场关于中国古代和当代社会性质问题的大讨论，被称作"中国社会史论战"。1949年后，马克思主义史学一枝独秀，在唯物史观和阶级斗争学说的指导下，史学界出现了古代史分期、封建土地所有制、农民战争、资本主义萌芽及汉民族形成等"五朵金花"。改革开放后，蔡少卿、冯尔康等学者试图以社会史为突破口，摆脱教条束缚，推动史学创新，引发了社会史的复兴和社会史理论方法的大讨论。[②] 进入21世纪，孙江等人打出"新社会史"旗号，主张放弃构建整体史的野心，实现历史认识论的转变，摆脱以美国中国学为中心的中国研究。[③] 当他们发现"新社会史"已难以涵盖其学术雄心，便很自然地重拾任公旗帜，办论坛、创刊物、设奖项，为"新史学"鼓与呼。

西方史学从政治史到社会史、从社会史到新文化史的两次范式转

---

① 参见李里峰《社会史与历史社会学：一个比较的反思》，《学海》2018年第3期。

② 参见常建华《中国社会史研究十年》，《历史研究》1997年第1期；周晓虹《试论社会史研究的若干理论问题》，《历史研究》1997年第3期；赵世瑜《再论社会史的概念问题》，《历史研究》1999年第2期。

③ 参见孙江《阅读沉默：后现代主义、新史学与中国语境》，载孙江主编《事件·记忆·叙述》，浙江人民出版社，2004，第22—23页。

移，中国史学在 20 世纪初、21 世纪初的两次"新史学"潮流，不仅在时间上大体相近，而且呈现出相似的特征。如果说年鉴学派以社会史挑战政治史、梁启超以民族史取代王朝史体现了历史观念的变迁，标志着传统史学向现代史学的转型，那么新文化史在西方的崛起和新史学在中国的复兴，则是史学观念（而不仅是历史观念）发生实质性变化的结果，可以视为现代史学向后现代史学、新史学向后新史学的转型。[①] 如果说 20 世纪前半期的新史学在内容和方法上有了实质性突破，在思维方式上却未脱进化史观和本质主义的窠臼，那么近几十年来在语言学转向的驱动下出现的新史学潮流，则是以批判本质主义、反思史学研究之限度为基础的。

简言之，历史与对历史的表象（representation）之间既紧密交缠又充满张力的辩证关系，构成了当代新史学的认识论前提。representation 是后殖民主义和文化研究的核心概念之一。据威廉斯（Raymond Williams）梳理，represent 出现在 14 世纪的英文里，意为"呈现、使出现"（make present），同时还出现了"象征"（symbolize）或"代表"（stand for）的延伸用法，指代不在场的事物。在后来的演变中，represent 获得了由一个特别的机构象征和代表整个国家、由被选举者代表不在场的选举者的政治意涵。其名词形式 representation 意指事物的象征（symbol）、意象（image）或将事物呈现在眼前或心头的过程，旧意涵指在视觉上将某件事物具体化，后变成一个专门意涵——"精准的再现"（accurate representation）。[②]

在中文语境中，representation 有"再现""表征""表象"等多种译法，不同的译法其实蕴含着对这一概念的不同理解方式。"再现"意味着对原事物的再次呈现，蕴含着语言和图像可以如实呈现原事物的本

---

① 孙江等人主编的《新社会史》集刊共出 3 辑，主题分别为"事件·记忆·叙述""时间·空间·书写""身体·心性·权力"；孙江、杨念群、黄兴涛主办的《新史学》集刊已出 16 卷，前 4 卷主题分别为"感觉·图像·叙事""概念·文本·方法""文化史研究的再出发""再生产的近代知识"。此足以表明，无论以何名目相号召，这一波新史学潮流无疑深受语言学转向和新文化史的影响，具有鲜明的后现代主义和反本质主义色彩。

② 〔英〕雷蒙·威廉斯：《关键词：文化与社会的词汇》，刘建基译，生活·读书·新知三联书店，2005，第 406—410 页。

质主义意涵；"表征"或"表象"则意味着对不在场事物的象征或代表，在此过程中，原事物既被再次呈现出来，也必然以某种方式被重新塑造。如霍尔（Stuart Hall）所说："表征是在我们头脑中通过语言对各种概念的意义的生产。它就是诸概念与语言之间的联系，这种联系使我们既能指称'真实的'物、人、事的世界，又确实能想象虚构的物、人、事的世界。"①换言之，表象并非对现实世界的纯粹反映或如实再现，而是通过语言、概念、象征来展开的意义生产和文化建构。②

本卷收入 12 篇文章，分为 4 辑，各由 3 篇文章组成。

第一辑为视野与方法。李里峰从时间-事件、过程-事件、关系-事件、结构-事件四个维度，对事件之意涵和意义进行认识论反思，并与事件社会学进行理论对话，指出事件是构筑历史图景的基石，是赋予历史以时间性的前提，也是彰显和改变历史结构的契机，事件的意义不仅在于其反映的个别历史本身，更在于它们是历史长河中不同情境的交叉点、不同意义的连接点。严飞以《古船》《故乡天下黄花》《望春风》三部小说为例，通过细致的文本梳理，展现文学作品中个体对于文化记忆的选择以及文化记忆对于个体的形塑，指出文化记忆是深深埋藏在每个人灵魂深处无法抹去的"根"，当中国迈向现代性的进程慢慢融于历史这条河流中时，文化记忆对于身处历史情境中的个人产生了深远的影响。范鑫撷取中西学术史和文学史的三个代表性人物（提倡以学术为志业的韦伯、毕生追求知识独立性的斯通纳、尝试建立学术社会的顾颉刚），结合时代背景与地区政治，对现代学术体制的建立及其困境进行知识社会史的考察，指出现代知识分子努力追求客观性与独立性，却不得不在变动的社会当中不断重新把握自身的定位。

第二辑为记忆与忘却。孙江指出，二战后出现的对近代文明的反省和批判并没有深入到对有色人种歧视的彻底清算上，美国社会根深蒂固的对黑人的种族歧视及其引起的抗争成为国际问题。他以罗伯特·威廉为中心，考察毛泽东在"中间地带"革命构想之外的非"中间地带"革命言说，探讨威廉受邀访华和流亡中国期间如何接受这一革命言说，

---

① 〔英〕斯图尔特·霍尔：《表征——文化表象与意指实践》，徐亮、陆兴华译，商务印书馆，2003，第 17 页。

② Chris Barker, *The SAGE Dictionary of Cultural Studies*, Sage Publications, 2004, p. 177.

并在塑造黑人政治表象中发挥重要作用。该文是作者最新专著《人种：西方人种概念的建构、传布与解构》（江苏人民出版社，2023）的有机组成部分，却因故未能收入该书，将书与文参照阅读，读者当别有收获。李红涛以《朝日新闻》1986—1987年陆续发表并汇编成册的投书集《战争》为中心，通过对其日文版、英文和中文节译本的详细对照，考察这趟从日本到美国再到中国历时15年的记忆之旅，从跨文化角度把握东亚有关"艰难过往"的记忆，并对"记忆旅行""跨文化记忆""多向记忆"等理论问题进行反思。王楠回顾不同时期对侵华日军制造的"万人坑"的纪念与遗忘，指出南京大屠杀遇难者的尸骨被用作控诉日军暴行的武器，进而成为民族创伤记忆的符号。与阶级斗争叙事下形成的"万人坑"纪念馆类似，侵华日军南京大屠杀遇难同胞纪念馆展示的尸骨也具有死者个体身份不明的"匿名性"，这种特质有助于塑造匀质化的集体记忆，也成为日本修正主义者攻击的焦点之一。

第三辑为事件与书写。孙青检视甲午战争期间和之后各国报刊及战争亲历者对这一历史事件的即时记录和叙述，讨论其具体表述形式、彼此之间的联系以及对于战败之观感的异同，考察它们的形成与流传过程。这些即时战史在出版流通时经历了科举内容改革、戊戌变政、庚子国难、壬寅学制改革等历史变动，并通过商业化、普及化和常识化，构建了一般中国人对这场战争的常识性认知。沈洁以吴庆坻于清亡后搜访辛亥革命中殉清官绅、兵丁之史料行迹撰写的《辛亥殉难记》一书为中心，细致考订其版本、史源以及成书和出版、流转过程，探讨时代氛围中清遗民的身份认同、"忠义"的伦理与文化内涵及其所指向的社会秩序，从革命的另一面去呈现清末民初帝制折向共和过程中面对的政治困境、文化困境与伦理困境，进而重新审视和理解中国的现代转型。常利兵从晋中新区土改档案资料本身入手，通过对不同类型资料的文本分析，探究土改实践的多重历史建构与中共革命合法性之间的关系生成问题，指出土改档案资料本身也经历了一个文本制作过程，并因应不同的革命局势而多有变化，凸显了中共寻求革命合法性的艰苦用心和非凡努力。

第四辑为西方与东方。于京东采取新文化史路径，选择近代早期法国王室的两次旅行为案例，从过程及媒介视角探讨绝对主义的空间表象及其治理意涵，指出在 17、18 世纪，随着中央集权的行政改革与绝对主义的国家建设，统一、理性与匀质化的国土空间逐渐成形，并伴随着外部的领土谈判与边界划分，在此过程中，全国旅行构成了领土测算与行政控制的重要手段。李志毓以现代女画家方君璧为中心，以方君璧家藏未刊书信、日记为主要资料，探讨新旧嬗变时代中国知识女性的情感、人生经验及其与政治的关系，在此基础上，试图突破"五四"以来由"自我"出发建构社会关系的现代个体想象，反思以女性/国族二元预设为中心的西方女性主义话语，为现代中国女性的自我成长提供历史资源。于磊尝试勾勒中国国民党以孙中山、蒋介石为中心构建新道统的过程与成效，以及民国知识界的评论与马克思主义者的批判，指出蒋介石本欲以道统心法领导其"革命"成功，却未能挽救国民党政权，其道统论也不曾消弭思想界道统论者对国民党的失望与批评，马克思主义者则在批判国民党道统论的基础上构建了具有人民性的思想史脉络。

这些文章范围广泛，题材多样，内容丰富，风格各异，然皆以不同方式涉及历史与表象之间的关联、纠缠和张力，展现了当前新史学的特色和风貌，亦彰显了新史学的多元性、开放性与流动性。

视野与方法

把事件带回来：一个认识论的反思

李里峰[*]

在一本极简的历史学入门小册子中，阿诺德（John H. Arnold）将历史界定为"历史学家所讲的关于过去的真实故事"，它"是由那些引起我们注意的事情构成的，我们决定为现代听众复述这些故事"。但他随即指出，所谓真实是令人生疑的，历史与其说是一种复述，不如说是一种论辩——不同历史学家之间、过去与现在之间、实际发生之事与即将发生之事之间的论辩。[①]无论对真实性问题的看法如何，历史首先是由过去发生之事构成的。套用勒高夫的名言"历史学是时间的科学"，不妨说，历史学也是一门事件的科学，对于当代历史学家来说，事件不仅是史学研究的基本对象，更具有认识论和方法论的意义。多年前，笔者曾撰文提出"历史事件研究的新前景"，即不再把事件视为独立自足的研究对象，而将其作为透视社会结构的研究路径和视角，从而由传统的"事件史"迈向一种"事件路径"的历史。[②]如今看来，将事件史（事件作为研究对象）与事件路径的历史（事件作为研究方法）截然区分开来并设想从前者"迈向"后者，仍然未脱本质主义的窠臼，对传统史学的看法似乎过于苛刻，对所谓新前景的展望则显得过于乐观。本文试图在旧文基础上继续延伸，从历史认识论的角度对事件之意涵和意义做进一步反思。

一　时间-事件

在史学研究中，事件是一个看似不言自明、实则意涵模糊的概念。

---

* 李里峰，南京大学政府管理学院暨学衡研究院教授。

① 〔英〕约翰·H. 阿诺德：《历史之源》，第8、13—14页。

② 参见李里峰《从"事件史"到"事件路径"的历史——兼论〈历史研究〉两组义和团研究论文》，《历史研究》2003年第4期。

最广义的事件可以指曾经发生过的一切活动和现象，但这种含义过于宽泛，难以落实到具体研究中去。如果稍加限制，事件应该具备相对的完整性和独立性，具有时间、地点、人物、起因、过程、结果等要素。叙事（讲故事）是史学家处理事件的必要手段，因为故事要求有开头、结尾和情节线，以突出某些元素的重要性。①对于多数历史学家来说，事件的范围更加狭窄，一般说来，只有（被认为）对历史发展进程产生了较大影响、具有一定历史意义者方可称为历史事件。②在古代典籍中，"事件"通常是指一件一件的具体事务，如"今来柳材所起请科场事件，若依而行之，委得中外均平，事理允当"（《司马温公集》卷三十）。现代汉语中，"事件"一词的主要义项是"历史上或现实生活中发生的不平常的事情"。③在19世纪到20世纪初的各种英汉字典中，event、affair、business、matter、occurrence等英文单词都曾被译作"事件"。④在西文中，event同样具有任何事情和重大事情的双重含义，其中后一种用法更为普遍。

关于事件的定义，历史学家、社会学家、哲学家众说纷纭。历史学家将重大事件作为自己的研究对象，但过去发生的事件却并不总是或者说大多不是重大事件。一个事件，齐泽克（Slavoj Zizek）说，"可以是凄惨严酷的自然灾害，也可以是媒体热议的明星绯闻，可以是底层人民的抗争与胜利，也可以是残酷的政权更迭，可以是艺术品带给人的强烈感受，也可以是为爱与亲情而做出的抉择"。事件可以分出一系列类别，每个类别下再分出子类，如物质事件、非物质事件、艺术事件、科学事件、政治与情感事件等。⑤除广为人知的所谓重大历史事件之外，编年史和报章杂志还向我们提供各种凡人琐事，诸如一场火灾、一次撞车、一次价格波动、一次犯罪、一次剧场演出等，这些比重大事件远为频繁

---

① 〔美〕林恩·亨特：《史学的时间之维》，熊月剑译，北京师范大学出版社，2020，第25页。

② 参见李里峰《从"事件史"到"事件路径"的历史——兼论〈历史研究〉两组义和团研究论文》，《历史研究》2003年第4期。

③ 现代汉语辞海编委会编《现代汉语辞海》第5卷，延边人民出版社，2002，第1601页。

④ "中研院"近代史研究所：《英华字典资料库》，https://mhdb.mh.sinica.edu.tw/dictionary/enter.php。

⑤ 〔斯洛文尼亚〕斯拉沃热·齐泽克：《事件》，王师译，上海文艺出版社，2016，第1、6页。

地发生，却被排除在历史事件之外的日常性事件，只有通过足够长的时间、足够多的数量积累成足以进行统计分析的规模时，才能以"价格曲线、人口级数、工资运动、利率变动"等形式进入历史学家的视野，这样的分析超越了"一日""一年"的时间计量单位，"需要有更大量器"。①

通常认为，无论中国还是西方的传统史学，皆以（包括军事和外交在内的）重大政治事件为主要研究对象。这种看法总体上是不错的，却多少有些简化之嫌。中国传统史书的三种基本体裁，纪传体以"本纪""世家""列传"叙人物生平，以"表"统年代世系，以"书""志"记典章制度，显然是首先以人物，其次以制度，而不是以事件为中心的。编年体按时间顺序编撰，以年月为经，以史事为纬，其所叙之事却纷然杂陈，不见得都是后世史家所谓的"历史事件"。至宋代出现纪事本末体，以历史事件为纲，重要史实单独成篇，其下再以时间顺序展开，才算得上是以事件为中心的历史。侯旭东指出，"事"从在甲骨文中出现到后来成为一个常用词，其含义经历了一个不断被削减的过程，从祭祀、战争、职事、文书、事务等几乎无所不包到仅限于"大事"。直到 20 世纪受陈寅恪《唐代政治史述论稿》等著作的影响，传统政治史才转向"重大事件与事件序列研究"。而在史学观念上"以事件为论述与研究对象"，则迟至 20 世纪 50 年代才在苏联影响下得以定型。②

布罗代尔对传统政治史、事件史的批判，是以相对狭义的事件概念为基础的。在他所划分的历史时间等级体系中，事件对应的是级别最低的"短时段"。世界历史和局部历史所呈现出来的，首先是一系列事件或一系列短暂的戏剧性场面，一场战役、一次政治家之间的冲突、一场重要的演讲、一次关键的通信，都是历史中的瞬间。"一个事件是一次爆炸，如 16 世纪人们所说的'瞬间的事情'。它的迷人烟雾填满了当代人的心灵，但是它不可能持久，人们刚刚勉强看到它的光亮。"作为短时段的事件，"对应的是个人、日常生活、我们的错觉、我们的瞬间

① 〔法〕布罗代尔：《论历史》，第 30—32 页。

② 侯旭东：《政治史与事件史在中国：一个初步反思》，《清华社会科学》第 2 卷第 2 辑，商务印书馆，2020。

印象，特别是编年史作者和新闻记者的时间"。①这里，布罗代尔将事件史等同于短时段，前提是从相对狭窄和固定的角度，将事件理解为突然出现且不能持久的"发生"（happens）。

可读者往往没有注意，布罗代尔紧接着指出，事件又具有"无限的延伸性"，借助于历史学家所热衷的"因果游戏"，事件"可以占有比它自身的时段长得多的时间"，"可以不受限制地与所有的事件、所有的基本现实结为伉俪。于是这些事件似乎便不可分割了。正是借助这种叠加事件的方式，克罗齐才能宣称任何事件都体现了全部历史和全人类，因而人们可以在任何事件中随意地发现全部历史和全人类"。②这段话带有明显的反讽意味，却深刻地指出了事件与时间之间的辩证关系。从纵向看，事件可以通过因果关联而"吞并"自身以外的长时段；从横向看，事件可以无限延展而与其他或隐或现的事件结成相互关联的事件网络。这样一来，事件便可以克服短促、孤立、表层的局限，而与关注结构的、深层的、长时段的历史协调起来。正因如此，年鉴学派所反对的是历史研究停留在事件的表面，却并不是要把事件逐出历史研究的领地。③布罗代尔在批评"事件史"的同时仍对事件寄予关注，当哲学家萨特（Jean-Paul Sartre）撰文支持短时段、提倡注重人物传记和实际事件时，他表示"完全同意"，因为萨特在实际研究中总能够"回到时代背景"。布罗代尔理想的史学研究绝非摒弃事件的泛泛之论："如果这个沙漏能够两面颠倒——从事件到结构，最后从结构和模式到事件，那么就会更接近于我的见解。"④

孔飞力（Philip A. Kuhn）所讲述的1768年乾隆朝"叫魂案"，就是一个短促的事件不断延伸而吞并长时段的典型例子。作者从中国第一历史档案馆浩如烟海的清朝档案中发现了这个有趣的事件，将其与帝制晚期中国的各个侧面一一联系起来，借以透视一个历史时代的总体面貌。从横向看，涉及18世纪后半期中国的经济背景、社会状况、政治

---

① 〔法〕布罗代尔：《论历史》，第11、30页。
② 〔法〕布罗代尔：《论历史》，第30页。
③ 参见李里峰《从"事件史"到"事件路径"的历史——兼论〈历史研究〉两组义和团研究论文》，《历史研究》2003年第4期。
④ 〔法〕布罗代尔：《论历史》，第55页。

制度、司法实践以及民众的心理意识等各个方面；从纵向看，既有对清初征服年代的回顾，又有与当代中国社会的比较。① 作者"在方法论的层次上将社会史、文化史、政治史、经济史、区域分析、官僚科层制度分析以及心理分析等研究方法结合在一起"，② 使读者在欣赏故事之余，可以对帝制晚期中国的社会历史状况获得更加完整和真切的了解。从这个角度来看，所谓"总体史"与"事件史"之间并非水火不容的关系，相反，从事件和事件史出发，恰恰可以帮助年鉴学派的拥趸实现"海纳百川的愿望"和"总体史"的雄心。③

一个个短暂的、转瞬即逝的事件，以其无限延伸性填满了无始无终的历史长河。历史是由时间轴线上的过去、现在和未来所构成的，人们（无论历史学家还是普通民众）对历史的认知必须依赖形形色色的事件，这些事件填补了时间轴线上的空白，对其进行标记和切分。那些没有为人所知的事件发生的时间点、时间段，则是历史的虚空之地，人们只有借助（自认为）合理的想象和推测，才能在自己的认知图谱中加以理解。

在历史研究中，究竟多大的事件（就其规模和影响而言）、多长的事件（就其持续时间而言）才算"历史事件"？一方面，史学家会按照各自的标准将事件分为不同的等级，有重大事件，有一般事件，有日常事件，能够经过历代史学家筛选而进入"历史事件"行列的，无疑只是曾经发生或留下记载的无数事件中的极小一部分。另一方面，尽管布罗代尔将事件史等同于短时段，许多公认的重要历史事件其实跨越了并不短暂的时间。被视为欧洲历史转折点的法国大革命，即便按照狭义理解，从1789年到1794年，也长达5年。分别持续数年的两次世界大战、长达数十年的启蒙运动、延续近200年的十字军东征，都被视为影响人类历史进程的重大事件。在许多历史社会学家看来，甚至基督教的兴起、民族国家的形成、资本主义的产生，也可以列入应该通过比较历

---

① 参见李里峰《从"事件史"到"事件路径"的历史——兼论〈历史研究〉两组义和团研究论文》，《历史研究》2003年第4期。

② 〔美〕孔飞力：《叫魂——1768年中国妖术大恐慌》，陈兼、刘昶译，上海三联书店，1999，"译者后记"。

③ 〔法〕布罗代尔：《〈菲利普二世时代的地中海及地中海世界〉前言》，载《论历史》，第5页。

史分析去探寻其规律的"历史事件"。显而易见，我们不能把这些漫长的事件都归入"短时段"之列，认为它们只是历史长河中旋起旋落的浪花。

社会学家休厄尔（William H. Sewell Jr.）区分了两种不同的事件：一种是历史学家可以直观辨认的事件，如萨尔贡大帝征服苏美尔人的美索不达米亚、希腊人在温泉关击败波斯军队；一种是某些渐进的过程或趋势，如导致文明出现的人口禁锢、冶铁技术在欧洲和地中海的发展，这些用了几个世纪才完成的进程，标志着与先前历史的决定性断裂，也被历史学家或社会学家当作事件。[①]前者是相对短暂的事件，后者则至少符合布罗代尔笔下中时段的"局势"特征。

事件既是相对独立的，具有相对明确的边界和相对完整的过程；又是相互关联和依赖的，不同类型和层次的事件共同构成了事件链、事件丛或事件体系。历史学家所识别出的重大历史事件，从纵向看，有相对明确的起点和终点，在其演进过程中往往还能识别出一些标志性节点，将整个事件分为不同的阶段；从横向看，则有或明或暗的依据，将与事件有关的史实从纷繁复杂的历史情境中抽离出来并编织为一个有机整体。例如，抗日战争作为 20 世纪中国历史上的重大事件，显然构成了一个丰富多元的事件体系。首先，抗日战争是一个延续 14 年之久的长期事件，包含了九一八事变、西安事变、七七事变、淞沪会战、武汉会战、百团大战、日本投降等持续时间相对短暂的次级事件，它们构成了抗日战争的事件链。其次，从更长的时段来看，抗日战争是中国近现代历史的重要转折点，是历史学家后来所总结的新民主主义革命、中华民族伟大复兴的重要环节，它和鸦片战争、洋务运动、五四运动、北伐战争等共同构成了一个更长期、更宏大的事件链。再次，抗日战争是在一战结束后国际形势发生重大变化、资本主义国家力量失衡、经济危机连续发生、德意日走上军国主义道路的大背景下发生的，其走向和结局也和世界反法西斯战争的进程密不可分，是后者所包含的事件丛的有机组成部分。最后，历史学家还会将持续时间较长、边界相对明晰且历史意

---

① 〔美〕小威廉·休厄尔：《历史的逻辑：社会理论与社会转型》，朱联璧、费滢译，上海人民出版社，2021，第 115—116 页。

义显著的事件划定为一个相对独立的历史时期，这样一来，广义的抗日战争研究就不仅仅包括与战争本身直接相关的政治、军事、外交事件，战争期间的经济、社会、思想、文化、民族、宗教等内容，也都成了题中应有之义。

这里的关键在于事件与时间的关系，或者说，如何理解事件的时间性。将事件比作历史长河中的浪花、将事件史置于历史时间鄙视链的末端，其前提是把事件理解为时间线条上的点（point）或时刻（moment）。然而事实并非如此。任何事件都是一个过程，它占用时间、占领时间，将时间轴上的无数个点连成一条线段。事件在占领时间的同时又切断了时间。事件有其起因、开端、发展、高潮、结局，在事件、事件链、事件丛的切分下，时间不再是机械的、匀质的时间。如果把时间看作无穷多个瞬间的无限接续，那么事件既占据这些瞬间，又赋予这些瞬间以历史意义和异质性。

哲学家有所谓时间 A 系列和时间 B 系列的区分。时间 B 系列即亚里士多德（Aristotle）的时间观，时间被当作许多彼此同一的瞬间的无限接续，而每一个瞬间都可以确定为先于或后于另一个瞬间；在这里，事件被看作彼此分离的，与其他所有事件的关系也从不会改变。时间 A 系列即奥古斯丁（Augustine of Hippo）的时间观，表现为过去—现在—未来的绵延（duration）关系，时间不是匀质的、可分割的，而是不断生成的（becoming）。过去的事件仍然留存于现在，然后又被带往未来，现在不再被视为一个瞬间，而是一段持续的时间；过去并不是单纯地在此之前，而是融入了现在，也体现了对于未来的某些期望。①在亚当（Barbara Adam）、埃利亚斯（Norbert Elias）等人看来，社会科学往往错误地采用了自然科学中牛顿式的、笛卡尔式的时间观念去理解社会时间，这种观念把时间看作绝对的、不变的、同质的、均衡流动着的，可以无限划分为空间般的单元，其长度可以用数量的形式进行测度。②正是由于彼此区分开来的独特事件的出现，历史的"真实的绵延"（real duration）才得以形成，对历史进程的阶段划分才得以可能。有了独特

① 〔英〕布赖恩·特纳编《BLACKWELL 社会理论指南》第 2 版，李康译，上海人民出版社，2003，第 508—509 页。

② 〔英〕布赖恩·特纳编《BLACKWELL 社会理论指南》第 2 版，第 519 页。

事件的不断再生产，过去、现在和未来不仅在时间节点上，而且在各自的内容和意义上，都进入接连不断的循环性再生产机制中。不断涌现的新事件给不断向后延宕的"现在"定位，由此也不断创造新的过去和新的未来，历史进程中的人也就不得不不断地重新界定时间，世界由此充满了偶变性和不确定性。[①]

因此，事件的意义就在于使历史时间成为生成的（becoming）时间，将过去、现在和未来链接为一个有机整体，而不再是由一个个空洞的瞬间所构成的、只有先后关系而没有其他联系的时间。在某种意义上可以说，正是历史事件的"事件性"赋予历史时间以"时间性"。正因为事件在时间轴线上所占据的是或长或短且时常重叠交织的线段，而不是一个个彼此分离的点，历史时间是由事件填充而形成的，而事件又具有偶发性、不可预见性、非均衡性、不可逆性（已经发生过的历史事件是超越个人主观意志的、不能更改的，而只能通过历史书写对其进行不同的叙述和阐释，或者以"去事件化"的方式假装它不曾发生过），时间才得以摆脱自然时间（历史学家和社会学家有时称之为"非时间性的时间"）的特质，而生成为历史的时间、社会的时间。

二　过程-事件

在人类历史和个人生命中，总有形形色色、大大小小的事件发生，没有这些事件，人类活动便不可能被记录、被了解、被认知。自然时间是匀质的、绵延的、空虚的，事件则是填补时间之空虚的一个个节点，同时也因事件的规模、影响、频度、密度等因素将原本匀质的时间切分为不同的段落，使之变成历史学家笔下的和人们认知中的历史时间。一个个事件本身是占据着时间轴线的一个个过程，历史过程又正是由无数个事件纷繁复杂地交织起来而形成的。事件发生于由过去所塑造的某个特定的当下情境，又将参与塑造未来的结构和情境，是将过去、现在、未来连接起来的桥梁，也是人们得以了解过去、感知现在、展望未来的

---

① 〔美〕乔治·赫伯特·米德：《现在的哲学》，李猛译，上海人民出版社，2003，第38—40、74—75页。

契机。在某种意义上甚至可以说，正是事件彰显了历史的本质。

历史进程由意义重大的"日常发生"（happens）和社会行动综合穿插而成，因此，历史学家会反复提及历史中的"转折点"或"分水岭"，不惜花费大量精力将历史进程划分为不同阶段，并用各种事件将它们标记出来。[①]对于研究者来说，事件是划分历史阶段的依据，例如在当前的中国史学科体系中，鸦片战争和五四运动分别被当作区分古代史与近代史、近代史与现代史的分界点；是描述时代特征的依据，例如欧洲历史上的文艺复兴时期、启蒙运动时期、资产阶级革命时期、工业革命时期；又是探寻历史规律的支点，例如美国历史社会学的两大经典议题，一是要解释革命的起源和后果，一是要探讨现代民族国家的形成。

普通人的记忆也只有在一些标志性事件的框架中才能形成和延续。人们回忆过往的时候，通常不会以某年某月某日的精确时间点为依据，而往往把某些对其人生走向、情感体验产生深刻影响或巨大冲击的事件作为参照。在历史学家、社会学家们尝试将普通人的生命史、地方史与时代洪流中的国家史、世界史联结起来的时候，同样要以和这些不同层次的历史有着共同关联的重大事件作为叙述框架。可以说，事件和事件感是现代人自我认知的必要前提，如果日常生活中缺乏具有独特性和区分度的事件，人们长期生活在不断重复的同质化事件序列中，其记忆就会被高度重复、没有清晰边界、不断互涵和交叠的事件所占据，从而失去现代人的"事件感"和对历史真实的感知和理解能力。[②]

但问题在于，事件本身的过程、边界和意义都不是不言自明的，而是持续不断地书写、回溯、建构的结果。传统的政治史与事件史假定，历史事件的概貌和意义早已在史料中得到了预先确定，只需经过历史学家的正确组配便可以清晰地呈现出来。怀特（Hayden White）、科塞勒克（Reinhart Koselleck）、利科（Paul Ricoeur）等人则强调事件的建构性特征，"事件只有被嵌入到一种联系中，通过一种描述（故事、情

---

① 〔美〕小威廉·休厄尔：《历史的逻辑：社会理论与社会转型》，第8页。
② 方慧容：《"无事件境"与生活世界中的"真实"——西村农民土地改革时期社会生活的记忆》，载杨念群主编《空间·记忆·社会转型："新社会史"研究论文精选集》，上海人民出版社，2001。

节、寓言）才能获得它的历史意义"。①例如，侯旭东指出，后人所谓的鸦片战争，不过是将与鸦片贸易、销烟、东南沿海发生的多次战事，以及此前朝廷中关于弛禁与严禁的讨论，战后双方议和、达成协议，并具体落实等，从按照时序发生的无数事件、事务中抽取出来，聚拢在一个名为"鸦片战争"的巨伞之下，并进一步从后来的历史演进中发现（"发明"）其意义，探究与此相关的方方面面，构成近代史叙述链条中的重要一环。②

"所有的事件，包括那些已经消失无痕的东西，都在其逝去之际被记忆与储存在此"，这种"潜在而永恒的纯粹过去"，是可以"被我们的行动以回溯的方式重新撰写"的。"当某个言语行动的发生重构了整个场域，这个言语行动就成了一个事件：尽管这个过程没有出现新的内容，但一切都在某种程度上与之前不同了。"主体性发生真正转变的时刻，不是行动和事件发生的时刻，而是人们对行动和事件进行重述的时刻，正是这种重述打开了全新的行动空间。③换言之，对事件的讲述、想象、象征，构成了更强大、更持久的"事件性"。在这里，"事件性"不仅可以按照通常的看法，理解为具有人物、情节、冲突、原因、结果的一个过程，也应该理解为一种不断激起人们言说欲望的动力。从另一个角度来看，历史事件的重要性不仅在于事件本身，更在于事件发生之后还会持续不断地在事件得以发生的环境和结构中激起各种各样的回应，从而重塑既有的结构、打开新的可能性空间。

与此同时，人们也可能出于不同目的、以不同方式弱化事件的历史意义，甚至抹消事件存在的痕迹，齐泽克称之为事件的撤销或"去事件化"。他发现，在罗西尼（G. Rossini）创作于 1816 年的歌剧《塞维利亚的理发师》中，法国资产阶级革命精神被全然地"去政治化"了，因为在其笔下，1789 至 1815 年间的这段岁月仿佛从来不曾存在。这是因为，罗西尼创作的黄金年代（1815—1830），正是欧洲各国试图"撤

---

① 〔德〕斯特凡·约尔丹主编《历史科学基本概念辞典》，孟钟捷译，北京大学出版社，2012，第 53 页。

② 侯旭东：《事件是如何生成的？——道光的日常与"鸦片战争"作为事件的形成》，《学术月刊》2019 年第 11 期。

③ 〔斯洛文尼亚〕斯拉热沃·齐泽克：《事件》，第 163、167、177 页。

销"此前数十年革命的影响，"以便使其从未发生"的年代。①简言之，事件的发生是不可逆的，事件能否获得意义、成为事件却是可逆的。

这里又涉及更宽泛的历史事实的界定问题，对此，卡尔（Edward H. Carr）和艾文斯（Richard J. Evans）有不同的看法。卡尔认为，历史事实不能独立地存在，而是由理论和诠释构建出来的。一个过去的事件，只有在被历史学家当作历史事实接受之后，才能成为一个历史事实。举例来说，在1850年斯坦利布里奇的守灵节上，一个卖假货的小贩被人踢死，这一事件是真实发生过的，但只有当克拉克博士在其著作中提到这件事之后，它才有可能成为一个历史事实。那些没有被人注意到的事件，则或落入"关于过去的非历史事实的深渊之中"。②艾文斯则批评卡尔陷入了语义上的混乱，在他看来，历史事实就是在历史中发生并可以通过历史留下来的痕迹去加以证实的事实，而无论史家有没有做这种证实的行为，都不会影响历史事实的实在性。因此，历史事实是由历史学家"发现"而不是"发明"的。③关于何谓历史事实的讨论，揭示出事件史的多重面向/层次：关于事件本身的历史、关于事件之书写的历史、关于事件之记忆（或遗忘）的历史、关于事件之阐释的历史……因此，从历史学研究的对象、方法、视角、修辞诸层面来看，事件史其实具有强大的延展性和丰富的可能性。

既作为过程存在又构成历史过程的事件，彰显了历史学的学科特质。李凯尔特认为，自然科学旨在发现对事物和现象普遍有效的联系和规律，所以要把现实的异质的间断性改造为同质的连续性；历史学旨在从现实的个别性方面去说明现实，所以要把现实的连续性改造为异质的间断性。④伯克认为，社会科学是对单数的人类社会（human society）的研究，侧重对其结构和发展的归纳；历史学是对复数的人类社会（human societies in the plural）的研究，侧重于研究它们之间的差别和各个社会内部基于时间的变化。社会科学家留意并概括一般规则，因而时

---

① 〔斯洛文尼亚〕斯拉热沃·齐泽克：《事件》，第191—192页。
② 〔英〕爱德华·霍列特·卡尔：《历史是什么》，陈恒译，商务印书馆，2007，第93—94页。
③ 〔英〕理查德·艾文斯：《捍卫历史》，张仲民等译，广西师范大学出版社，2009，第74—75页。
④ 〔德〕H. 李凯尔特：《文化科学和自然科学》，第50页。

常删除例外的东西；历史学家则往往以牺牲一般模式为代价去关注具体细节。①休厄尔认为，历史学与社会学最大的差别就在于看待事件的不同方式：历史学家旨在对独一无二的历史事件进行个殊式（ideographic）、描述性（descriptive）研究，社会学家则力求建立通用法则，开展律则式（nomothetic）、解释性（explanatory）研究。②研究对象的个殊性特征，不仅使历史学与自然科学、社会科学划清了界限，也在很大程度上把它与其他人文学科（如哲学）区别开来。

　　一般的看法是，历史学的特定分支，如政治史和军事史，比经济史、社会史、文化史或思想史更具有"事件倾向"（event-oriented）。③实际上，历史学的各分支领域都在某种程度上具有事件性，否则便难以成为历史研究的对象。事件并非孤立的存在，而是人类不同活动领域交融互动的空间。以义和团运动为例，研究者要考察清政府的制度、政策及其与义和团的关系，这属于政治史的范畴；要探讨义和团、清兵和八国联军之间的武装冲突，这属于军事史的范畴；要分析义和团兴起地区的自然条件和经济状况，这属于经济史的范畴；要关注义和团的降神附体、刀枪不入仪式，这属于文化史的范畴……④在辛亥革命、五四运动、法国大革命、第一次世界大战等重大历史事件中，都可以看到这样的情形，它们是各种力量的汇聚点、不同领域的交叉点、历史进程的转捩点，它们折射出特定时代的方方面面，而难以归入任何单一的领域。

　　笔者曾以三部电影为例讨论历史学的学科特质：在德国电影《疾走罗拉》中，为了在20分钟内找到10万马克、营救男友，罗拉开始拼命地奔跑，影片不断闪回，讲述了三个不同版本的故事。这表明事件的走向是多元的，在过去真实发生的事情往往并非必然发生或者必然如此发生，而是由众多因素共同形塑而成的。在中国电影《阳光灿烂的日子》中，故事分明发生在"文革"这一重大历史事件期间，可男女主角似

---

① 〔英〕彼得·伯克：《历史学与社会理论》，第2—3页。
② 〔美〕小威廉·休厄尔：《历史的逻辑：社会理论与社会转型》，第3页。
③ 〔英〕理查德·艾文斯：《捍卫历史》，第78页。
④ 参见李里峰《从"事件史"到"事件路径"的历史——兼论〈历史研究〉两组义和团研究论文》，《历史研究》2003年第4期。

乎和这场运动没有什么关系，观众们看到的是嘲弄老师、抽烟喝酒、打架闹事、追逐异性，感受到的是青春的朦胧和躁动、暗恋的甜蜜和忧伤、成长的喜悦和烦恼。这表明事件的意义是多元的，在单数的、大写的历史（History）中蕴藏着复数的、小写的历史（histories）。在日本电影《罗生门》中，强盗、武士的妻子、武士的鬼魂都出于各自不同的动机而声称是自己杀死了武士，目击者樵夫的说法貌似客观，却也被旁观者发现了漏洞。这表明事件的叙述是多元的，历史真实总是相对的、暧昧不明的，总是跟权力和利益纠缠在一起。①

历史进程中的事件，有着不同的密度和速度。无论是按年月日纪事的编年体史书，还是当代历史学家通常采用的专题研究著作，都不可能按照自然时间均匀地安排叙述节奏。在没有非同寻常的事件发生时，历史学家会迅速地跳跃数年甚至数十年，直到出现下一个重要的历史事件。在法国大革命这样的历史时期，事件发生的频度、密度和速度会远远超过革命爆发前的旧制度（ancient regime）时期。历史有时会加速前进，例如在 1917 年的俄国；有时则步履蹒跚，例如在佛朗哥将军独裁统治下的西班牙。正是由于事件的标记和切割，历史时间不再是匀速的、同质的时间，以至于超越或重新定义了以"世纪"为单位的计量单位。② 以政治作为分期依据的做法，为历史事件的不平衡性（unevenness）提供了证据，也为历史学家所处理的时间的可伸缩性提供了证据，例如，现代欧洲政治史中的 19 世纪在传统上是指 1815—1914 年，霍布斯鲍姆（Eric Hobsbawm）则把 1789—1914 年称作"漫长的十九世纪"，把 1914—1991 年称作"短暂的二十世纪"或"极端的年代"。③

布罗代尔对三种历史时段的等级划分，也是建立在历史时间会以不同的速度前进这一洞见之上的，正因为事件性时间的密度最大、速度最快，它也最易转瞬即逝，有如历史河流表面旋起旋灭的浪花。不过，布

---

① 李里峰：《从社会科学拯救历史——关于历史学学科特质的再思考》，《江海学刊》2014 年第 6 期。

② 〔英〕理查德·艾文斯：《捍卫历史》，第 152—153 页。

③ 〔英〕艾瑞克·霍布斯鲍姆：《极端的年代：1914—1991》，郑明萱译，江苏人民出版社，1999。

罗代尔虽然主张从长时段、中时段视角对历史进程进行宏观透视，却并非无条件地批评转瞬即逝的事件性时间，而是期待研究者能在不同层次、不同等级的历史时间之间往复穿梭。他指出，有些社会学家不能真正理解和认同历史学的绵延的时间，要么专注于似乎停滞于某处的瞬间，要么专注于不特属于任何时代的重复现象，"他们用最狭小的事件界限和无限扩展的长时段分别界定这两种运动，以此在思想上避开其中的矛盾"。①著名的法国大革命史学家傅勒（Francois Furet）便对"长时段"的优越地位不以为然，他认为长时段只能解决革命的起源问题，而要解释法国革命在政治上的失败，则必须回到短时段的政治史解读。②而在埃尔顿（G. R. Elton）看来，以事件为中心的政治史恰恰最能体现所谓"绵延的时间"，因为其他研究方法都不能像政治史那样持之以恒地展现时间的流逝和变化。社会史在社会科学的强烈影响下注重横断面的研究，从而使时间停滞不前；经济史虽能研究变迁，但其时间运动非常缓慢，往往失去了"一小时一小时流逝的时间感"；只有政治史能够不断地提供"一个运动着的时间结构"，从而"使真理能四处传播"。③事件可以加快或延缓历史的进程，也可以转变或重塑社会关系。事件是异质的，由事件的密度、速度所决定的历史事件也是异质的，因而研究者必须在历史的语境化（historical contextualization）中理解和解释社会实践，而不能脱离特定历史情境的特定逻辑去理解某种行动或某个事件。④

布罗代尔对历史时间等级的划分、对事件史和"事件偶像"的批判，深刻影响了历史学家对自己研究对象的理解方式。而在历史社会学的所谓"第三波"思潮中，以休厄尔为代表的一些社会学家却在方法论上开始倡导历史转向或时间性转向，对于行动主体和历史或然性的关注逐步取代了对超级结构主义（hyper-structuralism）的迷恋，对于事件和过程的重视则取代了长时段的研究方法，由此引发了"事件社会学"

---

① 〔法〕布罗代尔：《历史学和社会科学：长时段》，载《论历史》，第54页。
② 〔法〕弗朗索瓦·傅勒：《反思法国大革命》，孟明译，生活·读书·新知三联书店，2005，"中译本序"，第15页。
③ 〔英〕G. R. 埃尔顿：《历史学的实践》，刘耀辉译，北京大学出版社，2008。本段内容，参见李里峰《从"事件史"到"事件路径"的历史——兼论〈历史研究〉两组义和团研究论文》，《历史研究》2003年第4期。
④ 〔美〕小威廉·休厄尔：《历史的逻辑：社会理论与社会转型》，第8—10页。

（eventful sociology）的热潮。①

休厄尔指出，历史社会学对时间性（temporality）有三种基本的概念化模式：目的论的、实验性的和事件性的。目的论的解释不是将历史上的日常发生归结于构成它的行动和反应，或是形塑、约束了这些行动和反应的具体条件，而是归结于导致某些未来历史状态的抽象的超历史进程。换言之，未来的事件才能真正解释历史现在时（historical present）的事件。沃勒斯坦（Immanuel Maurice Wallerstein）和蒂利（Charles Tilly）都是受制于目的论时间性的例子，前者甚至将自己的研究和天文学相提并论，而被称为"社会天文学家"。斯考切波（Theda Skocpol）则是实验时间性的主要代表，她在《国家与社会革命》中对法国、中国和俄国的社会革命进行比较历史分析，用准自然实验式的归纳方法找出了社会革命的三个必要因素，它们不断叠加，使军事危机诱发政治危机，政治危机导致政治革命，政治革命又转化为社会革命。②休厄尔本人主张的则是一种事件时间性（eventful temporality）。他把事件定义为日常发生的能够显著改变结构的罕见事情，和实验时间性假定存在着独立于偶发事件（occurrence）的、统一的因果规律不同，事件时间性主张事件通常是路径依赖（path-dependence）的，在时间序列上并不存在独立的因果关系，即较早发生的事件会影响稍后发生的一系列事件的潜在结果。事件不仅会改变运作着的因果力量的平衡，还改变着偶然事件或情境下的特定逻辑。事件在某种程度上通过改变、形塑和约束人类行动的文化范畴，引发了历史转型，从而能改变社会的因果规律。③

通常认为，斯考切波对法国、俄国和中国革命的经典研究采用了典型的结构性视角，其基本观点是，这三个国家的革命都是在各种结构性力量的作用下自然"发生"，而不是由革命领袖通过大规模群众动员而"制造"出来的。④但在拉赫曼（Richard Lachmann）看来，这种结构性

① 参见严飞《历史图景的过程事件分析》，《社会学评论》2021年第4期；郦菁《知识研究与历史社会学》，《清华社会学评论》第12辑，社会科学文献出版社，2020。

② 〔美〕小威廉·休厄尔：《历史的逻辑：社会理论与社会转型》，第78—95页。

③ 〔美〕小威廉·休厄尔：《历史的逻辑：社会理论与社会转型》，第95—97页。

④ 〔美〕西达·斯考切波：《国家与社会革命：对法国、俄国和中国的比较分析》，何俊志、王学东译，上海世纪出版集团，2007。

力量正是通过事件在时间序列中的相对位置和相互关系而发挥作用的。如果把法国、俄国和中国革命视为改变历史进程的重大历史事件，它们都发生在一些事件之后（战败、土地危机、地主阶级对改革的抵制），也都出现在另一些事件之前（没收地主财产并剥夺其政治权利、建立强有力的中央集权国家），换言之，三场革命都由之前发生的一组事件所引发，革命又使其后出现的事件成为可能。①

将焦点从结构转向事件之后，行动者的决定性意义便得以凸显出来。历史社会学家之所以要进行过程-事件分析，就是要以时间序列上的关键事件为切入点，通过对事件扩散和迭变的过程追踪，描绘出行动者如何在历史关键性时刻做出回应性选择，这些选择又如何在宏观层面上推进了历史图景的新一轮演化。②

三　关系-事件

一旦历史研究者不再满足于对事件过程的表层叙述，而试图厘清不同历史事件之间的关系，探讨历史事件的起因、后果和意义，便会立刻面临因果机制这个永无休止的争议性问题。常识告诉我们，事情不会无缘无故地发生，所以历史不是完全没有规则可循的随机运动；常识同样告诉我们，人们在每一个具体时刻多少具有选择的可能性，所以历史也不是由一连串"必定如此"所构成的逻辑闭环。

历史学家往往有一种固执的信念，即每一件事情的发生都有一个原因或一些原因，除非其中的一个或多个原因发生了变化，否则事件不会以别的形式发生。这种信念意味着历史是有秩序、有规则，因而也是可认识、可探究的，在某种意义上，历史学家的身份认同正是以这种信念为基础的。历史学家一方面从浩如烟海的事实中挑选出那些适合其研究目的的事实，另一方面也从大量的因果关系中抽绎出最重要、最具历史意义的因果关系，其他的事实、其他的因果关系，则被当作偶然性存在加以抛弃。③ 可是正如卡尔所说，假定人类行为和历史事件具有确定的

---

① 〔美〕理查德·拉赫曼：《历史社会学概论》，赵莉妍译，商务印书馆，2017，第13页。
② 严飞：《历史图景的过程事件分析》，《社会学评论》2021年第4期。
③ 〔英〕爱德华·霍列特·卡尔：《历史是什么》，第194—195页。

原因是理解历史、研究历史的前提（他甚至因此被贴上"决定论"的标签），但这种原因往往只有在事后总结时才能被发现，而在事件发生之前，人们并不能假定事件必然会发生或必然如此发生。历史学家需要讨论事件参与者在特定情境中的可能选项，进而揭示他们为什么最终选择了这条道路而不是另一条道路。他敏锐地指出，卡夫卡（Franz Kafka）小说的可怕之处就在于没有什么事情的发生是有任何明显的或确定的原因的（只要想一想，萨姆沙为什么会变成一只甲虫），而这会打破人们"今与昔有效连贯"的内心世界，导致人性的崩溃。①

在这一点上，齐泽克有着非常相似的看法。他把事件视作"某种超出了原因的结果"，而原因与结果之间的界限，便是事件所在的空间。政治性事件具有一种互为因果的循环结构，在其中，"事件性的结果以回溯的方式决定了自身的原因或理由"。② 从真实发生的历史事件到历史学家在事件之间所建构的因果链条，会发生"偶然性向必然性"的"辩证式的逆转"，就是说，某个偶然过程的结果成了必然性的表象：在回溯的意义上，事物"将已是"必然的，"事件的实现——即它发生这个事实——回溯性地创造了其自身的必然性"。如果一个事件（偶然地）发生了，它就会创造一个向前追溯的链条，使其自身的发生显得不可避免。这让我们回到关于象征事件的特定时间性问题，即那个从"尚未"到"总是-已经"的逆转。③换言之，事件的原因与后果（因果性）很大程度上是事后回溯、阐释、建构的结果，可能是一种伪因果性。

对于历史学家来说，探究因果关系既是难以抗拒的理想，又引发了种种警觉和忧虑。巴勒克拉夫说，历史学家应该停止教导他们的学生去探究历史事件之原因，因为原因只是被推测出来的，与当下无关，相反，应该教导学生去关注事件导致的结果。怀特宣告，历史学声称可以发现过去的真实模样是一种误导，使人们陷入一个无可逃遁的因果之网，也剥夺了他们当下的行动自由。④斯通对于因果关系和历史规律的看法也非常消极，在他看来，找出历史变革的概括定律、让历史学变成

① 〔英〕爱德华·霍列特·卡尔：《历史是什么》，第 205—206 页。
② 〔斯洛文尼亚〕斯拉拉热沃·齐泽克：《事件》，第 3—4 页。
③ 〔斯洛文尼亚〕斯拉拉热沃·齐泽克：《事件》，第 171 页。
④ 参见〔英〕理查德·艾文斯《捍卫历史》，第 135、138 页。

一门科学的努力注定会失败，历史学家应该回归到叙事方法，即"将材料按照时间顺序加以组织，在单一连贯的故事中关注主要情节，尽管次要情节也是客观存在的"。①

在黑格尔（G. W. F. Hegel）和马克思（Karl Marx）的历史哲学中，历史进程的必然性、规律性是毋庸置疑的，历史朝着特定的方向不断前进，偶然性可以加速或延迟，却不能彻底改变事件的进程，而且一种偶然性会被另一种偶然性所抵消。"历史是这样创造的：最终的结果总是从许多单个的意志的相互冲突中产生出来的，而其中每一个意志，又是由于许多特殊的生活条件，才成为它所成为的那样。这样就有无数互相交错的力量，有无数个力的平行四边形，由此就产生出一个合力，即历史结果，而这个结果又可以看做一个作为整体的、不自觉地和不自主地起着作用的力量的产物。"所以，历史总是像自然过程一样地进行，实质上也服从于同一运动规律，而各个人的意志已经融入这个合力之中。②

而对黑格尔和马克思持批评态度的人认为，用确凿无疑的因果关系甚至历史规律来解释人类行为，便暗示着对人类自由意志的否定。以"克里奥佩特拉的鼻子"为代表的另一种极端观点认为，历史总体上是由一连串的意外、一系列的偶然巧合所构成的，人们总是可以与历史的多种可能性进行猜谜游戏。对于历史的偶然性与必然性问题，卡尔的做法是把导致历史事件发生的原因分为不同的等级，历史学解释的精髓就在于发现一个原因或一组原因的相对意义及其与其他原因之间的关系。克里奥佩特拉鼻子的形状、让亚历山大国王送命的那猴子的一咬，的确是改变历史进程的偶然事件，但只要这些事件是偶然的，它们就不能进入历史的合理解释之中，也不能进入历史学家的重大原因的等级序列之中。在他看来，历史进程是通过偶然事件来折射历史规律的，或者说，通过偶然事件的自然选择实现了历史规律。③ 休厄尔则认为，历史事件

---

① Lawrence Stone, "The Revival of Narrative: Reflections on a New Old History," *Past & Present*, No. 85, 1979: 3-24.

② 《恩格斯致约瑟夫·布洛赫》，《马克思恩格斯选集》第四卷，人民出版社，2012，第605—606页。

③ 〔英〕爱德华·霍列特·卡尔：《历史是什么》，第196—203页。

就其后果和意义而言具有决定性，就其起源和发生而言则是偶连性的（contingent）。无论是改变全人类历史进程的重大历史事件，还是日常生活中的普通事件，都同时具有决定性和偶连性。任何行动、事件或者趋势的效应都取决于它所处的特定的复杂时间序列，不清楚事情发生的时序，就无法理解事件发生的原因。①

所谓因果机制和历史规律，归根到底是在不同的历史事件之间建立逻辑联系。由于事件的无限延展性，我们需要对不同意义、不同层次的事件加以区分：作为一个节点的事件，作为一个过程的事件，作为一个（打破/重塑）结构的事件。

历史学家和社会科学家都试图寻找或者建构事件之间的因果关系，但他们的做法并不相同。在休厄尔看来，历史学家往往满足于多线程的，但最终因果关系分散的描述；社会科学家则尝试厘清他们认为在因果关系中最重要的环节，并系统地阐述它们的动力学。②或者换一种说法，历史学家通常倾向于建立一种相对多元的弱因果关系，社会科学家则更希望建立一种相对单一的强因果关系。

例如，历史学家艾文斯认为，历史事件常常是由多种因素造成的，可能拥有多个充分原因和必要原因，其中任何一个原因或许都足以引起该事件以自身的逻辑发生。历史学家应该把一个事件、一个过程或一个结构与更为广泛的历史语境联系起来，确定原因的轻重缓急，并解释一个原因与另一个原因之间的相关性。③卡尔说，历史学家探究历史事件的原因通常分为两个步骤：首先在同一事件中找到几个原因，经济的、政治的、意识形态的、个人的等因素混杂在一起，构成了长期的、短期的原因。然后把这些原因归类并梳理为某种顺序，确定这些原因在这种顺序中的彼此关系，或许还会决定将哪一种原因当作主要的原因或全部原因中的原因来"归根结底"。例如，吉本把罗马帝国的衰亡归结于蛮族的胜利和宗教的胜利，辉格主义历史学家把英国强权的兴起归结于自由政治制度的发展，马克思主义史学家则把现代社会的出现归结于资本主义经济的变迁。卡尔打了个形象的比方，如果让考生回答"为什么革

① 〔美〕小威廉·休厄尔：《历史的逻辑：社会理论与社会转型》，第6—8页。
② 〔美〕小威廉·休厄尔：《历史的逻辑：社会理论与社会转型》，第103页。
③ 〔英〕理查德·艾文斯：《捍卫历史》，第157页。

命发生在 1917 年的俄国"，仅回答一种原因只能得到三等成绩，罗列十几个原因会得到二等成绩，只有从众多原因中归纳出一个根本原因才能得到最好的成绩。只有简化错综复杂的答案，"使一个答案归属于另一个答案"，才能"在混乱的事情和混乱的特定原因中引入秩序与一致"，这是一个真正的历史学家的职业冲动。①

相比之下，历史社会学家更喜欢借助历史制度主义的概念工具，通过寻找关键节点（critical juncture）来解释路径依赖（path dependence）何以被突破、制度变迁（institutional change）何以会发生。所谓关键节点，是指情境和结构在这一时刻发生了不可逆转的变化，使事态向其他方向发展的通道被堵塞，原本存在的其他可能性被取消，从而锁定了事件的走向和结局。拉赫曼提出了分析历史事件的标准程序：首先，区分无关紧要的人类日常活动与改变社会结构的罕见时刻；其次，解释具有变革性的事件何以在特定时间和地点发生，而没有在其他时间和地点发生；再次，揭示一个事件如何引发后续的事件。②历史社会学家的首要任务就是甄别出改变社会结构的关键历史时刻。为此，阿伯特建议历史社会学家采用"案例/叙事"研究法，而不是社会学家常用的"人口/分析"研究法，这种方法强调偶然事件和行动者选择的重要性。没有什么事情是不可避免、预先确定的，事件在形成了其他事件并累积连锁改变了社会现状时才具有显著意义。③严飞则主张通过数据分析的实证手段，找出绝大多数行动者都参与其间并需要做出选择的时刻，这个时刻即是历史关键时刻。④

因此，所谓历史事件的必然性应该被视为一个动态演化的过程，各种偶然因素在关键节点将事件锁定，使偶然变为必然。在此过程中，人们对事件的主观认知往往发挥着与客观形势同样重要、有时甚至更加重要的作用，换言之，被认为必然发生的重大历史事件，往往具有一种自我实现的预言特质。齐泽克举了一个很恰当的例子。"当一个政权失去

① 〔英〕爱德华·霍列特·卡尔：《历史是什么》，第 188—189 页。

② 〔美〕理查德·拉赫曼：《历史社会学概论》，第 12 页。

③ Andrew Abbott, "What Do Cases Do? Some Notes on Activity in Sociological Analysis," in *What is a Case? Exploring the Foundations of Social Inquiry*, eds. Charles C. Ragin and Howard Saul Becker, Cambridge: Cambridge University Press, 1992, pp. 53-82.

④ 严飞：《历史图景的过程事件分析》，《社会学评论》2021 年第 4 期。

了权威时，其处境就像越过了悬崖的猫：一旦它往下看并意识到自身的处境，这个政权就会开始崩溃。"这时候会发生"某种神秘的断裂"，人们忽然之间意识到游戏结束了，因而不再恐惧。这个政权不但丧失了合法性，而且其行使的权力本身也被视作一种恐慌无能的反应。①我们很容易想到，历史上有许多这样的例证。法国旧制度的瓦解、晚清政府"图强而速患"，都印证了托克维尔的名言："对于一个坏政府来说，最危险的时候通常就是它开始改革的时候。"②

比较革命研究是历史社会学的重要议题并产生了丰硕成果，关于革命的起因和后果问题，也形成了几种有代表性的不同意见，不妨以此为例来看看历史事件的多重因果问题。

布林顿在《革命之剖析》一书中以病理学方法对英、美、法、俄四国革命进行比较分析，认为这几场革命看起来各不相同，其实在起因、过程、后果上都有高度的相似性。就起因而言，旧制度的结构性缺陷引发知识阶层的不满、改革尝试的失败、阶级对抗的加剧、统治集团的分裂，最终诱发革命；就过程而言，都经历了旧制度的崩溃、温和派接管政权、激进派接管政权等阶段，最后在厌倦革命的氛围中发生热月政变，结束恐怖统治，恢复社会秩序；就后果而言，革命之后都发生了政府效率的提升、财产权的转移、革命传统的形成等现象。③书中涉及的内容相当丰富，但作者搭建的逻辑链条则是清晰而单一的，即不同的革命有着相似的原因、相似的过程和相似的结果，可以视为一种同因同果或一因一果的解释。

相比之下，斯考切波的比较革命研究虽因其"结构化"视角而遭到"模式化"甚至"非历史化"的批评，她对法国、俄国、中国革命之起因和后果的机制分析其实要更为复杂。为了解释革命的发生这一因变量，她找到了地主与农民之关系、国家与支配阶级之关系、国家在国际体系中之地位这三个（而不是单独一个）自变量，在法国、俄国和中国，都是这三种关系的特定组合造成了旧政权危机的结合点，从而引

---

① 〔斯洛文尼亚〕斯拉热沃·齐泽克：《事件》，第174—175页。
② 〔法〕托克维尔：《旧制度与大革命》，冯棠译，商务印书馆，1997，第210页。
③ Crane Brinton, *The Anatomy of Revolution* (revised and expanded edition), Vintage, 1965.

发革命。①以阶级与阶级、国家与阶级、国家与国家三组关系为因，以革命为果，这是一种异因同果或多因一果的解释模式。

而在分析革命的后果时，斯考切波既注意到三场革命的相似性，即都建立了中央集权的、官僚制的、大众参与的民族国家，都提升了自己的国际地位。又强调革命后果的差异性：革命之后，法国建立了职业化官僚国家和资产阶级政权，同时伴随着私有产权和统一市场的兴起；俄国建立了党治国家，苏维埃政权以正当名义实施有效的政治控制；中国则形成了一个既有强大中央集权又能进行广泛民众动员的国家。②以革命为因，以具有不同形态、不同特征的现代国家为果，这是一种同因异果或一因多果的解释模式。

斯考切波的老师摩尔（Barrington Moore，Jr.）探讨专制与民主的社会起源，展现了另一种不同的逻辑。他以地主/贵族、农民和资产阶级之间的不同力量组合作为自变量，来解释不同国家何以走上不同的现代国家道路。在英、法、美等国，资产阶级主导的力量战胜了贵族，走上资产阶级的代议制民主道路；在德国、意大利和日本，资产阶级与贵族结盟，走上了法西斯主义道路；在俄国和中国，则是无产阶级政党领导工农群众推翻贵族，从而走上社会主义道路。③ 在摩尔的分析框架中，不同的阶级力量组合导致了走向现代国家的不同道路，可以看作一种异因异果或多因多果的解释机制。

当然，社会学家意识到，不同类型的事件可能需要不同的因果机制来解释。戈德斯通（Jack A. Goldstone）说，对于在多个时间和空间重复发生的事件，如革命，应该用普遍的因果机制来解释在不同时空中出现的事件；对于历史上仅出现一次而且看起来不可能在其他时空出现的事件，如工业革命，则应该把相关的故事放在一起，解释那些正常的因果机制为何不能发挥作用，这时候这就需要运用多重因果关系，分析罕

---

① 〔美〕西达·斯考切波：《国家与社会革命：对法国、俄国和中国的比较分析》，第二、三、四章。
② 〔美〕西达·斯考切波：《国家与社会革命：对法国、俄国和中国的比较分析》，第五、六、七章。
③ 〔美〕巴林顿·摩尔：《民主和专制的社会起源》，拓夫、张东东等译，华夏出版社，1988。

见事件的偶然发生过程。① 还有人会采用一种极具争议的"反事实分析"方法，即假设如果某一事件不曾发生，历史进程会发生怎样的变化。罗格瓦尔声称，"想象未成为现实的可能性是历史学家（和历史社会学家）不可缺少的技能"，无论是否进行因果判断，"所有的历史学家都在猜测、想象可替代的发展方向，即便这些替代选项并未言明"。②

四　结构-事件

事件、事件史在年鉴学派的总体史框架中被边缘化，是与结构-事件的二元框架密不可分的，在这一框架中，事件是短暂的、表层的、被决定的，结构则是恒久的、深层的、具有决定性的。从认识论与方法论的角度深入思考，这一刻板印象值得反思和商榷。

首先要意识到，所谓"结构"（社会结构或历史结构）并非不言自明的事实（社会事实或历史事实），而是一种比喻的说法。结构自身不会说话，只是静静地躺在已经逝去的时间之流中，事件则是促使结构显露自身的重要契机。任何事件都受到各种制度、关系和结构因素的或明或暗的制约，不是凭空发生和任意发展的，即便是极具偶然性的事件，其发生的方式、发展的走向和最终的结局，这些仍要受制于制度和结构因素。在事件发生、发展的过程中，各种力量、各种因素纷纷登台亮相展示自己，从而为历史研究者展现出关于社会结构的动态图景。

当我们（无论从历史学还是社会科学的角度）去考察特定历史时期的政治制度和社会结构时，应该从何处入手呢？毕竟，所谓制度、所谓结构，都不是直观可见的事物。当然可以依据制度文本（法规、文件、档案之类）来研究，但规则是一回事，实践又是一回事，二者之间时常是相互背离的。要想克服制度和结构的"不可见性"③，揭示其实际运行状态，就需要借助特定的事件为中介。如果把政治制度和社会结

---

① 郭台辉编著《历史社会学的技艺：名家访谈录》，天津人民出版社，2018，第148页。

② Fredrik Logevall, *Choosing War: The Lost Chance for Peace and the Escalation of War in Vietnam*, Berkeley: University of California Press, 1999, p. 395.

③ 参见孙立平《"过程—事件分析"与当代中国国家—农民关系的实践形态》，《清华社会学评论》（特辑1），鹭江出版社，2000。

构比作大海里的冰山，事件就是露出水面的冰山一角，虽然不能从中看到冰山的全貌，但若无视它们，就更难猜测水面以下的部分是什么模样。因此，历史研究无法放弃对事件的关注，而应把短时段的事件作为研究中时段、长时段的有效窗口。

当然，一方面，这里对事件的理解应该是广义的，而不能将其局限于重大历史事件，美国独立战争、法国大革命很重要，五四运动、抗日战争也很重要，但并非只有它们才算事件、才值得研究。许多看来很琐碎的小事件，如果能借以探讨它们所折射出来的制度、结构、关系和行动逻辑，它们同样应该成为历史学家的研究对象。在方法论的意义上，对所谓"小事件"的探讨"既要看制度是如何思维的，又要看制度中的各种行动者是如何遭遇、追逐、挣扎、逃跑的，要展示的是一部既充满算计和欺诈，又充满破绽和错误的事件史"。[①]

另一方面，事件本身就是结构的构成要素。人们常将社会结构比作一座建筑，但这种建筑必须在人们持续不断的社会行动中才得以存在，正是一个个事件（最通常意义上的事件，而不是传统事件史以历史意义作为识别标志的"历史事件"）的动态过程与相互作用，共同构成了相对稳定和静止的社会结构。事件既是克服结构之不可见性、促使深层的历史事实浮出水面的契机，又是结构赖以形成和演变的不可或缺的要素。借用科塞勒克对基础性概念之双重功能的描述，事件既是历史的表征（representation），又是历史的要素（factor）；或者如齐泽克所说，事件既是"世界向我们呈现方式的变化"，又是"世界自身的转变"。[②]例如 1905 年废科举这一事件，便同时呈现出这两种功能：一方面使传统社会结构得以显现（传统社会结构中社会阶层之间的制度化流动、知识者与国家之间的制度化关联，恰恰是在科举制废除之后才被人们充分认识到的）；另一方面又促成了这一结构的瓦解和向新结构的转型。将历史事实视为一个由许多事件构成的动态过程，研究者方可透过对事件的

---

① 应星：《"田野工作的想象力"：在科学与艺术之间 以〈大河移民上访的故事〉为例》，《社会》2018 年第 1 期。

② 〔斯洛文尼亚〕斯拉热沃·齐泽克：《事件》，第 6 页。

考察揭示历史事实的深层真相，即历史河流中的社会结构及其变迁。①

　　SAGE《历史社会学手册》的编者开宗明义地指出，历史社会学旨在"关注现代性的形成和转型"，其学科定位在于研究现在而不是过去，但既然现在"既为过去所塑造，又形塑着过去"，社会学家们不得不将眼光转向过去。因此，历史社会学的主要研究对象应该是"现代性形成过程中的决定性事件，特别是那些划时代的转变，比如从封建主义向资本主义的过渡、现代国家的形成、近代早期的革命运动（比如宗教改革、法国大革命、工人运动）"。②

　　历史事件何以能改变结构、重塑历史、决定现在呢？休厄尔说，事件往往会转化为新的社会关系和社会结构要素，并赋予社会新的发展方向。其间存在三种可能的机制：其一，历史事件对政治结构的剧变过程起到了衔接作用，即事件是旧结构崩溃的集中呈现，也是新结构衍生的起点；其二，历史事件是高昂的社会情绪的爆发，亦是集体创作的行动结果，即事件处于新旧结构交接的转型期，因而也是社会各个群体最容易产生集体情绪和集体行动的关键节点；其三，历史事件的进程中存在着各种仪式性要素。③

　　实际上，"历史事件"这一概念本身，已经暗示着这些事件并非无关紧要的日常发生（happens），而是在一定程度上导致了历史变化的事件，它们不同于只关注"外表"而不涉及"内在思想"的物理事件，而是在意义构建上参与到历史的诞生中。事件是日常生活世界的突变，构成了连续性的切口，从而把被日常状态所遮蔽的各种关系及其张力凸显出来。④时间无法逆转，已经完成的动作、已经发生的事件是不可磨灭的，它不可逆转地改变了事件发生那一刻所处的状态。⑤事件就其定义而言便带有某种"奇迹"的特征，它总是以出人意料的方式发生，

---

①　以上几段内容，参见李里峰《从"事件史"到"事件路径"的历史——兼论〈历史研究〉两组义和团研究论文》，《历史研究》2003 年第 4 期。

②　〔英〕德兰迪、〔英〕伊辛主编《历史社会学手册》，李霞、李恭忠译，中国人民大学出版社，2009，第 1 页。

③　〔美〕小威廉·休厄尔：《历史的逻辑：社会理论与社会转型》，第 241—255 页。

④　应星：《"田野工作的想象力"：在科学与艺术之间　以〈大河移民上访的故事〉为例》，《社会》2018 年第 1 期。

⑤　〔美〕小威廉·休厄尔：《历史的逻辑：社会理论与社会转型》，第 6—7 页。

其出现会破坏既有的稳定结构，意味着"我们借以看待并介入世界架构的变化"。因此，以"事件性的方式"去探索事件，才是唯一合适的方式。①在本体论上，历史事件把它的过去、通过人类行动者发挥的作用及其本质上的特殊性，归因于独一无二的特性。在认识论上，历史事件强调它所拥有的不可重复的唯一性和实践上的偶联性，并偏离了已经被构造出来的历史模型。②

我们可以把事件与结构的关系重新放入历史时间中来分析。一方面，事件是时间性的，结构是无时间性的；事件是偶然的，结构是固化的。另一方面，事件在结构中发生，又逸出了结构、破坏了结构，最终可能会改变结构。事件是逸出、打破、重塑结构的力量，没有这种打破常规的力量，结构不仅无法变化和重塑，甚至连最初的结构都无法形成。以结构主义语言学为例，语言（language）和言语（speech）分别代表了语言系统中的结构性要素和事件性要素，语言是一套结构性规则，言语是持续不断的情境性事件，由内部关系和语法规则所构成的语言结构和言语事件之间是一种密不可分的互构关系：没有言语事件，就无由形成稳定的语言结构；没有语言结构，就不会发生有效的言语事件。

在年鉴学派的代际发展和历史社会学的第三波思潮中，都能看到对事件与结构之辩证关系的新思考。布罗代尔的时间等级和总体史无疑是一种结构化的理论叙事，而当勒华拉杜里（Emmanuel le Roy Ladurie）等第三、第四代年鉴派学者转向微观史、新文化史的时候，事件的重要意义便重新凸显出来了。如孟庆延所说，《蒙塔尤》的变革性意义在于成功地将长时段的结构和中时段的情势融入短促的事件过程叙述之中，它并未抛弃结构，但赋予了事件本身以理论属性。③应星以《路易·波拿巴的雾月十八日》为例指出，如果说阶级分析的功能类似于望远镜，事件分析、组织分析和派系分析的功能类似于显微镜，那么对事件社会

---

① 〔斯洛文尼亚〕斯拉热沃·齐泽克：《事件》，第6、13页。

② 〔德〕斯特凡·约尔丹主编《历史科学基本概念辞典》，第53页。

③ 孟庆延：《事件及其理论意涵：历史社会学的隐藏文本》，《社会发展研究》2022年第2期。

学来说，望远镜和显微镜都是不可或缺的。①布罗代尔说，马克思在历史长时段的基础上构造了真正的社会模式，但这些模式由于被赋予放之四海皆准的法则效力而被简单化和固化了，只有将其放回到"生生不息的时间川流"中，它们的网状结构才会显示出来。②的确，马克思基于长时段历史得出的阶级斗争学说和唯物史观，是依赖对短时段的历史事件（尤其是1848年革命）的观察和分析才得以确立和阐发的，一旦抽离其赖以产生的历史情境和历史事件，就会失去解释力和生命力。

事件社会学的提出，隐晦地指出了社会学对社会规律的艰苦卓绝的探索是虚幻的，不管是关于所有社会的永恒真理、特定历史时期中的必然趋势，还是从某些社会现象中归纳出的法则。既然社会进程本质上是偶连的、不连续的和开放的，要完全避免反复无常的地方性社会进程的细小变化对长时段的大型社会进程的改变，便是不可能的。结构是由人类行动建构的，而社会、社会形态、社会体系则是由人类创造者的创新和执着不断塑造和重塑而来。③

事件与结构之关系，和前文讨论的偶然性与必然性问题密切相关。不妨以西方历史上的一个著名事件为例，看看偶然性事件是如何改变历史进程，历史学家又是如何赋予偶然性事件以历史意义的。公元前49年，恺撒（Gaius Julius Caesar）率领高卢军团跨越卢比孔河（Rubicone），返回罗马境内。卢比孔河是罗马本土与高卢地区的界河，按照当时的罗马法律，任何将领不得带领军队跨越这条河，否则就会被视为对共和国的叛变。恺撒跨越卢比孔河，意味着与庞培等罗马当权者的决裂并引发内战，最终导致了罗马共和国的衰亡。④据记载，恺撒在渡河之前颇为犹豫，因为他很清楚这是一场后果难料的冒险，但在种种因素的促动下仍然跨出了这一步，"跨过卢比孔河"（crossing the Rubicon）也成了和中文"破釜沉舟"相似的一个习语。在漫长的古罗马历史中，恺撒跨过卢比孔河只是一个极为短暂的瞬间，如布罗代尔所

① 应星：《事件社会学脉络下的阶级政治与国家自主性——马克思〈路易·波拿巴的雾月十八日〉新释》，《社会学研究》2017年第2期。
② 〔法〕布罗代尔：《历史学和社会科学：长时段》，载《论历史》，第55页。
③ 〔美〕小威廉·休厄尔：《历史的逻辑：社会理论与社会转型》，第105页。
④ 参见〔英〕汤姆·霍兰《卢比孔河：罗马共和国的衰亡》，杨军译，中信出版集团，2016。

说，确实只是历史长河中泛起的一朵浪花；这个短暂且多少有些偶然的事件，却产生了极大的影响，在很大程度上重塑了罗马乃至西方历史的发展走向。就此而言，这似乎是一个事件改变结构、偶然性嵌入必然性的极佳例证。可是进一步思考，问题又没有那么简单——罗马共和国的衰落真是由恺撒跨过卢比孔河所引起的吗，抑或共和国的衰落已然不可挽回，恺撒的反戈一击只是加速了这个进程？恺撒跨过卢比孔河真是一个偶然性事件吗，抑或当时的政治局势和恺撒的性格与处境使他除反叛之外没有更好的选择？这样追问下去，恺撒跨过卢比孔河导致共和国衰亡这个结论就显得越来越可疑了，这一事件在历史进程和因果链条上的重要意义也就越来越凸显出一种建构性色彩。

在齐泽克看来，这个例子表明了"偶然性暂时决策"足以改变和定义"行动者的整个人生"，仅仅认为跨过卢比孔河是"恺撒的完整概念的一部分"是不充分的，更确切地说，恺撒和"恺撒性"恰恰是由跨过卢比孔河这个事实所定义的。[①]在这里，恺撒和恺撒性被描述为一个"非时间性的概念结构"，跨越卢比孔河则是一个动态的、时间性的事件，一方面是事件赋予结构以"结构性"特征（没有跨过卢比孔河这一事件，恺撒这个人物、这个名字、这个象征符号所负载的种种意涵将不复存在），另一方面则是结构赋予事件以"事件性"特征（没有恺撒所取得的成就以及在此基础上积淀而成的恺撒性，跨过卢比孔河这一事件将在历史长河中湮没无闻，无法进入历史学家的视野）。换言之，事件定义了结构，结构成就了事件。

再举一个现代的例子——民族和民族主义的形成，史密斯（Anthony Smith）、安德森（Benedict Anderson）、霍布斯鲍姆等西方学者对此提出过形形色色的解释。究竟是民族国家逐渐形成并取代传统政治形式（城邦、封国、帝国、部族）这一客观事实导致了现代民族观念和民族主义思潮的兴起，抑或正好相反，是民族观念的勃兴（所谓"想象的共同体"）为民族国家的形成和发展铺平了道路？霍布斯鲍姆有力而无情地指出，现代人借以塑造民族认同的许多古老传统，诸如苏格兰的民族服饰、英格兰的皇家仪式、殖民印度的庆典礼仪，至早只能

---

① 〔斯洛文尼亚〕斯拉热沃·齐泽克：《事件》，第 168—169 页。

追溯到 19 世纪末，远没有传说的那么古老。①同样，19 世纪以来中欧与东欧涌现出的一系列新兴民族国家，它们回归"古老民族起源"的诉求本身恰恰"创造了这些民族的起源"，这是一场回溯（retroactive）的幻想。②要回答这个鸡生蛋还是蛋生鸡的问题，必须打破原因与结果、主观与客观、事件与结构的二元对立，依靠传统历史学的本质主义思维是没有出路的。

伴随着"第三波"历史社会学的兴起及其所带动的文化转向，强调社会结构性条件的结构/机制分析逐渐弱化，强调历史进程中的关键事件、决策者以及种种偶发性的事件/过程分析日益兴盛，微观情境式的解释框架逐渐成为主流。③孟庆延试图赋予事件更系统的理论和方法意义，将理论范畴的事件及由此而生的过程性叙事区分为不同的类型：结构化的事件，即可以集中呈现更深层次和更复杂的社会分化机制的事件；节点性的事件，即在制度演进、组织发生、程序完善等具体进程中具有重要意义的事件；机制性的事件，其发生将原本隐匿在静态结构下的社会关系形态、大众社会心态呈现出来，使研究者可以从事件过程中提炼出机制性要素；进而提出总体性事件丛的概念，意思是某一历史事件是由具体历史时空中的数个小事件组成的，这些小事件都属于事件丛的概念范畴，但是在具体时空中又有所差异。④这些理论尝试，对于历史学家和社会学家都是富有启发意义的。

事件和以事件为中心的政治史曾长期占据中西传统史学的核心位置，近百年来则在以年鉴学派为代表的新史学潮流中遭遇质疑和挑战，逐渐陷入边缘化的境地。在布罗代尔对历史时段的等级划分中，事件和事件史被"放置和禁锢在短时段之中"，⑤甚至被斥为"事件主义"或"事件偶像"，成为"总体史"理念的假想敌。长时段、中时段和短时

---

① 〔英〕E. 霍布斯鲍姆、T. 兰格编《传统的发明》，顾杭、庞冠群译，译林出版社，2004。
② 〔斯洛文尼亚〕斯拉热沃·齐泽克：《事件》，王师译，第 56—57 页。
③ 严飞：《历史图景的过程事件分析》，《社会学评论》2021 年第 4 期。
④ 孟庆延：《事件及其理论意涵：历史社会学的隐藏文本》，《社会发展研究》2022 年第 2 期。
⑤ 何兆武、陈启能主编《当代西方史学理论》，中国社会科学出版社，1996，第 521 页。

段的区分无疑是现代历史学家对社会科学理论的重要贡献之一，却也蕴含着偏颇和误导的可能性。20世纪后半期，伴随着新政治史的出现和社会史向新文化史的范式转换，① 以及历史社会学第二波和第三波浪潮的兴起，② 事件的不可或缺性及其方法论意义再次凸显出来。当雷蒙为重振政治史而摇旗呐喊、斯通为叙事的复兴而欢欣鼓舞时，当拉赫曼把社会学称作一门"历史性学科"、③ 休厄尔扛起事件社会学的大旗时，事件、事件史、事件研究开始绽放新的生机和活力。作为构筑历史图景的基石，事件的意义不仅在于其反映的个别历史本身，更在于它们是历史长河中不同情境的交叉点、不同意义的联结点。无数事件所构建起来的历史网络，使客观现实与主观现实之间的调和成为可能。④如果从时间、过程、关系、结构等维度对事件进行更深入的反思，如果事件不再被结构社会学化约为结构、被行动社会学化约为行动，⑤ 它或许能为历史学家和社会科学家提供源源不断的学术灵感。

---

① 参见李里峰《新政治史的视野与方法》，《福建论坛》2009年第6期。
② 参见李里峰《历史社会学的学科边界与理论自觉》，《天津社会科学》2019年第3期。
③ 〔美〕理查德·拉赫曼：《历史社会学概论》，第3-4页。
④ 〔德〕斯特凡·约尔丹主编《历史科学基本概念辞典》，第54页。
⑤ 李猛：《迈向关系—事件的社会学分析：一个导论》，载杨善华、王思斌主编《社会转型：北京大学青年学者的探索》，社会科学文献出版社，2002。

文化记忆的历史棱角

——文学作品中的记忆传递与再构

严　飞*

　　中国社会经历了巨大的变革和转型。回望历史，转型从来都不是一帆风顺，其中有太多的痛楚和苦难难以被忽略。激昂壮阔的誓言与承诺和目不忍视的流血与暴力交织，这些都或多或少地造就了一个时代的文化，以及属于时代的文化记忆。人们背负着沉重的记忆，推动着历史的车轮，有的囿于原地，有的不顾一切地冒险，个人选择使命运在同一个文化记忆的环境下走出了截然不同的两条道路，互相敌视与纠缠，最终又走向统一。

　　最近几年，国内学界对于文化记忆的探讨只增不减，从个人记忆中发掘个人与历史的关系亦成为新的趋势。"我们把当事人的行为归位到他们的生活史中，再把他们的行为归位到他们所属的那个社会场景下的历史中"，[1]这种从文化记忆的框架中探寻个人记忆的视角有助于我们在现有的社会轮廓中更加贴近历史，看到历史跌宕背后的个体。

　　文学作为文化记忆的载体，具备作为历史田野的可能性。1949年后的中国当代文学，又有更深一层的研究意义。一些或直接或隐晦地描述动荡历史的文学作品所证明的，不仅是创伤过后一代人的反思，更是对断裂的历史记录的一种补充方式。正如记忆研究学者刘亚秋所指出的，虚构的文学所反映的社会事实，并不立足于揭示"历史真相"，而在于呈现观念层面的真实。[2]

　　就此，本文选取三部以历史变迁与转型为题材的中国当代文学作品：张炜的《古船》、刘震云的《故乡天下黄花》、格非的《望春风》，

---

　　*　严飞，清华大学社会学系长聘副教授。

①　张佩国：《口述史、社会记忆与表述的政治》，《中国社会科学报》2010年3月2日。

②　刘亚秋：《将文学作为"田野"的可能——以记忆研究为例》，《社会学评论》2018年第2期。

拟通过细致的文本梳理，展现出文学作品中个体对于文化记忆的选择以及文化记忆对于个体的形塑。其中，尽管作为文学作品的小说有其文学创作的成分，但小说作为文化记忆的一种载体，其写作过程也必然根植于作者所处的特定社会背景而凸显出特定的历史意义。文学作品对历史变迁的描绘实质上是一种对共同体政治的文化记录与呈现，可以从一个侧面展示出个体的社会记忆如何在具象的历史时空与社会情境之下撕裂、传承与建构，因此具有深度的分析价值与意义。

一　文化记忆的历史纵深

自法国社会学家莫里斯·哈布瓦赫（Maurice Halbwachs）以来，记忆不再只被看作一种特殊的心理现象，只在心理学的内省分析框架之内进行讨论。相反，记忆具有社会性，是由个体所属的社会群体所唤起。个体记忆与集体记忆交互影响，并改变着行动者的态度、引导着个人做出选择。虽然集体记忆在社会群体中存在，并从社会群体中汲取力量，但记忆的主体也是作为群体成员的个体。

在哈布瓦赫的研究范式下，群体中预先存在的集体记忆会对个体产生潜移默化的影响，个体记忆则对集体记忆进行补充和修正，两者呈现出互构的关系。诚如哈布瓦赫所言，"个体通过把自己置于群体的位置来进行回忆，但也可以确信，群体的记忆是通过个体记忆来实现的，并且在个体记忆之中体现自身"。①但这种互构会产生出两种结果，一种是社会群体中的成员主动修正个体记忆与集体记忆不相容的部分以实现更强的群体认同；二是个体修正群体中与自己记忆不相符合的主流记忆。大多数情况之下，占据主导地位的记忆会取代个体性的微弱的记忆，从而体现出社会记忆研究中的权力观念。但这种"记忆的微光"往往是社会记忆容易忽视的细节与真实，因此不应该否定个体记忆的主体性，以及它们完善主流记忆的可能性。

德国学者扬·阿斯曼（Jan Assmann）将哈布瓦赫"集体记忆"的

---

① 〔法〕莫里斯·哈布瓦赫：《论集体记忆》，毕然、郭金华译，上海人民出版社，2002，第 71 页。

概念进一步分解为"交流记忆"和"文化记忆"。① 在阿斯曼看来，哈布瓦赫将记忆研究从主体的心理领域拓展至社会领域，但他并没有进一步引入文化结构。事实上，记忆是由社会和文化决定的，更加强调心理、意识、社会和文化之间的互动关系。② 阿斯曼指出，文化记忆包含那些"久远的、边缘的、被放逐的记忆"，以及"那些非工具化的、异端的、破坏性的、遭到否认的记忆"。③ 文化记忆如同长销书一般历经历史的层累与沉淀（在此意义上，具有交流性质的集体记忆就如同畅销书），驾驭着人们的行为和体验，并赋予历史事件以精神的或价值的内涵。

文化记忆可以从回忆、认同、文化的延续三个方面来探讨。社会通过回忆的方式构建自我想象，并在这之后形成一种凝聚性的结构，将人们联结成一个团体，在结构内部进行交流，产生认同。同时，这个凝聚性结构也把过去和现在联结了起来，将这个团体内人们共有的历史经验和文化意义固定下来，通过传递和延续影响之后人们的行为。④

文化记忆的一大特点，是具有历时性。所谓的历时性，是指只有把文化记忆放在历史的维度上进行考察，看到其在时间序列上的传递与延续、消失与断裂，才可以更好地发挥其理论解释力。文化在经历世代交替和历史变迁之后仍然可以保持稳定与一致，这种穿越历史长河的文化稳定性可以防止普遍的持续遗忘，从而保证社会文化身份的有效传递和持续保存，形成所谓的"历时的身份"。⑤ 在阿斯曼看来，只有把文化视为记忆，这个记忆才是由一个社会建构起来的历时的身份。

只有借助文化记忆，历史的纵深才得以打开。个体的记忆不是静止不动的，而是不断在流转，在历史的往复变迁乃至关键历史事件/运动的衍变下不断受到冲击和检验。刘亚秋就发现，文化记忆不是强势而僵硬的，文化记忆与个体记忆两者之间是"共谋"的关系：或者个体完

① 〔德〕扬·阿斯曼、管小其：《交往记忆与文化记忆》，《学术交流》2017 年第 1 期。
② 〔德〕扬·阿斯曼：《文化记忆：早期高级文化中的文字、回忆和政治身份》，金寿福、黄晓晨译，北京大学出版社，2015。
③ 〔德〕扬·阿斯曼、陈战国：《什么是"文化记忆"？》，《国外理论动态》2016 年第 6 期。
④ 〔德〕阿莱达·阿斯曼、陶东风译《个体记忆、社会记忆、集体记忆与文化记忆》，《文化研究》2020 年第 3 期。
⑤ 〔德〕扬·阿斯曼：《"文化记忆"理论的形成和建构》，《光明日报》2016 年 3 月 26 日。

全具备能动性，可以从文化记忆中获取资源，以此检视个体在历史背景下的各种问题；或者群体从个体记忆中获取资源，去修正和补充集体的文化记忆。① 换言之，每个人都不是孤单的，生命轨迹中必然都穿插着一些历史事件的痕迹，故事中都具有一定的公共性和社会性。也因此，我们需要看到大历史中的个人，看到个体、群体背后所代表的一种结构性的历史动因。只有从每一个有名字的小人物的历史中去捕捉生命的颤动，并与整个社会的历史过程（history）相对照，才可以更好地从文化记忆挖掘出个体的生命体验和记忆流转。

二　《古船》：个体记忆与文化记忆的交互

以历史转型为题材的文学作品所描绘的历史图景，呈现出清晰而明朗的文化记忆，以及文化记忆下所凸显出的一个个具有复杂主体性的个体，这些个体在具体历史情境下如何主动抑或被动地表现出行为导向与精神情感。

先以张炜的长篇小说《古船》为例。② 这部小说以主人公隋抱朴和隋见素二人不同人生路径为例，探讨了文化记忆在中国社会转型时期与个人记忆的交互和影响，以及文化记忆自身的分裂与融合。

以文化记忆的眼光审视隋家 40 年的起伏，梳理其脉络，便可以找到隋抱朴和隋见素共同的"根"，找到这个小镇的"根"。隋家原本是富贵之家，镇上其他两大姓氏不能与其相提并论。家族的粉丝厂带动了整个洼狸镇的发展，可以说隋家就是粉丝厂，粉丝厂就是洼狸镇。可是隋家的发展在抱朴、见素的父辈出现了分歧——隋迎之承担起责任，变成这个城镇的一部分，接过了全部的负担和记忆；而隋不召则走向了城镇之外，将野心和不羁留在了隋家的文化记忆中。

至此，隋家的文化身份从认同走向分裂，一个以隋迎之、隋抱朴为代表，中庸、规矩，将自身视为洼狸镇的一部分；一个则以隋不召、隋见素为代表，极端、勇猛，将自身视为隋家的一部分。这种对立建立在

---

① 刘亚秋：《从集体记忆到个体记忆：对社会记忆研究的一个反思》，《社会》2010 年第 5 期。

② 张炜：《古船》，人民文学出版社，2004。本节引文均出自该书。

隋家整体的文化记忆之下，分享着共同的经历（如父亲的死、家道中落、还乡团），共享一套意义结构（如接受隋家人的身份、对于隋家自身命运的主观界定、外人对隋家人的认知），但在对于事件的理解上则分别从不同的角度出发。"保守"一方追求对于规矩的守护，他们传承家族的记忆，将意义建立在整个镇子的发展之上，"小我"是不存在的；而"激进"一方则追求革新和变化，挣脱记忆的束缚，将意义建立在家族发展之上。这也就是隋见素认为自己所做的一切是为了大家，而隋抱朴则认为他过于自私和短视的根本原因。

要审视隋家的文化记忆，必须将它放置在整个洼狸镇的文化记忆之下。洼狸镇是一个多灾多难的城镇，这也就意味着集体记忆的伤痕永远留在镇上居民的心中。他们非常依赖上位者，对于权位非常重视。洼狸镇的文化结构牢固又脆弱，普通人难以改变，同时这样的文化结构也依赖粉丝厂和上位者的维护，叛离规矩的人，最后肯定会受到规矩的惩戒。隋家过去的兴盛与当下的对比使镇上居民对隋家不再抱有信心，隋家也被扣上了"灾厄""资产阶级"的帽子，这些概念随时被提取出来再加工，以便进行某种政治行动（如批斗）。

与此同时，文化记忆与个人是交互的关系。个人可以选择如何理解、承载文化记忆，文化记忆最终也会重构个人。在《古船》中，我们首先看到的是，个体通过文化记忆获得自我身份认同的加强。隋抱朴和隋见素通过回忆而获得的最初的身份认同是有区别的——他们对于过去事件的意义有不同的提取方式，文化记忆对于他们的形塑也就不同。隋抱朴比隋见素出生早，也经历了更多事情。他从小被教育"毋意，毋必，毋固，毋我"，选择了作为文化记忆的承载者，将其延续下去。在父亲发狂、算账、吐血身亡的时候，隋见素还不能够理解这些事件，不能够赋予事件意义，而隋抱朴则将它们与隋家和自己的命运联系在了一起，认定了自身的命运必然等同于洼狸镇的命运。受到隋不召的影响，隋见素承袭了改革的一脉。在认识到隋家家道中落的情况下，认为这些是可以改变的。他有"勇"，但缺少对于文化记忆足够的尊重。

之后，隋抱朴选择了老磨作为载体固定自我的身份认同，将自己封闭在这个意义结构之下，并时常通过对记忆的正面回应来加强自我的身份信念。他对小葵发自内心地喜爱，但却不敢光明正大地与她在一起，便说出："我知道老隋家的后一辈人再也不要欠账了，谁的账也不要欠。可我今生是欠下李兆路的了，我真不敢想，不敢想！"此时他认为自己逾越了规矩，破坏了稳定，因此也变得更加怯懦。对于粉丝厂倒缸，他首先责怪隋见素起了歹念，然后不顾弟弟的反对，去挽救已经在对头赵多多手里的粉丝厂，"……粉丝厂'倒缸'没人扶，就是全镇的耻辱！'扶缸如救火'，自古洼狸镇就有这句话"。他再一次强化了自己的命运同洼狸镇历史的联结。每次类似事件的反馈都进一步加强了他的身份认同，促使隋抱朴愈加"保守"，走向极端。

隋见素则是处在对自我身份认同的鄙视中，一直想要否定它。他和哥哥聊天时曾说道："……我当时隔着窗棂往外看，我一点也不骗你哥哥，我不停地在心里诅咒。可我一句老多多他们也没有骂，我骂了自己的祖宗！我骂他们瞎了眼在芦清河边开起了粉丝厂，让后来的一辈又一辈人活不了又死不了……"他开始对记忆进行反抗，将自己从中分离出来。书中提到三次算账的场景，每一次所包含的寓意都不同。不同于隋迎之为了算清自己对于他人的剥削，隋见素的算账是为了算出粉丝厂的具体利润，以便从赵多多手中夺权。这充分表现了隋见素逐渐强化自身对于隋家文化记忆的离心力，通过一遍一遍地算账这个"仪式"来确认自己的"激进派"身份，在完全摒弃隋家的文化记忆后，失去理智，走向癫狂，成为记忆体系中不稳定的一个因素。

不论是接受还是抵抗，在个人对于文化记忆的分裂与融合做出主观回应时，文化记忆也在重塑着个人，通过重大历史事件，将它们串联在一起，转变为含有意义的历史记忆，进而改变人们的价值选择。在隋抱朴和隋见素的成长时期，中国社会处在剧烈的历史波动之中，土地改革、"大跃进"、"文化大革命"，这些重要的历史事件无一不深刻影响着历史中的每一个个体，也深深烙印在隋家和洼狸镇的集体回忆中。

首先是土地改革。因为历史的原因，隋家被划为资产阶级，虽然最终隋迎之将厂子转手，但这一点仍被赵多多抓住用来对隋家进行批斗，将民众的矛盾和苦难归结到隋家。隋家失去了老宅和过去的一切，尊严与自我认同在那个时候跌落到了谷底。更加重大的事情是隋抱朴和隋见素母亲茴子的死亡。母亲服毒后被凌辱致死的场景在隋抱朴年少的心中造成了极大的震撼，从此他便陷入深深的自责和怯懦中，对于任何记忆和任何记忆的改变都逆来顺受，被迫认同了"这些都是隋家的报应，隋家应当承受这些苦难"的观点。还乡团的血腥杀戮也使隋抱朴将自身的命运和整个洼狸镇的命运绑在了一起。正如隋抱朴所言，他是真正镇史的承载者；而隋见素在这个时候则没有正面承担这段记忆，也没有通过物件和谈论来回忆这段经历，自然缺少了苦难和厚重责任的根基，更容易走向记忆的外向。

其次是"大跃进"和"文化大革命"。这两个时期，整个洼狸镇都陷入一种魔幻的狂热，过去的苦难似乎没有起到警戒作用。巨大醒目的红色数字让人感到不适，代表着守序和规矩的老磨也停止了转动，洼狸镇的集体记忆被重塑，人们开始了对于过去的否定和对于未来的期盼。而后到来的严重饥荒则是对于过分超前行为的纠正和惩戒，作为苦难的一部分烙印在隋家的记忆中。"文化大革命"时期，口号式的宣传、仪式性的表演加速了对于传统文化的破除，新秩序建立起来。"……挨门挨户寻找'四旧'和'封资修'。花盆、描古人的器皿、旧画、水烟袋、雕花石砚……可砸的砸，可烧的烧，无一留存。"过去生活的痕迹、文化记忆的物件载体完全被打破，记忆被碎片化。相应地，社会进入无政府主义的状态，各种记忆的碎片开始走向极端，人们以自身利益为视角，借助过去残留的文化记忆以表明自己的正当性和合法性，实施非人的行为。"于是演出开始了。常演的节目有'两个老头学《毛选》''四个老婆学《毛选》'等……他们又羞愧、又想表明与父母划清了界限，又要照顾到起码的艺术性，常常弄得可怜巴巴。"这种仪式性的表演作为记忆的载体和媒介，对过去的记忆进行重新形塑，消灭旧的意义，赋予新的意义，构筑了新规则之上的文化认同。在大的文化记忆的剧烈变动面前，隋家的记忆处于一个被动的局面。它不再具有自主性，而是被集体记忆挪用、修改，以达到相应目的。

这种个体对文化记忆的选择和文化记忆对个体的形塑都在日后深刻地影响到每一个个人。隋抱朴和隋见素的路径明确地走向了分裂：一个承担着记忆的重任，留守本地；一个抛下记忆的负担，在城市闯荡。不同于隋抱朴，隋见素乐意吸收一切对自己有利的新事物。但事实上这种开明的选择背后仍旧是文化记忆的影子："你嫌我太粗鲁！不错。不粗鲁就讲不明白我要说的意思。你认为我骗了你，我没有背景，没有钱，只是从镇子上来的流浪汉，是个倒霉鬼。我是这样一个人，我从来也没有掩饰呀？……你哪里比我高贵？是你自己认为你很高贵。我倒认为我们老隋家高贵……影响海外，辉煌了几辈子……"从隋见素这段独白中可以看出，他用假想的"高贵"评价来掩盖这种对于自身文化记忆和身份的不认可，急于在各方面证明自己和隋家的地位。

个人的身份认同、价值态度与文化记忆的交互是复杂的。首先，通过包括民族的、家族的、个体的回忆达到初始的身份认同；其次，再通过仪式、物件和具体事件达到身份认同的自我增强；最后，经过历史变迁的洗刷背负上历史的责任和意义。文化记忆促使社会的凝聚，文化记忆的突然消解则必然会导致社会动乱和意义系统的缺失，人们的身份认同从而进入混乱。隋抱朴和隋见素在经历了众多事件之后，选择走向和解，这也意味着文化记忆内部再度从分裂走向了统一，小说最后描绘了一幅理想主义的图景。

三　《故乡天下黄花》：构造暴力的文化记忆

第二个例子是刘震云的《故乡天下黄花》。这部小说选取了河南延津马村在民国初年、全面抗战、土地改革、"文化大革命"中的四个片段，通过描绘乡村的暴力与斗争，展现出一个普通小村庄半个世纪的历史变迁。[①] 在书中，刘震云透过暴力事件中的身体感受、底层人物视角，重新建构起中国村庄个案中的暴力记忆，从而完成了对传统历史宏大叙述中所特有的严肃感和神圣感的解构。

从清末到"文革"，马村在历史变迁的剧烈动荡中发生了一次又一次的暴力：从两姓地主为争夺村长之职而上演的相互仇杀，到翻身之时封建体制的猝然崩溃，再到"文化大革命"时村民对于政治权力的不断角逐以及国家政权对于乡村治理的不断刺激与介入，贯穿其中的是暴力活动的不断上演。而暴力之下，乡村的传统机制不断崩溃，现代国家所带来的新的伦理道德开始发挥支配作用，乡村彻底变成一个行政单位。而这段历史中的个体对于现实的记忆不断被重构，进而影响着人们

---

① 刘震云：《故乡天下黄花》，人民文学出版社，2009。本节引文均出自该书。

当下行为的选择。

具体而言，马村的群体暴力主要发生过三次：第一次是孙李两家的相互仇杀；第二次是日本军队对马村的屠杀；第三次是土改运动和"文化大革命"中村内的暴力斗争。这三类所代表的暴力性质并不相同：孙李两家的仇杀主要是针对乡村内部的传统地位的争夺，其目的在于继承旧有的统治秩序；而日本军队对于马村的屠杀则是乡村作为一个整体遭遇外部性暴力的反映；政治运动中的暴力则是通过阶级的分类消灭异己分子。

关于孙李两家的仇杀，起因是马村在成为一个正经村子之初，李老喜一脉作为地主一直承担着村公一职，父死子继，村里农民对于李姓地主长期占据村长地位是承认的。而孙姓地主则利用民国政权初建试图打破这样的传承秩序，以夺取村长一职，而导致李姓地主雇人杀害孙殿元，即孙姓村长。在这次暴力中，值得引起注意的是暴力的发生并不是因为孙李两姓实力差距太大，恰恰是因为孙姓地主政治地位的上升威胁到李姓地主的传统社会地位而导致了暴力事件。美国芝加哥大学社会学教授罗杰·古尔德（Roger Gould）在《意愿的冲撞》（*Collision of Wills: How Ambiguity about Social Rank Breeds Conflict*）一书中指出，暴力是人际关系的产物，并且进一步指出"暴力冲突更有可能会在等级关系模糊的关系体系中爆发"，[①] 这种关系体系的模糊并不是因为双方各自对于关系体系的认知不清，而是因为双方对关系体系的认知不同甚至冲突。在孙李两家的仇杀中，这种模糊或者冲突表现得尤为明显。对于孙家第二代人来说，"一个鸡巴村长，有什么了不得！戏文上怎么唱？都是宰了过去的皇帝自己做皇帝，有朝一日，咱也试试！"而对于李姓地主来说，"这鸡巴玩意他太爷，是个要饭的！"当然，在暴力上演之前，双方曾对权力的格局有相当的共识和默契，"先发展起来的，看不起后发展起来的；后发展起来的，也觉得自己有些理亏，对不起先发展起来的"，政治权力与道德义理维系着这种不平等的关系。但随着第二代人的崛起以及辛亥革命带来的政治权力的重置，这种不平等关系开始破

---

① 〔美〕罗杰·古尔德：《意愿的冲撞：社会等级的歧义如何孕育冲突》，吴心越译，华东师范大学出版社，2018。

碎，最终以李姓地主夺回"原属于"自己的权力为开端上演暴力。

"文化大革命"中的暴力则脱离群体之间的冲突或矛盾，而聚焦于支配关系下社会阶级的分类与对立。哥伦比亚大学社会学教授查尔斯·蒂利（Charles Tilly）在《集体暴力的政治》（*The Politics of Collective Violence*）中指出"我们-他们"二元身份的对立构建了暴力的情景，[1] 政治运动中的"我们"和"他们"这两对概念有区别但不对等，在身份对立中没有暴力的互动，只有一边倒的"打倒"。也就是说，"群众-敌人"并不能与"我们-他们"的结构完全啮合。但不可否认的是身份的认同起到了重要的暴力催化作用，在马村的政治运动时期，这一要素的影响尤其明显。

在封建生产关系下，地主通过土地剥削农民，经济地位的不平等带来农民集体层面的"相对剥夺感"，尤其是在斗争大会结束后的分浮财环节，"大家看到这么多东西，又起了愤怒，觉得应该斗争地主。我们穷得叮当响，他一家子就藏了这么多东西，让人多么可气！"然而，问题在于这种情况在翻身之前便已经出现，但人们对此的态度却完全不同，"大家对这意外的飞来之财，接受起来还有些不习惯。还有人觉得不合理。明明是孙家、李家、许家的地，现在说分就分，不是抢明火吗？"更为关键的，则在于意识形态的改变——"当特定的意识形态、价值、目标等通过诸如社会运动的方式与运动对象的利益与怨恨联系起来时，对立的身份认同就容易形成"。[2] 正如区长告诫老贾土改是一场激烈的阶级斗争，在土改过程中的斗争会通过集中的"诉苦"将地主的罪恶揭露甚至重新诠释，以实现"被剥削"的切实感受。通过"讲"，人们意识到"不讲不知道，原来地主李文武家欠了我们这么多血债。原来以为李家幸福是应该的，谁知他为了自己享福，逼得我们家破人亡"。由此，暴力活动获得了"道义"上的正当性，人们"到李家扫地出门"的喊声响彻云霄。

对于马村三四代人来说，历史不仅是记忆，更是生活，一直贯穿着马村悲欢的始终。不管是孙李两家世仇的互动行为选择，还是诉苦大会

---

① 〔美〕查尔斯·蒂利：《集体暴力的政治》，谢岳译，上海人民出版社，2006。

② 严飞：《暴力的欢愉，终将导致暴力的结局》，《读书》2018 年第 7 期。

上对于地主的批斗，记忆都扮演着极其重要的角色。两者最重要的不同在于，前者是记忆对于当下的形塑，而后者则是当下对于记忆的形塑。例如，赵刺猬在诉苦大会上讲述母亲被李文闹强奸致死时，贫农李守成提出老一辈人都知道赵刺猬母亲当时是同意的，是通奸。所以，"老范建议赵刺猬发言时，不要说他母亲以前和李家怎么样，只说上吊那天的事"，由此，传统观点下的通奸，经过记忆的再构，成为当下语境中的"就是通奸，肯定也是屈于地主恶霸的压力，不得已而为之"。

同样，个体的记忆不仅受到个体生命历程的影响，而且受到其所处的集体记忆的影响。正如哈布瓦赫所指出的，个体不仅在社会环境中获得记忆，而且有赖全体的框架来唤回和重构记忆。个体受集体记忆的影响，对其所有的记忆进行选择、重构和唤起。但应当注意的是，个体可能属于不同的集体，当然其对于不同集体的归属感有所不同，但当个体出入不同的集体之时，其所唤起的记忆也有所不同。例如，当举报李家的牛大个回到李家休息的时候，其所回忆的是"过去毕竟一起待了二十多年"；而当他进入贫农团的时候，"又觉得李家可恶，该举报他们"。

伴随着暴力的不断出现，传统乡村作为一个整体逐渐瓦解成松散的集合，而关于暴力的记忆也因此在历史的长河中不断得到重构。伴随而来的是乡村作为整体的封闭性被打破，现代国家政权深入乡村并成为历次政治运动产生的重要因素。

传统村庄的价值观念也伴随着一系列运动而轰然倒塌，革命的话语成为人们挂在嘴边的口号。但是运动真的实现了革命的话语了吗？问题在于当利用暴力、地主的浮财以及政治地位吸引赵刺猬这样的无赖来促使人们接受革命的话语之后，人们所获得的政治逻辑到底是革命理论还是赢者通吃的功利主义逻辑？正如郭于华所言，"运动成为目的和为达目的不择手段，会使原本并非尖锐激化的乡村矛盾突变成零和游戏……必然导致整个社会肌体的撕裂和对人们道德精神的毒害"。[①] 马村的传统道德约束从此让位于丛林法则，而马村由乡村变为"斗兽场"的历程正是这段话的戏剧性演绎。

---

① 郭于华：《受苦人的讲述：骥村历史与一种文明的逻辑》，香港中文大学出版社，2013，第 240 页。

四 《望春风》：以个体记忆构建文化变迁

第三个文本案例是格非的《望春风》。这是一部以个体记忆反映乡村变迁这一宏大历史主题的长篇小说，① 在小说里，作者摒弃了传统的以时间顺序和事件描述作为写作脉络的方法，而是从日常的个体记忆入手，重返时间的河流，为个体生命寻找历史背景下确定的存在感。作者以"返乡"为主题，不仅是对社会变迁中消亡乡村生活的怀念和追忆，更是对救赎的渴求、对未来的展望。站在历史社会学的角度，这部小说以个体记忆的呈现方式让我们对文化记忆与个体记忆的关系有了新的思考。

在《望春风》里，格非描绘了儒里赵村几十年的社会变迁，但是和《故乡天下黄花》《古船》不同的是，格非的写作中心并不在土地改革、"文化大革命"等重大历史事件，相反，这些历史事件更像是人物日常生活的"背景音乐"，作者仅通过明显具有时代印记的人物行为与命运来展现历史进程，因为这部小说始终要表现的是历史中的个体命运而非历史事件的真相本身。这与作者的社会历史观有关，格非曾经说过："我对历史的兴趣仅仅在于它的连续性或权威性突然呈现的断裂，这种断裂彻底粉碎了历史的神话，当我进一步思考这个问题时，我仿佛发现，所谓历史并不是作为知识和理性的一成不变的背景而存在，它说到底，只不过是一堆任人宰割的记忆的残片而已。"② 因此作者着眼的个人记忆并不是站在社会与个体二元对立的角度来解构历史，而是在挣脱历史必然性束缚的前提下通过个体的生存价值来对历史做出补充，"我们常常忘记自己在一条河上，我们总是记得自己在一条船上"，对个体记忆的描述便是作者使我们想起历史这条河的方式。

《望春风》对儒里赵村各个角色的个人记忆的展现就体现了上述特点，因为个体在重大历史事件中表现的情绪与行为与我们所知的社会记忆与主流情感有所不同。例如 1976 年，当高定国告知嫂子毛主席的死

---

① 格非：《望春风》，译林出版社，2016。本节引文均出自该书。
② 格非：《塞壬的歌声》，上海文艺出版社，2001，第 15 页。

讯，让她通知村里立即停止一切娱乐活动时，她并没有表现出悲痛或哀悼的情绪，她"心事重重地往家走，脑子里翻来覆去，想的全是她儿子的事"，甚至这样一个举国悲痛的重大事件都没有引起她的注意，因为当她走到大队部门口时，看见村里老人们都在放声大哭，她"愣了很久，才明白过来他们为什么哭"，但她反应过来后也只是"跟着他们胡乱哭了几嗓子"，就转身回家做晚饭去了。

再比如"文革"时期，赵孟舒因为一个谜语被红卫兵抓住时，全村从官到民没有群情激昂地站队对赵孟舒进行批斗，赵德正、长生、新珍等人反而尽最大努力照顾他，不仅改变了批斗会的形式，不用五花大绑地挂牌游街，维护了赵孟舒的尊严，还派专人用独轮车接送，怕他在批斗会期间中暑，并且专门准备了绿豆汤。当个体记忆提供了更加丰满的社会记忆时，我们就可以看到，在历史的长河中，普通人首先有着属于他们自身的生活史和道德观，在此基础上对主流话语或集体价值取向进行回应。这体现在面对毛主席之丧时，嫂子还是跟着老人们胡乱哭了几嗓子，也体现在虽然大家尽力维护赵孟舒的尊严，但还是劝他参加批斗会。这些叙述让我们可以更加全面细致地了解当时的社会事实，了解历史事件背后小人物们真实的日常生活。

但小说末尾也暗示了研究个人记忆可能存在的问题。小说中的"我"不仅是故事的主要人物之一，也是这个故事的写作者。作者描述了"我"在写作过程中每天要将当天写完的故事念给春琴听，随着"我"写作过程的推进，春琴对"我"所使用的个人记忆材料疑虑重重，甚至提出了不少意见和批评，"我"认为写东西最重要的是真实性，而春琴认为讲良心比说真话更重要，那些曾经对"我"有恩的人，他们不堪的一面在写作过程中就应该特殊处理，有所庇护。"我"和春琴的对立在写作方面是真实与虚构的争论，从文化记忆研究的视角却是提醒伦理与材料选择的问题，以及如何识别各种材料与口述史的真实性与准确性的问题。

虽然《望春风》全书以悲伤的笔调描绘了儒里赵村在改革开放后被吞并、拆迁，最终消失的历史，但小说的结尾仍然透露出"我"对乡村生活的怀念和向往。劫后余生的"我"与春琴重回动荡间歇期的儒里赵村，这里荒无人烟，却更像世外桃源，"我"想象着儒里赵村人烟稠密、牛羊满圈、丰衣足食的场景，那时"我"和春琴就是一个新村庄的始祖。线性的时间发展不会变成循环的轨道，荒原难成乐土，乡村神话已逝，唯有个体记忆在文化的翻转变迁之下，被深深铭刻，并提供了更加丰满的社会记忆。

五　结论

文化记忆是深深埋藏在每个人灵魂深处无法抹去的"根"，是它给予了民族以民族性。从文化记忆的角度剖析三部文学作品，便可以看到更加深层次的，具有历史性、家族性和民族性的记忆之本源。当中国迈向现代性的进程慢慢融入历史这条河流中时，文化记忆对于身处历史情境中的个人的选择和态度产生了深远的影响，不同的个体对相同的文化记忆有不同的处理方式，但其内核都是对于文化记忆的承认，同时也在传承、塑造着文化记忆。

透过文化记忆这个棱角去勾连文学文本时，有三个鲜明的共性因素值得我们特别关注：首先是国家性因素的介入，国家的宏观改革和变迁对于文化记忆的改变是巨大的，各种微小的细节都无法忽视国家的"在场"。其次，三部文学作品都展现出了强烈的底层关怀，让我们看到所有被记录的人都饱含着苦难的记忆，无论是暴力记忆的再构，还是个体记忆的变迁，都使文化记忆本身背负上了历史的厚重感和社会的责任感。再次，这些记忆形成了特有的"中国体验"，与中国的社会转型和制度性架构密不可分，和西方的文化记忆体验又有着明显区别。这些都使中国语境下的文化记忆展现出了一份独特性，为本土的记忆与文化研究提供了丰富的土壤。

"学术社会"的双重困境：知识社会史的考察

范　鑫[*]

　　学者的存在，既是学术性的，也是社会性的。以往对这个群体的研究大多追寻学术史和思想史的脉络，着重研究学术在思想层面的发生、发展和转变过程及其对后世的影响。在这篇论文中，我们引入当代欧美学界比较流行的知识社会学方法，从社会的层面，把握现代学术体制的知识产出过程，也就是从"知识的社会生产"（the social production of knowledge）的视角来分析。我们所关注的主要问题是，现代学术体制如何对学者个体产生影响。具体说来，我们要从全球历史的视角，结合以人为本的个案分析手段，剖析现代学术体制运作过程中的一个主要矛盾，即，在建立"学术社会"的过程中，学者如何把握对学术客观性的追求与对社会责任的承担。

　　如何理解现代学术体制之下的这种矛盾？我们首先要从对现代性问题的分析入手。关于何为现代性，学者间有不少的争论。从这个概念的来源来看，有人用它来描述艺术与文学的特性，有人用它来界定经济与科技的发展阶段，还有人用它来定义政治与社会的组织形态；从这个概念的历史性来看，有人认为现代性是一个未完成的方案，也有人告别现代转向对后现代的研究。根据对现代性本质的不同理解，人们对待现代性的态度也不一样，有些人积极追求现代化的发展，也有些人批判现代性造成的种种不良后果。因此，当我们试图总体性地把握现代性这个概念的时候，也许其最大特点就在于不稳定性和复杂性。

　　从现代性到现代学术的体制建立，这个过程中最显著的特征就是学术研究的职业化。关于这个问题，美国历史学家彼得·诺瓦克（Peter Novick）有过清晰的定义。在他看来，职业主义（professionalism）包括

---

　　*　范鑫，剑桥大学亚洲和中东研究系专任讲师、剑桥大学露西·卡文迪许学院院士研究员。

一系列行业规范：制度上的建构（学会和学术期刊）、私传知识（esoteric skills）的标准化培训从而导致实践过程中的证书准入制（certification and controlled access to practice）、社会地位的提升（heightened status）、独立性（autonomy）。① 与前现代学者相比，现代学者越来越依赖制度化的保障，他们往往在高等教育或者科研机构工作，享受使用专业图书馆与档案收藏机构的特权，拥有为公众认可的学位与学术声望。随着现代高等教育体制的兴起，职业化过程也慢慢在中国展开。以历史研究领域为例，这个过程可以大致分成四个层面：历史学的制度化、政府对历史学教育的标准化监控、学术领导权的建立与重组、知识分子从自己的利益出发结成的群体性组织。②

虽然学术职业化成为学术现代化发展的一条主要脉络，但是这个过程也给学者带来了不小的困惑。从广义上来讲，现代学术体制隶属于现代管理体系的一部分，可以说这个制度是二次工业革命以后建立起来的"科学管理"体系下的衍生物。而所谓的"科学管理"强调制度对个人的控制，否定雇佣者的主体性，这一点泰罗在《科学管理的基本原则》这本经典著作里说得很明白：

> 管理层需要将工人手中的工作接手过来；为了让他们能更快更好地完成本职工作，管理层需要为工匠们准备好几乎每一道工艺之前和之后的工作；每天每个员工都能收到来自上级的指导和最为友善的帮助；而不是走向两个极端，或是被他们的老板威逼和压迫，或是任由他们无助地自由发挥。③

管理层对员工的控制、制度自上而下对个人控制，是所谓科学管理的精髓之一。的确，无论如何定义学者或者知识分子，从学生走向学者，都要面临与制度的接触与对话，在这个过程中，个人被制度重新塑

---

① Peter Novick, *That Noble Dream：The "Objectivity Question" and the American Historical Profession* (Cambridge University Press, 1988), p. 48.

② Xin Fan, *World History and National Identity in China：The Twentieth Century* (Cambridge University Press, 2021), p. 127.

③ Frederick Winslow Taylor, *The Principles of Scientific Management* (New York：W. W. Norton：1967), p. 26. 该段引文为笔者翻译。

造和界定。比如在成为大学教授的过程中，一方面，年轻学者往往先要读完本科、硕士，拿到博士学位，之后还要找到稳定的教职，一步步从助理教授拿到终身职位（tenure），最后晋升为正教授，这个过程中每一个环节都要经过制度化审查和评估。另一方面，成为专家学者之后，个人会被社会和专业领域所认可，在研究和实践过程中又可以享受到比较大的独立性。因此，个人与制度的关系，往往成为困扰现代知识分子的重大命题。从这一点上来讲，现代学术体制之下的双重困惑，本质上是个人面对着不断扩张的制度的困惑。当然，这种学理上的推断，最终还要和历史的具体发展结合起来把握。我们需要沿着全球史视角，结合个案研究的手段，对这个问题进行进一步深入分析。

从宏观的层面来讲，现代学术体制的建立，是在全球化的过程中展开的，从欧洲的起源，到北美的演变，再到东亚的接受和转型，是我们这篇文章关注的主要脉络，因此我们的研究要借鉴全球史的视角。作为一门新兴学科，不同学术背景的学者对全球史的概念有不同的界定。有些人认为全球史应当拥有一套清晰定义和研究方法。比如，萨巴斯蒂安·康拉德（Sebastian Conrad）将全球史分为三种类型，一种是总体史，无所不包；一种是关联史，追求全球视野下的联系；还有一种是整合史，研究世界成为整体的过程。① 但是对大多数学者来说，全球史是一种学术研究取向，并非一套封闭的研究体系。它是开放的和不断发展的，也是综合的。作为一种研究取向，它的范畴也不必涵盖世界的所有部分，地区与地区之间的交流与互动，甚至是跨地区之间的文化交流与想象，都可以是它的研究内容，研究取向与具体的研究方法也不对立。②

从宏观的全球视角出发，我们的研究也注重微观分析。这一点体现了历史学研究的特色，即，虽然我们的研究受到理论影响，但是与其他社会科学相比，我们更强调人在历史发生发展中的经验与感受。在具体

---

① Sebastian Conrad, *What Is Global History*? (Princeton University Press, 2017), p. 6.

② 关于全球史研究中的多元角度和手段，参见哥伦比亚大学出版社出版的"国际史与全球史研究丛书"（Columbia Studies in International and Global History）。该系列从 2010 年首发以来一共出版了 20 多本著作，涵盖从全球思想史到移民研究诸多话题，对全球史的定义比较宽泛，并不拘泥于某一特殊题材。

操作中，我们使用了个案研究的方法，与全球视角结合，这篇论文大体可以分成三部分。第一部分着重探讨学者与学术的关系，以马克斯·韦伯为个案，分析他提出"以学术为志业"的社会背景，特别重视德国高等教育体制之下，大学生和大学教授两大社会群体的特点。第二部分转向 20 世纪初期的美国，着重探讨学者与社会的关系，以文学名著《斯通纳》所勾勒出的高等教育体制之下个人的困惑为突破点，分析社会、市场、文化传统等因素对学者的影响。第三部分着眼于 20 世纪初现代高等教育体制在中国的发展，以蔡元培、胡适和顾颉刚等人为代表的中国学者，一方面追寻世界潮流，推崇学术的客观性，呼吁在中国建立"学术社会"；另一方面，在面临着中华民族生死存亡的艰难时刻，他们当中的一部人越来越强调知识分子的社会责任，以学术服务于国家与社会。从学术的客观到学者的担当，现代知识分子面临着这样一种艰难的抉择，这也是所谓"学术社会"的双重困境。

一　韦伯在 1917 年

1917 年冬，具体来说应该是 11 月份，应大学生团体的邀请，马克斯·韦伯在慕尼黑市中心附近的史丹尼克剧场（Steinickesaal）做了题为以《学术为志业》（*Wissenschaft als Beruf*）的讲演，鼓励年轻的学子将学术与政治分开，努力将复杂的世界解释清楚。[1] 由于在这场演讲中韦伯比较系统地阐述了学术与政治的关系，后世学者对其推崇备至，直到今天老师们还常常引用它来激励年轻学子全身心投入学术研究。[2] 对于这篇名著的研究，以往常常局限于思想史的范畴；从思想到社会，本文关注塑造了韦伯的《以学术为志业》演讲的外在环境，从空间、时

---

[1] 关于韦伯的这部名著有多种中文、英文译本。本文采用了保罗·莱特和查德·威尔姆编辑的、达米·希尔斯翻译的最新英文译本，并参照收录在韦伯文集的德文底本。Max Weber, *Charisma and Disenchantment: The Vocation Lectures*, eds. Paul Reiter and Chad Wellmon, trans. Damion Searls（New York: New York Review Books, 2019）; Max Weber, *Schriften: 1894 - 1922*, ed. Dirk Kaesler（Stuttgart: Kröner, 2002）, pp. 474 - 511.

[2] 国内学者对于这篇名著的研究和介绍很多，也影响广泛，下面仅举一例。刘擎：《韦伯〈以学术为志业〉解读》，《澎湃新闻》2019 年 4 月 23 日，https://www.thepaper.cn/newsDetail_forward_3324271。

间和人物关系的社会属性三个层面来描述一下这个思想史上的著名事件。

首先，我们谈谈讲座发生的空间环境。这个史丹尼克剧场，并非一个常设剧场，它是慕尼黑社交界有名的"史丹尼克老爹"开的书店的一部分，是一个"back room"（里屋）。这位书店老板平时在这个空房间里打包图书，冬天来了，就把它改建成文化活动场所，每到狂欢节，会邀请慕尼黑地区的各类知识分子来跳舞聚会，其中也包括许多犹太知识分子。因为活动场所是临时改建的，场所费用很低，史丹尼克俱乐部就成了当地波西米亚知识分子群体的活动中心。[1] 从这个角度来看，这个思想史上大名鼎鼎的史丹尼克剧场，远没有我们后来人想象的那么风光，空旷的大厅，临时摆上百十把椅子，更像是艺术表演的小剧场，换成今天互联网时代动辄千百人参加的远程讲座，这场讲座的规模也就只能说是一般般。思想史上的风光事件，发生在一个并不很起眼的环境中。[2]

其次，从时间的层面来说，当时德国的社会政治经济状况让人无法乐观起来。1917 年末，俄国正经历苏维埃革命，德国内政也处于风雨飘摇之中，以韦伯为首的自由派知识分子渐渐对赢得战争失去了希望。在这个时候，德国的大学生组织自由学生联盟（Free Student Alliance）在慕尼黑的史丹尼克俱乐部组织了一系列的讲座，以"Geistige Arbert als Beruf"为主题。所以从这个角度来看，韦伯的这次后来成为经典的演讲，在最开始的时候只是一篇"命题作文"。[3] Geistige Arbert 与英文中的 intellectual work 对应，翻译成"思想工作"可能比较适合。这个演讲系列包含了以艺术为志业、以文学为志业、

---

[1] Maria Feuchwanger（interviewer），Lawerance Weschler（interviewee），*An Émigré Life Oral History Transcript*：*Munich*，*Berlin*，*Sanary*，*Pacific Palisades*（University of California，Los Angeles，1976），p. 528.

[2] 据当事人的回忆，当天的演讲可能来了 80—100 位学生。Keith Tribe，"Max Weber's 'Science as a Vocation'：Context，Genesis，Structure，"*Sociologica* 12，No. 1（2018）1.，https：//sociologica. unibo. it/article/view/8432/8249。

[3] 经过活动的组织者、大学生伊曼努尔·波鲍姆（Immanuel Birnbaum）整理，这篇演讲由 Duncker und Humbolt 出版社在 1919 年 6 月末 7 月初出版。其间韦伯对稿件做过修改，但并无重大调整。Tribe，"Max Weber's 'Science as a Vocation'：Context，Genesis，Structure. "

以政治为志业和以学术为志业等一系列主题。在动荡的社会中，颇有"心灵鸡汤"的味道。

演讲中，听众与演讲者的社会属性，更值得我们进一步深究。自由学生联盟是个大学生组织，演讲的召集人也是一群大学生，究竟是什么样的学生，在经济萧条、社会动荡的危机来临之际，仍念念不忘地想以学术为志业？究竟是什么样的老师，在这样的情况下还叮嘱学生，放弃那些宗教般的幻想（disenchantment），静下心来一点点地做学问，把世界解释清楚？接下来就让我们从社会学的视角，来简单介绍一下韦伯时代的德国高等教育体制之下的学生与教授群体。

在韦伯的时代如何成为大学生？这个问题的答案颇让人惊诧。因为有两个看似自相矛盾的回答。第一，所有（男）人；第二，极少一部分（男）人。下面让我们来进一步解释一下。韦伯时代的德国高等教育体制与今天中国和美国高等教育体制相比，最大的不同就是，在韦伯时代的德国，任何文理中学的毕业生都有权利不经过考试，直接进入任何一所德国大学就读。以韦伯为例，大学期间，他辗转海德堡、斯特拉斯堡、柏林和哥廷根多地。这样的经历在他这一代德国甚至是欧洲知识分子当中相当普遍。比如斯蒂芬·茨威格（Stefan Zweig），他虽然在维也纳大学拿到博士学位，但是之前也在德国柏林大学游学过一段时间。德国的大学是对所有人开放的。这也是为什么民国时期大量的中国知识分子在欧洲"游学"。起码是在德国，原则上，即便一句德文不懂，就在教室里坐着抄抄笔记，也可以给自己加上镀金的经历。

当然，并非所有德国人都有机会进入大学学习。首先，德国高等教育的性别歧视比当时的中国好不了多少，在韦伯年轻的时候，女性是没有权利进入大学学习的。直到1908年，普鲁士的大学才开始招收女生，到1913年之后，大学生中才有8%的女性，这个比例缓慢地提升到1930年的16%。其次，进入大学的学生，绝大多数毕业于文理中学，也就是gymnasium。韦伯时代德国的中学分为三种，除去应用和应用与文理兼顾的Realschule和Oberrealschule之外，只有一小部分孩子进入以古典教育为核心的文理中学，而只有这些孩子最后会走向大学。文理中学的费用高昂，据统计，1885年间，中等教育的费用大概在4000—8000马克，而德国普通小学老师的平均年薪大概在 1500 马克左右。[①] 文理中学以古典课程为核心，学习时间一般为 8 年，只有成绩合格才能拿到高中学位（Abitur）。通过这样的学习，很多德国的学生通晓多门欧洲语言，这让今天美国的学生望尘莫及。以韦伯为例，除去拉丁文、希腊文、英文、希伯来文之外，他还有些俄文的基础，后来为了了解俄国的时政发展，他自学俄文，并很快达到阅读水平。有人认为韦伯的学术兴趣广泛，研究对象从中国到印度再到犹太文化，远远超越欧洲的范围，这可能与他在文理中学打下的语言基础有关系。

与高中相比，德国的大学比较轻松，毕业要通过一系列的国家资格考试，如果想取得博士学位，还要参加学校指定的答辩。但是与今天的北美大学相比，德国的大学学习完全没有组织和指导。也就是说，大学生修选什么样的课程、选怎样的课程、选多少课程、来不来上课，完全没有人指导，也没有人在乎。这一点现在有所改变，不过与北美大学比起来仍是绝对自由主义。[②] 当然，这种自由并不意味着德国的大学生完全没有压力和学习动力。他们在学期间的最终目的，是通过各种国家制定的资格考试，从而拿到成为国家认证的从业人员的准入证。

这样一来，德国的大学生活极度自由，茨威格在他的传记里就提到，他在大学期间根本没有认真上过什么课，考试也都是靠考前突击而过。韦伯更是在学习期间投入学生主流文化，加入兄弟会阿雷曼人社团（Alemanne，有德国人或者德国佬的意思），每天酗酒斗殴。[③] 他在大学期间回家探亲，妈妈看到他脸上因为击剑留下的伤痕，上去就给了他响亮的一巴掌。[④] 兄弟会的成员宣扬爱国精神，政治立场也趋于保守，这些在青年的韦伯身上都有体现。图 1 是兄弟会成员练习击剑的壁画，是笔者在哥廷根大学访问的时候从市政大厅拍下来的。韦伯在这里度过了

① Fritz Ringer, *The Decline of the German Mandarins*: *The German Academic Community, 1890-1933*（Cambridge: Harvard University Press, 1969），p.30.
② 笔者 2011 年至 2013 年在德国执教的时候，所在的柏林自由大学学生会通过一项决议，认为大学老师上课无权点名，经过一番较量，最后大学管理层表示服从学生的决议。从历史来讲，这符合德国人对大学教育的理解。
③〔德〕玛丽安妮·韦伯：《马克斯·韦伯传》，阎克文、姚中秋译，商务印书馆，2010，第 54 页。
④〔德〕玛丽安妮·韦伯：《马克斯·韦伯传》，第 57 页。

大学生涯的最后一个学期。

图 1　兄弟会成员练习击剑的壁画

德国大学的独立地位还体现在大学在某种意义上拥有对学生的司法权。[①] 比如哥廷根大学就设有学生监狱（Der Karzer）。因为酗酒斗殴，很多后来比较知名的学者、政治家有在这里被监禁的经历，许多人甚至以在这里的经历为荣，认为在读大学期间不进一次学监，简直枉费人生。据说，铁血首相俾斯麦在哥廷根读书期间，因为行为不端，被学校下了禁令，天黑之后不得在校区内停留。他只好在哥廷根的古城墙边租了间小屋，傍晚去那里住宿。这间房子还在，现在已经成为当地一景。

这是学生。那么教授呢？韦伯如何从一名打架斗殴的学生成为鼎鼎有名的教授呢？其实这也是这场演讲中学生想请韦伯谈的问题，虽然这时候韦伯还未回到校园。

在韦伯的时代，成为教授的过程是一条漫长而艰辛的道路。一般来说，经过 8 年的文理中学学习以后，大学生会花上 3 年选课，准备国家统考，这样就获得相关行业的准入证，这点和今天中国的公务员考试很

---

① 这种司法独立性是欧洲大学的传统，比如，在 1772 年，瑞典的乌帕萨拉大学（Uppsala University）教授委员会（senate）曾经宣布判处一名学生死刑。Sten Lindroth, *A History of Uppsala University*, *1477 - 1977*（Stockholm：Almqvist & Wiksell International，1976），p. 156.

像。之后，可以在所在的大学撰写博士学位论文，如果答辩顺利就可以获得博士学位。在获得博士学位之后，还要进行博士后研究，这个过程也叫作 habilitation。通过了博士后资格考试，就获得了讲师（Venie Legendi）的称号（permission to read），也就是 P.D.，在这个阶段，年轻学者就可以在大学里开课。靠讲课的收入维持生计。① 最后成为教授的过程，要各州教育部认可。这里面有两种情况。新开的教授职位，往往由各州教育部直接任命。而已有教习的补缺则由大学向州教育部上报 3 个候选人，教育部做出最后聘用决定。

从这个过程来看，第一，德国的大学没有绝对的学术自由，因为学校的教授聘用权最终掌握在政府手中。从 1817 年到 1900 年，有人做过统计，德国大学的神学、法学和医学部一共向政府推荐了 1335 人，其中至少有 322 个位置，另有任命。也就是说，大概有 1/4 的任命，教育部抛开了学校的建议不顾。② 第二，因为教授是国家任命，大学教授是国家公务员，他们的收入与社会地位极高。他们一方面有国家拨款的稳定工资收入，另一方面热门专业的讲课费也往往很可观。大学里顶尖教授的收入与商人、医生甚至是政府高官比齐。到 19 世纪末，大学讲师的年收入在 1500 马克左右，副教授和中学老师大概在 5000 马克。正教授的收入则从 6000 马克到 40000 马克不等。在 1900 年左右，普鲁士地区 502 位正教授平均收入在 12000 马克，远远超过普通居民。③ 在德国，即便拿不到教授的职位，有了讲师甚至是博士头衔的穷小子也常常得到富裕家庭的青睐，他们都想让自己的女儿有朝一日成为教授夫人，光宗耀祖。即便成不了教授夫人，"博士夫人"（Frau Doktor）也是很好听的称号。

德国教授的地位虽然光鲜，但是成为教授的这条路上竞争极为激烈，不确定因素很多。除去学问好，师承与社会关系也极为重要。这是

---

① 德国大学中教授的公开讲座不收费。而讲师私人开设的课程要收取一定的费用。根据杨人楩在 1930 年的介绍，每门私课收费大致在 10—20 马克，每周上课 2—4 小时不等。杨人楩：《新德意志之教育思潮与制度》，《教育杂志》第 22 卷第 7 号，1930 年，第 25 页。

② Fritz Ringer, "Higher Education in Germany in the nineteenth century," *Journal of Contemporary History*, Vol. 2, Issue 3（1967）：125.

③ Ringer, "Higher Education in Germany in the nineteenth century," 126-127.

为什么韦伯在演讲中谈到了成为教授要靠"运气"（a matter of chance）的原因。① 当然，对于韦伯来说，运气这个词背后掩盖着他特殊的社会关系。第一，他的爸爸老韦伯就在政府工作，他从小成长的环境中，不乏达官贵人社会精英。他妈妈的家族在学术界很有影响，出了好几位大学教授。第二，韦伯家与当时名震一时的蒙森（Theordor Mommsen，1817-1903）有姻亲关系。② 而老蒙森是当时德国学术界公认的学阀，他参加了韦伯的博士答辩，对他十分赏识。③ 韦伯个人的学术固然很优秀，但是没有这些背后的关系网络，年纪轻轻就当上教授，还是不太好解释的。④

以学术为志业，可以说是作为一名学者的崇高理想。然而从理想到现实，差距往往很大。当韦伯在史丹尼克剧场做这场演讲的时候，德国的社会政治生活正面临着一场深刻的危机，这也引发了韦伯对德国学术制度的反思。在演讲的前言和尾声，他都提到了美国。韦伯一直对美国充满了兴趣。1904 年，他受邀参加在圣路易斯举办的世界贸易博览会（World's Affair，The Louisiana Purchase Exposition）上的科学人文大会（Congress of Arts and Sciences），在为期将近 4 个月的访问期间，韦伯与美国学者展开了广泛的对话，也对美国的经验进行了系统性的反思。因此，在这次演讲中提到美国，韦伯是有备而来的。在他看来，美国的学术制度还在发展中，正因为如此，才容易从中抓到学术发展中的核心问题的症结。

一方面，韦伯认为美国的教育水准很低。他评论到，"与德国相比美国的学生少学了多少东西简直令人无法想象"。⑤ 但另一方面，他认为，学生对于知识掌握程度的差异是由于制度的不同造成的。在德国，学生学习是为了应付各种资格考试，最终加入官僚群体享受终身无忧的文官体制（lifetime civil-service benefits），因此他们成了考试的动物（the absolute creature of examinations）。在美国，这种官僚体制仍然在形

---

① Weber, *Charisma and Disenchantment*, p. 7.
② Weber, *Charisma and Disenchantment*, p. 119. 韦伯的妹妹克拉拉嫁给了老蒙森的儿子 Ernst Mommsen，〔德〕玛丽安妮·韦伯：《马克斯·韦伯传》，第 154 页。
③ 〔德〕玛丽安妮·韦伯：《马克斯·韦伯传》，第 92 页。
④ 〔德〕玛丽安妮·韦伯：《马克斯·韦伯传》，第 190 页。
⑤ Weber, *Charisma and Disenchantment*, p. 32.

成和发展过程中，学生学习的目的也并非参加资格考试，因此学生对待老师，并没有什么特殊的崇拜。他对比说，"当美国人看到站在课堂前面的老师会想到：这人卖给我他的知识和思考问题的方法是为了挣我爸爸的钱，这和便利店里卖给我妈妈蔬菜的女人没啥区别"。① 韦伯并没有批判这种情况，他反倒觉得，这正验证了一点，即，学者并非领袖，学者也没有义务和职责承担课堂之外的领袖职责。从这个角度，对美国的观察，是韦伯提出"以学术为志业"这个观点的重要经验来源。

当然，超越这个演讲，我们需要从偶然性和结构性两个维度来理解德国教育体制所面临的问题。一方面，1917 年秋德国正处于第一次世界大战之中，由于美国的参战，在韦伯这批知识分子看来，德国的失败是迟早的事情，德国的政治正面临着一场危机；另一方面，韦伯一直相信，德国的高等教育体制，也深深处在某种长时段的结构性危机之中。这也就是为什么在讨论学者如何把握自身责任的同时，他不断提到美国高等教育的发展，以及德国如何应对这样的挑战。而本质问题在于，德国的大学越来越脱离市场化的需要，德国的教授被赋予很多与学者本身职能不相干的神秘色彩（enchantment）。

二　被人遗忘的斯通纳

20 世纪初期，学术研究的中心在欧洲，特别是德国自洪堡以来所确定的研究型大学体制，仍然是世界的楷模。从某种意义上而言，这时候的美国是学术上的新兴力量，与今天中国在世界学术领域的地位差不多。如同我们积极学习西方的学术体制，美国在这一时期建立的一些新兴大学，比如芝加哥和约翰·霍普金斯，基本上是借鉴了德国模式，在德国受到教育的知识分子，在美国学术界也特别吃香。这一点从韦伯与美国知识分子的互动就可以看出来。

作为知名的学者，韦伯在美国受到优待。比如，在访问期间，西北大学校长埃德蒙·詹姆斯（Edmund James）教授特意携妻子安娜·玛格瑞特·朗格（Anna Margarethe Lange）和儿子从芝加哥赶到水牛城

---

① Weber, *Charisma and Disenchantment*, p. 33.

（Buffalo）迎接韦伯一家人。这样的仪式，可谓隆重至极。① 韦伯也是著名刊物《社会学和社会福利档案》（Archiv für Sozialwissenshaft und Sozialpolitik，英译为 *Archives for Social Science and Social Welfare*）的主编。在访美期间，不少学者也纷纷与他联系，其中就包括著名的黑人运动家杜波依斯（W. E. B. du Bois）。②

从社会生活的角度来说，德国学者的生存条件要比他们的美国同行优越得多，所以韦伯也从居高临下的角度怜悯美国大学教授的生存状况。在美国访问途中，他在给母亲海伦妮的信里写道：

> 在这个巨大的人群中，任何一点个人主义的冲动都价格不菲，不管是住还是吃，都是如此。哥伦比亚大学德国语言文学教授赫维（Hervay）的住宅也不例外，那真的小得跟玩具房屋似的。房间一丁点儿大，盥洗、沐浴和如厕都在同一个房间里（这里几乎都这样），不可能招待多于四个以上的来客（令人羡慕！）；去市中心路上得花一个小时。③

的确，与德国大学教授相比，美国学者所面临的生活压力很大。19世纪末，伴随着物价的上涨，美国的教授常常抱怨自己的薪水与其他体面的行业比起来"少得可怜"（"pitifully scant"，"a small sum for any professional man to earn" and "disproportionately small, compared with the renumeration in other learned pressions"）。④ 与此同时，正教授在教师中所占比例越来越低，讲师和兼职老师所占比例越来越高，老师整体收入和社会地位不断下降。⑤ 让我们引用一个文学上的著名案例来说明这个问题。近几年来，约翰·威廉姆斯（John Williams）在20世纪60年代发表的小说《斯通纳》（*Stoner*），突然红遍欧美，也颇受国内读者

---

① Lawrence Scaff, *Max Weber in America* (Princeton University Press, 2011), p. 253.

② 韦伯与杜波依斯的通信收录在 Scaff, *Max Weber in America*, pp. 257-260。

③ 〔德〕玛丽安妮·韦伯：《马克斯·韦伯传》，第225页；Gerth and Mills, p. 15.

④ Frank Striker, "American Professors in the Progressive Era: Incomes, Aspirations, and Professionalism," *The Journal of Interdisciplinary History*, Vol. 19, No. 2 (Autumn, 1988): 235.

⑤ Striker, "American Professors in the Progressive Era," p. 240.

的追捧。①

在普通人看来，《斯通纳》讲的是一个看似平淡无奇的故事，开篇的一段话基本上概括了全书的主要情节。

> 1910 年，19 岁的威廉·斯通纳进入密苏里大学学习。8 年以后，在一战战事正酣之际，他获得了博士学位并在同一所大学谋得了一份教书的职位。在那里他一直工作到死，于 1956 年去世。他一辈子教书却没有晋升到助理教授的级别，听过他的课的学生也没有几个能清晰地记得他的存在。当他去世的时候，同事们凑钱买了本中世纪的手稿，以他的名义捐给了图书馆。今天人们还能在特藏部找到它，上面刻着一行字："为纪念威廉·斯通纳，英语系将此书赠予密苏里大学图书馆。——他的同事 敬上"②

正如上段话提到的，故事的主人公威廉·斯通纳于 1891 年出生密苏里乡间的小农场，父母都没受过什么教育。高中毕业，他上了本州的密苏里大学，本来计划学习农业种植。机缘巧合，在二年级，他选了一门英语文学的通选课，却从此深深地爱上了这门学问。他背着自己的父母，从农业专业转到了英文专业，一直读到博士毕业。与世事格格不入的他在自己的母校谋得了一份教书的差事，成为大学教师。他教了一辈子书，却郁郁不得志。在事业上，他始终没有晋升到助理教授，一直延续着讲师的头衔；在学术上，他的著作没有得到多少人的赏识；在教学上，他无力阻止不学无术的庸才获取博士学位，不能捍卫学术的尊严；在生活上，他的妻子常年受到精神疾病的困扰，看不起他的工作，挑拨他和女儿的关系，导致女儿一生不幸。而他的同事，也由于在人事上的纠纷和培养学生上的分歧，渐渐与他疏远。就这样，在痛苦之中，斯通

---

① 〔美〕约翰·威廉姆斯：《斯通纳》，杨向荣译，上海人民出版社，2016。关于这部小说的介绍，参看《〈斯通纳〉：一本出版五十年后才火起来的小说》，《澎湃新闻》2015 年 11 月 11 日，https://www.thepaper.cn/newsDetail_forward_1395079。本文所依据的英文版本是《纽约书评》发行的五十周年纪念版，附有约翰·麦克加赫尔恩（John McGahern）的导言。John Williams, *Stoner*, intro. John McGahern（New York: New York Review Books, 2003）。

② William, *Stoner*, p1. 这段文字为作者根据英文原文直接翻译成中文。

纳过了平淡的一辈子。

这本小说在 1965 年出版以后，一直影响不大，直到最近才被重新发现，受到推崇。《纽约客》杂志称这本书是"被人所遗忘了的最伟大的美国小说"。在书评人蒂姆·克莱德（Tim Kreider）看来，这本书最重要之处就是塑造了一个与光鲜的盖茨比完全相反的形象。盖茨比虽然结局凄惨，但是美国人都觉得他是一个英雄，"他挣了一大笔钱，干着有钱人干的事儿，住着豪宅，搞着聚会，毕竟还曾经拥有过（虽然是短暂的）自己梦想中的女孩"。斯通纳则不同，"他朴实无华，是一个勤勤恳恳的学术人，婚姻不幸，与孩子的关系也不好，在没有出路的专业中挣扎，在被人遗忘中故去"。① 那么为什么这本书这么伟大？在克莱德看来，《斯通纳》这本书塑造了一个朴实的人物形象，斯通纳在临死之前意识到，他在大学当中追求的东西并不在书本中，而是对书的爱与研究；不在于获得什么样杰出的成果，而在于追求知识本身。他的一生并非平庸无奇，相反，他是文学的卫道士（priest of literature），他的行动充满了执着与信念。

虽然如此，斯通纳仍然是悲剧性的人物。与高高在上的德国教授相比，他的形象代表了美国知识分子在 20 世纪之初的痛苦挣扎。相关情况，韦伯在 1917 年的演讲中也提到了一些。他说与美国相比，德国的年轻老师教课量比较少，原则上，他们可以开设任何自己想教授的课程。而在课堂中，往往是有经验的正教授讲授大课，年轻的学者选择更加专业和细小的题目。美国的经验刚好相反，在韦伯看来，这里的年轻学者往往承受着巨大的压力，"完完全全地体力透支"（completely overburdened）。因为这些年轻人是拿着固定薪水的员工，他们的雇主期待着从他们身上榨取利润，收回投入的每一分资本。结果在美国的课堂上，老教授每个星期可能只上一两门专业讨论课，而他们的年轻同事则可能需要连着教四门课。不光如此，系主任往往控制着课程安排，年轻人教什么课，很大程度上要看老教授的脸色。关于这点，《斯通纳》这部虚构作品，倒是为我们提供了鲜活的案例。斯通纳与系主任劳曼克斯（Lomax）因为

---

① Tim Kreider, "The Great American Novel You've Never Heard of," https://www.newyorker.com/books/page-turner/the-greatest-american-novel-youve-never-heard-of（访问时间：2021 年 6 月 14 日）。

博士生的培养产生了矛盾，后者尽一切可能在课程安排上整治他，安排他上不愿意上的低年级通选课。斯通纳的故事值得我们深思的一点是，与德国相比，美国的学者究竟在多大程度上具有独立性。

韦伯提到了美国的学生知识贫乏，比起德国学生，美国学生对教授也没有什么尊敬之情。这一点倒是说中了美国教育制度的一个大问题。在 19 世纪末 20 世纪初，美国的大学教授与学生的关系处于僵化甚至是"战争"的状态（faculty-student warfare）。① 在某些学校，学生把老师当作"摆脱不掉的恶魔"（a species of necessary evil），而老师把学生看成"没法逃避的累赘"（an unavoidable nuisance）。② 学者一般认为，学生与老师之间的隔阂，并不是来自两个群体社会阶层的不同，因为美国的教授与德国不同，常常来自社会各个阶层，和他们的学生的社会来源没有什么太大的不一样。斯通纳就来自普通的农民家庭。这个故事虽然是虚构的，但是从读者对它的接受程度上来看，这样的故事还是可信的。那么，这种隔阂来自哪里呢？在美国教育史专家劳伦斯·维赛（Laurence Veysey）看来，一则是年龄上的差异，二则且更重要的是两个群体间价值观上的不同。

美国社会本质上是反智的，这对教育体制有着不小的影响。一方面，美国是继普鲁士之后在世界上最先推行全民普及教育的国家，对教育的投入与支持，众所周知。③ 对于富人来说，大众教育的普及是稳定社会、降低犯罪率、防止极端主义出现的唯一手段，也是培养大批熟练劳工的有效途径。④ 另一方面，美国民众对教育漠不关心，从教师的待遇、课堂的条件到学校的设施再到对运动的过分推崇，都存在很严重的问题。⑤ 一流的人才对教师职业望而却步。⑥ 与世界上其他发达国家相比，美国教师的待遇远远低于他们的同行。不仅如此，他们的社会地位

---

① Helen Lefkowitz Horowitz, *Campus Life: Undergraduate Cultures from the End of the Eighteenth Century to the Present* (Chicago: The University of Chicago Press, 1988), p. 24.

② Laurence Veysey, *The Emergence of the American University* (Chicago: The University of Chicago Press, 1965), p. 205.

③ Richard Hofstadter, *Anti-Intellectualism in American Life* (Vintage, 1963), p. 299.

④ Hofstadter, p. 305.

⑤ Hofstadter, pp. 300-301.

⑥ Hofstadter, p. 309.

也颇为低下。在历史上甚至还出现过同船购买奴隶与教师的现象。① 有人曾经估算，在美国，教师受教育程度比较低，多来自社会中下层，富人和中产阶级很少从事教育工作。普通老师由于薪水低廉，在假期往往还要打工维持基本生活。②现代中小学体制的建立和女性进入教师队伍，使美国教育的尴尬处境在 19 世纪后期得到逐渐改善。③ 随着师范教育的引入，教师的培训也渐渐制度化。但是在男性占主导的社会中，教师行业成了缺乏男性气概的代表，有志青年往往将它作为过渡性的行业。对于普通人家的孩子而言，教育并非是对知识的追求，而是如何找到谋生的手段。

就高等教育而言，普通美国大学在社会上也没有什么神圣的地位。美国与欧洲国家不同，在这个国家发展过程中，富人往往拥有过剩的土地，造成地价低廉。针对这种情况，富人往往从自己拥有的土地中捐出一块建一所大学，这样就会引发周围土地价格的增长。从这个角度来说，知识的推广倒是大学建立的次要目的，经济收益是主要考量。④ 这样一来，就导致很多大学就是一个教堂、一栋楼、几个教师而已。比如，据统计，1880 年，在美国，平均每个大学只有 131 个学生 10 个老师，每年授予 17 个学位，大量的毕业生去当牧师，而这样的工作，其实有没有大学学位也没有多大关系。⑤ 正因为如此，长期以来，美国教授在社会上的地位并不高，学生无法理解他们对书本知识的追求。

另外，从 19 世纪末到 20 世纪初，管理层的崛起，不断地侵蚀着教授的权力。所谓管理层，包括校长、学院院长、行政办事人员，虽然这些人常常从教授中来，但是他们遇到事情时，往往从制度管理和制度发展（institutional management or planning）的角度出发。⑥ 他们的行事方式，越来越接近官僚。虽然维赛认为这个阶层的崛起在某种意义上可能

---

① Hofstadter，p. 313.
② Hofstadter，p. 311.
③ Hofstadter，p. 316.
④ David Labaree，"An Unlikely Triumph," https：//aeon. co/essays/how-the-us-college-went-from-pitiful-to-powerful.
⑤ Sam Dresser，"An Unlikely Triumph," *Aeon*（October 11, 2017），https：//aeon. co/essays/how-the-us-college-went-from-pitiful-to-powerful.
⑥ Veysey，p. 305.

捍卫学术的自由，因为他们在教授和社会大众之间建立起了一个缓冲层，但是从《斯通纳》这样的故事来看，行政力量的崛起，慢慢地开始威胁到学者的独立与学术的尊严，这一点从美国高校近几十年的发展上来看，越来越明显。[1]

与欧洲的大学相比，美国的大学在内战以后特别强调学者的社会责任和知识的实用性。从教学理念上来讲，自从本杰明·富兰克林和汤姆斯·杰弗逊以来，美国的教育工作者就看重学生职业技能的培养。[2] 而的公众也对书本上的知识不感兴趣。他们需要大学培养的是具有实用技能的务实的公民，而非追求深奥理念的学者。这一点也体现在对教师的评价上。在今天任何一所美国大学的校园，评价教师的基本准则都可以划分为：教学、科研和社会贡献。虽然权重各不相同，但是学者要得到同僚的认可，不积极参与社会服务是不行的。从教到学，美国的大学都强调学者和学生的社会职责。这样一来，韦伯所提到的"以学术为志业"就成了与之格格不入的理念，斯通纳的故事恰恰反映了这个美国学术体制的两难困境。一方面，学者们追求崇高的学术理念；另一方面，他们也要主动承担社会责任。这两者的平衡之处在哪里？这仍然是一个难以回答的难题。

当然，尽管美国体制存在种种问题，韦伯并不否定美国的学术体制。相反，在他看来，德国的学术体制将会受到美国体制的不断冲击，并逐渐"美国化"。[3] 在这一点上，韦伯的判断没有错，尽管美国大学有着种种问题，但是在 20 世纪初期，尤其是一战之后，由于大量资金的支持，美国的大学发展迅猛，逐渐有取代欧洲之势。

三　顾颉刚的梦

1930 年 3 月 25 日，顾颉刚在日记中记述，钱玄同告诉他，在北平

---

[1]　关于这个问题，最近的研究很多，比如 Ellen Schrecker, *The Lost Soul of Higher Education*：*Corporatization*，*the Assault on Academic Freedom*，*and the End of the American University*（New York：The New Press，2010）。

[2]　Veysey, p. 12.

[3]　Weber, *Charisma and Disenchantment*, p. 6.

城里，有两个人聊天，一个问另一个，"您怎么不喜欢顾颉刚呀？"那个人回答说，顾颉刚曾经写过这样的话，"站在学问的立场，不管是复辟党或共产党，是平等看的"，又说过，"我们研究学问，在蒋介石治下如此，在张宗昌治下如此"。这个人接着说，那么在大清朝的黄龙旗下也一样喽。这就是鲁迅反对顾颉刚的原因。顾颉刚在日记中反思，前面那句话他的确在《北大研究所周刊始刊词》写过，后面那句他虽然没有说过，但是他是可以说的。他写道："学问不离政治，必不能求真，此义我笃信之。"这些人攻击他，"根本是对学问不了解"。①

在中国近代知识分子中，顾颉刚应该算追求学术的客观性的代表性人物之一，他所领导的古史辨运动的目的就是去除中国人对古代历史的迷信，还原历史的本来面目。在他看来，"学的范围原比人生的范围大得多，如果我们要求真知，我们便不能不离开了人生的约束而前进"，因此在学问的追求上，要做到"只当问真不真，不当问用不用"，主张学术与政治分离。②

在《一九二六年发刊词》里，顾颉刚将学术与政治的关系解释得非常清楚。他认为，学者在研究中"目的只在勤勤恳恳地搜集材料而加以客观的研究，作真实的说明，在民国之下这样说，在帝国之下也这样说，在社会主义共和国之下还是这样说，事实是不会变的，我们所怕的只在材料的不完备，方法的不周密，得不到真实的事实；至于政治的变迁原是外界的事情，和我们有什么关系呢！"他还进一步解释，也许爱国者会呵斥这种态度，他表示尊重这样的看法，但是在他看来"科学是纯粹客观性的，研究的人所期望的只在了解事物的真相，并不是要救市安民，所以是超国界的"。③

当然顾颉刚并不反对国民对政治的追求，但这与学术机构本身的目的是不相干的。但在他看来，爱国可以参与政治活动、组织政治团体，但人有各自的才能，作为学者，最本职的工作就是静下心来从事学术研究。而这种学术研究是一个整体，考据和国学也是其中的一部分。科学的发展、技术的进步，都是学术整体进步的结果。很多人提倡知识的

---

① 顾颉刚：《顾颉刚日记》第二卷，台北：联经出版事业公司，2007，第387页。
② 顾颉刚：《古史辨自序》（上、下），河北教育出版社，2000，第42页。
③ 顾颉刚：《一九二六年发刊词》，《国立北京大学国学季刊》第1期，1926年，第5页。

"用处"，他反思当时中国的局面，写道："至于今日，思想学问一切空虚，社会国家一例衰败，可以说都是受了这种知识'以有用为用'的谬见的影响。"解决的方法，还是踏踏实实从具体的研究入手。①

对学术客观性的追求，并不是顾颉刚个人的见解，它反映了20世纪20年代末一大批中国知识分子的追求。除去大家比较熟悉的胡适不说，在这篇《发刊词》发表不久，许多学者对文中的观点表示赞同。比如哈佛毕业的杨振声（1890—1956）称之有"西洋人之精神"，北京学人中的意见领袖沈士远（1880—1955），也说自己在读这篇文章的时候刚好在生病，读过后为之一振，"精神顿爽"。②就连对古代研究并不以为然的朱自清（1898—1948）也称赞文章中论学术平等的部分"十分透彻"。③

顾颉刚并没有在海外留过学，他的这番话在多大程度上受到了西方学术理念的影响，这是一个需要进一步思考的话题。不过顾颉刚的成长，从一个侧面，见证了中国现代学术体制的发展。他在1916年入读北大，1920年本科毕业，恰好赶上北京大学乃至中国高等教育史的一个重要时刻，即，蔡元培担任北大校长以后进行的一系列改革。

1917年年末，韦伯在慕尼黑演讲提出"以学术为志业"，年初蔡元培已经从德国留学回国，担任北京大学校长。1月9日在就职典礼上，他对之前北大学生钻营腐败的学风提出批判，向世人宣布"大学者，研究高深学问者也"。④ 蔡元培对学术的提倡，明显受到欧洲尤其是德国研究型大学理念的影响。他曾经留学德法多年，对德国的教育体制推崇备至。1910年，留学德国的蔡元培就曾经在《教育杂志》上介绍德国大学的情况，这篇名为《德意志大学之特色》的小文章是对德国哲学家巴留岑（亦译作泡尔生或弗雷德里希·保罗森，Friedrich Paulsen，1846-1980）的 *Die deutschen Universitäten und das Universitätsstudium*（《德国的大学与大学教育》）一书前言部分的翻译。在这篇文章中，作者将欧洲的大学划分为英国、法国和德国三个传统，并将美国的大学看成

① 顾颉刚，《一九二六年发刊词》，《国立北京大学国学季刊》，第8页。
② 顾颉刚：《顾颉刚日记》第一卷，第720页。
③ 佩弦：《现代生活的学术价值》，《文学周刊》第224期，1926年，第439页。
④ 蔡元培：《就任北京大学之演说》。

英国传统的衍生，认为英国的传统来自中世纪，比较保守；法国的传统来自大革命之后，比较新潮；而德国是在传统与创新之间的平衡。德国的大学肩负着两个职责，一方面为"研究科学之试验场"，而另一方面为"教授普通及专门知识高等学科之黉舍"，而特色在于"能使研究教授合而为一"。① 巴留岑同时代的德国学者不少是民族主义者，他也一样，认为大学在本质上是要为德国的强盛而服务的。但是大学教授的职责，在他看来，并不是直接宣扬自己的思想，而是通过教学，将自己的知识慢慢渗透到公众当中去，甚至在其身后才会发出社会影响力。从这一层含义上讲，虽然为社会服务是学者的终极目标，但是追求客观，力求知识远离政治是达到这个目标的手段。② 随着蔡元培在北大的改革，一批抱着同样信念的知识分子开始成长起来。追求真理、建立学术社会逐渐成为像顾颉刚这样的新一代知识分子的理想。民国时期，中国的知识分子十分推崇德国的学术体制，从林语堂到徐志摩再到林同济和陈铨，许多人选择从美国转学到欧洲，尤其是德国。当然这也与一战之后德国的物价相对低廉颇有关系。

与此同时，美国的大学体制对中国的现代高等教育制度的发展也产生了重要的影响。民国时期的著名学府，除北大之外，大家常常提起的是上海的圣约翰大学，北京的清华、燕京，以及南京的金陵。这些学校都与美国的教会机构颇有渊源。坐落在上海的圣约翰大学，是美国圣公会在中国创办的一所享有盛誉的高等教育学府，被称为"东方哈佛"；而清华大学的前身清华学堂，是官方资助的留美预备学校，其运营资金由美国政府退还的部分庚子赔款所保证，其运作仿照美国模式。

20世纪20年代末期，军阀动荡，北京大学一度被并入其他学校，北京的学者也纷纷离开。在这期间，清华发展迅速，成为中国高等教育体制中一股重要的力量，以清华为基地成长起来的一群学人，在中国的学术界和政治界渐渐发出了自己的声音。留学美国的蒋廷黻，在1929年成为清华大学历史系的主任，并与胡适等人创办《独立评论》杂志，推动学人论政。在政治观点上，蒋廷黻支持国民政府，提倡权力的集中

---

① 蔡元培：《德意志大学之特色》，《教育杂志》第11期，1910年，第89—91页。
② 巴留岑将这本书献给年轻的德意志国家，这一点充分体现了他民族主义的心态。

与统一，在他看来，现代的知识分子应当勇于承担社会责任。他写道："我们知识阶级的人应该努力作现代人，造现代人。现代人相信知识，计划，组织。现代人以公益为私益。现代人是动的，不是静的；是入世的，不是出世的。"① 在他之后的清华知识分子，比如雷海宗等人，都在教授学术的同时，对政治保持着敏感，常常品评时政。与顾颉刚当年所提倡的追求客观真理相比，20世纪30年代的留美知识分子群体，整体上越来越强调知识分子对于社会所承担的责任。

当然，这种转变与时局变迁是分不开的。20世纪20年代中国知识分子生活在军阀割据的政治局面之下，但是高等教育体制相对稳定，"躲进小楼成一统"似乎还有可能。到了20世纪30年代，北京成了日本侵华威胁之下风口浪尖之上的城市。据当时在清华读书的何炳棣回忆，清华大学的师生生活在日本军队演习的炮声中，家仇国恨是切身的体验。就连非政治化的顾颉刚都受到牵连，传言他已经上了日本宪兵队的黑名单，在恐惧与威胁之下，他不得不选择出逃西北。这样的经历，使他对学术与政治关系有了新的理解。1932年10月14日，顾颉刚在日记中记下了自己的晨梦：

> 晨梦加入义勇军，杀敌人及汉奸，甚酣畅。醒而思之，我研究历史，唤起民族精神之责任，实重于杀敌致果，其工作亦艰于赴汤蹈火。我尚以伏处为宜。斐希脱所谓"我书不亡，德国民族亦必不亡"者，我当勉力赴之。②

虽然他仍然坚持学术是个人的使命，但是与几年前相比，他对学术的认识已经有了巨大的转变，此时，学术已经不是非政治化的专业而艰深的研究，而是维系中华民族生死存亡的利器，客观的真理变成了社会的责任。

现代学术的发展是全球化背景下的一个宏大课题。在这篇文章中，

---

① 蒋廷黻：《知识阶级与政治》，《独立评论》第51期，1933年，第18页。
② 顾颉刚：《顾颉刚日记》第二卷，第698页。

我们选取了发生在德国、美国和中国的三个个案，结合时代背景与地区政治，来解析现代学术体制发展过程中存在的问题。从韦伯提倡以学术为志业，到斯通纳毕生追求知识的独立性，再到顾颉刚建立"学术社会"的尝试，现代知识分子群体依托高等教育体制之下的学术专业化发展，努力地追求学术研究的客观性与独立性。然而现代学术制度本身就是社会大生产之下的产物，在科学管理的理念之下，知识分子必然要与社会发生复杂的互动关系，或者努力摆脱外界的影响，或者努力向社会证明自己的存在，或者在动荡的社会中委曲求存。无论如何，由于现代知识分子本质上是现代社会中的个体，而现代社会或者以经济或者以政治的形态，不断走向整体化、系统化和调度化，在学术的客观和社会的责任之间，天平慢慢向后者倾斜。归根到底，知识分子要为社会服务，不得不在变动的社会当中不断重新把握自身的定位。在这一点上，韦伯、斯通纳和顾颉刚，虽然生活在不同的国度，但他们的故事都指向了同一个命题，即，现代学术体制之下的双重困境。

记忆与忘却

黑力攸关

——非“中间地带”的革命与黑人的政治表象

孙　江*

一　天安门城楼上

1966 年 10 月 1 日，一年一度的庆祝中华人民共和国成立的盛大仪式进入不同寻常的第 17 个年头。毛泽东站在天安门城楼上，俯瞰由 150 万人组成的红海洋。与往年不同的是，这年仪式留下了很多传世照片，其中一张很特别：美国黑人罗伯特·威廉（Robert William）在请毛泽东为英文版“红宝书”——《毛主席语录》签名。（图 1）[1] 其实，当日罗伯特·威廉还宣读了一份长篇英文贺词，而毛泽东侧身看着罗伯特·威廉，若有所思。（图 2）毛泽东左侧有一位黑人低头在翻看文稿，似乎是来自非洲安哥拉的要发言的民族解放运动战士达克鲁斯。[2]

图 1　威廉请毛泽东签名

图 2　威廉宣读贺词

在仪式上发言的外国来宾还有来自越南南方武装解放力量的女英雄

---

* 　孙江，南京大学学衡研究院暨政府管理学院教授。

① 　Randolph Boehm and Daniel Lewis, *The Black Power Movement*, Part 2: *The Papers of Robert F Williams* (University Publications of America, Bethesda, MD, 2002).

② 　*The Crusader*, Vol. 8, No. 1, October, 1966.

谢氏娇、澳大利亚共产党（马列主义者）主席爱·弗·希尔（图2，毛泽东右侧）、日中友好协会副会长黑田寿男等共产党人或社会党人。与这些具有近似的革命意识形态的外国人不同，罗伯特·威廉和达克鲁斯是以民族/种族解放运动战士的身份出现在仪式上的。即便如此，按照毛泽东的"中间地带"的说法，罗伯特·威廉和达克鲁斯的身份也不相同，后者来自美国和社会主义阵营之间的"中间地带"，前者来自社会主义阵营的对立面——美国。

罗伯特·威廉致辞的译文刊登在次日的《人民日报》上，[①] 原文收录于他创办的月报《十字军》（*The Crusader*，又译作《革新者》）10月号上。[②] 通读威廉的中英文稿，可看出他对中国政治术语和修辞运用之娴熟；在向中华人民共和国、中国兄弟致敬后，他向身旁的毛泽东主席致敬："向中华人民共和国的伟大的缔造者、解放者、舵手和全世界的领袖和导师致敬，他的思想正在改造着全世界。在这伟大的国庆日，全世界的革命者比过去任何时候都更加意识到，我们应该多么感激这位人民战争的创始人、伟大的领袖和导师——毛泽东主席。"[③] "（庆祝大会）是全世界正在进行斗争的人民日益团结一致的象征。它反映了我们这些在反对共同敌人美帝国主义的共同战线上工作和斗争的人们的兄弟联系。"[④] 威廉不是随便这么说的，其发言带有其个人的感受："只有在一个人民共和国里，像我这样一个从所谓的自由世界的种族主义暴政下逃亡出来的人，一个从非洲掳去的奴隶的子孙，一个在本国由于在公共场所坐了'白人专席'而被关进班房的人，一个由于要求人权和社会正义，并强调武装自卫权利而遭到美国法西斯政府疯狂和残暴追捕的人，才能够得到今天这样的荣誉，来代表自己被压迫的人民。"他称颂中国取得的成就证明美帝国主义就是"纸老虎"，"粉碎了美帝国主义

① 罗伯特·威廉：《伟大的毛泽东思想正改造着全世界》，《人民日报》1966年10月2日，第6版。

② "China's 17th Anniversary: Afro-Americans Represented," *The Crusader*, Vol. 8, No. 1, October, 1966.

③ 罗伯特·威廉：《伟大的毛泽东思想正改造着全世界》，《人民日报》1966年10月2日，第6版。

④ 罗伯特·威廉：《伟大的毛泽东思想正改造着全世界》，《人民日报》1966年10月2日，第6版。

者所谓非盎格鲁-撒克逊民族都是劣等民族这种希特勒式的种族主义神话"。让"黑人力量的雷声响遍大地"（the thunder of BLACK POWER, echoes throughout the land）。①

罗伯特·威廉生于美国东南部的北卡罗来纳州门罗市，参加过二战和朝鲜战争。1956 年退伍回乡后，成为门罗市有色人种促进会主席。威廉积极谋求黑人的权利平等，援引美国宪法赋予的持枪权，主张以暴制暴，因而受到联邦警察的通缉。1961 年，威廉携家眷经加拿大亡命古巴，后移居中国。② 流亡期间，威廉继续为实现美国黑人的种族平等权而奔走呼号，拥护毛泽东提出的亚非拉民族解放的主张，上述演讲堪称其思想实录。关于罗伯特·威廉，迄今已有很多研究问世，无论是从国际主义角度进行的研究，还是将其置于美国黑人民权运动的考察，鲜有论及其黑人权利平等主张如何与毛泽东的世界革命构想发生联系的。相反，从弗雷泽（Robeson Taj P. Frazier）的研究可见，在考察罗伯特·威廉与中国的关系时，论者认为中国存在久远的歧视黑人的传统，而这一传统一直延续到当代，即使是在毛泽东时代也依然如此。③ 追根溯源，这种言说沿袭了冯客（Frank Dikötter）关于中国的种族话语。④

20 世纪上半叶，被归为"半文明"的日本、中国等"黄色人种"先后获得国家独立并迈上近代化之路，以可视的差异来判断优劣的人种的虚构性不攻自破。但是，另一方面，"二战"后出现的对近代文明的反省和批判并没有深入到对有色人种歧视的彻底清算上，美国社会根深蒂固的对黑人的种族歧视及其引起的抗争成为国际问题。以下，本文将首先考察毛泽东在"中间地带"革命构想之外还存在的一种可称之为非"中间地带"的革命言说，指出这是被美国黑人的种族平等诉求所激发出来的，而触媒就是罗伯特·威廉；继而探讨威廉受邀访华和流亡

---

① 罗伯特·威廉：《伟大的毛泽东思想正改造着全世界》，《人民日报》1966 年 10 月 2 日，第 6 版。

② 关于罗伯特·威廉生平的研究甚多，与中国有关的最新研究可参见 Robeson Taj P. Frazier, *Cold War China in the Black Radical Imagination*（Duke University Press, 2014）.

③ Robeson Taj P. Frazier, "Thunder in the East: China, Exiled Crusaders, and the Unevenness of Black Internationalism," *American Quarterly*, Vol. 63, No. 4, December （2011）: 948.

④ Frank Dikötter, *The Discourse of Race in Modern China*（Hong Kong, 1992）.

中国期间，是如何接受毛泽东非"中间地带"革命言说的；最后梳理有关威廉的宣播，在塑造黑人政治表象中的意义。

二 非"中间地带"的革命

回顾"冷战"格局下的国际局势，东西方围绕国际领导权所进行的博弈异常炽烈。位居西方阵营中心的美国存在严重的种族歧视问题，这给主张各民族平等的东方阵营的意识形态以话语优势。属于东方阵营的中国，参与和推进世界和平运动，1952 年世界和平理事会维也纳会议，1955 年 4 月印度尼西亚的万隆会议等，都留下了中国的声音。特别是后者，会议从 18 日开至 24 日，有 29 个亚非国家和地区的代表出席，会后，中国开启了援助非洲之路。

1960 年 6 月，在罗马尼亚布达佩斯召开的东方阵营的会议上，围绕革命路线的龃龉致使中国共产党和苏联共产党决裂；7 月，苏联政府毁弃中苏合同，撤走援华专家。随着中苏关系恶化，毛泽东提出了自己的世界革命构想——"中间地带"革命。"中间地带"一语最早出现在 1946 年毛泽东与美国记者安娜·路易斯·斯特朗（Anna Louise Strong）的谈话中，1954 年毛泽东重新言及。1962 年 1 月 3 日，毛泽东在接见来访的日本禁止原子弹氢弹协议会理事长、法政大学教授安井郁时，根据当时的国际形势再次阐释"中间地带"的内涵：

> 社会主义阵营算一个方面，美国算另一个方面，除此以外，都算中间地带。但是中间地带国家的性质也各不相同：有些国家有殖民地，如英、法、比、荷等国；有些国家被剥夺了殖民地，但仍有强大的垄断资本，如西德、日本；有些国家取得了真正的独立，如几内亚、阿联（指由埃及、叙利亚组成的阿拉伯联合共和国——引者）、马里、加纳；还有一些国家取得了名义上的独立，实际上仍然是附属国。中间地带国家各式各样，各不相同，但美国统统想把它们吞下去。①

---

① 毛泽东：《中间地带国家的性质各不相同》（1962 年 1 月 3 日），中华人民共和国外交部、中共中央文献研究室编《毛泽东外交文选》，中央文献出版社、世界知识出版社，1994，第 487 页。

毛泽东认为位居中间地带的国家有不同的历史，有的有殖民经历，貌似独立，如日本。按照"全世界大多数人民都受到美帝国主义的压迫和欺侮""你们的斗争就是我们的斗争"的逻辑，① 这些国家的反美斗争必然成为中国革命的一部分。这是中国支持亚非拉民族解放运动的理论依据。

既然有"中间地带"的革命，作为"对概念"的非"中间地带"是否也存在革命的可能性呢？1963 年 8 月 9 日，《人民日报》刊载的毛泽东《支持美国黑人反对种族歧视的斗争的声明》给出了肯定的回答。在文章的开头，毛泽东道明了撰文的缘起："现在在古巴避难的一位美国黑人领袖，美国全国有色人种协进会北卡罗来纳州门罗分会前任主席，罗伯特·威廉先生，今年曾经两次要求我发表声明，支援美国黑人反对种族歧视的斗争。"② 罗伯特·威廉就是上文站在天安门城楼上的美国黑人。流亡古巴后，威廉在 1962 年分别给中国的毛泽东、印度尼西亚的苏加诺（Bung Sukarno）、加纳总统克瓦米·恩克鲁玛（Kwame Nkrumah）、柬埔寨亲王西哈努克（Norodom Sihanouk）等亚非国家领导人及缅甸外交官、联合国秘书长吴丹（U Thant）等去信，请求谴责美国三 K 党及联邦政府对黑人的迫害，支持美国黑人争取种族平等的斗争。③ 毛泽东声明中提到"今年"收到的两封信应该包含这封"去年"的信。根据威廉的回忆，请求信发出后，给他回信的只有毛泽东。毛泽东在上文与日本友人安井郁的谈话中，曾言及 1959 年的古巴革命："你问古巴革命的性质，我认为，古巴革命是民族民主革命，是反对美帝国主义的民族革命和反对巴蒂斯塔集团、买办资本、封建主义的斗争。"④ 古巴邻近美国——"中间地带"革命所直面的非"中间地带"。1962 年 10 月古巴"导弹危机"后，毛泽东对拉丁美洲的革命形势颇为关注。可以

---

① 毛泽东：《中间地带国家的性质各不相同》（1962 年 1 月 3 日），《毛泽东外交文选》，第 485 页。

② 毛泽东：《支持美国黑人反对种族歧视的斗争的声明》（1963 年 8 月 8 日），《人民日报》1963 年 8 月 9 日，第 1 版。

③ Robeson Taj P. Frazier, "Thunder in the East: China, Exiled Crusaders, and the Unevenness of Black Internationalism," *American Quarterly*, Vol. 63, No. 4, December (2011): 933-934.

④ 毛泽东：《中间地带国家的性质各不相同》（1962 年 1 月 3 日），《毛泽东外交文选》，第 488 页。

想见，威廉的请求信促使毛泽东思考非"中间地带"革命的可能性，换言之，几个月后毛泽东发表声明是经过一段时间思考的结果，别有深意。

毛泽东开宗明义地表示："我愿意借这个机会，代表中国人民，对美国黑人反对种族歧视、争取自由和平等权利的斗争，表示坚决的支持。"他列举了美国黑人受到的歧视。美国黑人共 1900 余万人，约占美国总人口的 11%。同样作为美国国民，黑人在政治上没有与白人同等的被选举权，处于受压迫的地位。在许多州，黑人不能和白人同校读书、同桌吃饭、同乘一车。美国各级政府以及三 K 党之类的种族主义团体经常任意逮捕、拷打和残杀黑人，在约有一半黑人居住的南部 11 州，"所受到的歧视和迫害，是特别骇人听闻的"。

面对种族歧视，"近几年来，美国黑人反对种族歧视、争取自由和平等权利的群众性斗争，有日益发展的趋势"。毛泽东列举了几个事件：（1）1957 年，阿肯色州小石城黑人反对公立学校不准黑人入学，当局使用武力镇压，造成震动世界的小石城事件；（2）1960 年，20 多个州的黑人举行静坐示威，抗议餐馆、商店及其他公共场所的种族隔离现状；（3）1961 年，黑人为反对乘车时的种族隔离，举行了"自由乘客运动"；（4）1960 年，密西西比州黑人为争取读大学的平等权利进行斗争，遭到镇压。（5）1963 年 4 月初，从亚拉巴马州伯明翰市开始的反对种族歧视的集会和游行，"遭到大规模的逮捕和最野蛮的镇压"，同年 6 月 12 日，密西西比州黑人领袖梅加·埃弗斯惨遭杀害。"目前，一个全国性的、声势浩大、波澜壮阔的斗争，正在美国的几乎每一个州和每一个城市展开，而且还在继续高涨。"美国黑人团体已经决定在 8 月 28 日举行 25 万人的向华盛顿的"自由进军"。

对于美国黑人争取权利的斗争，中国很早就予以关注。自从 1956 年第一个黑人记者到中国，陆续有黑人民权运动家来中国，1959 年 91 岁的威艾·伯·杜波伊斯（W. E. B. Du Bois）受邀访问北京，受到毛泽东的接见，他是其中最为著名的一个。同年，与《汤姆叔叔的小屋》齐名的杜波伊斯的名著《黑人的灵魂》（1903 年初版）由人民文学出版社出版。① 仅就上述毛泽东声明来看，黑人的抗议活动确实趋于"激进

---

① 〔美〕威艾·伯·杜波伊斯：《黑人的灵魂》，人民文学出版社，1959。

化"，但另一方面也寄寓了毛泽东的主观期待：发展成"解放"斗争。对于非"中间地带"的革命，毛泽东发展了其在1962年9月24日中共八届十中全会上表述的理念——"阶级斗争要年年讲，月月讲，天天讲"，① 认为黑人的反抗斗争本质上是阶级斗争："民族斗争，说到底，是一个阶级斗争问题。"在美国，压迫黑人的只是白色人种中的"反动统治集团"，他们绝不能代表白色人种中占绝大多数的工人、农民、革命的知识分子和其他开明人士。毛泽东呼吁："全世界白色、黑色、黄色、棕色等各色人种中的工人、农民、革命的知识分子、开明的资产阶级分子和其他开明人士联合起来，反对美国帝国主义的种族歧视，支持美国黑人反对种族歧视的斗争。"

声明于8月9日见报后，在高度政治化的中国社会掀起了学习和集会抗议高潮，美国黑人反抗美帝国主义的斗争成为中国人日常/政治生活中的一个主题。事实上，毛泽东的这篇声明成为"文革"前每年都要纪念的文章，并根据国际形势的变化被注入新的内涵。比如1964年8月为纪念声明发表一周年，上海、沈阳、广州、成都、西安、武汉、昆明、呼和浩特、乌鲁木齐、拉萨等地各族各界人民连续集会，强调"一年来的事态发展，生动地说明了毛主席的分析和估计是完全正确的"。《人民日报》转引中山大学历史系教授梁方仲的话："现代修正主义者不敢把美帝国主义迫害美国黑人问题同世界范围内的阶级斗争联系起来，它为了讨好美帝国主义，竟然要求为争取自由平等权利而斗争的美国黑人采取'忍耐'的态度，这是无耻的欺骗。"② 这一表述有古巴导弹危机的背景，明确地将支持黑人反抗美帝的斗争与苏联修正主义联系上了。

另一方面，古巴当地时间1963年8月10日，中国驻古巴大使申健在哈瓦那会见威廉，转交了毛泽东的声明。威廉阅后十分激动："毛泽东主席的声明对于在进行反对种族歧视和争取民族独立的非洲人民的斗

---

① 毛泽东：《支持美国黑人反对种族歧视斗争的声响》中央文献研究室编《毛泽东文集（第八卷）》，人民出版社，1999，第330页。

② 《上海等十城市各族各界人民连续集会支持美国黑人斗争》，《人民日报》1964年8月13日，第4版。

争也有巨大的意义。"① 就中方立场而言，支持美国黑人的平等诉求是
"中间地带"革命——亚非拉民族解放运动的一部分，对此，南非非洲
人国民大会执行委员会委员约翰·马克斯在阅读声明后表示："我来自
种族歧视最猖獗的南非，在那里我们数以十万计的人民，由于他们的肤
色不是白的而遭到迫害和关进监牢。因此，我完全能够了解黑人的痛
苦、艰难、愤怒和他们所受的侮辱和剥削。在南非，三百多年以来，我
们一直处在白人的统治和控制之下。现在我们在居住和地区方面正遭受
着歧视。""这个斗争是亚洲、非洲和拉丁美洲人民争取民族解放与独
立的反帝斗争的一个组成部分。"② 毛泽东的声明缩短了古巴和中国的
距离，在威廉心中激起了对遥远的中国的向往，他向中国大使表示：
"希望能来中国政治避难。"③

三 种族斗争即阶级斗争

1963 年 9 月 25 日，罗伯特·威廉及夫人梅贝尔（Mabel）经莫斯
科飞抵北京，开始了为期 1 个月零 20 天的访问。

对威廉来说，此行的高潮是 10 月 1 日上午。在天安门城楼上，威
廉如愿见到毛泽东；晚上在看烟火时，受到了刘少奇、朱德的接见。在
访华期间和之后，威廉以谈话和文字发表了许多感想，有的散见于《人
民日报》《解放日报》等中文报刊，有的见诸《十字军》，主题可分为
两个方面：一个是在参观人民公社、学校、工厂、商店等后，赞扬中国
社会的平等和社会主义的建设成就；另一个出于其自身的问题意识，是
表达美国黑人的政治平等诉求。来华前，威廉向申健大使提出的要求基
本上都与美国黑人有关：举行记者招待会，介绍美国黑人斗争情况；向

---

① 《我国驻古巴大使把毛主席的声明交给美国黑人领袖，罗伯特·威廉感谢毛主席支持
美国黑人斗争》，《人民日报》1963 年 8 月 12 日，第 1 版。
② 《黑人群众了解到革命是唯一的出路，南非非洲人国民大会执行委员会委员约翰·马
克斯的讲话》，《人民日报》1963 年 8 月 13 日，第 4 版。
③ 《中国人民保卫世界和平委员会上海市分会关于接待罗伯特·威廉夫妇的计划、重要
问题请示、决定、记录、日程、外办批示、情况汇报、新闻报导、小结讨论摘要等》
（以下简称《关于接待罗伯特·威廉夫妇》），上海市档案馆藏，档案编号：C36-2-
175。

亚洲和非洲及驻太平洋美军中的黑人士兵广播；与在北京的美国人及非洲留学生见面；等等。

接待罗伯特·威廉夫妇来访的是中国人民保卫世界和平委员会。在罗伯特·威廉夫妇到访前，该委员会在会长郭沫若的领导下做了细致的安排，首先准确把握威廉的特性："据古巴方面称，威廉是一个活跃而诚实的战士，但政治水平不高，他在古巴已成立黑人临时政府，自任总理，但无群众基础，也无名声。"① 这就是说，古巴虽然收留了威廉，但对其在政治上的作用期待不大，威廉后来定居中国与此也不无关系。但"政治水平不高"是有具体所指的，指威廉既不是社会主义者，也不是共产主义者，其政治思想还停留在打倒"白人民族主义"（white nationalism）、实现黑人的平等权利上，用威廉自己的话："我不是而且从来也不是共产党员。"② 而在毛泽东看来，"民族斗争，说到底，是一个阶级斗争问题"。因此，如何将威廉的关心由民族/种族转到阶级/革命上，成为接待方的主要任务。

威廉访华是在中国经历了巨大灾难之后，百废待举。他先后访问了北京、延安、上海、杭州、武汉等。如何安排其行程，具体而言，给威廉看什么是与希望他拥有怎样的中国认识相关的。在北京的访问，是围绕阶级斗争和民族（种族）斗争、中国革命与世界革命的关系而展开的。罗伯特·威廉似乎很了解主人的意图，随处发表个人的感受。9月27日参观革命博物馆后说："我现在懂得了中国人民为什么这样坚决的（地）支持被压迫人民的斗争。"9月28日参观清华大学后表示，在中国看到的情况证明帝国主义的宣传是虚假的，中国的技术发展成就"打破了白人至上的神话"。10月2日，在参观密云水库时说，美国黑人斗争不能公开提改变社会制度的问题，指责美国共产党只是想"建设白人的共产主义"。10月4日参观北京工艺美术厂时，威廉惊奇地发现中国还有资本家存在，称中国是个最人道的国家。威廉为中国经济建设取得的成就而高兴。③

10月10日下午，威廉出席支持黑人反抗斗争的群众大会并发表演

<hr>

① 《关于接待罗伯特·威廉夫妇》，上海市档案馆藏，档案编号：C36-2-175。
② 〔美〕罗伯特·威廉：《带枪的黑人》，陆任译，世界知识出版社，1963，第70页。
③ 《关于接待罗伯特·威廉夫妇》，上海市档案馆藏，档案编号：C36-2-175。

讲。他首先感谢毛泽东主席和中国人民支持美国黑人的斗争，痛斥"美国政府是世界上最大的伪善者，是世界上最大的奴役人类、使人变成鬼的恶魔。它是全人类的耻辱和最大的羞耻，是对世界和平和安全的威胁。它已经丧失了甚至是在地球上生存的权利，更谈不上统治的权利了。在美国这个种族主义的原始森林里，黑人的生活比街上的一条普通的狗还不如。一切非白种人都被认为基本上等于森林里的鸟兽"。威廉最后说："美国的奴隶主，也就是今天要当世界的奴役者的祖父，是这样一个没有人性的种族主义者，他强奸了他的女奴隶，迫使她们为他生孩子，再把他自己的骨肉亲人当奴隶出卖以充实他的钱柜。"在此，威廉不知不觉中将他所说的种族问题（毛泽东所说的民族问题）转化为阶级问题。在批判了伪善的肯尼迪政府发表的关于美国公民权的报告后，他甚至认为"美国种族主义是资本主义剥削的产物"。很自然的，"使我感到鼓舞的是，我的同胞像世界其他被压迫人民一样，也在进行反抗。我们是一定会胜利的，因为我们的斗争是一切被压迫人民进行的世界性的斗争的一部分"。[①] 在华半个月，威廉已经对毛泽东的革命言说产生了共鸣。

10 月 15 日，威廉夫妇抵达上海访问。为迎接威廉夫妇的到来，中国人民保卫世界和平委员会上海分会也做了细致的准备，出席欢迎会的有巴金等名人。上海市市长柯庆施对接待工作指示道："威廉还年轻，不是一个无产阶级革命家。因此，有关的陪同人员应该多同他谈谈，多予启发。"[②]

10 月 17 日上午，在参观工业展览会后，威廉在留言簿上写道："很高兴能来这里参观，展览给我们的印象非常深刻，我希望所有的美国人，能够同我们一样来看看新中国的情况，来看看新中国的建设。这样的访问，将能够破除白人至上的神话。"当晚威廉夫妇出席了柯庆施主持的招待宴会。柯庆施在欢迎辞中表示支持美国黑人的斗争，在结尾处特地加上毛泽东在声明中的那句话——"全世界白色、黑色、黄色、棕色等各色人种中的工人、农民、革命的知识分子、开明的资产阶级分

① 《罗伯特·威廉的讲话》，《人民日报》1963 年 10 月 11 日，第 2 版。
② 《关于接待罗伯特·威廉夫妇》，上海市档案馆藏，档案编号：C36-2-175。

子和其他开明人士联合起来，反对美国帝国主义的种族歧视，支持美国黑人反对种族歧视的斗争"。接着，是威廉的发言，他说三天前曾收听"美国之音"的广播，美国的一个东南亚专家，还在那里说什么"中国的农业情况很糟，还不如印度，人民没有东西吃，在挨饿。自从苏联停止援助中国后，飞机也已经全部停航"，还说"中国目前的情况同1959—1961年三年大后退时一样，没有什么进步"。18日上午参观吴泾化工厂，威廉赞誉食堂菜品丰富、价格便宜。在闵行参观时他说："他们（指美帝国主义——引者注）还说这里日用品什么也没有呢，真是不攻自破！"20日上午参观美国卫理斯教派的慕尔堂时，他满意地说："好极了，美国老是宣传中国没有宗教自由，凡是教徒都给拉到街上枪毙了，所以人人感到自危。很好，这打掉了美国反华的一个口实。"他对文化宫支持黑人斗争展览印象至深，表示进一步体会到毛主席文艺方针的正确。①

　　10月18日，威廉在上海有一场正式演讲。威廉认真准备讲稿，为此谢绝了17日下午的参观，"紧张地在准备明天欢迎大会的讲话稿，直至宴会前主人邀请时，还只准备了约三分之二"。在演讲一开始，他回顾了参加中华人民共和国"十四周年的庆祝大典"、访问"伟大的革命圣地"延安的经历。"我无法用言语来真实地形容我在到了伟大的中华人民共和国以后，在我的思想里形成的关于你们伟大革命的伟大印象。"对于美国对中国的敌视，威廉将其置于种族主义的文脉中来解释："正像他（它）反对世界上所有的有色人种一样，种族主义的美国正在昼夜不停地把伟大的中国人民说成是一种劣等民族，假如中国得不到他们所谓白色的俄国人的帮助和指导，就无法建设一个繁荣的国家。"与此前在北京的演讲不同，在控诉美国种族主义和帝国主义时，他征引了印第安人的例子："美国的印第安人是领教过美国的民主的，美国国土的真正的主人原来是印第安人，而他们却成了自己土地上囚犯。他们在美国政府指定的保留地上过着痛苦的生活，忍饥挨饿，有时既不能得到医疗照顾，亦得不到受教育的机会。为了和种族主义的美国政府共处，他们和美国政府缔结了许多条约。华盛顿就随心所欲地把这些条约撕毁

① 《关于接待罗伯特·威廉夫妇》，上海市档案馆藏，档案编号：C36-2-175。

了，而今天真正的美国人也就是那些印第安人却被美国种族主义者几乎消灭光了。"因此，他认为美国所倡言的自由、民主是虚伪的。①

21日上午，威廉结束访问上海，乘火车赴杭州。23日返沪。24日晨去武汉。对威廉来说，这一趟访华非常愉悦，所见所闻，令其对中国好感倍增。在参观途中，他多次批评赫鲁晓夫对古巴和美国的政策，这不应仅理解为迎合中方的立场，背后还有美国黑人对白人统治的深刻的疑惧和敌意。与马丁·路德·金（Martin Luther King）齐名的著名的黑人民权运动家马尔科姆（Malcolm X）在1964年的一次演说中，通过一连串的疑问指出，自法国大革命以来的所有革命都是"白人民族主义"（white nationalism）的产物，除中国外。"你们知道赫鲁晓夫和毛泽东为什么无法齐心协力？因为白人民族主义。"（Why do you think Khrushchev and Mao can't get their heads together? White nationalism.）。② 从威廉的言谈中，也能感受到同样的氛围。来北京前，威廉曾提出要见在京美国人；到北京后，却对在京美国白人表现出"冷淡"。③

11月15日，威廉比预定晚一周离开中国。在回到深受苏联影响的古巴后，他的心却留在了中国。他为中国无偿援助古巴而欢欣鼓舞，对中国支持亚非拉民族解放运动十分关注。1964年1月14日（古巴时间），罗伯特·威廉发表文章，支持毛泽东主席1月12日对《人民日报》记者发表的支持巴拿马人民反美爱国斗争的谈话。④ 在之后一期《十字军》月刊上，威廉以《中国：被压迫人类的新希望》为题撰文道："中国人民支持所有为正义和解放而斗争的人民。他们全心全意地支持生活在种族主义的美国——这个所谓自由世界的美国——里的黑人为反对种族歧视和种族压迫而进行的斗争。"⑤ 1964年8月8日是毛泽东应威廉请求发表支持美国黑人反抗斗争声明一周年。在一周年即将来

① 《关于接待罗伯特·威廉夫妇》，上海市档案馆藏，档案编号：C36-2-175。

② *Malcolm X Speaks: Selected Speeches and Statements*（New York: Grove Press, 1965），p. 10.

③ 威廉有区分白人与白人统治的意识，在上海，当听到随行翻译说此地有美军战俘时，罗伯特·威廉竟提出能否进行战俘交换，他试图以此营救被捕的两名黑人同志和一名白人同情者。

④ 《人民日报》1964年1月16日，第1版。

⑤ 《美国黑人领袖罗伯特·威廉：看到中国，就是看到被压迫人民的希望》，《人民日报》1964年3月1日，第3版。

临之际，威廉写信给中国政府，向毛主席和中国的兄弟姐妹们表达感谢。"在过去一年中，我们争取人权和正义的斗争进入了一个急剧转变的阶段。这再也不是手无寸铁的妇女儿童在所谓自由世界的美国代议制民主中被儿戏般地野蛮枪杀在地上的斗争了，在那样一种代议制民主里，我们的人权所受到的尊重还不如街上普通的狗。""我们囚犯似的人民的鲜血染红了种族主义美国的街道。"因此，"我们抛弃了人家打你的左脸就把右脸也送过去的态度。在我们世界各地的革命的兄弟们的支持下，我们将以暴力来对付暴力"。①

威廉遭通缉的真正理由是其主张"以暴制暴"（meet violence with violence），这符合美国宪法关于公民持枪自卫的规定，也就是说，是在美国法律许可范围内的行动。但是，上述威廉"将以暴力来对付暴力"具有非同一般的意义，因为此处的"暴力"是包括黑人在内的被压迫者革命斗争的一部分。古巴当地时间 11 日，威廉在单独接受新华社记者采访时给出了注脚："美国黑人的斗争是全世界巨大的革命浪潮的一部分。""毛主席支持黑人反对种族歧视的正义斗争的声明把这个斗争提高到了国际水平。这个声明使蒙受残酷压迫的美国黑人感受到他们不再是孤立无援了。声明使人们增强战斗性，鼓舞着更广大的人们接受自卫的政策。这个声明是意义重大的，因为它使得美国黑人进一步把自己同全世界的解放斗争结合起来。"② 1963 年 10 月 5 日，在第一次访华期间，面对东道主关于在美国进行游击战的可能性的委婉提问，威廉回答说"在美国搞游击队不如恐怖活动更有效"，似乎带有搪塞的意味，而此次则自觉地将自身的争取黑人权利的斗争融入毛泽东的非"中间地带"革命。1964 年 9 月 20 日，威廉夫妇应邀再次访问中国，名义是"参加国庆活动和进行友好访问"，中国新任驻古巴大使王幼平等特地到机场送行。9 月 24 日，威廉夫妇抵达北京，这趟"友好访问"，为时长达 5 年。

---

① 《罗伯特·威廉在毛主席声明发表一周年发出感谢信 美国黑人决心以暴力斗争对付暴力镇压 全世界解放力量坚决站在美国黑人一边》，《人民日报》1964 年 8 月 8 日，第 5 版。

② 《罗伯特·威廉说美国黑人已把自己同世界解放斗争结合，毛主席声明把美国黑人斗争提到国际水平》，《人民日报》1964 年 8 月 13 日，第 4 版。

四　"带枪的黑人"

威廉的访华使其将在美国体制内伸张黑人权利的诉求纳入亚非拉民族解放运动之中，从而呼应了毛泽东的非"中间地带"革命的构想，而毛泽东的声明和威廉的访华也改变了生活在高度政治化社会中的中国人对黑人的认知。

毛泽东的声明发表后，8月15日《人民日报》刊载了署名曹钟陵的《给罗伯特·威廉》的诗："你违犯了什么法律？／只因为你的皮肤是黑色的；你犯下了什么罪过？／只因为你当过有色人种协会的主席。"诗人表示："啊！罗伯特·威廉，／你抬起头望一望整个世界，／在太阳升起的长江两岸，／有你六亿五千万战斗的兄弟。"[1] 在威廉来华后，上海一对名叫李占广、程明辉的夫妇请《解放日报》转交给威廉一封信（图3）："为了表示不但我们这一代人对您和您所领导的黑人兄弟斗争的坚决支持，而且也要教育我们的下一代，子子孙孙都支持被压迫的人民，因此，请允许我们的女儿叫威廉。如果我们的女儿能以美国黑人的杰出领袖的姓名为名，我们将感到十分光荣和骄傲。"这对夫妇的女儿生于9月18日，即在威廉25日到访前一周出生，应该早有名字，是特地改的。

威廉在抵达北京的第二天（9月26日）便出现在公共场合，上午参观人民大会堂，下午接受新华社记者的采访，威廉被描述为具有"国际主义革命感情"的黑人领袖。在整个采访中，威廉回顾了自己的"革命"历程——如何在家乡门罗市把"有色人种协进会"从由"黑人社会中的上层分子组成和控制"改造为"由工人阶级组成的组织"；进而开始拿起"枪杆子"进行暴力斗争，为此而受到联邦调查局的通缉。威廉称毛泽东"深刻了解美帝国主义的本质，是最了解美国佬压迫本质的一位世界领袖"，是"最可能为黑人说话的一位世界领袖"。[2] 这次采访的内容还曾另文刊载于《人民日报》，上述文句稍有变动，称毛泽东

---

[1]　曹钟陵：《给罗伯特·威廉》，《人民日报》1963年8月15日，第6版。

[2]　于木：《"胜利的是我们"——罗伯特·威廉夫妇访问记》，《世界知识》1963年第19期，第21—22页。

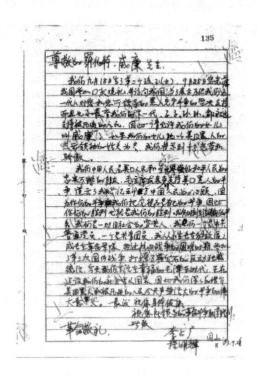

图3 上海一对夫妇致威廉信

"最深刻地了解美帝国主义的本质，是当代最能代表被压迫的美国黑人说话的革命领袖"。①

　　与威廉本人的谈话相比较，他在中国读者中最有影响的还是《带枪的黑人》一书。在9月26日的采访中，威廉称所说内容均来自他口述的《带枪的黑人》，他还向记者展示了该书的英文原版。记者告诉他，书已经译成中文并即将出版。10月5日下午，冯宾等访问威廉，谈及《带枪的黑人》的出版和稿酬问题，威廉喜出望外，"表示愿向在京美国人介绍美国黑人新兴的民族主义组织"。书的出版时间标明为1963年9月，说明在威廉到达之前即已印刷，在小范围内流通，10月正式发行。

　　该书是威廉在古巴接受美国记者采访的记录，讲述了其流亡经过，

---

　　① 袁木：《不屈的黑人战士——访美国黑人领袖罗伯特·威廉》，《人民日报》1963年10月8日，第3版。

最后由美国记者编辑成册。在翻译为中文版时，去掉了前后文，增加了马丁·路德·金的演讲。该书内容十分简单，亮眼的书名中的"枪"在中国读者中产生了不同的余韵——枪杆子里面出政权。这呼应了毛泽东在声明中把种族（民族）斗争归结为阶级斗争的主张。这一意象也塑造了美国在非洲黑人中的政治形象。一位名叫成文魁的诗人，在阅读《带枪的黑人》后献诗给威廉道：

> 你，不屈的黑人勇士！
> 你，一枚放在美帝心脏的"氢弹"！
> 胜利一定属于你啊"带枪的黑人"，
> 中国人民与你肩并着肩。①

如果审视 20 世纪 50 年代至 70 年代中国涉及黑人的政治宣传画，不难看到，在 1964 年以后，关于黑人的政治表象有很大变化：黑人总是与枪联系在一起。可以说，枪就是黑人的政治符号。且看著名版画家赵延年的作品。赵延年以创作鲁迅题材的版画而闻名。1962 年，赵延年涉足国际题材，创作《起来，饥寒交迫的奴隶》，刊登在《人民日报》上（图 4），②画面上的黑人挣脱锁链、横眉怒目，但并没有具体的所指。

图 4　赵延年版画

---

① 成文魁：《"带枪的黑人"——献给美国黑人领袖罗伯特威廉》，《山花》1963 年第 11 期。
② 赵延年：《起来，饥寒交迫的奴隶》，《人民日报》1962 年 3 月 7 日，第 6 版。

而 1964 年 4 月创作的《被压迫民族联合起来，坚决反对美帝国主义》（图 5），则有明确的政治指向：美帝国主义。木刻采用红黑双色套印，凸显出黑人——被压迫民族与红色——革命斗争的结合，给读者以黑人业已觉醒的视觉印象[①]。据目睹赵延年创作的朱维明说：1964 年 4 月 19 日，我去赵先生家，在他的饭厅餐桌上，他正在刻作《被压迫民族联合起来，坚决反对美帝国主义》。他说："因为要作宣传画出版，一定要注意远视效果，要使人一目了然。所以，要有气势，要立意在先。我采用几乎是对角线的构图形式，制造东风压倒西风的感觉，看来这一点是做到了。总效果有了，也还要有细节才耐看。别看这左下角的两个小人，我推敲、反复重刻了好几遍，越是小的人物越要抓住大动势，以点睛的关键几刀，使人物形象照样鲜活。"[②] 对于这幅名画的创作背景，业内评论家认为："当时美苏两国加紧在全球争夺霸权地位，屡屡挑起战事与争端，其间美国多次向亚非拉国家和地区出兵。中国在政治、道义、经济上给予亚非拉国家以全力支持和无偿支援，代表第三世界国家向西方世界进行强力谴责。"[③] 其实，尽管作者没有留下文字，仍然可以肯定其意象来自威廉及其《带枪的黑人》。

图 5　赵延年 1964 年创作的版画

①　赵延年：《被压迫民族联合起来 坚决反对美帝国主义》（1964 年 4 月），上海人民美术出版社。来源网址：https://chineseposters.net/posters/e37-508。
②　朱维明：《赵延年先生国际题材版画创作刍议》，中国美术学院美术馆编《朱维明、陈之川艺术文献集·朱维明卷·文论篇》，中国美术学院出版社，2016，第 109 页。
③　赵辉：《情动辞发——赵延年宣传画、年画创作刍议》，朱维明编《中国美术学院学脉文丛·赵延年文献集》，中国美术学院出版社，2018，第 282—283 页。

以赵延年《被压迫民族联合起来，坚决反对美帝国主义》为先驱，黑人与枪，成为1964—1969年宣传画的主格调。这些画与毛泽东倡言的非"中间地带"的革命已经没有如赵延年版画般直接的关系，都是置于中间地带——亚非拉民族解放运动中来表征的。如在上海人民美术出版社担任宣传画创作的周瑞庄，其《世界人民反帝斗争必胜》是一幅模拟版画效果的宣传画，画面色调由红、黄、黑三色组成，自上而下把各国武装起来的人民排列在一起，组成一条滚滚洪流，如一支燃烧的火把，构思取自毛泽东"星星之火，可以燎原"。1964年，该作品入选华东美展和全国美展，当年被刊登在《解放军画报》封底。[1] 1965年，时为中国人民革命军事博物馆美术创作员的何孔德创作油画《全世界人民反对美帝国主义的斗争必胜》[2]，该画没有周瑞庄《世界人民反帝斗争必胜》的动感和冲击力，但同样呈现了在亚非拉革命中持枪的黑人形象。（图6）

图6　周瑞庄（左）、何孔德（右）画作

五　尾声

1964年9月，威廉再度访华，开始了在中国的流亡生活。作为中国政府的座上宾，其行程起初也像一年前一样，主要为访问革命纪念场

① 马克：《鼓舞人民革命斗志的有力武器——谈〈全国美展〉华东地区的宣传画》，《人民日报》1965年3月9日，第6版；施大畏主编《上海现代美术史大系（1949—2009）·宣传画卷》，上海人民美术出版社，2012，第111页。

② 何孔德：《全世界人民反对美帝国主义的斗争必胜》，人民美术出版社，1965。

所（如南昌）、参观彰显社会主义成就的单位或设施。参观的效果是明显的，威廉每月通过《十字军》向美国读者传递中国革命的消息，文中必定摘录一段毛主席语录。他熟练掌握了中国的政治术语和修辞，这也是他 1966 年 10 月 1 日能在天安门城楼上发表政治要求极高的致辞的原因所在。

正如来自古巴的评论所指出的，威廉在美国黑人政治运动中没有什么影响力。在大洋彼岸，在黑人民权运动（African - American Civil Rights Movement）中两个风格迥异的领袖马尔科姆（1965 年）和金牧师（1968 年）相继倒于凶手的子弹之后，民权运动的势头强劲，最终改变了黑人的命运。而在民权运动中脱颖而出的团体——1966 年由牛顿（Huey Newton）和西尔（Bobby Seale）创设的"黑豹党"（Black Panther Party）——在思想上和行动上更接近毛泽东的阶级斗争主张，毛泽东通过威廉这一媒介提出非"中间地带"的革命并向美国黑人发声，不经意间在"黑豹党"中得到了期待已久的回应。虽然其实际作用转瞬即逝，但思想的和象征的意义甚大。

正如本文标题所揭示的，威廉等提倡的"黑力"——黑人的力量（black power）无论是在非"中间地带"的美国，还是在"中间地带"的亚非拉，业已成为并非无关紧要的政治力量。黑人在政治上的崛起打破了近代以来色分等差的人种概念，揭示了人种概念的虚构性。回顾这段历史，美国黑人民权运动厥功甚伟，而"亚非拉民族解放运动"的外部刺激亦不容忽视。在美国黑人民权运动高涨期间，牛顿等黑人领袖先后来到中国，中国所主张的种族平等、被压迫民族解放等言说改变了20 世纪上半叶黑人对中国的刻板印象。①

作为国内的政治动员，中国推动的亚非拉民族/种族解放运动，对中国公众也有教育作用。这一时期发表的文字和图像形塑了黑人的政治形象：从被压迫者到反抗者。当然，在政治上消解"黑力"与"白力"的差异还仅是第一步，包括黑人在内的有色人种如需获得自身的彻底解放，尚需在思想、经济和社会上做进一步努力。

---

① Marc S. Gallicchio, *The African American Encounter with Japan and China*, *1895 - 1945* (Chapel Hill: University of North Carolina Press, 2000).

　　1969 年，在妻儿先期回国后，威廉经英国中转，于 9 月 12 日飞抵美国底特律。联邦调查局的人员逮捕了威廉。在交付 11000 美元的保释金后，威廉获得自由。① 威廉是在怎样的情景下回国的？我们不得而知。在此前几年中，他通过文字和谈话严厉抨击美国政府，自称不是共产主义者的威廉表现出了共产主义者的风范。

<hr>

①　《罗伯特·威廉自英抵美被捕》，《参考消息》1969 年 9 月 19 日，第 4 版。

不许可:"血泪证言" 的记忆旅行[*]

——以《朝日新闻》投书集《战争》中日英文版为例

李红涛[**]

引 言

这将会成为一块巨大的石碑,反映那些在官方的记录与战争史中听不到的民众的声音。这还将是一块纪念碑,记录着要深刻反省战争、不让悲剧重演的教训,祭奠着那些死于非命的人们。

日本长达半个世纪的侵略扩张,主要对象是中国。可是"侵略中国"在本书所占的比例,不论就事实还是就反省的深度来说,都与已知的历史不相称。然而,恐怕这又恰恰是日本人心目中的真实。

这两段看起来大相径庭的评价,针对的是同一套历史追忆——《朝日新闻》推出的投书集《战争》。前一段的作者是《朝日新闻》著名记者入江德郎,他曾经担任随军记者,报道过诺门坎战役,战后曾任《朝日新闻》编委。这段文字,是他为『戦争:血と涙で綴った証言』[①] 撰写的"序"。[②] 后一段则是该书中文节译本的两位译者尚蔚和史禾撰写

* 本文受到复旦大学新闻学院科研创新项目"数字记忆建构与家国认同的重塑研究"资助。本文日语资料的翻译得到浙江大学外国语学院李海琪同学的大力协助,她和浙江大学传媒与国际文化学院博士生杨蕊馨分头完成了日文版和英文版的内容分析工作,特此致谢。

** 李红涛,复旦大学信息与传播研究中心研究员、复旦大学新闻学院教授。

① 朝日新聞テーマ談話室編『戦争:血と涙で綴った証言』(上、下全二巻)、朝日ソノラマ、1987 年。

② 『戦争:血と涙で綴った証言』(上巻)、第 3—5 頁。

的"跋"。① 序和跋彰显的不仅是评论者的个人观点或立场，在它们背后，是一场"血泪交织的证言"漂洋过海的旅行：日文版"序"锚定的是这趟旅程的起点，中译本"跋"锚定的则是这趟旅程的终点。

1986 年 1 月，日本政治立场中间偏左的大报《朝日新闻》在第四版推出《主题谈话室》专栏，就特定主题征集并刊发读者投书。前两个主题是"先生"和"男女"，分别关注教育问题和性别平等议题。当年 7 月 10 日，《主题谈话室》推出"战争"专题，"收集被称为十五年战争的'那场战争'的亲历者的证词"。②专题本来预计持续 3 个月，结果不断延长，直到 1987 年 8 月底才告一段落。在长达 13 个月的时间里，编辑部共收到 4200 多份投稿，其中近 1/4 刊登在 217 回专栏当中。这些投书涵盖的战争经历非常广泛，"数量最多的是在军队的经历，其次是关于国内的空袭、疏散、采购、勤劳动员等在后方的体验，从国外尤其是从中国回国的记录"，③当中的故事和主题包括：失去的青春与机会、加害者的悔恨、对"俘虏"的偏见、部队内过于严酷的制裁、无差别轰炸的残酷、黑暗的压制、集体思想的魔力等。④

1987 年 7 月和 10 月，专栏刊登的所有投书和相关讨论结集出版，一时洛阳纸贵，到当年 11 月 5 日，上下两卷就已经分别印行了 7 版和 3 版。⑤无论是对于投书者还是编者，"战争"专题都折射出强烈的时不我待的紧迫感。毕竟，在二战结束 40 多年之际，"在大正年间出生的人，如今都已经超过六十岁了。要是错过了现在，就太迟了"。⑥不过，《朝日新闻》的"战争"专题并非前无古人后无来者。在此之前，由亲历者围绕战争经历撰写的"目击者"叙事早已登上各类公共论坛，追忆主体也从战后初期的前幕僚将校下移到普通士兵和民众。例如，《读卖新闻》从 1975 年 7 月起推出以平民战争体验为中心的长期连载，并汇

---

① 〔美〕法兰克·吉伯尼编著《战争——日本人记忆中的二战：〈朝日新闻〉读者来信汇编》，尚蔚、史禾译，中央编译出版社，2002，第 379—380 页。
② 『戦争：血と涙で綴った証言』（下卷）、第 563 頁。
③ 『戦争：血と涙で綴った証言』（下卷）、第 564 頁。
④ 『戦争：血と涙で綴った証言』（下卷）、第 564—565 頁。
⑤ 参见上卷和下卷版权页信息。
⑥ 『戦争：血と涙で綴った証言』（上卷）、第 516 頁。"大正年间"指 1912 年至 1926 年，1926 年为大正十五年、昭和元年。

编成《战争》全 20 卷（1976—1984）。①在"战争"专栏结束之后，《朝日新闻》继续在读者版和每月专栏"口述战争"刊登普通人的战争证言，并先后结集为多卷出版。②据估计，从 1986 年 7 月至今，《朝日新闻》共刊登了两千多例有关战争的证言。日复一日年复一年，这些证言"构成了一种连贯的道德观点：战争、牺牲和对政府领导层的盲目信任，是可怕的、无法挽回的错误"。③

本文的重心并不是《朝日新闻》的投书本身，对此，前人之述备矣。④从这些讨论止步的地方出发，本文关注的是这些投书生命历程的后半段：日文版出版 8 年后，《战争》英文版⑤翻译出版；又过了 7 年，译自英文版的《战争》中文版推出。当然，本文要讲的并不是一个有关"翻译"的故事，而是希望透过对《战争》日文版、英文和中文节译本的详细对照，考察这趟从日本到美国再到中国历时 15 年的记忆之旅。在《朝日新闻·主题谈话室》的情境之下，"见报"（或未见报）、"结集"就是这些投书的最后归宿；而在英文版和中文版的编选过程中，它们要再一次被"拣选""把关"。只不过，"把关者"不再是《朝日新闻》的编辑；它们面对的读者，也不再是原本的倾诉对象，而是昔日的"战胜方"和"受害者"。

哪些"血泪交织的证言"被带到英语世界和中文世界的读者面前？它们如何转变为"日本人记忆中的太平洋战争"或者"日本人记忆中的二战"？⑥除语言和文化层面的因素之外，中日美三国各自的战争记忆体制如何形塑了这批投书的旅程？在跳脱原初的生产和流通语境之

---

① 〔日〕吉田裕：《日本人的战争观：历史与现实的纠葛》（『日本人の戦争観』、岩波書店、1995），刘建平译，新华出版社，2000，第 155 页。

② 包括朝日新聞テーマ談話室編『日本人の戦争』（1988）；朝日新聞社『戦場体験』（2003）；朝日新聞社『戦争体験』（2010）。

③ 〔美〕桥本明子：《漫长的战败：日本的文化创伤、记忆与认同》，李鹏程译，上海三联书店，2019，第 36 页。

④ 如〔日〕吉田裕《日本人的战争观：历史与现实的纠葛》、〔美〕桥本明子《漫长的战败：日本的文化创伤、记忆与认同》、方光锐《〈朝日新闻〉"主题谈话室·战争"中的战争体验、情感记忆》，参见《或问》（*Wakumon*）2020 年第 37 号，http://www2.ipcku.kansai-u.ac.jp/~shkky/wakumon/no-37/14FANG.pdf。

⑤ Frank Gibney ed., *Sensō*: *The Japanese Remember the Pacific War*, trans. by Beth Cary, M. E. Sharpe, 1995.

⑥ 分别为英文版和中文版《战争》一书的副标题。

后，它们如何进入美国和中国的公共话语空间？在两国公众的心目中，这些"血泪证言"又会激起什么样的情感反应与回响？本文借助跨文化记忆和记忆旅行的概念，以《战争》不同版本为核心的研究材料，并辅以"前言""后记"等编辑材料和相关的媒体报道，对上述问题加以讨论。对这一记忆旅行个案的详尽讨论，一方面有助于跳出中国、日本和美国单一国家的疆界，从跨文化角度把握东亚有关"艰难过往"的记忆；另一方面则有望推进对记忆旅行机制的理解。

一 日本战后记忆及其旅行

1945 年 8 月 15 日，裕仁天皇通过广播发表终战诏书，为日本的侵略战争画上句号。对于战后的日本人而言，这一天代表的"不只是军事冲突的结束，而是一个战败国的文化创伤，整个国家的社会和道德秩序的崩溃，以及付诸东流的东亚帝国之梦"。①此后，日本社会迎来了"漫长的战后"。②其间关键的时间节点和事件包括：1951 年美日缔结《日美安全保障条约》，美国结束对日占领；1972 年，美国将冲绳"归还"日本；1972 年，日本与其对外侵略中遭受最大伤害的中国恢复了邦交。不过，20 世纪 90 年代由亚洲各国——特别是中国和韩国——战争受害者发起的对日索赔活动，显示出日本一定程度上仍处在"战后"的阴影之下。及至 2005 年，在每日新闻社组织的民意调查中，在被问到"关于战争责任，你认为日本战后的讨论是充分的吗"时，仍有 75% 的受访者回答"不充分"。③

在"漫长的战后"，日本人的战争观和历史意识几经变化，但其底色始终是"太平洋战争史观"，这在很大程度上要归因于美国的占领。在"非军事化"和"民主化"的基本政策之下，对日本国民战争观的矫正也是占领期重要的议题。其中的一个做法，是在占领之初禁止使用"大东亚战争"等与国家神道、军国主义紧密关联的词，代之以"太平

---

① 〔美〕桥本明子：《漫长的战败：日本的文化创伤、记忆与认同》，第 67 页。
② 〔日〕吉田裕：《亚洲、太平洋战争》，周保雄译，香港：中和出版，2018，第 12 页。
③ 〔日〕吉田裕：《亚洲、太平洋战争》，第 13—14 页。

洋战争"。①"大东亚战争"的命名诞生于1941年12月的大本营政府联络会议，"这种称呼含有把这场战争美化为以建设'大东亚共荣圈'为目的之'圣战'的意义"。②禁止相关表述，固然有肃清军国主义思想的正面作用，但也带来了预料之外的后果。正如约翰·道尔所说，"这种不得要领的更名"带有"语义学帝国主义"色彩，"非但不能提醒日本人对战争罪行的自觉，反而推动他们逐渐淡忘对亚洲邻居们所犯下的罪行"。③

在更一般的意义上，建基于"太平洋战争"史观的集体记忆体制（collective memory regime）是"选择性的记忆和遗忘过程共谋的产物"，其"可行性和合法性源于冷战的紧迫性、威权国家和东北亚地区外向型的冷战结构"。④就历史脚本而言，其主导记忆是日本在太平洋战争中落败，价值观和历史教训是通过现代化、去军事化和倒向美国寻求复兴，而伦理/正义话语则是对历史上的错误行为不予评判。⑤在太平洋战争史观的影响之下，"加害者的记忆被贴上封条"，日本人认为"自己是战争的牺牲者，是受害者"，而"这样的和平意识，是通过忘却对亚洲的加害历史才得以成立的"。⑥

进入20世纪50年代，随着日本回归国际社会，关于战争责任的双重标准也日趋成形，其核心要义是"对外在对日和约中以所谓接受东京审判判决的形式承认必要的最小限度的战争责任，以获得作为美国同盟者的地位，而在国内则事实上否定、不追究战争责任问题"。⑦这套双重标准在20世纪80年代发生动摇，但日本官方仍然拥抱政治主义、现实主义的战争观，对外承认"侵略行为"，但却不承认"侵略战争"。⑧而

---

① 〔日〕吉田裕：《日本人的战争观：历史与现实的纠葛》，2000。
② 〔日〕吉田裕：《日本人的战争观：历史与现实的纠葛》，第32页；〔日〕吉田裕：《亚洲、太平洋战争》，第47页。
③ 〔美〕约翰·W. 道尔：《拥抱战败：第二次世界大战后的日本》（第二版），胡博译，生活·读书·新知三联书店，2015，第396页。
④ Evelyn Goh, *The Struggle for Order: Hegemony, Hierarchy, and Transition in Post-Cold War East Asia* (Oxford: Oxford University Press), 2013, p. 166.
⑤ Evelyn Goh, *The Struggle for Order: Hegemony, Hierarchy, and Transition in Post-Cold War East Asia*, p. 173.
⑥ 〔日〕吉田裕：《亚洲、太平洋战争》，第258页。
⑦ 〔日〕吉田裕：《日本人的战争观：历史与现实的纠葛》，第81页。
⑧ 〔日〕吉田裕：《日本人的战争观：历史与现实的纠葛》，第209页。

随着冷战结束，日本重返亚洲，"日本人的战争认识……徘徊于一个巨大的歧路口"，①由于东亚邻国成为政治和社会生活中的显著他者，日本人也开始认识到自己在战争中的加害者角色，并形成集体性的悔恨感。②原本处于支配地位的"太平洋战争"记忆体制也不断受到国内外记忆体制的冲击：内部包括右翼保守势力修改教科书和国有化靖国神社的主张，外部则包括中国和韩国有关追究战争责任的诉求。③

不同时期涌现出的战争记录或亲历者口述，既是上述集体记忆体制的体现，也在一定程度上推动着战后记忆的转型。早在 20 世纪 50 年代，日本就出现了"战记读物"的出版热潮，而由无名官兵撰写的"国民战记"也开始登场。不过，这些"战记"几乎都聚焦太平洋战争，对战争的反省也付之阙如。20 世纪 60 年代中期，《朝日周刊》曾编辑出版《父亲的战记》，其起因是"曾经是我国历史转折点的太平洋战争的情景，正随着日月的流失而归于忘却"，④其立意在于父辈战争记忆的代际传递。随着时代推移，20 世纪 80 年代中期在大众传媒上出现的平民战争记录呈现出与以往的"战记"不同的特征：记录者"没有回避战争的侵略和加害性，甚而逐渐开始打开他们不轻易开启的重口，讲述日本军队犯下的种种残虐行为"。此外，"过去那种'我们如此战斗过'的自我陶醉式的战记完全不见影子了，讲述者们强烈地意识到自己的人生即将走到尽头，开始讲述作为自己人生总结的战争体验"。⑤这背后折射的正是战后记忆体制的松动和战争记忆的变化。

桥本明子从创伤叙事的角度详细对照分析了 20 世纪 80 年代到 21 世纪头 10 年发表或出版的战争证言。她发现，"不论书写人在撰写个人经历时的年龄有多大，有关暴力和濒临死亡的记忆都会对幸存者造成一生的影响"。而与早期的证言相比，近年的证言"同样聚焦于战争几近

---

① 〔日〕吉田裕：《亚洲、太平洋战争》，第 260 页。

② Kazuya Fukuoka, "Memory and others: Japan's mnemonic turn in the 1990s", in Mikyoung Kim (eds.) Routledge Handbook of Memory and Reconciliation in East Asia (New York: Routledge, 2016), p.70.

③ Evelyn Goh, The Struggle for Order: Hegemony, Hierarchy, and Transition in Post-Cold War East Asia, p.173.

④ 转引自〔日〕吉田裕《日本人的战争观：历史与现实的纠葛》，第 115—116 页。

⑤ 〔日〕吉田裕：《日本人的战争观：历史与现实的纠葛》，第 190—191 页。

失败前的最后几年，但在描述谁遭受苦难时包容性更强"，年届八九十岁的老兵们也开始更多地"谈论他们的罪责和责任"。[①]

这些战争证言或口述的流通大体上局限在日本内部，但也有少数会跨过国界，得到东亚各国乃至国际关注。这当中最有名的，当属侵华日军老兵东史郎于 1987 年出版的战地日记《我的南京步兵队》。1998 年 12 月，东史郎在"邮袋事件"诉讼中二审败诉，他旋即"成为触动中国市民战争创伤记忆的焦点性人物，《东史郎日记》则被作为证实南京大屠杀的历史凭证"，[②]于 1999 年初在中国翻译出版。与《东史郎日记》相比，《朝日新闻》投书集《战争》英文版和中文版的翻译出版并没有成为震动全社会的文化事件，但它仍然构成了从日本到美国再到中国的记忆旅行，成为"跨文化记忆"（transcultural memories）的一部分。

所谓跨文化记忆，是指"记忆承携者、媒介、内容、形式和实践的不断游走，它们穿越时间和空间、跨越社会、语言和政治边界的持续'旅行'和不断转化"。[③]露西·邦德（Lucy Bond）和杰西卡·拉普森（Jessica Rapson）将跨文化记忆区分为两种记忆实践形态：一是在国家、种族和宗教集合体内部和之间旅行的记忆；二是一系列记忆的论坛，它们意在超越既往的"容器"观念，即不再将政治、种族、语言或宗教边界视为理解过去的容器，而是致力于寻求和构造共享的记忆坐标。[④]

在阿斯特莉特·埃尔（Astrid Erll）看来，"所有的文化记忆都必须'旅行'，保持运动状态，才能'保持活力'，才能对个人思想和社会型构产生影响。而跨过和超越领地和社会边界的运动，只是记忆旅行的一部分"。[⑤]即便是狭义的记忆旅行，其情境也非常广泛，既包括不同社会群体之间的日常互动和跨越国界的媒介接受，也包括宏观层面的贸易、

① 〔美〕桥本明子：《漫长的战败：日本的文化创伤、记忆与认同》，第 39、41 页。
② 孙歌：《实话如何实说？》，《读书》2000 年第 3 期。关于中国媒体对东史郎的报道和讨论，参见孙歌《中日传媒中的战争记忆》，载氏著《主体弥散的空间：亚洲论述之两难》，江西教育出版社，2002，第 41—73 页；李红涛、黄顺铭：《记忆的纹理：媒介、创伤与南京大屠杀》，中国人民大学出版社，2017。
③ Astrid Erll, "Travelling Memory," *Parallax*, Vol. 17, No. 4 (Oct. 2011), pp. 4–18, p. 11.
④ Lucy Bond & Jessica Rapson, "Introduction", In Lucy Bond & Jessica Rapson (eds.). *The Transcultural Turn: Interrogating Memory Between and Beyond Borders* (Berlin: De Gruyter, 2014), p. 19.
⑤ Astrid Erll, "Travelling Memory," p. 12.

移民，以及战争和殖民主义。①在记忆旅行的过程中，媒介扮演着重要角色：首先，记忆的内容会在媒介历史中旅行，从口头到书写再到印刷和互联网，跨越时间和技术不断"再中介化"；②其次，媒介技术跨过特定边界后，会被挪用和地方化为记忆的技术；再次，媒介产品的流通也推动了记忆的去领地化（deterritorialization）。③

本文处理的案例看似只不过是语言的转换，但它牵涉的正是借助"再中介化"实现的记忆旅行。整个过程从个体投书开始，到报纸专栏的"中介化"，到"结集"成书，再到英文版和中文版的"再中介化"，最后落脚在跨越国界的媒介接受。为了理解记忆旅行的过程和机制，本文引入记忆框架共享度和文化接近性（cultural proximity）这两个因素，对从日本到美国、从日本（经由美国）到中国的两段旅程做比较。如前所述，就记忆体制而言，日美共享"太平洋战争"的框架，但中日之间在历史观和战争观上则存在着深深的裂隙；就语言和文化来说，中日之间的接近性更高（见表1）。从这两个比较维度来看，日美之间的旅行带有"跨文化转译"的色彩，而日中之间的旅行则需要跨越记忆体制的鸿沟。

表 1　日本—美国—中国记忆旅行的比较维度

	日美之间	中日之间
文化接近性	低	高
记忆框架共享度	高	低

在接下来的篇幅中，我将从语词、图像、对话空间、时间和叙事结构以及在地接受等经验维度出发，细致对照《战争》的日文原版、英文和中文节译版，描述这个记忆文本的旅行，同时探讨文化接近性和记忆框架共享度这两个因素如何具体而微地形塑记忆旅行的过程及其结果。

---

① Astrid Erll, "Travelling Memory," p. 11.

② Astrid Erll and Ann Rigney, *Mediation, Remediation, and the Dynamics of Cultural Memory* (Berlin: De Gruyter, 2009).

③ Astrid Erll, "Travelling Memory," pp. 12-13.

二 从"血泪证言"到太平洋战争回忆

『戦争』的日文原版和其英文版、中文版之间最直观的差异体现在封面（参见图 1）和标题上。就标题而言，主标题「戦争」被直译为"Sensō"[①] 和"战争"，副标题"血泪交织的证言"则被英文版改为"日本人记忆中的太平洋战争"（The Japanese Remember the Pacific War），中文版进一步改为"日本人记忆中的二战"。标题改动有两点值得注意：其一，英文版和中文版均采取旁观者的视角，将证言主体明确为"日本人"，运用平实的中性描述，大大削弱原标题的情感色彩；其二，译本进一步明确了"追忆"的对象，只不过，英文版用"太平洋战争"来总括整场战争，而中文版则将之替换为"二战"。从副标题的改动中，可以看到英文文本和中文文本背后的记忆框架对记忆旅行的影响。

图 1 《战争》日文版（上卷）、英文版与中文版封面

日文原版将专栏刊载的投书和相关资料——包括编者注、记者手记和学者讨论——悉数收录，增加序言和后记，并在下卷附录"用语解

---

① 英文版初版封面写作"Senso"，内页写作"Sensō"；增订版（Routledge，2015）封面作"Sensō"。

说"，以便当代日本读者理解战时的语境。英文版则只选择了读者投书，将其余内容悉数删除，由此将一场集体追忆的"记录"转变为一部纯粹的"投书集"或中文版所说的"读者来信汇编"。此外，英文版对投书篇目做了拣选，保留了不到 1/3（292/1027）的投书，将两卷压缩为一卷。编者强调，这种压缩肯定存在局限，但他们"致力于精选出最能够代表原始选本的投书"。①英文版如何做出选择？这种选择使两个记忆文本呈现出哪些差异？

鉴于投书数量庞大，我们很难通过一一对照来推断编选者的意图，或者一一列举哪些投书没能踏上这一场跨越太平洋的记忆之旅。但通过投书者身份、年龄、追忆事件事发地等几个维度，借助简单的内容分析，我们可以大略把握英文选本与日文原版的异同。首先，从投书者的身份来看，日文版士兵占 54.3%，非士兵占 45.7%；英文版与此大体相当，士兵和非士兵各占 51.2% 和 48.8%。其次，从投书者所属年龄层来看，日文版战前代②占 91.6%，战后代占 8.4%；英文版战前代和战后代分别为 93.2% 和 6.8%。两相对照，英文版更多反映了战争亲历者的记忆，相比之下，日文版容纳了更多战后代的"后记忆"。

最后，从追忆事件的事发地来看，如表 2 所示，无论是日文版还是英文版，日本本土都占了最大的比重（44.3% 和 46.9%）。但两个版本在战争地理上还是存在着值得注意的差异：从日文版到英文版，与"中国"有关的追忆所占比重从近 3 成（29.9%）降至 1/4（24.0%），而"太平洋战争"所占比重则从 1/5（20.8%）升至 1/4（24.4%）。此外，围绕"日本本土"展开的很多追忆，特别是战败前后，例如东京大轰炸、冲绳决战、广岛原爆以及战后占领等，都与太平洋战争有关。在英文版构造的记忆版图中，太平洋战争的确占据着更大的比重。换言之，英文版在较为忠实于日文原版的前提下，将叙事重心向太平洋战争做了一定的倾斜。

---

① Frank Gibney, Sensō, preface, p. xvii.

② 战前代指 1945 年前出生，战后代指 1945 年之后出生。尽管战后代没有亲历战争，他们追忆的对象也有可能是自己亲历的最初的战后年月。因此，严格意义上，只有追忆父辈或与亲历者对话的战后代所生产的记忆，才能被纳入"后记忆"范畴。

表 2　日文版与英文版《战争》追忆事件的事发地对比

追忆事件发生地	日文版	英文版
日本本土	385（44.3%）	121（46.9%）
中国	260（29.9%）	62（24.0%）
东亚东南亚太平洋战区	181（20.8%）	63（24.4%）
西伯利亚及苏联	40（4.6%）	11（4.3%）
美国	3（0.3%）	1（0.4%）
总计	869（约100%）	258（100%）

英文版太平洋战争的记忆框架还体现在具体的篇章安排上。譬如，第一章"通向战争之路"收录的大部分投书，不论是"战前"的"反战斗争"，还是 1935 年柔道比赛中观看"满洲事变的战斗场面……观众使劲鼓掌"，[1]抑或总体战的氛围、1941 年 12 月 7 日夜大战爆发前的场景，其讲述的"战前"，其实都是太平洋战争之前。这既折射了编选者的认识或意图，也与投书者的历史观相契合，反映出日美之间共享的"太平洋战争"框架的影响。

在篇目"把关"之外，从日文版到英文版的旅行还牵涉时间和记忆结构的调整。日文原版按照投书的先后顺序将其结集，上卷四章收录 1986 年 7 月 10 日—1987 年 2 月 28 日间刊登的投书和相关资料，两个月一章；下卷六章则涵盖 1987 年 3 月 3 日—8 月 29 日，一个月一章。换言之，日文版《战争》复制了《朝日新闻》《主题谈话室》的讨论，其间浮现出的时间和记忆结构（参见图 2），是在大众传媒上展开的一场集体追忆活动，其具体体现则是每一篇投书都注明了见报的日期。随着时间推移，这场追忆吸引了越来越多的人参加，其结果是，最初每周 3 次的专题从 1987 年 3 月 24 日起变成每周 5 次。[2]

与日文原版不同，英文版完全打乱了《主题谈话室》投书前后的顺序，将每一篇投书的具体刊登日期删除，将之分门别类归在特定主题之下，由此重组了投书集的时间和记忆结构。英文版编辑法兰克·吉伯尼（Frank Gibney）指出，之所以这样做，是因为：

---

① 〔美〕法兰克·吉伯尼编著《战争——日本人记忆中的二战：〈朝日新闻〉读者来信汇编》，第 17 页。

② 『戦争：血と涙で綴った証言』（上卷）"后记"。

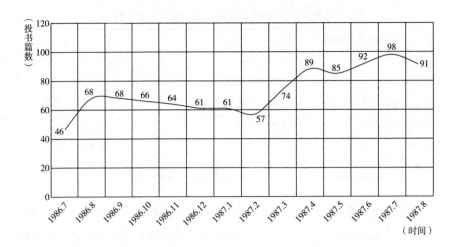

图 2　日文版刊登的投书月份分布（1986 年 7 月—1987 年 8 月）

尽管《朝日新闻》将读者来信（按照时间顺序）原封不动地刊登出来（并结集出版），我担心这种做法对于美国公众而言，恐怕需要太多的背景知识。实际上，美国人对跟日本有关的事物实在是只知皮毛。因此，我决定将信件按照主题分门别类，比如日中战争（the China War）、大后方（the Home Front）等等，并在每一章前作简短的"导读"说明。①

除美国读者对日本事务的隔膜之外，二战记忆的模糊是另一个问题。吉伯尼强调，自己之所以在每一章前撰写"导读"，是因为"对很多美国人——特别是这一代人——而言，那场战争中的种种挣扎已经成为非常遥远的记忆。要说有任何记忆的话，恐怕也只能从历史书或者报纸偶一为之的纪念报道中读到。交战双方的士兵和平民的艰难困苦和英雄主义，如今看来确实很遥远了"。②

表 3 列出了日文版和英文版各章标题。与日文版借用个别充满情感色彩的投书标题作为章节标题的做法不同，英文版的标题就是吉伯尼所说的信件"主题"。在这些主题中，从第一章到第十章的时间线索不再是追

---

① Sensō, Preface, p. xvii. 从英文版直接译出，与中译本存在差异。

② Sensō, Preface, p. xvii. 中译本译文存在差错，此处从英文版直接译出。

忆活动的展开，而是绵延了十数年的历史时间，从侵华战争到"大东亚共荣"、太平洋战争、轰炸日本，再到战后的占领。即便是在特定章节内，也会体现出历史事件的顺序。譬如，第七章 13 封投书对轰炸日本的追忆始于 1942 年的第一次杜立德空袭，到 1945 年的东京大轰炸，终于广岛原爆。第五章"太平洋战争"也大体上沿着历史时间顺序，从攻占新加坡到中途岛海战、美军在瓜达尔卡纳尔岛登陆，再到冲绳决战、内格罗岛"死战"，直至战败。概言之，通过引入历史事件内在的时间维度并增加美国视角下的章节"导读"，来自日本的投书被抽离当时的集体追忆（collective recollections）情境，变成对一系列历史事件和时刻的个体追忆的集合（collected recollections），由此进入当代美国读者的记忆世界。而这也导致了对话式记忆空间的瓦解，对此，我将在后文详细讨论。

表 3　日文版和英文版、中文版《战争》各章标题

各章序号	日文版	英文版（中文版）
1	少年不会忘记马的嘶鸣	通向战争之路
2	游击队刺杀，我的战争还会继续	军旅生涯
3	想要叫喊却无法喊出声的女人们	日中战争（侵华战争）
4	啊，站在枪口前的感受	"大东亚共荣圈"
5	这场战争不是神所期待的	太平洋战争
6	明天也要翻山越岭	大后方（大本营*）
7	不要感到耻辱 你们是英雄	轰炸日本
8	你们没有慈悲吗	"我们都是俘虏"
9	母亲的叹息仍在耳畔回响	占领下的日本
10	妈妈、妹妹、发疯的孤独的少年	对战争的反思

　　注：* 中文版目录第六章标题为"在后方"，但正文标题和页眉均作"大本营"。"大本营"专指战争期间的日本的陆海军最高统帅部，本章投书的主题为日本本土的战时经历，因此，译为"大后方"更为准确。

　　由于中译本是对英文版的翻译，在篇目选择、章节安排以及"导读"上，都一仍其旧，大体上复制了英文版的议题侧重和时间结构。不过，中文版删掉了英文版中收录的七封投书，使它们无缘进入中国的记忆空间。其中一篇题为《"是，我是陆军大将"》，[1]描绘了投书者与山下奉文的一段交往经历：战时，投书者在战地医院内科病房担任勤务工

───────────

　　① 『戦争：血と涙で綴った証言』（下卷）、第 375—376 頁；*Sensō*, pp. 40-41。

作，负责病员登记，曾在山下奉文就诊时高声喝问对方所属部队、官衔和全名。山下奉文不以为忤，反倒赞赏他忠于职守。这篇投书之所以被删除，或许是因为美化了军国主义者或"战犯"：山下奉文战后由于在菲律宾犯下的战争罪行而遭审判，并被处以绞刑。另一篇被删的投书《邮箱中的反战信》[①] 或许也是基于同样的原因，因为投书中提到警局截获的反战信件都是写给"首相东条英机、其妻子东条胜子、陆军元帅畑俊六"等人的，而东条英机和畑俊六都是日后的甲级战犯。而其余几封投书，则各有各的"犯忌"之处。譬如，《"樱花"人肉炸弹》[②] 描绘了神风特攻队队员的"英勇无畏"和对他们"牺牲"的悲叹："20 岁上下的前途无量的青年，好似稻壳散落在水面上一般，作为特攻队队员牺牲了。"[③] 在《纪念三位战友》[④] 中，投书者的战友在山西"扫荡"时被捕并被杀；《想要叫喊却无法喊出声的女人们》[⑤] 则讲述了战败后"满铁"滞留中国东北的日本人被迫向苏联占领军长官提供单身女子的故事。

三　语词的记忆政治

记忆从脑海落于笔端，语词是承载往日思绪的基本元素，也是考察记忆旅行的重要维度。语词从来不是中性的，它们在日文、英文和中文之间的转换，也不单单是语言学层面的翻译问题，而牵涉背后的个体和集体层面的记忆框架，折射出特定的记忆政治。哪怕是看似纯粹事实性的纪年方式，也负载着丰富的记忆和情感内涵。循日本文化惯例，『戦争』通篇使用昭和纪年。在日本人心目中，不同的年号对应着不同的历史进程，"明治与改革维新相关联，大正与自由民权运动相连。一提昭和，就会与战争联系起来"。[⑥]而某些特定的年份，譬如"昭和二十年"（即1945 年），唤起的是讲者脑海中有关战败的惨痛记忆，也会激发出读者的共鸣。为了便于英语世界的读者理解，英文版将投书中的天皇年号纪年改为

① Sensō, p. 176.

② 『戦争：血と涙で綴った証言』（上巻）、第 137 頁；Sensō, pp. 47-48。

③ 从日文版翻译。

④ Sensō, pp. 78-79.

⑤ 『戦争：血と涙で綴った証言』（上巻）、第 293 頁；Sensō, pp. 246-247。

⑥ 《战争——日本人记忆中的二战：〈朝日新闻〉读者来信汇编》，"中文译例"，第 12 页。

公元纪年；有趣的是，中文版又将其改回年号纪年。投书中的年号纪年与章节"导读"中的公元纪年形成了鲜明对照，这种做法固然恢复了讲述的本来面目，但也为习惯了公元纪年的中国读者设置了阅读障碍。[①]

本节围绕语词展开讨论，但这并不是说英译本或者中译本刻意篡改投书内容。实际上，正如英译本编者在序中所说，"我们没有对这些信件做任何润色加工，也没有刻意让它们向我们自己的文学惯例靠拢…… 这些信件保持着差不多十年前《朝日新闻》收到它们时的模样，展示出经历过'那场战争'的日本人对战争的见证"。[②] 而中文版也在正文前附"中文译例"，指出"本书译自英文，并参校日文原书作了修正"，并强调中文版沿用了"昭和""支那""满洲""终战""玉碎"等"若干反复出现的辞汇"，以"保存信件的原貌"，因为"这些辞汇，富含政治历史和文化的特殊含义，为日本人通用惯用"。[③] 以下面这一段投书的两段翻译为例：

> 我的兄弟们，一个接一个（<u>死了</u>）…… 活下来的士兵中有很多都身负重伤。…… 饥饿咬噬着人们的精神…… 有的人彻底绝望后，选择了自杀。他们自杀的枪声在山谷中回荡着。
>
> 我的战友，一个接一个地<u>"进了靖国神社的大门"</u>，其他人接二连三地受了重伤。…… 饥饿咬噬着人的神经，<u>人吃人的事已经发生</u>…… 那些重伤号和患了病的士兵精神沮丧，大多选择自我了结，自杀的枪声在山谷里回荡。（着重号为引者所加）

第一段译文来自《漫长的战败》，[④] 第二段译文来自《战争》中译本。[⑤] 前者的作者桥本明子在英文版[⑥]中引述投书时，将"人吃人的事

---

① "中文译例"将昭和元年误植为 1925 年，实际上应为 1926 年。若按"中文译例"推算，昭和 20 年就会变成 1944 年，由此导致理解偏差。

② Sensō, Preface, p. xviii.

③ 〔美〕法兰克·吉伯尼编著《战争——日本人记忆中的二战：〈朝日新闻〉读者来信汇编》，"中文译例"，第 12 页。

④ 〔日〕桥本明子：《漫长的战败：日本的文化创伤、记忆与认同》，第 40 页。

⑤ 〔美〕法兰克·吉伯尼编著《战争——日本人记忆中的二战：〈朝日新闻〉读者来信汇编》，第 177 页。

⑥ Akiko Hashimoto, *The Long Defeat: Cultural Trauma, Memory, and Identity in Japan* (New York: Oxford University Press), 2015, p. 32.

已经发生"过滤掉，并将"进了靖国神社的大门"这个战死隐喻加括注为直白的"死了"。至于作者这样做，是为了削弱原投书的"军国主义"色彩，还是降低英美读者"跨文化解读"的难度，我们不得而知。但可以确定的是，尽管这两个表达描述的是同样的事实——战死，其意义却迥然不同。相比之下，《战争》中译本忠实译出了投书中的原始表述。但有趣的是，译文还是在"进了靖国神社的大门"上加了日文原版和英文版并不存在的引号，以与当事人的追忆拉开距离。换言之，从日文到英文再到中文语词的转换，毕竟不是透明的过程。本节以这些语词为核心，其重心并不在于在翻译层面纠错，而是希望考察语言文化和记忆框架等因素如何具体而微地影响语词的旅行，形塑其背后的记忆政治。

表 4 列出日文版出现的部分语词在英文版和中文版中的流动。其中第一组是与战争命名有关的语词。在投书者的笔下，"那场战争"经常被切分为三个阶段，常用的表述包括"满洲事变"、"日中事变"和"大东亚战争"或"太平洋战争"。投书中"太平洋战争"和"大东亚战争"的并存，彰显出"众声喧哗的记忆叙事与道德情感和利益南辕北辙"，[①]前者是太平洋战争记忆体制的投射，后者则是战时记忆体制的余绪——它尽管曾在战后遭到压制，却深深刻写在亲历者的个体记忆中，在时过境迁之后重新浮现出来。

表 4　日文版、英文版与中文版部分用词对照

序号	日文版	英文版	中文版
1	満洲事変、日中戦争、大東亜戦争	the Manchurian Incident, the War with China, the Great East Asia War	满洲事变、日中战争、大东亚战争
	満洲事変、日中事変、大東亜戦争	the Manchurian Incident, the Sino-Japanese Incident, the Greater East Asia War	满洲事变、中国事变、大东亚战争
	日中事変	the Sino-Japanese Incident	中日事变爆发
	日中事変が太平洋戦争に拡大	the Sino-Japanese Incident expanded into the Pacific War	日中事变扩大为太平洋战争

① 〔美〕桥本明子：《漫长的战败：日本的文化创伤、记忆与认同》，第 11 页。

続表

序号	日文版	英文版	中文版
2	終戦後、終戦間際、終戦前日	after the War's end, Near the end of the War, the day before the War ended	终战后、临近终战、终战前夜
	終戦の夜	the night of our surrender	终战那天夜里
	敗戦の前年	the year before the surrender	战败的前一年
	敗色濃い	defeat seemed imminent	战败的迹象已经很明显
	日本降伏の日	Japan's surrender	直到日本投降那一天
3	沖縄戦で玉砕	annihilated in Okinawa	在冲绳战役中玉碎
	玉砕	not allowed to take your life in battle	万勿玉碎
	玉砕撤退	annihilation and retreat were everywhere	玉碎大撤退

从中国的角度来说，无论是"大东亚战争"还是"太平洋战争"，都不是恰当的称呼，因为前者充斥着意识形态色彩，而后者则"是以日美战争为本位，用此称呼的话，中国战线和东南亚占领地的重要性有可能会丧失殆尽"。①尽管如此，中文版还是遵循投书者的称呼，做出了忠实的对译。有趣的是对"日中事变"（即七七卢沟桥事变）的翻译，英文版多数使用"the Sino-Japanese Incident"（中日事变）的译名，而在中文版中，既可以看到保留"日中事变"的名称，也看到部分地方将之改译为"中国事变"或"中日事变"，以翻转原表述中的主客关系。与之形成鲜明对照的，则是书名和章节标题的翻译。前文提到，英文版副题将追忆对象定为"太平洋战争"，中文版则改译为"二战"；英文版第三章标题采用"the China War"（"日中战争"或"中日战争"）来描述七七事变之后的日本侵华战争，中译本则将之直截了当地改为"侵华战争"。与"侵华战争"相比，"日中战争"很明显反映了日方的视角，而且遮蔽了战争的侵略本质，因此，这处改动彰显出记忆旅行中鲜明的中国视角或立场。

与中文版的翻译和局部改动相比，英文版面对的主要挑战并不是

① 〔日〕吉田裕：《亚洲、太平洋战争》，第17页。

"记忆框架"，而是语言和文化的隔阂。以对"玉碎"的翻译为例。如表4所示，中文版直接照搬了"玉碎"，在中文情境下，即便不了解历史背景的读者，也可以凭借文化接近性唤起字面上的感受。①而英文版则视上下文翻译为"annihilation"（歼灭）或"take life in battle"（以命相搏）。字面上来说，"玉碎"即为"全歼"之意。不过，annihilation还是无法传递出"玉碎"背后的历史和情感内涵。"玉碎"这一表述最早出现于1943年5月，大本营公告报道阿图岛日军全军覆灭时，称"全员玉碎"，尔后每当孤岛守备队全军覆没，军方就会展开玉碎宣传，歌颂牺牲者"如同玉石碎了也很美一样，战斗到最后英勇就义"。②1944年初，"玉碎"便渐渐从官方宣传中淡出。只不过，它还遗留在投书者的心底，成为战时心态的当代投影。与"玉碎"类似的语词还包括"玉音"。譬如，一位投书者称"学校收音机故障，因此在学生家里拜听玉音"，日文版的原始表述是"玉音拜聽"，而英文版则直译为"I heard the Emperor's voice announcing the surrender"。除不得不放弃"玉音"这个名词之外，英文版还舍弃了"拜听"的谦卑姿态。与之类似的另一处翻译是将"終戦の大诏を拜"翻译为"receive the Imperial Rescript terminating the war"，而中文版则是"我们拜领了终战大诏"。

"拜听玉音"和"拜领终战大诏"这两个表述让我们看到，语词背后负载的不仅有历史和记忆，还有情感和道德含义。这些情感能否在记忆旅行中传递？投书构建的道德叙事又是否会被再生产？要想考察投书者灌注在往事追忆中的情感，就需要跳出个别的语词，对投书做整体性的把握。限于篇幅，我们以下面这篇投书的片段及其英文和中文译文为例稍做讨论：

当时第一軍軍医部長石井四郎軍医少将の病院查察があった。石井少将は満州関東軍の有名な第七三一部隊長でもあった……中国侵攻以来、中国軍の捕虜や一般大衆に対する残酷な仕打ちを

① 不过，这种照搬也可能带来问题。譬如，有多篇投书提到"非国民"（即不履行国民义务或背叛国家的人。在二战期间，这个词被用来谴责那些不与军队或国家政策合作的人），这一表述，不了解相关历史背景的读者大概无法理解其含义，而英文版将其翻译为"traitor"（叛徒）则大致准确地传递出了其语意。
② 〔日〕吉田裕：《亚洲、太平洋战争》，第161页。

みると、日本人古来の奥ゆかしさ、武士道精神は地に落ち、狂人の集団と化した感さえある。［日文版（上），第126—127页］

Major General Ishii Shirō came to inspect the hospital. He was then the surgeon commanding the First Army Medical Section and was also the commander of the infamous Unit 731 of the Kwantung Army in Manchuria··· when I look back at the brutal treatment given to military prisoners of war and the whole population of China after the invasion of China, I cannot but feel that the time‐honored courteousness of the Japanese people and our sense of chivalry had sunk so low that Japanese soldiers had been reduced to a group of madmen. （英文版，p.69）

时任第一陆军医务部部长的石井四郎少将来我们这里视察，此人曾任臭名昭著的满洲关东军731部队司令……当我回想起侵入中国以来我们对战俘和平民做出的残忍行为，只觉得日本人古老优美的武士道已扫地以尽，日本兵已经变成一群嗜血狂。（中文版，第78—79页）

这一段投书的旅行有几处值得注意。第一，原投书用"有名"来形容731部队，英文版将之翻译为"infamous"，增强了负面情感色彩，中文版则翻译为"臭名昭著"，进一步强化情感色彩。第二，原投书用"狂人の集団"形容日军，英文版"a group of madmen"大致等同于直译，中文版的"一群嗜血狂"情感色彩最重。与之类似，另一篇投书中的"狂暴な殺人者"也被英文版和中文版分别翻译为"frenzied murderer"（疯狂的杀人犯）和"残暴的嗜血狂"。第三，最有趣的是，原投书中的"武士道精神"被英文版翻译为"our sense of chivalry"（我们的骑士精神）而不是"Bushidō"，明显是为了照顾英语世界读者的文化背景。在另一封投书中，追忆者赞赏驱逐舰"朝霞"号拒绝救援拖曳是"继承了真正的叶隐式的武士道精神"（中文版，第165页），英文版将原文的"武士道精神"译为"act of samurai spirit"，但却将"叶隐"略去，也是遵循着类似的逻辑。尽管存在上述改动，这一段的翻译仍大体称得上忠实。不过，英译及中译凸显出记忆旅行过程中两种机制发挥了重要的作用：一是语言和文化因素，受其影响，从日文到英文的旅行成为跨文化转译；二是记忆框架，受其影响，从日文到英文再到中文，是情感色彩的强化与道德叙事的"改写"。

四 "不许可"的图像之旅

《战争——日本人记忆中的二战：〈朝日新闻〉读者来信汇编》日文原版的编辑者选用了数十幅图片，它们一半取自战时——其中不乏经典的或标志性的战争图像（iconic photograph），一半取自当代，在版面上也两两相对，构成了鲜明的视觉时间结构和视觉叙事意义上的"今昔对照"，展示出沧海桑田的时代变化。英文版将这些图片悉数删除，让《战争》变成纯粹的投书汇编。中文版同样没有选择这些图片，但增加了大量其他图片，让这本书重新回到图文书的面貌。不过，跟日本版的图文呼应不同，中文版的图片有意强化日本帝国主义者的加害者形象，与叙事展现出鲜明的张力乃至冲突。

如表5所示，日文版共选登14组34幅图片，其中18幅选自战时，16幅选自当代。在战时图片中，最早的一幅是1940年5月国民在劝业银行大阪支行前排队购买初次发行的"报国债券"（第十一组），而最晚的一幅则是1946年12月5日从中国东北回国的孤儿到达品川车站（第九组）。尽管太平洋战争在1941年12月8日凌晨才爆发，这些图片大体上落入太平洋战争的范畴，显示出哪怕在视觉记忆层面，太平洋战争仍然是统摄日本战争经验的核心框架。就图片主题而言，多幅图片呈现了决定性的战争时刻，包括日本偷袭珍珠港（1941年12月8日）、东京大轰炸（1945年3月）、美军在冲绳本岛登陆（1945年4月1日）、广岛原爆（1945年8月6日）等。当中也不乏经典的战争图像，包括裕仁天皇和麦克阿瑟的合影、冲绳战役被俘少年兵、从中国东北返日的孤儿及明治神宫外苑"出阵学徒"壮行会等。

表5 《战争》日文原版图片信息

序号	图片内容*	时间	书中页码
第一组	明治神宫外苑"出阵学徒"的壮行会	1943年10月21日	上66
	早稻田大学、庆应大学橄榄球比赛		上67

序号	图片内容	时间	书中页码
第二组	本土决战时女性的服装	（1945）＊＊	上 130
	东京 collection 时装秀	1986	上 131
第三组	东京大轰炸后的下町废墟	1945	上 194
	空中俯瞰新宿"副都心"		上 195
第四组	东京音乐学校女学生持枪训练	1943	上 258
	九段中学学生的刺杀训练	1944	上 258
	女高中生身着时尚的制服	1987	上 259
第五组	美军在冲绳本岛登陆	1945 年 4 月 1 日	上 322
	冲绳嘉手纳美军基地全景		上 323
第六组	冲绳岛战役被俘的少年兵	1945 年 6 月 17 日	上 386
	中曾根首相出席自卫队阅兵式	1985	上 387
第七组	采购薯类的列车车顶挤满乘客	1945 年 11 月	上 450
	小学生在餐厅围坐享受学校配餐		上 451
第八组	日本"奇袭"＊＊＊珍珠港宣告日美开战	1941 年 12 月 8 日	下 66
	夏威夷怀基基海滩的日本女性观光客	1987	下 67
第九组	从中国东北回国的孤儿到达品川车站	1946 年 12 月 5 日	下 130
	在华日本遗孤短暂访日后返回中国	1987 年 2 月 12 日	下 131
第十组	"特别攻击队"（八纮队）出征		下 194
	戴着头巾的"女子挺身队"队员专心焊接作业	1944 年 10 月	下 194
	东京大学入学考试（"备考生是现代的战士"）		下 195
	华丽的婚礼（"父母是饱尝疾苦的一代人"）		下 195
第十一组	国民排队购买初次发行的"报国债券"	1940 年 5 月	下 258
	NTT（日本电报电话公司）股票		下 259
第十二组	甲子园竖幅标语（"国民精神总动员"）	1940 年 8 月	下 322
	宣告大赛开幕的号角	1940 年 8 月	下 322
	第 26 届全国中等学校优胜棒球大赛闭幕式	1940 年 8 月	下 322
	战后第 41 次举行的全国高中棒球大赛	1987 年 8 月	下 323
	女高中生啦啦队为选手加油	1987 年 8 月	下 323

续表

序号	图片内容	时间	书中页码
第十三组	在广岛投掷原子弹的轰炸机返回天宁岛	1945 年 8 月 6 日	下 386
	陆上自卫队的地对空导弹"奈基 J"		下 387
第十四组	裕仁天皇拜会麦克阿瑟后合影	1945 年 9 月 27 日	下 450
	天皇生日当天接受挥舞国旗的民众参贺		下 451

注：＊根据图片解说结合图片内容概括。
＊＊加括号的时间表示原图未标日期，根据史实推断，例如"本土决战"计划于 1945 年 6 月制订实施，因此，此处标为 1945。
＊＊＊日文原文用语。

与历史图片不同，很多当代图片都没有标明日期；除少数新闻事件外（譬如中曾根首相出席自卫队阅兵式），其他多数更像是当代的日常缩影。不过，可以明确的是，它们更多指向"当下"，而不是"战后"。也就是说，在每一组图片的"历史"和"当代"之间，都隔着 40 多年的岁月，带上极强的今昔对照色彩。例如，第三组昔日东京大轰炸后的一片废墟与"今日"新宿的繁华景象对照，第八组昔日偷袭珍珠港与"今日"夏威夷海滩日本观光客的对照，等等。此外，今昔之间还可能带有历史延续性。第五组历史图片是美军在冲绳本岛登陆，当代图片则是冲绳嘉手纳美军基地全景，显示出战后秩序在当代的延续。而第九组历史图片是从中国东北回国的孤儿，身上背着父母的骨灰袋；当代图片则是在华日本遗孤短暂访日后返回中国，去留之间续写出跨越半个世纪的孤儿故事，展现出叙事上的连贯。概言之，在依靠历史断裂构造出的今非昔比的视觉叙事之外，今昔之间也存在一定的延续性，即在某些意义上，日本仍处于"漫长的战后"。①

遗憾的是，这数十幅图片及其负载的视觉记忆和今昔对比叙事均被英文版删除。《战争》英文版的唯一一幅图片，出现在封面和封底（参见图 1），描绘的是日军行军的历史场景。与英文版对图片运用的悭吝相比，中文版则运用了大量的历史图片，并借此构造出与日文版迥异的视觉记忆。中文版的图片主题驳杂，但其叙述对象的重心是日本侵华战

---

① 〔日〕吉田裕：《亚洲、太平洋战争》，第 12 页。

争，太平洋战争的内容相对较少。相比日文原版，这些历史图片覆盖的时间段因此也更长，最早到1931年4月第二次雾社事件中惨遭日军杀害的起义同胞、最晚延伸到1945年12月台湾光复。

中文版的图片大致可以分为三类，一是与战争有关的文物或档案资料图片，例如百团大战奖章及抗战胜利纪念章、写有"武运长久"的日军军旗、抗日名将胡长青的军人手牒、731部队盛放人体器官的内藏瓶及解剖工具、日军随身携带的千人针袋、刻有"南京之役杀107人"字样的日本军刀等；二是中国军民的抗战及一般的战争场景，例如淞沪抗战时女义勇军战士向日军射击、1942年八路军在喜峰口反击日军、1943年鄂西大捷中国军队在炮火中追击敌人、上海日本收容所中的美国战俘、佛山市区的孤儿等；三是日军暴行，当中既包括南京大屠杀、重庆大轰炸、雾社事件、衡阳保卫战遭日军杀害的抗战将士遗骸等集体暴行画面，也包括上海街头被射杀的苦力、日军手提砍杀的中国士兵首级、日军将抗日游击队员或平民绑在街头示众的个别暴行画面。

值得指出的是，在中译本内页选用的72幅图片中，近半数（34幅①）取自日本每日新闻社出版的"不许可写真"图片集，②就连中译本的封面（参见图1）和封底也来自该写真集。③这些"借来的"图片展示出与战争投书并行的另一条复杂而暧昧的视觉记忆旅行线索。在侵华战争和太平洋战争中，日本当局实施严苛的新闻审查，新闻界在战时体制下迈向法西斯化。④随军记者拍摄的照片要提交陆军省、海军省审查，举凡涉及日军武器装备、将领、军旗、部队转移换防、死伤、战俘、"慰安妇"，以及对日军不利的新闻照片，都有可能被加盖"不许可"印，禁止刊登。⑤日本每日新闻（战时称《大阪每日新闻》）社将

① 鉴于中译本并没有集中或个别标注图片来源，此数字来自作者的对照，或有遗漏。
② 每日ムック：『不许可写真』（1、2）、每日新闻社，1998、1999。
③ 封底为『不许可写真1』第169页整页，并在其上添加终战日靖国神社前的反战游行图片；封面背景图为『不许可写真2』第35页整页。
④ 〔日〕前坂俊之：《太平洋战争与日本新闻》，晏英译，新星出版社，2015；孙继强：《论战时体制下日本报界的法西斯化》，《新闻与传播研究》2013年第4期；孙继强：《战时日本"出版新体制"的构筑及其法西斯化》，《世界历史》2021年第2期。
⑤ 参见草森绅一「不許可写真論：报国の写真」、『不許可写真1』、第196—203页；『不許可写真2』、第177—186页。

相关图片保存下来，先后于 1977 年和 1998 年出版『不許可写真史』①和两卷本『不許可写真』②。我们无法推断《战争》中译本编者选择"不许可"图像的初衷，但对其参与构造的视觉记忆，则可以做三个方面的解读。其一，被选择的"不许可"图像中不乏对侵华战争的"正面"呈现，譬如日军"庆祝"上海胜利、太原陷落后日军板垣部队入城、片山部队长指挥作战等；也有日常战争场景，例如士兵在运输船上裸浴、日军在上海郊区屠宰中国百姓的猪、日军测量地形、海军训练柔软体形、赤裸上身的骑兵队队员等。这些图像从日本人的视角展现战争，与投书者的战争追忆呼应。

其二，尽管中译本对不少图片做了剪裁，譬如图 3 的两幅图片，左图（中译本第 105 页）只截取了右图（『不許可写真 1』、第 7 页）部分画面，原图中的"不许可"印和图左侧的"南京路の惨情"（南京路的惨况）说明均被截掉。但大多数图片都保留了"不许可"标记，而封面背景图上鲜红的"不许可"印更是直接覆盖在了白色书名"战争"之上（参见图 1）。这当然跟加盖在图片上的"不许可"印很难移除有关，但它仿佛是一个隐喻：一方面，这些图像作为曾经被刻意掩盖的历史真相，其实是更为坚实的证据；另一方面，连带着书中呈现的"证言"也染上几分"不许可"的色彩。

图 3　上海南京路遭日军攻击后惨状

其三，这些"不许可"图像也在一定程度上呈现了侵华战争的阴

---

① 每日新聞社『1 億人の昭和史 10：不許可写真史』、1977。
② 其中的部分图片及随军摄影记者的回忆摘录，参见李宗远等《侵华日军摄影师回忆录 揭秘侵华日军"不许可"绝密档案》，《文明》2005 年第 7 期。

暗面，其中最多的是日军抓捕或虐待俘虏及平民的场景，计有 6 幅。①
此外，也包括南京路遭袭后的惨状（图 3）和上海街头被射杀的苦力等
场面。为了让这些战争年代图像的意义更为显豁，中文版也通过文字说
明对部分图片做了进一步阐释。譬如，一幅被加盖"检阅济"（即准许
刊登）印的照片描绘了日军杀猪的场景，原图左侧日文说明为"阵中
豚料理 増田隊の兵士"（『不許可写真 1』、第 137 页），中文版的说明
为"在上海郊区日本增田队士兵正在杀中国百姓的猪食用"；而图 4 的
两幅图，右图因为"刊登对我军不利的照片及残暴的图片"② 而被加盖
"不许可"印，原图说明为"八月二十三日竹下部队捕房的中国正规
军"（『不許可写真 1』、第 24 页），中文版的说明则翻转了叙事角度，
强调"1937 年 8 月，在吴淞口、州沙镇③被日军俘虏的中国士兵面对死
亡英勇不屈"。（第 142 页）

图 4　侵华日军俘虏中国士兵

　　然而，或许是因为"不许可"图像终归过于温和，中译本增加了
多幅惨烈的暴行图片，它们与投书文本形成了鲜明的对照。这些图片多
取自《日寇暴行实录》。该书由国民党军事委员会政治部编印，于 1938
年出版，其编选出版用意在于曝光日军"兽类之暴行"，以激发国人抗
战斗志，"与暴敌做殊死战"。④除《日寇暴行实录》封面和两张呈现

---

① 另有 5 幅照片记录日本海军陆战队抓捕的英军战俘和上海日本收容所中的美国俘虏。
② 每日新闻社：『1 億人の昭和史 10：不許可写真史』、第 7 页。
③ 应为川沙镇。
④ 陈诚："序言"，《日寇暴行实录》，军事委员会政治部编印，1938 年 7 月。

"烧杀抢掠"的完整内页之外，《战争——日本人记忆中的二战：〈朝日新闻〉读者来信汇编》中译本还选择了日军野田岩手提砍杀的中国士兵首级的画面，以及两幅与南京大屠杀有关的图片，一幅是日军活埋南京同胞的场景，另一幅则展现了妇女被奸淫后杀死的惨状。由此，中文版在日本人的文本和图像视角之外，带入了中国人的视角，而视觉记忆的主轴则变成一体两面的叙事：一面是日本侵略者的残暴，另一面是中国军民的英勇抵抗。换言之，历史图片的目的并不是配合文字讲述，在很大程度上，由图片构成的视觉记忆补充、挑战甚至抗衡着由日本投书者呈现的战争记忆，但这也导致了"投书"文本的撕裂。[①]

五　记忆时空的迁移

语词是投书者整理思绪、追忆过去的工具，图像是编者挪用与构建记忆的材料。无论是语词还是图像，都是静态的介质，而记忆实践是动态的过程，牵涉记忆社群内部不同成员（投书者、编者及社会大众）之间的互动。而记忆旅行则是"血泪证言"脱离原始情境进入英语世界和中文世界的过程，牵涉前一段记忆实践的产物——特定记忆文本——与在地记忆社群之间的互动。本节以这两阶段的互动为线索，考察记忆时空的转换与迁移对记忆旅行的影响。

如前所述，从 1986 年 7 月至 1987 年 8 月，在《朝日新闻》的报端展开了一场围绕"那场战争"的集体追忆，而『戦争』则是这场追忆的完整记录。正因为此，在『戦争』的字里行间，保留着投书者之间、投书者与《朝日新闻》编辑部之间以及专栏与公众之间的三重对话。由于篇目选择和编辑材料的剔除，只有第一重对话在英文版和中文版中以碎片化的形式保留下来，其余两重对话则趋向于瓦解。

先看投书者之间的对话。英文版和中文版第一章"通向战争之路"收录的第二篇和第三篇投书即展示出这种互动：第二篇投书的作者在投

---

① 在《战争——日本人记忆中的二战：〈朝日新闻〉读者来信汇编》中译本的豆瓣网页上，多位读者在短评中表达出对配图的批评，例如，"配图太糟糕了，可以当成编辑对本书基调的批判"，"配图的人一定是被感动哭了 ... 配图减 10 星"，"就是配图驴唇不对马嘴！"，参见 https：//book.douban.com/subject/1033071/comments/。

书中写道："不仅战争中的体验，战争以前的情形，也请务必详加讲述。战前的日本是什么样子？人们怎么生活？是怎样陷入战争的？"① 而第三篇投书开篇即回应道："既然有人表示希望详细了解战前的情形，我来讲一下我反对战争的经过。"② 这两封投书先后相隔约一周③见报，相比英文版和中文版，日文原版二者之间的"对话"更为直接，因为第二封投书开篇第一句背后加注说明自己回应的是"十月七日付（刊登）"的来信。这场对话发生于两个世代之间，前者是 25 岁的年轻人，后者是 80 岁的战争亲历者。正因为此，在媒体上展开的"隔空对话"具有了记忆代际传递的意义。

　　更多的投书者对话发生在亲历者之间，这些对话有时候相互呼应，但有时候也会带上强烈的"火药味"，凸显出亲历者对同一段往事的不同记忆，以及当中的记忆争夺。限于篇幅，这里仅举一例稍做说明。《朝日新闻》在 1987 年 5 月 8 日刊登了一封投书，④讲述了 1945 年 5 月 24 日夜日军空降兵特攻部队"义烈空挺队"攻击冲绳美军机场的"壮烈"往事。投书者曾任"义烈空挺队"第五小队长，在投书结尾，他引用某航空司令官⑤的话，称"义烈空挺队是陆军中的精锐之师。遵循着切腹的赤穗浪士的传统，死得其所"。⑥三个多月后，《朝日新闻》刊登了一篇言辞激烈的投书，⑦开篇即提到这番言论，并称自己"感到从所未有的愤怒。那些优秀的青年，就被这样一句话葬送了"。⑧在接下来的篇幅中，他追述了 1945 年 4 月间"义烈空挺队"特攻队员到自家浴场沐浴、出征前托付身后事以及"终战以后"投书者母亲"请石工造观音像，每天诵经供养"的故事。在投书最后，投书者再次对航空司令

　　① 《战争——日本人记忆中的二战：〈朝日新闻〉读者来信汇编》，第 11 页。
　　② 《战争——日本人记忆中的二战：〈朝日新闻〉读者来信汇编》，第 11—12 页。
　　③ 前一封于 1986 年 10 月 7 日见报，后一封于 10 月 16 日见报。
　　④ 『戦争：血と涙で綴った証言』（下卷）、第 226—227 页。
　　⑤ 投书中指，该司令官曾亲临出征仪式，并于 1983 年以 95 岁高龄去世。据此，此人应为菅原道大（1888—1983），时任陆军中将、日军第 6 航空军司令。
　　⑥ 『戦争：血と涙で綴った証言』（下卷）、第 227 页。
　　⑦ 『戦争：血と涙で綴った証言』（下卷）、第 503—504 页。
　　⑧ 『戦争：血と涙で綴った証言』（下卷）、第 503 页；《战争——日本人记忆中的二战：〈朝日新闻〉读者来信汇编》，第 53 页。

官提出激烈批评，称"九十五岁的航空司令那个老奸贼，才应该立刻切腹"。①投书末尾附编者按语，指这封投书原本是寄给前一位投书者的书信，获准刊登于此，并补充说，"特攻队出征的熊本健军机场如今是一所女子大学的校舍，房屋密布，没有任何当时的痕迹"。②两封投书和编者按语构成了一场完整的对话，从私下交流延伸到公开的报端。遗憾的是，英文版和中文版只选择了后一封投书，削弱了原本的对话色彩，也让投书中激烈的笔调无处着落。

在上面这个例证中，除了投书者之间的对话，编者也加入了对话。这种对话的最简单形式就是在投书末尾增加编者按语，补充与投书相关的信息，引述文献与投书相印证，以及联系其他投书。但有时候，这些按语也会更直接地与投书对话，由此构造出历史记忆的对话乃至争夺。例如，在一封有关珠江战役的投书中，一位侵华日军老兵追忆了从广州到柳州行军途中目睹的惨剧：河滩上躺着十几具日军尸体，赤身裸体、开肠破肚。在投书末尾，原附下面这则编者注：

> 中国文学研究者驹田信二说："珠江作战是悲惨的。对于中国人来说，日本军是进入自己家里的敌人，出于憎恨而挖了眼珠吧。但是，我没听说过一般情况下会有这种事。如果说这很残虐的话，日军的所作所为又如何呢。"作家陈舜臣说："担心被死者诅咒而挖去眼珠，这种事不仅在中国有，在世界范围内都有。"③

很明显，编者意在通过两位熟悉中国的作家和研究者的口吻，平衡投书者有关中国士兵残暴的片面叙事，也提醒读者注意日军作为"侵略者"的残暴。这篇投书被英文版和中文版翻译，但很遗憾，编者按未被保留。英语世界和中文世界的读者读到的就只有侵华日军老兵念念不忘的"惨痛记忆"。

---

① 『戦争：血と淚で綴った証言』（下卷），第504頁；《战争——日本人记忆中的二战：〈朝日新闻〉读者来信汇编》，第54页。

② 『戦争：血と淚で綴った証言』（下卷），第504頁；《战争——日本人记忆中的二战：〈朝日新闻〉读者来信汇编》，第54页。

③ 『戦争：血と淚で綴った証言』（上卷），第135—136、136頁。

除散落书中各处的编者按之外，日文版的编者还以"记者手记"或"专家论坛"等形式介入这场集体性的战争追忆，并与社会大众展开对话。一是《朝日新闻》的记者充当追忆者，直接参与记忆实践。1986 年 10 月中旬，《朝日新闻》先后刊登三篇"记者讲述的战争体验"，其初衷是"有读者责问我们："你们采用稿件的标准是什么？你们记者去过战场吗？'我们没有去过战场，但还是回答一下，我们与战争有过什么联系。接下来是《主题谈话室》的前员工与在职员工的战争经历"。①二是编辑部就引发广泛反响或争议的议题撰写专门文章。譬如"赤纸"（战时召集令）的运作、② 军队内部的"私刑"问题③以及太平洋战场上的人相食④及新闻界在战争中的角色⑤等。三是通过对投书的编排，凸显特定的时间节点。例如，在 1986 年 8 月 14 日"终战"纪念日前一天，专栏刊出 10 封投书，将它们列于"终战日的回忆""酷烈的战争真相""战死者的死毫无意义吗"三个专题之下。四是提供公共论坛，邀请学者就相关议题展开讨论，例如，1986 年 11 月 27 日、28 日、29 日连载《太平洋战争爆发的原因》，⑥邀请家永三郎、秦郁彦等六位学者参与讨论。专栏临近终了，召开座谈会，邀请入江德郎、高木俊朗和秦郁彦讨论专栏的意义和战争记忆的传承，讨论记录于 1987 年 8 月 15 日"终战日"刊出。⑦

当这场集体追忆的结果以"投书集"的形式旅行到美国（及英语世界）和中国，它们一方面跳脱了上述对话空间，另一方面则进入了全新的记忆场域，并与编者、译者和阅读者展开新的记忆互动。前文曾从英文版序的角度讨论编者如何因应美国读者的需要改变"投书集"的叙事结构、增加章节"导读"，这里再以中文版的编辑和接受为中心，对此做进一步讨论。在英文版内容的对译之外，中译本增加了一篇由法兰克·吉伯尼撰写的短序和由两位译者撰写的"跋"。在序中，吉伯尼

---

① 『戦争：血と涙で綴った証言』（上巻）、第 240 頁。
② 『戦争：血と涙で綴った証言』（上巻）、第 251—255 頁。
③ 『戦争：血と涙で綴った証言』（上巻）、第 509—513 頁。
④ 『戦争：血と涙で綴った証言』（下巻）、第 231—233 頁。
⑤ 『戦争：血と涙で綴った証言』（下巻）、第 557—561 頁。
⑥ 『戦争：血と涙で綴った証言』（上巻）、第 318—326 頁。
⑦ 永泽道雄『戦争：血と涙で綴った証言』（下巻）、第 513—523 頁。

将投书与侵华战争关联起来，强调投书人的"困惑与迷乱所带来的痛苦，没有比处理对华战争这一节更甚的了"，并提到"骇人听闻的南京屠杀"，以及日本当局和右翼与"那些记住并且写出自己的耻辱与懊悔的日本人""那些有勇气、有远见把过去罪恶的记忆公之于世的记者们"围绕记忆的争夺。①

有趣的是，译者"跋"与"中文版序"构成了鲜明的对照，其开篇即体现出鲜明的中国立场：

> 这里呈现的，是普通日本人对战争的记忆和反思。以中国读者的立场来看，或许有"谢罪不够"之嫌。的确，日本人对于自身在战争中经受的损失和伤痛记得深刻讲得真切，远胜于对于他们在中国和亚洲其他国家犯下的罪行、造成的损伤。但这恰恰是日本人心目中的战争，正如中国人、朝鲜人、美国人等等各国人心目中都有各自独特的战争记忆。本书……的价值在于复杂多样、矛盾和不平衡，比起少数有良知的学者、极右派的学者以及日本官方的言论，更贴近日本国民的立场。②

这段话中由"但"衔接的转折，凸显出鲜明的叙事张力。一方面，投书者强化受害者身份，弱化加害者身份，投书集对侵略中国着墨不多；另一方面，"这恰恰是日本人心目中的战争"。更重要的是，译者认为这并不完全是日本人的责任，因为"以最近中国细菌战受害者赔偿案审判中历史证据主要依据日本人研究成果一事来看，如果本书中日本人对于日本在中国的战争罪行表现得无知或天真，中国人当先自责"。③此外，两位译者强调，"通过这些信件体现的普通日本人对于战争的反省，并不因为上述种种不足而减轻其价值，应当说，甚至更增加了其价值"，因为它们是在军国主义未遭清算、战争罪行未被大量披露、日本社会弥漫右翼势力影响的情势下，"完全由自由新闻职业者和普通公民本着良知，自由地思想，而发自内心地反思"。最后，译者"盼望在不

---

① 《战争——日本人记忆中的二战：〈朝日新闻〉读者来信汇编》，第9、11页。
② 《战争——日本人记忆中的二战：〈朝日新闻〉读者来信汇编》，第379页。
③ 《战争——日本人记忆中的二战：〈朝日新闻〉读者来信汇编》，第379页。

要太久以后的某一天，全世界的读者也能读到记录普通中国人对战争以及其他重大历史问题的记忆与反思"。①

之所以详尽引述这篇短"跋"，是因为这些充满张力的段落生动揭示出投书集与中国记忆场域的第一次"碰撞"，它也预示着之后在个体读者层面或公共讨论层面发生的无数次碰撞的轨迹。限于篇幅和材料，此处以两篇媒体报道为例对此稍做说明。第一篇报道题为《侵华日军记忆：魔鬼是这样肆虐的》，②该文节选刊登了四篇投书，分别是《无比残暴的日军新兵训练》、《杀人不眨眼的日军指挥官》《伤天害理的日军军医》和《目睹罪孽深重的一幕》。四篇投书讲述的依次是虐杀俘虏、指挥官私刑、731部队的活体试验以及无端处死农家少年的个体记忆。很明显，就如报道标题和投书新拟标题③所示，这些精选出来的"投书"被视为"魔鬼""肆虐"的证据。

再看另一篇题为《日本人记忆中的二战 轻侵华史 重自己苦难史》④的媒体评论。首先，这篇评论刊发于2014年9月2日，而在当年的2月27日，第十二届全国人大常委会第七次会议以国家立法的形式通过决议，确定每年9月3日为"中国人民抗日战争胜利纪念日"。在纪念日前夕刊发的这篇评论，将对这本"2002年出版的旧书"的讨论放到抗战胜利纪念的记忆语境之下。其次，如评论标题所示，其重心在于通过这本书批评日本人战争记忆的偏狭。评论指出：

> 全书380页，涉及中国的部分不到四分之一……对于侵华战争的描述，无论比重及深度在书中都是不够的。日军用中国人做活体解剖实验。有去信者回忆，他握着从活人身上取下来的心脏，"跳动的"。至于南京大屠杀几乎是没有提及，至于细菌战仅仅是间接点到……最后一章是反思，耐人寻味的是主角却多是家庭主

---

① 《战争——日本人记忆中的二战：〈朝日新闻〉读者来信汇编》，第380页。
② 军红：《侵华日军记忆：魔鬼是这样肆虐的》，《中国国防报》2006年4月12日，参见 http://www.china.com.cn/military/txt/2006-04/12/content_6181696.htm。
③ 四篇投书的原始标题分别是《画红圈的地方是心脏：不许往那里刺》《指挥官的私刑最成问题》《细菌战与人体活体试验》和《忘不了，鲜血从那中国孩子的胸膛涌出》。
④ 《日本人记忆中的二战 轻侵华史 重自己苦难史》，《潇湘晨报》2014年9月2日，A11版。

不许可：「血泪证言」的记忆旅行

妇和十几岁的中学生。

可以看到，评论延续着中译本译者"跋"的笔调。其中有关南京大屠杀缺席和反思者身份的批评，其实很大程度上要归因于英文版的节选和编排方式，是记忆旅行带来的"后果"之一。无论如何，这段话生动揭示出当年日本舆论界的一场集体追忆如何跨越时空，在二十多年后的中国激起回响。

结　语

拙作刊出之际，『戦争：血と涙で綴った証言』投书集的日文版已经出版了37年，就连其中文版也已经出版了22年。对往事的追忆，其本身也变成了尘封的往事；当年的投书者，不少想必已经作古了。然而，在很大程度上，中日仍然没有走出"艰难过往"的阴影，东亚国家之间的和解（reconciliation）也仍然是官方和民间都不得不面对的难题。①正如法兰克·吉伯尼在《战争》英文版的增订版序中所说：

> 尽管太平洋战争已经过去了60年，但日本在这场冲突中的角色仍然是一个有争议的话题——这个话题最近在整个东亚地区引起了激烈的讨论。中国和韩国尤其谴责日本右翼辩护者的倾向，他们说这场战争纯粹是一场反对西方殖民主义的斗争。……同时，日本目前的年轻一代——距离战争超过半个世纪——对战争罪责的讨论不感兴趣。②

因此，对这本旧书及其美国和中国之旅的考察，不仅有助于理解20世纪80年代至21世纪初的东亚记忆政治，对于理解东亚记忆的当下和未来也有一定意义。

---

① 参见 Mikyoung Kim eds., *Routledge Handbook of Memory and Reconciliation in East Asia*, New York：Routledge, 2016。

② Frank Gibney, Preface to the expanded edition, *Sensō：The Japanese Remember the Pacific War*（Expanded Edition）（London：Routledge, 2015），ppxi-xii.

在侵华日军老兵东史郎成为家喻户晓的人物、《东史郎日记》旅行到中国之后，孙歌将之与《拉贝日记》相对照。在她看来，"《东史郎日记》的确是一部宝贵的历史文献，但这绝对不是因为它提供了轻描淡写的战争犯罪记录，而是因为它提供了日本社会结构在战争状态下的具体形态"，其一是"日本军队内部的暴力性结构"，其二是"日本人对中国人所保有的'一等国民'的优越感"。然而，"遗憾的是，《东史郎日记》在中国虽成了畅销书，人们却是在《拉贝日记》的角度上阅读它的……把这部日记的主要价值视为南京大屠杀的证词；传媒的宣传也基本上没有脱离这一基本框架"。①放到记忆旅行的架构之下，孙歌上述精当的评论可以被概括为东史郎的去语境化和再语境化，即先"把东史郎从他所处的语境中割离出来"，继而将之"简单地嫁接在既定的日本想像之上"。②

　　本文对《战争》投书集在日本、美国和中国之间的旅程的个案讨论，一定程度上呼应着孙歌对《东史郎日记》的精当评论。不过，从语词、图像、叙事结构、对话空间等经验性维度出发，将日美之间和中日之间的旅程相对照，本文描摹的是一幅更为复杂的景象。就语言和文化因素而言，从日文版到英文版的旅行可以被视为"跨文化转译"，这不仅体现为微观层面对"武士道"等语词的翻译，也体现在宏观层面对时间和叙事结构的调整。其结果是，一场集体追忆变成个体追忆的集合，原本的对话空间也趋于瓦解。就记忆体制的影响而言，一方面，我们看到英译本凸显了"太平洋战争"的框架，中译本则通过篇目删减、增加暴行图片等形式确认战争的侵略本质和投书的加害色彩；但另一方面，除章节标题将"日中战争"改为"侵华战争"之外，中译本基本沿用了包括"满洲"、"终战"、"玉碎"乃至"大东亚战争"在内的语词。这在一定程度上可以让中国读者更直接地进入日本人的记忆世界。

　　"被嫁接的命运"③是不是任何记忆旅行不可避免的归宿？又或者说，记忆在国家、语言和文化之间的不断穿梭，是否蕴含着突破僵硬的记忆边界、生成共享的记忆坐标的可能性？我们恐怕无法给出非此即彼

---

① 孙歌：《实话如何实说？》，《读书》2000 年第 3 期，第 14 页。
② 孙歌：《实话如何实说？》，《读书》2000 年第 3 期，第 14—15 页。
③ 孙歌：《实话如何实说？》，《读书》2000 年第 3 期，第 14 页。

不许可：「血泪证言」的记忆旅行

123

的答案。这不仅是因为本文的分析为每一种论断都提供了证据，也是因为"跨文化记忆"的理论视角本身即拒斥非此即彼的选择。正如迈克尔·罗斯伯格（Michael Rothberg）所说，以往关于集体记忆的概念框架存在缺陷，它围绕"竞争性的记忆"展开，将记忆视为"对稀缺资源的零和式争夺"。与之相反，罗斯伯格提出"多向记忆"（multidirectional memory）的概念，以此强调记忆碰撞过程中"持续的协商、相互参照和借用"，凸显记忆的"生产性而非私有性"。①由本文的案例分析观之，"多向记忆"或许不仅是一种理论主张，也是摆在东亚知识界、媒体与公众面前的实践议题。

---

① Michael Rothberg, *Multidirectional Memory: Remembering the Holocaust in the Age of Decolonization* (Stanford: Stanford University Press), 2009, p. 3.

大地的伤痕[*]

——日军侵华时期"万人坑"遗址的记忆与忘却

王　楠[**]

一　罪恶的起源:"万人坑"记忆的产生

在古代,"万人坑"常被用于指称大规模的非正常死亡丛葬地,一般出现在有关战争的叙述中。如逢灾年,"万人坑"亦成民众枕藉而死、不可胜数的标志。自九一八事变起,日本侵略者对中国民众的屠戮与虐待引发关注,"万人坑"一词开始进入对日军在华暴行的报道中,指代侵略者集中抛弃大量中国死难者尸体的场所,但外界难以清楚了解沦陷区的情况,所以相关报道往往失之简略。相较之下,沦陷区的文学作品对"万人坑"的描绘更为细致。1940 年,身在东北沦陷区的王秋萤,以抚顺煤矿生活为蓝本,创作了小说《矿坑》,借乱葬坑揭露了矿工非正常死亡的普遍性:

> 这林丛里杂乱的荒坟,里面埋着的完全是这里的矿工,并且多半不是因病而死,几乎全是因为工做中而受伤,或是当场死掉,这些死者更多是从山东流浪到这里来的单身汉,没有家属,没有亲眷,所以死后只靠几个工友买一支薄木的棺材埋在这里。[①]

大内隆雄对《矿坑》的评价是:作者"不能露骨地写出来,但他

---

* 本文得到国家社科基金青年项目"中国共产党揭露日军暴行的报刊资料整理与研究"(项目号:17CDJ012)资助。

** 王楠,南京大学马克思主义学院暨学衡研究院副教授。

① 王秋萤:《矿坑》,《文选》1940 年第 2 辑,第 16—17 页。

有悲愤，他有抗议，他有控诉"。① 随后他翻译了《矿坑》，刊登在《满蒙》杂志上，但只刊登了一期就被禁。② 可见，尽管受限于沦陷区的政治环境，《矿坑》刻意隐匿了日本人的形象，但乱葬坑的存在本身就证明了日本的罪行。为了掩盖罪行，有些日本工矿企业甚至会在中国劳工的丛葬地建立慰灵塔，将他们的死亡粉饰成牺牲与贡献。③

1944 年，重庆出版的《东北素描》也讲述了一则有关"万人坑"的故事：九一八事变后，某国民党教官的妻子听闻丈夫死讯，去"万人坑"认尸，目睹惨况，心惊胆战："那是人间，还是地狱？"不过故事的结局是夫妻终获重逢，预示着东北光复在望，"万人坑"的血腥终将散去。④ 1946 年，《青年与妇女》杂志刊发诗歌《万人坑》，描绘了抗日战争结束后，尸骨遍地、满目疮痍的大地，并呼吁在大地的伤痕上重建新家园，但和《东北素描》类似，它的重心放在对未来重建的希望而非对日军罪行的揭露上。与此同时，战后的国民政府也没有全面调查与"万人坑"有关的战争罪行，更不要说追求其战争责任，悼念死难者。

战后"万人坑"政治意涵的再生产，主要是从东北解放区开始的。如黑龙江鹤岗煤矿，在 1945 年光复前，矿山附近的乱石岗子里有很多因为挖沙形成的坑，坑中满是被遗弃的矿工尸体。据战后任鹤岗东山区工会武装委员的阎化如回忆，当时"并没有'万人坑'这样的名称"，"一九四六年八月二十日，东山成立工会后的第一项工作就是发动工人钉木箱，去拣敌伪统治时期死难者的尸骨……工友们用了三天时间，将拣到的大量尸骨埋入了七个坑里（多是自然坑）"。1947 年的清明节，东山采煤区党支部书记王学功在群众大会上发言，说道："日本帝国主义侵占东北十四年，这漫山遍野的尸骨就是日本帝国主义残害中国人民

① 《东北沦陷时期文学概况》，转引自〔日〕冈田英树《伪满洲国文学》，靳丛林译，吉林大学出版社，2001，第 151 页。
② 《王秋萤答冈田英树》，〔日〕冈田英树、刘晓丽、〔加〕诺曼·史密斯编著《老作家书简》，北方文艺出版社，2017，第 26 页。
③ 如 1941 年满洲劳工协会为丰满发电厂死难劳工设立了一座慰灵塔，碑文参见赵廷贵、张羽编《吉林市市区文物志》，（吉林省文物志编委会，1983），第 44—47 页。辽宁的老虎台煤矿、本溪湖煤矿等处也设立过慰灵塔或慰灵碑。
④ 《万人坑上认尸记》，汪宇平：《东北素描》，时与潮书店，1944，第 17—24 页。

的铁证。死在矿山的阶级兄弟何止万人哪！"① 从此，"万人坑"的名称在鹤岗矿区逐渐固定下来，矿工的受难史被浓缩在这个特定称谓中，也成了"诉苦"的素材。如在辽东某营队的诉苦运动中，士兵张富贵指着画向大家讲："这是俺爹轧死在开平煤矿被撩进万人坑……"② 在参加诉苦大会前，张富贵参军目的不纯，想趁机谋求私利，又迷信天命，在斗争地主时态度消极。③ 排长启发他"挖苦根"，他回忆起家庭的悲剧：爹死在"万人坑"，哥哥在矿山被烧死后，也差点被扔进"万人坑"，因向"老虎爪子"④ 行贿，才得以用芦席掩埋；姐姐和娘也因地主迫害不得善终。他幡然醒悟："要不是地主逼，俺哥俺爹还能死在炭坑里？"他下决心要"有怨报怨，有仇报仇"。⑤ 显然，张富贵要报仇的对象不是日本人，因为日本已经投降，以地主、汉奸为代表的阶级敌人才是当时斗争的主要对象，也是"万人坑"苦难记忆针对的现实目标。毛泽东在转批东北民主联军总政治部的诉苦经验报告时，特意指示："以揭发封建压迫为主，如苦是由于被民族压迫及其他压迫者，应联系到封建压迫上去。"⑥ 所以，日本的殖民统治是张富贵家庭悲剧的根源之一，但它并没有直接现身于诉苦中，而在叙事诗《万人坑上开了花》中，日本人重冈和汉奸地主刘玉昆虽然都受到了红军的审判，但重冈在工人遇难的故事中近乎"隐身"，暴行都交由刘玉昆实施。⑦

在清理汉奸罪行时，有些地区也特意选择了"万人坑"这一富有象征意义的场所。如在鹤岗煤矿，大把头刘作云被处死后，工人把他的尸体扔到"万人坑"处，以祭奠死难矿工。在斗争绰号"庞大棒子"

---

① 《日寇铁蹄下的累累白骨——鹤岗"东山万人坑"调查》，政协鹤岗市委员会文史资料研究委员会编《鹤岗文史资料 第1辑》，1985年，第14页。

② 《部队阶级教育新方式》，《人民日报》1947年11月20日，第4版。

③ 这是当时解放军内很多农民子弟兵的典型问题，参见李里峰《土改中的诉苦——一种民众动员技术的微观分析》，《南京大学学报》2007年第5期。

④ "老虎爪子"是东北沦陷时期，矿工对日本矿企里雇佣的中国管理人员的蔑称。

⑤ 《张富贵灵前宣誓》，哈欣农等作《从诉苦到复仇》，东北书店，1948，第3—5页。

⑥ 《东总政治部关于辽东三纵学习土地政策经验（诉苦）介绍之二》（1947年9月28日），中国人民解放军政治学院党史教研室编《中共党史参考资料》第11册，1979，第189页。

⑦ 谭戎：《万人坑上开了花》，《东北文艺》1947年第3期，第23—25页。

的把头时，工人们直接让他跪在"万人坑"前，执行了枪决。[①] 鸡西煤矿也借鉴了鹤岗反把头斗争的经验，在进行反奸清算运动时，将"万人坑"与"炼人炉"一带划为死难矿工纪念陵园，以纪念死难者的名义，对汉奸把头们进行斗争。[②] 这些斗争提高了工人生产的积极性，也支援了解放战争。据接收鸡西煤矿的主要领导人刘向三回忆，"没有反把头斗争，工人是不会发动起来的，在鸡西把兵工厂搞起来了，支援了战争，当时战争需要比生产需要还紧急"。[③]

新中国成立后，"万人坑"继续被用于工人群体的阶级教育，但并不广泛，只零星出现在部分矿企的反把头斗争中。直到抗美援朝的政治动员开启，有关"万人坑"的宣传才渐渐增多，并明确指出这是日本帝国主义的罪恶。如在鹤岗煤矿，老工人回忆矿工被日本人残害的经历，并总结出帝国主义的共性，当时《人民日报》的报道写道：

> 美帝的侵略使人想起各种黑暗与悲惨的往事。老工人们又时常讲起伪满时代的"万人坑"，他们悲愤地诉说那活活被拖进"万人坑"的自己的伙伴；诉说"把头"怎样苛薄人；诉说日本鬼子怎样用大棒子往坑里赶工人……那种人间地狱的情形，清楚的告诉大家——帝国主义就是魔鬼，就是饿狼，允许它冲进来，不是被咬伤就是被吃掉，子子孙孙就要永远成为它的嘴头菜。[④]

一篇有关大通煤矿"万人坑"的报道提醒大家勿忘"万人坑"的血债，注意美国重新武装日本的危险性：

> 四月间在舜耕山脚下挖了一个"万人坑"；据不完全的统计，这个"万人坑"里一共埋葬了工人和眷属一万三千多人。

---

① 政协鹤岗市委员会编著《百年风云 鹤岗重大历史事件纪实》，中国文史出版社，2009，第209页。

② 黑龙江省地方志编纂委员会编《黑龙江省志》第53卷《文物志》，黑龙江人民出版社，1994，第86页。

③ 刘向三口述《接收恢复鸡西矿区的回忆》，政协黑龙江省鸡西市委员会文史资料研究委员会编《鸡西文史资料》第3辑，1987年，第24—25页。

④ 刘铁慈：《愤怒之火燃烧在鹤岗煤矿》，《人民日报》1950年11月25日，第2版。

这笔血债，到今天我们还深深的记在心里！现在美帝国主义又在阴谋武装日本，梦想让日本鬼子重来，我们坚决反对！我们不能让这些野兽们再来侵略我们！我们大通煤矿的工人，今后要更努力的加紧生产，做好"抗美援朝保家卫国"的工作。[1]

据时任清华大学党委书记的何东昌回忆，老工人们关于"万人坑"的回忆深深打动了该校师生：

我们党委专门组织了师生到石景山城里的工厂参观，听工人同志讲述遭受帝国主义统治的苦。在日本统治时期，石景山和清河都曾有万人坑。有的工人还在讲的过程中晕了过去。尽管大家平时都说要反对帝国主义，但帝国主义究竟给人民的身心带来了怎样的痛苦，大多数人是没有亲身体验的。所以这次活动让大家有很多感同身受的触动。回来之后，大家就进行讨论，随后党组织号召"参军参干"——参加军队和干部队伍。80%以上的学生都报了名。[2]

当时社会上出现了质疑抗美援朝政策的声音。不少人存在畏战求和的心态，原因既有长久战争之后对安定生活的渴求，也有对美国的恐惧与崇拜等因素，因此，一场全面的社会动员与思想改造就此展开，要点之一就是向对朝鲜战争前景"认识不明"，对美帝国主义不关心、"恨不起来"的民众指明，美国将与日本走一样的道路，具体方法是通过唤起或重构民众有关日军侵华的记忆，引发他们对美国的仇恨，体会抗击美国的必要性。"万人坑"记忆尤其适合这类宣传，原因包括：（1）部分工矿企业仍保存着日军侵华时期"万人坑"遗迹，能给大众以直观的感受；（2）见证者回忆时，对细节的重点描绘，与传统时代以来有关"万人坑"这一死亡符号的认识结合在一起，容易激发大众反帝的仇恨情绪；（3）"万人坑"在中国东北地区最为集中，东北与朝鲜的地缘关系，以及历史上日本先占领朝鲜，后从中国东北侵华的顺序，可被

---

① 刘骥：《万人坑》，《工人日报》1951年3月27日，第3版。
② 《忆清华岁月 思学科发展——何东昌口述》，郑小惠等编著《清华记忆：清华大学老校友口述历史》，清华大学出版社，2011，第195页。

用于引导民众借回忆历史，预见美国下一步的侵略行为，[①] 告诫民众不要"好了伤疤忘了疼"。[②] 不过，在抗美援朝的战争动员工作结束后，有关"万人坑"的宣传开始降温，只是偶尔因国际政治的新动向出现于反日宣传中。[③] 相关的遗迹也没有得到适当的维护，直到20世纪60年代社会主义教育运动全面展开后，"万人坑"才迎来了"记忆热潮"，一些遗迹也转型为纪念场所。

二　记忆的痕迹："万人坑"的尸骨展示

1963年，东北局第一书记宋任穷向中央提交了关于农村社会主义教育问题的报告，总结了东北地区社会主义教育的成功经验："用回忆对比的方法对青年进行阶级斗争历史的教育是有效的。现在，在农村中还有一些老贫雇农，在工厂中还有一些老工人，可以现身说法，对青年进行阶级斗争历史的教育。"毛泽东赞同此议，于5月做出批示："宋任穷同志所讲的用讲村史、家史、社史、厂史的方法教育青年群众这件事，是普遍可行的。"[④] 之后，辽源矿务局为响应中央政策，号召各矿加强对职工的"四史"教育，太信煤矿党委遂组织人力，于该年9月对当地俗称"方家坟"的"万人坑"进行了挖掘，将其中较为完整的遗骨和遇难矿工的遗物放入新建的展馆中以供参观。很快，该展馆就成了"阶级教育的活教材"，大量民众来此接受阶级教育。据《人民日报》称，至1964年4月8日，东北各地有55万人来该地凭吊死难者、

---

① 1950年11月，《中共吉林省委关于开展时事宣传运动的指示》指出："美国此种侵略计划与从前日本对中国的侵略历史如出一辙。日本曾是第一步侵略朝鲜、台湾，第二步侵略东北，第三步侵略全中国。因此，为了我国的安全，不能对美军侵朝置之不理。"见中共吉林省委党史研究室编《吉林省抗美援朝运动》，2002年，第52—53页。

② "好了伤疤忘了疼"，引自张孟仁《万人坑（大鼓）》，《群众文艺》1951年第4期，第17页。

③ 如1960年，为呼应、支持日本国内掀起反对新日美安保条约的运动，抚顺煤矿工人和其他各界群众组成了40万人的游行示威队伍，老工人回忆"万人坑"是示威活动中的重要内容。参见《坚决和日本人民站在一起　抚顺西宁人民举行声势浩大的示威游行》，《人民日报》1960年5月13日，第2版。

④ 《宋任穷同志关于农村社会主义教育的两个问题的报告》，《中共中央关于抓紧进行农村社会主义教育的批示》，杭州大学中共党史教研室编《中国社会主义革命和建设教学参考资料》（三）下，1984年，第979—982页。

辽源各中、小学校的共青团、少先队，经常到此举行活动，请老矿工讲旧社会。1966 年至 1968 年是参观的高峰，为此，矿务局还专门设立了接待站，每日派专车接送参观者。①

为具体介绍辽源"万人坑"遗址展览的教育效果，《人民日报》刊登过一篇长文《小满子变了》。故事主角是辽源太信煤矿的年轻矿工满贵发。因为嫌弃矿工干的是"脏活"，满贵发经常怠工。班长用工人阶级是国家的主人的道理教育他，但"这些大道理"，满贵发"听不进去"。不过，在听过老工人家史报告会后，满贵发的思想受到了触动，其变化轨迹的展开顺序是：第一步，听老工人讲述血泪史，由于对"旧社会"很不了解，满贵发生出了许多疑问；第二步，满贵发主动向更多老工人求证，有人告诉他："解放前太信矿哪天不死几个人，死了就扔进东山'万人坑'"，满贵发"开始激动起来"；第三步，矿工的诉苦运动开始集中到汉奸资本家方明身上，"人民要求整理方家柜头残害矿工的方家坟"，满贵发也报名参加了。于是，他看到：

> 刚刚挖开的土层里，尸骨成排，每具骸骨的间隔，不到一拳头远。这些矿工的遗骸，有不少带着刀伤，有的头骨碎裂，有的肱断臂折，有的口中塞满炮线，有的被钢丝捆绑着。满贵发从这些尸骨中看到了帝国主义和资本家的矿山地狱。

在一具尸骨的衣服里，人们发现了矿工牛世清的工票，满贵发转变的第四步就是把工票复印件带回家计算。正算着，他的父亲，老矿工满来彬过来了，对儿子说：

> "你不懂这个？这东西我过去月月年年拿着，解放后才扔掉了。我只说不必让年轻人知道这些事，现在看，不懂这些就不知道应该怎么活着！"他接着问道："你六岁以前穿什么来？"儿子嗫嚅着回答："光着屁股。""吃的什么？""橡子面都吃不饱。""为什么穿

---

① 《东北先后有五十多万人到方家坟凭吊"万人坑"，悼念日本帝国主义侵占时期死难矿工》，《人民日报》1964 年 4 月 8 日，第 2 版；吉林省文物志编委会编《辽源市文物志》，1985 年，第 58—66 页。

大地的伤痕

不上，吃不饱？就因为我也拿着这样的工票。"

接着，父亲从头回忆全家悲惨的过往，满贵发泣不成声，最终痛下决心，表态要改正自己，并在工作中实现了承诺。①

整个故事以满贵发的遗忘为开端，因为遗忘了家仇国恨，他走向了堕落的道路。他的遗忘不单是自己的责任，因为父亲记得一切，却不愿让辛酸的过去影响儿子；班长只会说教条式的大道理；被满贵发询问过的其他老工人也没有主动在公共场合重温过去。可见，这是一种社会性的遗忘。遗忘了过去的仇恨，就等于忘记了翻身的历史，满贵发已经露出了这样的苗头。正如当时那句流传甚广的"列宁名言"所指，"忘记过去就意味着背叛"，② 要拯救这些"背叛"的年轻人，就必须让他们记起过去，具体的方法就是把老工人、老革命的记忆传递给年轻人。所以，文中唤起群众记忆的关键因素是家史报告会的召开。幸存者饱含痛苦的回忆，"万人坑"中的累累白骨，还有那张工票起到了帮助所有群众"忆苦"的作用。在交流中，不同人的家史都被整合进集体记忆中，每一个个体都在学习如何从集体的角度回忆过去，反思现在的遗忘。满贵发不仅回忆起7岁以前的穷日子，而且他还"想起来"，他是"谁的儿子"，"今天的好日子是怎么来的了"，他哭泣着扑向父亲怀抱的举动，则象征经历过革命记忆洗礼的他，接受了"还债赎罪"的逻辑，归依了父亲象征的政治价值观。③

记者程予回忆，满贵发的访谈内容"完整、典型、生动、深刻"，是一次理想的采访，④ 其实从根源上说，这是因为方家柜"万人坑"展

---

① 张开欣：《小满子变了》，《人民日报》1964年1月8日，第5版。牛世清的工票后来进入了《政治经济学》参考书，成为经典案例。参见吉林师范大学政治教育系编《政治经济学 参考材料 上》，1973年，第130—131页。

② 实际上这句话是名剧《以革命的名义》中"列宁"这个角色的台词，长期被误认为是列宁本人的话。

③ 唐小兵在对话剧《千万不要忘记》的分析中指出，在赎罪的逻辑前，最终剧中的年轻人都会哭泣着投入父亲的怀抱。参见《〈千万不要忘记〉的历史意义——关于日常生活的焦虑及其现代性》，唐小兵编《再解读：大众文艺与意识形态（增订版）》，北京大学出版社，2007，第232—233页。

④ 程予：《新闻生涯四十年》，新华出版社，1990，第115页。

览提供了一个震撼人心的社教范本。① 与此同时，辽源矿业的厂史也开始围绕"万人坑"展开叙述。1964年，中共辽源市委组织编写《万恶的方家柜》，介绍了发掘"万人坑"的经过，强调了尸骨的密集度与醒目的伤痕。其间始终穿插着老工人的回忆，以解释"万人坑"的成因。书中最后一部分"换了人间"则介绍了辽源煤矿工人翻身的经过：从"万人坑"前公审、枪毙汉奸把头蔡九龄，到矿工获得选举权，生产、生活条件得到改善，一切都同"万人坑"象征的旧社会形成了鲜明对照。②

大同煤矿"万人坑"在同一时期也引起了广泛的关注。社会主义教育运动全面发起后，大同煤矿在两个遗有尸体的山洞筹建了阶级教育展览馆，但条件比较简陋。1966年，中央工艺美术学院的学生来到大同，深感大同"万人坑"是可用于社会主义教育的典型案例。回京后，他们联系了国家文物局、中科院考古所等机关。接着，几个机关联合派出工作队前往大同，对山洞内的尸体进行清理与鉴定，并对它们做了编号、分类与登记。因此处地理条件特殊，矿工尸体都被风化成了干尸，保存状态较其他地区的"万人坑"更好，能清楚识别遇难者受伤的痕迹。一些遗物也被保留了下来，如劳工证明书、工料金额单、良民证等，姓名俱在，信息清楚。工作人员甚至通过其中的一张劳工证，找到了死者袁廷宣的遗属。③

很快，痕迹最丰富的大同"万人坑"成为新的典型。1968年5月20日，"从'万人坑'里爬出来的大同煤矿老工人"钱奎宝，在人民大会堂受到了毛泽东的接见。同年7月15日，钱奎宝批判"阶级敌人"的文章登上了《人民日报》。④ 1971年，大同矿务局革委会出版了名为《仇恨满矿山》的工人家史选编，收入了包括钱奎宝在内的多位矿工的

---

① 辽源市在阶级教育运动中熟练运用忆苦思甜方式，通过参观旧社会剥削实物等进行教育的办法后被总结为"辽源经验"。参见曲伟、韩明安主编《当代汉语新词词典》，中国大百科全书出版社，2004，第520页。

② 孙王段等编写《万恶的方家柜》，吉林人民出版社，1964年11月第1版、1965年5月第2版，第1—52页。

③ 中国社会科学院考古研究所：《山西大同万人坑发掘记事：日军侵华罪证》，万卷出版公司，2014，第27—114页。

④ 钱奎宝：《中国赫鲁晓夫是窑主、把头的代表》，《人民日报》1968年7月15日，第4版。

回忆，其中一篇为赵劳柱所述。赵劳柱年幼时下矿做过"瞎眼童工"，因受伤被扔进"万人坑"，侥幸获救。新中国成立后，他被安排进养老院安度晚年，因不愿翻身的记忆被社会遗忘，"多年来，从不间断地给同志们讲家史"。①

大同"万人坑"的历史还进入了各地的中小学课本。其中，根据赵劳柱家史改编的《毛主席把我救出火坑——老矿工赵劳柱说家史》被北京等地的语文教材编入，产生了很大反响。② 大同市还推出过两套幻灯片：《万人坑》与《赵劳柱家史》，颇受欢迎。如北京市东城区教育部门曾在本区各单位放映《赵劳柱家史》幻灯片，③ 该区一党支部还将看幻灯片与参观本地门头沟"万人沟"阶级教育展览馆、听老工人回忆家史几项活动结合起来，组成系列活动。④

改革开放后，随着阶级教育的热潮退去，"万人坑"遗迹开始受到冷落。曾经观者如潮的辽源煤矿"万人坑"展览馆于 1980 年 12 月被撤销，展览馆馆舍被转交给地测队，矿工墓房舍改为拘留所。⑤ 1985 年，日本僧侣大东仁为了解日本侵华战争真相，来中国考察"万人坑"。第一站是辽宁营口的虎石沟"万人坑"，却意外地发现该展览馆已经关闭。⑥ 在课堂上，"万人坑"的故事也不再具有说服力。如《毛主席把我救出火坑——老矿工赵劳柱说家史》课后习题要求以"我和赵劳柱比童年"为题写作文，教师于漪考虑到这个题目写作的难度和流于形式的可能性，把题目改成了《我的幸福的童年》，却依然遭到了学生的反对：

---

① 《血债要用血来还——记"万人坑"里死难矿工袁廷宣的悲惨遭遇》，山西省大同矿务局革命委员会《矿工家史》编写组《仇恨满矿山 大同煤矿工人家史选编》，上海人民出版社，1971 年 2 月第 1 版、1972 年 12 月第 3 次印刷，第 13—20 页。

② 北京市教育局教材编写组编《语文 第 1 册 上》，人民出版社，1976，第 63—69 页；广西壮族自治区中师教材语文编写组编《语文 第 1 册》，广西人民出版社，1979，第 42—46 页。

③ 席文启、于大利主编《东城区普通教育志》，北京出版社，1998，第 216 页。

④ 《认真办好职工业余学校——北京市交道口房管所支部的调查》，《人民日报》1973 年 9 月 23 日，第 3 版。

⑤ 《辽源市文物志》，第 59 页。

⑥ 在大东仁的坚持下，门卫在请示领导后带他们参观了"万人坑"，他很受触动。参见《探讨战争责任问题——与佛教僧侣大东仁对话》，步平：《跨越战后 日本的战争责任认识》，社会科学文献出版社，2011，第 148—151 页。

我满以为这个作文题切合学生的实际，可是刚一布置，一个学生就站起来问我："老师，我的童年一半时间是在发哮喘病中度过的，还有什么幸福！我怎么写啊？"这是特殊情况。于是我"启发"他说，"生病是苦事儿，可生在新社会、长在红旗下的儿童是幸福的……"没等我话说完，有些学生就嚷开了。[1]

学生们已经不再认为生在新社会天然等于幸福的生活，而是更关心当下的困境，自然也无心关注作为旧社会象征的"万人坑"。

　　"万人坑"的发掘缘于拯救集体遗忘的尝试。在"四史"教育开展前，"万人坑"的物质痕迹日渐湮灭。与此相对应的是，旧社会的苦难也经历了被遗忘的过程。将"万人坑"建成纪念场所，正是为了重构可能被遗忘消解的阶级记忆框架，而当这个框架自身失去了存在的理由时，"万人坑"作为阶级教育场所的历史使命也暂时结束了。但值得注意的是，这些"万人坑"展览馆发明了一种新的形式语言——尸骨的记忆政治，展示了用尸骨重塑集体记忆的模式。从中国传统观念来看，被展示的尸骨是一种"非正常的存在"。据上田信研究，对尸体的强烈恐惧是中国传统丧葬礼仪的典型特征，在常识中，尸体具有危险性，在尸体依照标准化的丧葬仪式下葬后，社会秩序才能得以维系与再生。如果尸体不得下葬，社会将无法恢复安宁状态。通常情况下，没有下葬的尸体会被公开展示，成为死者亲属等（即尸体所有人）抗争的武器，待问题平息才能入土。[2]"万人坑"展览馆中的尸骨也因袭了这一抗争策略，并通过长期展览与纪念的方式实现了"传统的再造"，将一个历史问题带入了共时的空间中。

三　民族的创伤：南京的"万人坑"

当东北等地的"万人坑"遗迹相继遇冷时，南京的"万人坑"却

<hr>

[1]　于漪：《两改作文题的启发——谈程式化的教育方法必须改革》，《文汇报》1980年7月15日，第2版。

[2]　〔日〕上田信：《被展示的尸体》，王晓葵译，孙江主编《事件·记忆·叙述》，浙江人民出版社，2004，第114—133页。

得到了更多的关注。日军侵华期间，南京也出现过很多"万人坑"。日本军队曾在短时间内屠戮了数十万中国俘虏和平民，以致城厢内外，遗尸遍地。由于尸体数量过多，红卍字会等组织连续工作数月，才大致完成收埋工作，其间，由于薄棺数量不敷使用，加之尸体多数已经腐烂，掩埋队用芦席包裹尸体丛葬之，因此形成了多处"万人坑"。经过集体掩埋，作为个体的死者消失了，但遍布城内外的累累荒冢无时无刻不提醒着人们悲剧的过往。①

1945 年，抗战胜利，国民政府还都南京，曾经四散逃亡的市民归来，悲伤地发现"都市中留下了一片新冢"，战前的空旷之区，"而今却都添了无名的白骨"，"南京城是没有一寸不流血的干净土，这六朝帝都的石头城，如今已经留下了永远存在人们记忆里的大屠杀的故事"。② 不过，当时国民政府组织的罪证调查工作遇到了重重困难。检察处所获的"集体屠杀之证据"非常单一，一处屠杀，几千乃至上万遇难者中，或只得几人幸存作证，或只有埋尸记录与埋尸人的回忆，③而埋尸场所也因此显得尤为重要。1946 年 1 月，南京地方法院书记官陈光敬等人在红卍字会与崇善堂成员、当地村民的引导下，去寻找"敌人消灭未完的荒冢"，在阴阳营、古林寺、上新河等处拍下 21 张坟地照片，编成《敌人罪行照片集》。

不过陈光敬等此行仅给坟地拍了照片，遇难者的尸骨仍然长埋于地下，直到谷寿夫案审理期间，"万人坑"才因取证的需要被掘开。④ 1946年 10 月，前日军第六师团中将师团长谷寿夫被从东京巢鸭监狱引渡到了南京，为谷寿夫定罪遂成为关键议题。次年 1 月 18 日，南京军事法庭审判长石美瑜约见红卍字会南京分会成员欧阳都麟，询问红卍字会当年埋

---

① 关于南京大屠杀遇难者的尸体掩埋情况，可参考孙宅巍编《南京大屠杀史料集 5　遇难者的尸体掩埋》，江苏人民出版社、凤凰出版社，2005。

② 陈楷：《南京蒙耻记》（节录），胡菊蓉编《南京大屠杀史料集 24　南京审判》，江苏人民出版社、凤凰出版社，2006，第 316—317 页。

③ 《首都地方法院检察处调查敌人罪行报告书》，郭必强、姜良芹等编《南京大屠杀史料集 21 日军罪行调查委员会调查统计》（下），江苏人民出版社、凤凰出版社，2006，第 1724—1725 页。

④ 《陈光敬写在〈敌人罪行照片集〉前面的几句话》，胡菊蓉编《南京大屠杀史料集 24　南京审判》，第 202 页。

尸的情况，"商讨发掘被害人丛葬处，验取骨殖，俾作有力之证据"。① 29 日，石美瑜等会同红卍字会成员，被害人家属，以及当年的埋尸人前往中华门外同善堂后山等地，挖开了荒冢，结果共发现两千余具尸骨，虽然由于日久腐烂等因，所获尸骨很不完整。但鉴定出三具女性尸骨，而且死者被害类型不止中弹死亡一种。31 日，检察官丁承纲等人又前往中华门外兵工厂后山，于三处地方挖掘出千余具尸骨，鉴定书称发现了多种被害类型，但尸骨的腐化程度影响了鉴定结果，尤其是容易腐烂的儿童尸骨难以被鉴别出来。②

据《中央日报》报道，2 月 6 日，红卍字会南京市分会会长许传音出庭作证，回忆了当年所见之惨况："余于十二月十五日乘车自宁海路红卍字会会址出发，经新街口中华门建康路等地，沿途尸体无数，皆陈尸道旁。"谷寿夫当即抗辩说："余之部队驻区，仅限中华门一带，在战事进行中，平民中弹乃难免之事，刚才所述，全乃余部队防区以外之事。"石美瑜又问谷寿夫："被告何能保证其部属没有屠杀平民举动？"谷寿夫"断言没有"。于是，石美瑜"将市参议会掩埋尸体统计表交被告翻阅，并将于雨花台畔所发掘之骷髅，经法医检查断定为妇孺并留有弹穿刀斫及殴击残痕者，排列于审判台上，一共八副"。③ 而前一日的《中央日报》报道称军事法庭的证据有"中华门外发掘被害人骷髅数十具，有刀砍弹穿残痕为证，其中大部为妇孺"。④ "被害人遗骸鉴定书"提到过三具被验证为妇女的遗骨，或因鉴定水平所限，没提到验证出儿童尸骨。据埋尸记录，由红卍字会在中华门一带掩埋的尸骨中，男性占据了绝对多数，⑤ 再据其他史料，机枪扫射是集体屠杀男性时最常见的方法。可见，为应对谷寿夫的恶意狡辩，《中央日报》凸显了非中弹、非男性的受害者尸骨的存在。

---

① 《石美瑜等调查日军在中华门外屠杀笔录》（1947 年 1 月 18 日），胡菊蓉编《南京大屠杀史料集 24 南京审判》，第 348—349 页。《南京大屠杀主犯谷寿夫下月公审》，《中央日报》1947 年 1 月 19 日，第 4 版。
② 《首都地方法院检察处为送谷案被害人遗骸鉴定书致军事法庭公函》，胡菊蓉编《南京大屠杀史料集 24 南京审判》，第 365—366 页。
③ 《战犯法庭公审刽子手谷寿夫，证人证据证实罪行》，《中央日报》1947 年 2 月 7 日，第 2 版。
④ 《南京大屠杀案主犯谷寿夫今开始公审》，《中央日报》1947 年 2 月 6 日，第 4 版。
⑤ 参见孙宅巍编《南京大屠杀史料集 5 遇难者的尸体掩埋》，第 76—81 页。

最终，南京军事法庭判决谷寿夫罪名成立。在判决书所列证据中，中华门处所掘尸骨亦包含在内。[①] 审判完成后，中华门以及南京其他地方的"万人坑"将如何处理？此前，南京地方法院在报告敌人罪行调查状况时，曾建议在各丛葬处设置纪念场所：

> 纪念被祸军民：此次被祸军民之葬地，均系因陋就简，草草成殓，荒烟蔓草，日即湮没，似宜营建佳城，使安首邱，复镌碑勒铭，载其事迹，以慰幽灵，并使我千万世之后代，有所凭吊，有所警惕。[②]

结果，南京国民政府很快就将主要精力转向内战，没有展开对南京大屠杀遇难同胞的纪念，曾经被挖开的"万人坑"，仅仅以审判台上的尸骨的形式经历了作证的历程，又再次被遗忘，没有留下纪念标识。

1949 年后一段时间内，南京大屠杀没能成为集体创伤叙事中的关键要素，[③] 得到的关注并不多。随着时间流逝、城郊地貌的变迁，"万人坑"的物质痕迹渐渐湮没。遇难者的尸骨虽然曾被民众意外发现，不过当时并未专门为遇难者兴建纪念墓地。转变发生在 1982 年。这一年的 6 月，南京大屠杀因为日本教科书争议成为国内外关注的焦点问题。同年 10 月，文化部下达了《做好保护日本侵华罪行遗址工作的通知》：

> 最近，邓力群同志在谈到关于把日本侵华罪证作为文物保护起来的问题时指出：
>
> …………
>
> 要把日本侵华时期的这个万人坑、那个万人坑，南京大屠杀，哈尔滨细菌工厂等作为重点文物保护单位保护起来。首先要调查有哪些地方，调查清楚后和有关单位联系，从即日起保护起来，然后报请国务院下正式命令，公布为重点文物保护单位。现在不引起重

---

① 《军事法庭对战犯谷寿夫的判决书及附件》（1947 年 3 月 10 日），胡菊蓉编《南京大屠杀史料集 24 南京审判》，第 391 页。

② 《首都地方法院检察处调查敌人罪行报告书》，郭必强、姜良芹等编《南京大屠杀史料集 21 日军罪行调查委员会调查统计》（下），第 1725 页。

③ "Holocaust and Trauma: Nanjing and the Silence of Maoism," (with Rui Gao), Jeffrey C. Alexander eds., *Trauma: A Social Theory* (Cambridge: Polity Press, 2012).

视，不保护啊，将来找都找不到。

小平同志讲过，岸信介要搞满洲建国之碑。我们一是要批评，二是他们搞满洲建国之碑，我们就到处搞日本侵略之碑。这对教育人民，教育青少年和子孙后代有特别重要的意义。①

"这个万人坑、那个万人坑"是指上文所述，主要分布在东北、华北等地工矿企业的"万人坑"。从邓力群的指示看，南京大屠杀虽然因为是日本教科书争议的焦点而被单列出来，但当时他还不清楚南京是否有类似"万人坑"的历史遗迹。就在同年 12 月，南京发现了一处"万人坑"。一些市民在南京江东门处种抛荒地时，挖出了一些尸骨。随后，他们向南京市文化局文物普查办公室反映了这一情况。②

次年，根据文化部的指示，南京市文物事业管理委员会（简称"文管会"）调查确定了 15 处日军南京大屠杀罪行遗址。随后，南京市委宣传部、文管会等单位举行联合座谈会，决议从这些遗址中选择有代表性的一处，筹建"日军侵华南京大屠杀罪行展览馆"。文管会推荐江东门"万人坑"处为建馆地点，并建议将该处与原国民党"中央军人监狱"遗址，即恽代英烈士殉难纪念场所组合到一起：

> 该处当时被集体屠杀的有三万多人，现有"中岛桥"（现称江东桥）、"万人坑"等遗址。经挖掘，坑内尚明显存有层层尸骨，就是草丛里、菜地上也随处可见遗留了近五十年的白骨……另外，凤凰街北的原国民党"中央军人监狱"遗址，这里曾残害过很多共产党员及爱国志士，恽代英烈士即在此殉难。在该处建馆，可以统一组合为可分可合的进行爱国主义、共产主义教育的展览点。

市园林研究所则推荐在地形开阔，有五万多人被屠杀的草鞋峡遗址

① 《关于转发文化部〈做好保护日本侵华罪行遗址工作的通知〉》，南京市档案馆藏《省市"大屠杀"建馆立碑方案批复、报告、保护遗址的通知等》，卷宗号：5066-4-190。

② 朱成山主编《侵华日军南京大屠杀江东门"万人坑"遗址的发掘与考证》，江苏古籍出版社，2002，第 45—46 页。

建馆。两相比较，各单位"鉴于江东门外方案现存遗址较多，既有实物，又有活见证……易于激发民族精神，便于进行爱国主义教育"，向市委、市政府建议在江东门建馆。① "活见证"指能够回忆屠杀情况的幸存者、目睹者，"实物"即"万人坑"的尸骨。这15处集体屠杀遗址，每处都有相关史料和见证人，但当时只有江东门遗址发现了尸骨。

至于原国民党"中央军人监狱"遗址，文管会曾设想如果条件有限，可以征用军人监狱遗址作为临时展馆，② 但这个想法在座谈会上遭到了否决，理由是应该区分民族矛盾与阶级矛盾，南京大屠杀被严格限定为前一类，这与20世纪80年代以前的"万人坑"展馆主题形成了对比：

> 很多同志不同意选在江东门原国民党陆军监狱旧址。认为陆军监狱是国民党反动派杀害恽代英等革命烈士的地方，属于阶级矛盾的问题；而南京大屠杀事件，则是民族矛盾的问题。二者同置于一地，很不协调。大家建议，这个展览馆的馆址可设在江东门大屠杀现场。③

不过，纪念主题的转换并没有影响到"万人坑"纪念馆形式语言的变化。虽然"万人坑"记忆的框架已经从阶级转向了民族，但面对历史争议，出于控诉日军战争罪行的需要，侵华日军南京大屠杀遇难同胞的纪念沿用了尸骨发掘与展示的形式。

1983年下半年，南京市政府成立了"南京大屠杀"编史建馆立碑工作领导小组。同年12月13日，侵华日军南京大屠杀遇难同胞纪念馆

---

① 《关于筹建"日军侵华南京大屠杀罪行展览馆"及有关遗址保护的意见》，南京市档案馆藏《南京市文物事业管理委员会关于"南京大屠杀"编史建馆立碑工作情况报告、座谈会》，卷宗号：5066-4-180。
② 《关于收集整理"侵华日军南京大屠杀"暴行史料和建馆立碑的方案》，南京市档案馆藏《南京市文物事业管理委员会关于"南京大屠杀"编史建馆立碑工作情况报告、座谈会》卷宗号：5066-4-180。
③ 《中共南京市委宣传部邀请南京地区有关单位负责同志和专家学者举行座谈会，倡议对"侵华日军南京大屠杀"历史事件编撰专史、兴建展览馆、拍摄史料影片、树立死难群众纪念碑》，南京市档案馆藏《省市"大屠杀"建馆立碑方案批复、报告、保护遗址的通知等》，卷宗号：5066-4-190。

奠基仪式在江东门举行。正式的尸骨挖掘工作则从 1984 年秋开始，首先挖掘 1982 年由市民发现的尸骨坑，结果却不太理想，"挖出的全是乱骨，没有完整的尸骨，没有层次"。工作组意识到"这一情况不能说明建馆于'万人坑'遗址的依据"，于是开始寻访附近居民指认当年掩埋尸体的位置，然后在一条东西向的壕沟处，发现了二三层叠叠的完整尸骨，有的尸骨的头颅上还有弹孔的痕迹。完整的、堆叠的尸骨可以证明是同期埋葬的，而且"尸骨的头颅一个挨着一个"的场面再现了死者遗体被掩埋时的场景。①

由于技术的限制，此次发掘的"万人坑"遗址未能被就地保护，加上保管失当，不同死者不同部位的尸骨当时只能混在一起展出。南京大屠杀除杀戮行为本身的残忍外，非正常的掩埋方式就已足够令观者哀恸不已，而尸骨展柜呈现出的凌乱画面，并不亚于尸骨出土时的场景。在调动观者情绪方面，尸骨作为"控诉武器"的功能得到了充分的展现。不过，与前述各矿企的"万人坑"相比，江东门"万人坑"没能留下个人的具体信息。前者遇难群体相对确定，且尸骨发掘时间较早，遇害矿工的遗属、工友等尚能回忆起一些具体的遇害者。但在南京，对极个别的集体屠杀幸存者来说，同时遇难的同胞大多陌不相识。比如幸存士兵刘世海回忆，他是和"逃向安徽的那一伙"，在中央军人监狱门前被拦住的；平民张从贵回忆，逃难到江东门一带时，日军将"我们同行而且互不相识的九个人抓去"；其他目睹者对于死者的模糊印象，则显现在"难民""中央军""老百姓"等不确定的称谓中。②尽管历史留下了这样的遗憾，但南京大屠杀记忆的主题正是集体的死亡，它以记住加害国的暴行为中心，指向加害者和掩盖者的控诉并不会因此减弱。

四　尸骨的证明：与历史修正主义者的"较量"

1998 年，南京大屠杀遇难同胞纪念馆在施工过程中意外挖出了新

---

① 朱成山主编《侵华日军南京大屠杀江东门"万人坑"遗址的发掘与考证》，第 47、49 页。

② 张连红、张生编《南京大屠杀史料集 25 幸存者调查口述 上》，江苏人民出版社、凤凰出版社，2006，第 3—4、26—27 页。

的遇难者尸骨，馆长立即将这个发现报告给南京市委宣传部，并联系了南京博物馆做现场调查，与第一次发掘时的处理方式相比，此次纪念馆对尸骨发掘的重视程度大为提升。20 世纪 80 年代是当代南京大屠杀记忆唤起的起点，当时官方对大屠杀死难者的纪念较为低调，12 月 13 日也还没有成为一个正式的纪念日，直至进入 20 世纪 90 年代中后期，对南京大屠杀死难者的纪念活动才开始常规化，这除有爱国主义教育运动全面展开的促动作用外，① 也和日本的政治动向息息相关。20 世纪 90 年代初期，日本政府表现出"清算过去"的倾向。如 1993 年 8 月 10 日，细川护熙首相在当选后的第一次答辩会上就承认过去的战争是侵略战争，是错误的战争，在 15 日的"全国阵亡者追悼会"上，细川对亚洲邻国的遇难者表示哀悼，并表态日本不会再重演战争灾难。结果，自民党在细川讲话的刺激下成立"历史研究委员会"，就"如何总结大东亚战争"开展了一系列研讨会。②

南京大屠杀虚构派的"旗手"田中正明曾参加过"历史研究委员会"的研讨活动，在一次演讲中，他提到了侵华日军南京大屠杀遇难同胞纪念馆的尸骨，称它们都是战死的中国士兵的遗骨。③ 名越二荒之助曾把南京大屠杀"万人坑"展厅的尸骨的照片用幻灯片的形式呈现给该会会员，肆意为尸骨编造了另一种身份，并称"倘若用同位素作一下检查，当即便可以剥开画皮"。④ 前海军少佐富士信夫则称，"如果用现今的科技手段进行检测（指检测南京大屠杀遇难同胞纪念馆的尸骨——引者注），那么马上就会知道它们是不是几十年前的遗骨。如果这样做，那么此前中国声称的观点就将全部不成立"。⑤

比较"历史研究委员会"诸人所述，可以发现，田中正明是以南

---

① Wang Zheng, "National Humiliation, History Education, and the Politics of Historical Memory: Patriotic Education Campaign in China," *International Studies Quarterly*, Vol. 52, No. 4, (2008): 783—806.

② 〔日〕板垣正：《后记》，历史研究委员会编《大东亚战争的总结》，东英译，新华出版社，1997，第 611—613 页。

③ 〔日〕田中正明：《虚构的"南京大屠杀"》，历史研究委员会编《大东亚战争的总结》，第 359、368 页。

④ 〔日〕名越二荒之助：《大东亚战争和亚洲的心声》，历史研究委员会编《大东亚战争的总结》，第 216 页。

⑤ 〔日〕富士信夫：《我所见到的东京审判》，历史研究委员会编《大东亚战争的总结》，第 403 页。

京大屠杀事件本身为虚构之事为理由，否定展出的尸骨属于遇难平民，与南京审判法庭上的谷寿夫狡辩的逻辑几乎完全一致；而名越二荒之助、富士信夫则在弃历史事实于不顾的前提下，直接否认南京、东北等地"万人坑"遇难者尸骨的真实性，并提出了极其不合理的验证法。所谓同位素检测法即碳-14同位素断代法，碳-14的半衰期为5730年，通常用于古生物死亡年代的测定，根本不可能用于检测现代人的尸骨。富士信夫提出了笼统的科学检测法，然而即使如其所言，可以检测出尸骨掩埋的具体年代，日本历史修正主义者仍可以狡辩说他们是"正常"战死的中国士兵。

尽管这些"尸骨否定论"非常荒谬，但它们还是对侵华日军南京大屠杀遇难同胞纪念馆造成了一定的压力，而1998年新发现的遇难者尸骨坑，则为纪念馆反驳修正主义者提供了机会。对此，时任纪念馆馆长的朱成山是这样阐释的：

> 遗憾的是，这批遗骨（指1984年发掘的遗骨——引者注）未能原地保护和展示，不仅使了解和研究这段历史的人们深感遗憾，也给对这段历史的怀疑论者和否定论者留下了口实。
>
> 这批次遗骨（指1998年发掘的遗骨——引者注）的发现，具有重要的价值：
>
> ——发现的遗骨，是侵华日军南京大屠杀暴行的铁证，属珍贵文物。目前在南京，尚无一处遗骨发掘现场保留，这次发现具有填补历史空白的性质。
>
> ——发现的地点重要，恰在遇难同胞纪念馆内、尸骨陈列室旁，弥补了当年建馆时未能保存尸骨现场的不足，如加以发掘和整理，作现场陈列，可与纪念馆的原陈列内容、与尸骨陈列室的展示功能相得益彰，增加了在现遗址建馆的份量，增大了馆内陈列物的可信度和震撼力。
>
> ——发现的时机有利，正当日本极少数右翼分子抛出反动影片《自尊——命运的瞬间》，为侵略战争翻案的时候，加强有关南京大屠杀内容的宣传，不断展示新发现的南京大屠杀证据，是我们反击日本军国主义势力抬头的重要手段。特别应指出的是，有少数日

本人妄测纪念馆陈列的遗骨并非遇难同胞之遗骨，而今发掘现场之保存，将使上述怀疑不攻自破。[①]

为了反击历史修正主义者的妄言，纪念馆决定弄清尸骨埋葬的年代等问题，并在此基础上，保存发掘现场，"对尸骨进行保护和长期永久地保存展示"。于是，纪念馆和南京市博物馆商议决定，组成了"南京大屠杀江东门遇难同胞遗骨埋葬地考古发掘队"。正式发掘工作从1998年6月2日开始，至7月24日完成第一阶段发掘工作，共发掘出35具尸骨。其后，在对发掘现场进行清理、建筑遗址保护工程的过程中，纪念馆又两次发现新的尸骨，并在1998年12月和1999年7、8月，再次组织了发掘。三次发掘一共发现了208具尸骨及遗物若干。[②]

发掘鉴定报告对每一具尸骨都做了编号和描述，描述内容包括遇难者的性别、年龄段、遗骨的位置与特征，以及附近出现的遗物，部分尸骨的描述包括了非正常埋葬的结论，比如：

> 2号：男性，壮年，头向朝东，胫骨下段以下不存，右侧尸骨、桡骨以下部分骨骼被压在3号尸骨之下面，无法清理，其脊椎骨弯曲呈"S形"，下肢侧翻且屈肢，上身右侧卧，尸骨残架长1.40米，该遗骨体位特殊，属非正常埋葬。[③]

2号尸骨的照片还重点对准了颅骨，显示除非正常埋葬外，死者还有明显的外伤：

> 头颅左顶部见一0.8×0.8厘米大小类圆形凹陷性骨裂伴同心圆

---

① 朱成山：《层层白骨为历史作证——南京大屠杀江东门遇难者遗骨发掘纪实》，《南京史志》1998年第6期。

② 《考古发掘与鉴定的报告》，朱成山编《侵华日军南京大屠杀江东门"万人坑"遗址的发掘与考证》，第64—67页。

③ 《考古发掘与鉴定的报告》，朱成山编《侵华日军南京大屠杀江东门"万人坑"遗址的发掘与考证》，第70页。

状线形骨裂。据其形态特征分析为生前受钝器所伤留下的损伤痕迹。①

在结论部分，鉴定报告从四个方面论述如何可以认定此处为南京大屠杀遇难者尸骨掩埋场所：一是分析现场地形，二是分析尸骨现状，三是分析出土遗物，以上三点都可证明这批尸骨属于非正常死亡与非正常埋葬；第四点论据则来源于史料：有文献记载江东门处发生过屠杀，有大量尸体埋葬于此，且1984年已经在此区域发掘出尸骨。② 除考古鉴定外，纪念馆还特地使用了其他三种方式证明尸骨的真实性，即法医学鉴定，幸存者现场指证和请南京市公证处公证。

发掘结束后，遗骨掩埋现场被直接改造成展厅，四周是透明的玻璃墙。"根据原封不动地原样展示这批遗骨的需要"，纪念馆"对现场全部遗骨进行编号，其中黄色编号代表儿童遗骨，红色编号代表女性遗骨，蓝色编号代表青壮年人遗骨，黑色编号代表老年和年龄不详者"。③现场还配有音像设备，详细介绍发掘过程。同时，纪念馆将反映发掘过程及现场典型遗骨的照片放大，陈列在现场四周的玻璃墙上，出土的遗物也被放在遗址北边的玻璃展柜中。

2007年，纪念馆新建了"万人坑"展厅。展厅入口处，设有简介牌，介绍了发掘和鉴定的情况，强调这批尸骨经过法医学等多方面专家和多种仪器的鉴定。展厅内设有投影机，用于播放尸骨坑发掘过程录像。墙上挂有多个展板，用照片形式展示了尸骨发掘与建设展厅的每一个关键步骤，包括：民工挖出草坪下的尸骨，考古工作者在遗址开挖探沟、清理尸骨等，南京市公安局的法医在现场对"刚出土的骸骨进行法医学鉴定"等，使尸骨鉴定本身成为该展厅除尸骨展示外的另一展览主题。

为了更加真实地还原现场，遗骨坑四周的玻璃柜被拆除，观众可以

① 《考古发掘与鉴定的报告》，朱成山编《侵华日军南京大屠杀江东门"万人坑"遗址的发掘与考证》，第70页。
② 《考古发掘与鉴定的报告》，朱成山编《侵华日军南京大屠杀江东门"万人坑"遗址的发掘与考证》，第90—92页。
③ 朱成山编《侵华日军南京大屠杀江东门"万人坑"遗址的发掘与考证》，第151页。

在高处无屏障地观看尸骨。尸骨坑上方廊柱上环绕着一排展示灯箱，展示可以反映尸骨堆叠状态的照片，以及一些"典型"尸骨的特写及说明文字。坑内每具尸骨旁都有数字灯标示其编号，观众可以很方便地根据灯箱的提示，将图片与坑内实物对照观看。值得注意的是，这些被选出来的"典型"都是儿童与成年女性的尸骨。

遗骨坑南侧是"万人坑"遗址表层遇难者遗骸性别、年龄鉴定一览表展板，醒目地展示出此次发掘的尸骨中，非成年男性尸骨占有相当的比例。朱成山总结说，此前田中正明谎称，埋尸记录显示江东门所埋尸骨并无一具妇女或儿童尸骨，所以，"称为'万人坑'的白骨堆，埋葬的一定是战死的士兵"。朱成山反驳道："事实并非如此，本次发掘的遗骨年龄跨度大，性别杂乱。……其中，儿童遗骨为 32 具，占可鉴定年龄遗骨总数的 27%；老年人遗骨为 12 具，占 10%。……女性成人遗骨 16 具，占 20%。老人、妇女、儿童不可能是军人，也不可能对日军构成威胁，却遭到了日军屠杀。显然，在'万人坑'遗址这一铁证面前，田中正明的谬论不值一驳。"①

尸骨有承载死亡符号的价值，是唤起创伤记忆的情感符码，同时也兼具典型证据的作用。但早在 1947 年，南京军事法庭发掘"万人坑"时，检察官就感叹遇难者的尸骨已经"毁腐不堪""残缺不全"。② 而在面对谷寿夫的狡辩时，《中央日报》则默认了女性的、非中弹而死的尸骨更有作证的价值。50 余年后，南京大屠杀遇难同胞纪念馆为了反击日本修正主义者荒谬的质疑，同样注意突出女性和儿童的尸骨，且采用技术手段验证尸骨的真实性，并将"证明"本身作为展览的重要主题。来自历史修正主义者的记忆暗杀术，③ 似乎导向了对悼念本义的偏离。

汉娜·阿伦特（Hannah Arendt，1906–1975）曾将犹太人集中营比喻成"忘却的洞穴"（holes of oblivion），认为它们是"有组织的遗忘"手段的一部分，集中营"夺走了个人自己的死亡，证明从此以后一切都

---

① 朱成山编《侵华日军南京大屠杀江东门"万人坑"遗址的发掘与考证》，第 134 页。

② 《首都地方法院检察处为送谷案被害人遗骸鉴定书致军事法庭公函》，胡菊蓉编《南京大屠杀史料集 24 南京审判》，第 365—366 页。

③ 历史修正主义者本质上是记忆的暗杀者，参见 Pierre Vidal-Naquet eds. *Assassins of Memory*: *Essays on the Denial of the Holocaust* (New York: Columbia University Press)，1993。

不属于他，他也不属于任何人。他的死只对一种事实——他从来未真正存在过——打上了封印"。① 侵华日军在中国制造的"万人坑"也都可以被视作"忘却的洞穴"，它最根本的恶就在于"非人化"。原本身为普通平民的日本人，在非交战状态下屠杀、虐待中国人时展现出难以想象的残忍，这很大程度上是因为他们异化了中国人，以机械的方式屠戮、虐待被剥夺了人性的对象，而当受害者被集体掩埋或弃置在"万人坑"后，个体的身份也伴随死亡而消失。修正主义者却刻意无视这一事实，纯粹纠缠于经验层面，用细节的缺失否认受害者的存在，明显有悖于伦理，是对受害者的再次"非人化"。须知，历史表象只能非常有限地反映过去，但这并不等于可以否认它的真实性，因为在审视特殊历史灾难的表象时，传统的客观性标准有着严重的局限。灾难证据的缺陷如不能从认知层面被完全解决，就应诉诸伦理。世人向遇难者亏欠的伦理责任，并不是再现战争的细节，而是确保罪恶永远会被记住。1938 年 1 月，身处南京的约翰·拉贝（John H. D. Rabe，1882—1950）似乎已经意识到这一点，他在日记中记录了一位士兵的死亡，这段记录或可以作为所有"万人坑"遇难者的写照——尽管后人难以知道死者的姓名，但导致他死亡的这场灾难将永远留在世人的记忆中：

> 我在这本日记里多次写到一名被枪杀的中国士兵的尸体，这具尸体被捆绑在一张竹床上，自 12 月 13 日起一直横躺在我的房子附近，没有掩埋。我对日本大使馆提出抗议，请求他们派人或是准许我进行掩埋，至今仍没有结果。……既然我为安葬这具可怜的尸体所付出的种种努力没有任何结果，我只好作罢，但是随着时间的流逝，我越来越意识到，这个人虽然死了，但他的尸体将永远留在这个人间。②

---

① 〔德〕汉娜·鄂兰：《极权主义的起源》，林骧华译，台北：时报文化，1995，第 600—601 页。

② 〔德〕约翰·拉贝：《拉贝日记》，本书翻译组译，江苏人民出版社、江苏教育出版社，1999，第 476—477 页。

事件与书写

战纪流转：甲午战后中文即时战史的谱系与流传

孙 青[*]

1894 年的中日甲午战争影响深远，其战果不仅改变了清季的内政与外交格局，更在思想层面引起了一系列的联动反应。兵事甫歇之际，各色人等对于这场战争的不同认识也逐步形成，它们至少有三个值得注意的发展方向：首先，基本否定了此前 30 年洋务新政能将国家导向"富强"的认识；其次，为流行于中央与一些省份的制度改革论调提供了论据与师法目标；更为重要的是，中国当时的精英阶层与舆论由此大致接受了"文明观"——这一以基督教世界的价值为基础的近代秩序论。

人们对于战争的上述看法，在以后的历史发展脉络中影响日深，甚至反过来构建了对于历史与自身的认识，而这些不同认识，又都与甲午战后数年间出现的一些战争叙事及其具体编纂行为有密切关系。因此我们有必要重新检视这些以史志形式出现的战争史叙事，讨论它们具体的表述形式、彼此之间的联系以及对于战败基本观感的异同，并考察它们形成与流传的过程。当我们通过这种具体的讨论，把晚清中国的"文明观"与"普世秩序"还原成一种特殊的历史构造时，便能更细致地去理解 120 年前中日之间的这场战争对于中国近代历史发展与历史认识的深远影响。[①]

---

[*] 孙青，复旦大学历史学系暨中外现代化进程研究中心副教授。

[①] 学界以往对于甲午战后流行的战争叙事颇有整理：资料方面以阿英汇编出版的《甲午中日战争文学集》（中华书局，1958）最为集中。由中国史学会主持、邵循正等编辑的 7 卷本《中国近代史资料丛刊·中日战争》（新知识出版社，1956）及由戚其章主编的 12 册本《中国近代史资料丛刊续编·中日战争》（中华书局，1986—1996 年陆续出版）也节选收录了甲午战后出现的一些主要战纪与战争文学。而零星研究基本停留于书目概述或单个作品的译介背景铺陈，内容分析也常常限于文学史角度。由于它们大体上是在革命史或现代化研究范式下展开的，因此没有对战后人们有关战争的一些基本看法的形成与流传做史料爬梳与专门讨论。就本文所关心的问题而言，这些有益的研究既提供了重要的基础，也留下了有待深入的空间。参见王林《〈中东战纪本末〉与甲午中日战争》，《福建论坛》2009 年第 4 期；赵少峰《略论〈中东战纪本末〉》，《淮北煤炭师范学院学报》2009 年第 6 期；孙玥《林乐知与〈中东战纪本末〉》，上海社会科学院历史研究所硕士学位论文，2013 年；舒习龙《姚锡光与〈东方兵事纪略〉》，《历史档案》2006 年第 3 期；舒习龙《〈东方兵事纪略〉考补》，《北京教育学院学报》，2015 年第 1 期；翟文栋《清末民初文学作品中的甲午战争——以历史小说为中心》，浙江大学硕士学位论文，2007 年；朱红娟《晚清国难小说研究》，上海师范大学硕士学位论文，2013 年。

我们将发现，中文世界战后数年间出现的各种主要战争表述，在一些基本判断上存在明显的对立。例如：战败是否必然，即究竟是"世变"还是"奇变"？战胜者是东邻"倭寇"还是"明治后的日本"？是将战争比喻成春秋时期的吴越之战还是近世欧洲的普法战争？究竟应该以何种体例来编写战史？是采取文献汇编加评注及附录的史辑形式，还是采用纲举目张、因果井然的本末体裁？

此外，这些战争叙事在流通中呈现了不同的形态，例如报刊单篇刊载，出版单行本，继出合订本，又再编入丛书，甚至被改编成白话演义本或者图册。在这些不同的形态之间，文本被添加了不同的序跋、附录，形成了意义的共生。在向白话演义本及图册转变的过程中，更是在内容上强化了忠义善恶畛域，塑造了人物角色；叙事视角从报章评论人或亲历者，变成了具有全知视角的"说书人"等。这些现象都值得加以讨论。

一　甲午战后数年间的战辑与战纪

有关甲午战争的文字记载，在战争仍在持续时就已经产生了。当时，中、英、日文报纸都有记者（访事员）以各种方式观察战争，持续刊发报道。其中，由广学会主持的《万国公报》是中国集中讨论甲午战争最多的一家报纸。它不仅派出记者，同时也注意搜集与战争相关的谕旨、奏章以及战后签订的条约等重要文件，并转载其他西文报刊的相关报道，就战局不断以"公论"的名义发表评论文章。①它对于战争的一些基本看法，这时就已经形成初步影响了。还有一些参战人员，如聂士诚（《东征日记》的作者）、黎元洪（时任广甲轮三管轮）等，也在战时留下了日记，并在其中谈论了自己对于战争的看法。

1895 年，中国战败，马关议成。立即就有东莞人王炳耀根据报章

---

① 《袁私议以广公见论》，《续袁私议以广公见论》，《万国公报》1895 年第 77 期、第 78 期、第 79 期、第 81 期、第 83 期，1896 年第 84 期；《七袁私议以广公见论》，1896 年第 85 期；《八袁私议以广公见论》，1896 年第 86 期；《九袁私议以广公见论》，1896 年第 87 期；《重袁私议以广公见论》，1896 年第 90 期、第 92 期、第 93 期、第 94 期、第 95 期；《三袁私议以广公见论》，1897 年第 96 期、第 97 期、98 期、99 期、第 100 期、第 101 期、第 102 期、第 103 期、第 104 期、第 105 期、第 106 期、第 107 期；《四袁私议以广公见论》，1898 年第 108 期、第 109 期、第 110 期、第 112 期、第 113 期。

所载文件梳理因果，按战争发生发展的时序辑成战史《中日战辑》，在香港文裕堂出版。① 此书共分 6 卷：第一卷为"中日战机"，第二卷为"中日战端"，第三卷为"声讨致罪"，第四卷为"祸及盛京"，第五卷为"遣使议和"，第六卷为"傅相议和"、台民抗约自立、日攻台南、刘军门遁、日本议还辽东等。此书汇集了《万国公报》所载有关战争的谕旨、奏章、电函及报刊评论文章。其中有些汉文章奏，由于没有直接的获取渠道，是从西文报纸转译而来的，因此并不是其本来面目。②

同年，还有思恢复生的《中倭战守始末记》③、不著编纂者的《谏止中东和议奏疏》④、曲阜孔广德所辑《普天忠愤集》等几种关于战争的文献汇编刊行。大体上是根据战时中外报章所载的谕旨、奏疏、条陈，马关议和的照会、问答、评论以及战后的诗文作品等汇编而成，一般按照战争发展的时序及因果线索编排，形式上比较传统。同年还有另一些战争亲历者的回忆留存，如《冤海述闻》《东征日记》，它们主要描述具体战役过程，澄清战争中的一些细节，明确责任者。

1895 年陈耀卿编印的《时事新编初集》⑤，也收录了一些有关甲午战争的文献。值得注意的是，此书将关于战争的文件编在各国形势、政治武备、交涉、风俗、兴衰、制造、商务诸考之后，显然是把战史作为"时务"知识的一部分来看待。同年，也有一些战争亲历者的叙述出版，如刘坤一的幕僚易顺鼎有 14 卷刻本《盾墨拾余》印行，其中奏疏

---

① 此书所辑内容，九成来自《万国公报》，一成来自其他报刊，如《华字日报》。王炳耀序称："《万国公报》所载战事始末最真且切，次则《华字日报》。兹将《公报》登录战务，编辑成者十之九，采之他报者十之一。颜曰：中日战辑。"参见王炳耀《东莞王炳耀煜初序》，《中日战辑》，光绪二十一年（1895）香港文裕堂铅活字本，6 卷。该书于封面称附录《水战形图》《陆战地图》《地球全图》《十八省图》《台湾全图》《春秋地图》等，但存世各版本 6 卷以外未见附图。亦见有以《中日战辑图考》为名的印本，光绪二十一年香港文裕堂铅活字本，6 卷。亦见上海书局光绪丙申（1896）仲春石印本，开本缩小，扉页题《中东战纪本末》，页边题《中日战辑》，从序言开始至全部正文为《中日战辑》翻印本。又有森宝阁铅印本、1966 年台湾文海出版社《中国近代史料丛刊》本、1995 台湾大通书局有限公司《台湾文献史料丛刊本》等。
② 《中日战辑》，第 12 页。
③ 1895 年香港书局石印本。
④ 不著编纂者，扉页题为"邛上草莽书生"撰，光绪乙未（1895）香港书局石印本，并收入《近代外祸史》。
⑤ 陈耀卿编《时事新编初集》，清光绪二十一年铅印本。

二卷，杂稿、电信各一卷，《魂北魂东杂记》《魂南记》各一卷，叙述各次战役与自己在台湾协助刘永福抗击日军的情况。

1896 年，《万国公报》主笔美国人林乐知与他的中国笔述者蔡尔康，将《公报》的战争报道及刊载的谕旨、奏疏、公牍等文件与另一些摘译自其他西报的报道、通讯、评论及自己对于这些"私议"的"公论"等，汇编成八卷本《中东战纪本末》出版，对战争中的各次主要战役，如平壤战役、黄海战役、辽东战役等，都做了详细的梳理。此书问世以后影响很大，畅销一时，继出续编（1897）附录《文学兴国策》、三编（1900）以外，更在清末西学大兴、科举改制的背景下，被各种新学书目、汇编类书丛书所收录，成了清末有关甲午战争最流行的战史之一。①

此外，《译书公会报》连载过俄国人来迪冒著、胡濬谟译《中日构兵记》，已编成单行本 3 卷，未出。东亚书局译有《清日战争》《日记中日海战记》未出。②另有陈耀卿编《绘图扫荡倭寇纪要初集》③ 等。

1897 年，丹徒人姚锡光作《东方兵事纪略》，在武昌刻印出版。此书为纪事本末体战史，分 6 卷 12 篇：衅始篇第一，援朝篇第二，奉东篇第三，金旅篇第四，辽东篇第五，山东篇第六，海军篇第七，议款篇第八，台湾篇上第九，台湾篇下第十（表第十一，图第十二，未刊）。

姚锡光在甲午战时为李鸿章幕僚，1895 年转投山东巡抚李秉衡幕，算是战争的亲历者。与之前出版的一些战纪相比，《东方兵事纪略》以传统史书体裁而不是文献汇编的形式叙事，记录的也不限于一两场战役，因此对以后甲午战史的修撰影响很大。如 1913 年罗惇曧《中日兵事本末》（1913 年于《庸言》杂志作为"史料"连载，1926 年被收入中华书局版左舜生选辑《中国近百年史资料》），④ 1933 年王钟麟的

---

① 参见熊月之《西学东渐与晚清社会》（修订版），中国人民大学出版社，2011，第497—502 页。《广学会新著〈中东战纪本末〉不日出书托申报馆代售翻刻必究》，《申报》1896 年 4 月 3 日，第 4 张。

② 徐维则编、顾燮光补《增版东西学书录》，1902 年石印本。

③ 陈耀卿（寄啸山房主人）：《绘图扫荡倭寇纪要初集》，参见阿英《甲午中日战争书录》，阿英编著《中日战争文学集》，北新书局，1948，第 320 页。

④ "甲午兵事，以丹徒姚君锡光所著《东方兵事纪略》为最详尽，而笔墨颇病冗碎。余既略有异闻，更就当时在军中者考证焉；乃取《姚略》变易简括之，遂成斯编。"罗惇曧（又号瘿庵，晚号瘿公）："序"，《东方兵事纪略》。

《中日战争》①和王芸生的《六十年来中国与日本》，范文澜、郭沫若、翦伯赞的中国近代史著作中有关甲午战争的章节，基本都是简单转抄辑录姚书的记载而已。此外，另有1902年《杭州白话报》连载"平情子"所演白话战史《中东和战本末纪略》，大体上也是以姚书为底本的。

此外，还有洪弃生《中东战纪》《瀛海偕亡记》②两种台湾战场的战争亲历记传世，但影响之广度不如上述诸书。

这些战辑或战史是在战后数年间很快出现的，或撮拾报章，或依据当事人经历编写。日后人们对于甲午战争的一些基本观感，在这些叙述当中其实都已能找到源头。③

二 制作

细究甲午战后出现的几种战辑与战史，其信息来源大概有两种：一种为中外报刊（尤其是《万国公报》）所载的战时报道、评论与一些谕旨、章奏、信函、照会、条约等文件，其中有些还是从西文报道对中方文件的编译再次译回中文的；另一种为战争亲历者的笔录口述。这些战争叙事之间互有影响，又似乎各有源流谱系。因而在诸如战败原因、战败后如何应对等具体问题上，观感各异。

1895年王炳耀辑成《中日战辑》，思恢复生撰成《中倭战守始末记》，都明确表示他们根据的是《万国公报》等中外报章。对于别人抢在自己前面出专题剪报辑，广学会其实并不满意，认为他们"钞撮本会中《公报》所刊之《乱朝记》十三首，论说数篇……十不及三四，且于本会命意毫无领会"。因此林乐知与蔡尔康"积月圆二十度之心血"，

---

① 王钟麒撰述、傅运森校阅《中日战争》，收入吴敬恒、蔡元培、王云五主编《新时代史地丛书》，商务印书馆，1933。
② 1922年其子将稿件交予北京大学代印时改名《台湾战纪》。
③ 另有文廷式1896年《闻尘偶记》稿本，也记录了战争相关的政事逸闻。只是此稿在清末并未刊印，历经战乱，于1933年方在《青鹤》杂志连载。1955年，叶恭绰受文氏后人之托，将原稿送交中国社会科学院近代史研究所，1981年连载于《近代史资料》，始为世人所熟知，因此本文并未将此稿纳入考察范围。参见《青鹤》1933年第1卷第1—19期；中国社会科学院近代史研究所编《近代史资料》1981年第1期（总第44号），第23页。

花了 20 个月，亲自编成《中东战纪本末》，"取为振兴中国之一助"。①

广学会谓《中日战辑》与《中倭战守始末记》对自己的"命意"毫无领会，实际上是因为上述两个辑录按照战争进程的自然时序编排，无法体现《万国公报》时刻想展示的超越于国家叙事之上的"公论"，即以文明观为基础的普世秩序。那么这种普世秩序又如何能通过适当的编排，以单行本的形式体现呢？

1896 年 4 月，《中东战纪本末》刊印出版，此书初编 8 卷，1897 年 2 月增出续编 4 卷，1900 年又出 3 篇 4 卷。《本末》首先梳理了中日关系的历史，然后汇编有关甲午战争与马关议和的文件，同时将林乐知本人对中国人、中国文明的评论及改革的建议（《治安新策》八章）编在一起。续编更将日本驻美公使森有礼为寻求东方开化而编著的英文著作 *Education in Japan* 的中译本《文学兴国策》（直译《日本教育》）作为附录出版，暗示了解决问题的方向。这种编辑方式本身，即表现出明显的西方"文明"秩序观。通观全书后，读者可以得出这样的观感，甲午战败虽是因为将士不能用命、腐败畏缩之故，但其根本原因是中国文化的落后与堕落、制度的保守。解决之道便是师法日本，寻求西方式的开化文明。《中东战纪本末》为战败找到了一种宿命论式的必然性，这一点很能为李鸿章等与战争直接相关的责任人所接受，因此反响良好，并由孙家鼐上呈光绪皇帝而达天听，并得到皇帝的赏识。②

然而，也有人对广学会式的解释极为不满。丹徒举人、内阁中书姚锡光原为李鸿章幕僚，曾经被李举荐，随驻日公使何如璋出使日本，担任日本领事。1895 年转投山东巡抚李秉衡幕，1896 年受湖广总督张之洞命，担任自强学堂总稽查。1896 年，张之洞筹办湖北武备学堂，姚又受命为总稽查。姚锡光在山东时曾经亲历战事，对于战败与议和有非常切肤的感受。在武昌期间，他就常常翻检自己在军中的文字记录，"复检拾余甲午之冬在洋河口军营、乙未之春在东抚莱州行营诸稿。雪

---

① 《广学会新著〈中东战纪本末〉不日出书托申报馆代售翻刻必究》，《申报》1896 年 4 月 3 日，第 4 张。

② 卫理译、金襄如记《上海广学会第十年年会论略》，《万国公报》第 108 期（1890 年），第 34—37 页。李提摩太著、蔡尔康译《广学会第十一届年报纪略（附年会陈词）》，《万国公报》第 120 期（1898 年），第 53—58 页。

泥鸿爪，既用慨然，而国步艰难，四方多故，更非独一人之蓬转萍飘，不堪回首也"，[①] 对战争时有反思。也时常与其他一些亲历战事的将官讨论，[②]或者关注报纸上发表的一些文件。[③]从战役中侥幸生还的黎元洪，还将自己的一册笔记《甲申（午）、乙未间中日海战事略》交给姚锡光。从1896年3月到10月，仅从日记记载来看，姚就战争询问各类亲历者共11次。显然，这是因为他在酝酿写作一部战史。

直接促使姚锡光下决心撰写战史的原因，是1896年5月22日，他从叶瀚（浩五）处读到了林、蔡所编的《中东战纪本末》，感到"愤懑欲绝"。姚认为此书"乃杂录成书，绝非本末体裁。如满地散钱，不能贯注；且名曰《战纪》，而于战状甚略。每篇皆浓圈密点如时文、如批点小说，其笔墨则报馆窠臼，殊无可取"。不但体例驳杂，那种报馆的旁观舆论"西人论调"更使他很难接受。[④]

姚锡光对于《中东战纪本末》的诟病，与广学会本身对《中日战辑》及《中倭战守始末记》的不满实际上十分相似，都较多集中于编排"体例"，即外在的编排呈现形式上。推其原委，问题的症结应在于究竟应采取文献汇编加评注及附录的史辑形式，还是采用纲举目张、因果井然的本末体裁？姚氏的看法，当是以本末体裁彰明中日构衅的是非曲直，通过陈述战役经过，明确战败的责任者和具体败因。而对于广学会来说，既然认定战败根植于"文明"上的"落后"，具体是非曲直和战败责任者

---

① 姚锡光著，王凡、汪叔子整理《姚锡光江鄂日记（外二种）》，中华书局，2010，第75页。

② "（三月）十二日（4月24日）……午后，王生雅东借张君汉英来。张君，余年家子，盖余同年合肥张楚宝观察士珩之侄也，曾于奉天充毅军后军前营营官，属宋帅祝三庆部下，身与辽东中日之战，为余言牛庄、营口、田庄台失守事甚详，为慨然久之。""二十九日（5月11日）……傍晚，阅《申报》、《京报》。晚饭后，至王生雅东等房内，详问伊等以甲午、乙未间与倭人山东战事，将入笔记。归房内，阅《法兰西志略史事》。""三十日（5月12日）……吴生俊卿来，询伊山东中日战状。"《姚锡光江鄂日记（外二种）》，第93、102—103页。

③ "（三月）二十六日（5月8日）……检去年四、五月间《申报》所载合肥相国赴倭与倭人问答各节，及所拟条约大致。"《姚锡光江鄂日记》，第101页。

④ "（四月）初十日（5月22日）……余随往商务斋内，向叶浩五茂材假新出之《中日战纪本末》，是书为英人林乐知、上海蔡子黻尔康茂才同辑。……其笔墨则报馆窠臼，殊无可取。特以新书不无可藉以钩稽近事，乃托浩五亦为余购一部。……晚间，复抽译《中日战纪》取载电报诸事，并观西人诸论，令人愤懑欲绝。"《姚锡光江鄂日记（外二种）》，第106—107页。

反而不甚重要，针砭文明上的落后，并指出解决之道才是其着眼点。

虽然对于广学会的战史编纂体例十分不满，姚锡光仍然请叶瀚替他代购一本，以做参考。因为《中东战纪》的资料来源是《万国公报》，姚便从叶瀚与姚文甫处借了三个月的报纸来看，结果"见其议论，讥刺中国万状，直不以中国为国，令人愤懑欲绝"。

1896 年 8 月 5 日，姚锡光终于下决心自己来写一部战史，当天他在日记中写道：

> 拟作《中东兵事纪略》。拟分八篇：一曰《东方兵事缘始》；一曰《东援兵事纪略》，纪我军在高丽境内兵事；一曰《辽东兵事纪略》，纪我海军战事；一曰《东渡议和纪略》，纪我使臣赴日本行成诸事；一曰《台湾兵事纪略上》，纪台湾防守及台北失守诸事；一曰《台湾兵事纪略下》，纪台中、台南战守诸事。每篇附以论说，载以地图。[①]

8 月 5 日当天，他就完成了《台湾兵事纪略（上）》一篇的 6/10。与林乐知带有决定论色彩的"文明观"不同，姚锡光认为甲午战败，并不是中国的"运数一大节目"，而是"古今奇变"，并"关系欧、亚两洲全局"。

爬梳姚氏 1896 年间的日记，可以了解这部战史主要的资料来源有三种。一为他自己在军营中的案牍记录。二是其他参战者交给他的日记、笔记等文字记录和口述回忆，如黎元洪《甲申（午）、乙未间中日海战事略》、吴质卿《台湾日记》、蒋玉书《海军日记》、陈省三《台湾杂记》等。接受过姚访谈的亲历者计有王雅东、张君汉、黎元洪、范仲木、吴体和、杨佑之、萧雨农、吴俊卿、罗六琴、陈省三、湘军管带洪君、教习知县四川人杨君、沈敦士、尚志高、商德正、吴孝英、直隶县丞湖北人伯荪等 17 人，这些人在甲午之后基本都属于武昌阵营。三便是林乐知、蔡尔康的《中东战纪本末》及上海石印的《中日战迹图考》。[②]

姚锡光与自强学堂的一个学生王松臣每晚一起译英国人所著甲午战争的战史《中东战纪》，至二更回家，十分有规律，从 1896 年 8 月 5 日

---

① 姚锡光著，王凡、汪叔子整理《姚锡光江鄂日记（外二种）》，第 138—139 页。
② 疑即为王炳耀《中日战辑图考》，光绪丙申仲春（1896）上海书局石印本。

决定写作战史开始，到同年 10 月底日记结束，共有 26 晚有该项记载。

细观甲午战后几年间出现的战辑与战史，显然有两个主要的源流。

一是从《万国公报》报道到王炳耀《中日战辑》、思恢复生《中倭战守始末》及林乐知、蔡尔康《中东战纪本末》。主要是汇辑报刊，对战败持"文明观"看法，认为与其说中国是败于东邻小国，不如说是败于明治后更开化文明的日本。应对之策是改革，并以追求西方式文明为目标，范本是刚刚打败自己的日本，历史上的模板是吴越之战及其中勾践卧薪尝胆复仇复国的故事。

另一种是姚锡光《东方兵事纪略》。日后罗惇曧《中日兵事本末》、平情子《中东和战本末纪略》、20 世纪 30 年代王钟麟《中日战争》、王芸生"民国丛书"版《六十年来的中国与日本》及翦伯赞、范文澜、郭沫若中国近代史相关章节，都以姚书为基本骨架与主题资料来源，因此看法也基本一致。他们认为，甲午之败的责任者是以李鸿章、孙毓汶等为代表的枢机重臣，因为畏战导致局面失控，因此是一次"奇变"，是两个民族国家之间的战争，造衅国日本是非正义的。其转变之机在于明耻辱、强武备、兴教育等技术层面的实际举措，而并不着眼于文化与政治制度改革。可以仿效的对象是普法战争后的法国。另外孔广德辑《普天忠愤集》的主要诗文作者张罗澄，也与姚锡光一样出自张之洞幕府，其矛头所指亦值得深味。

三　两种战史对致败之因的异见

（一）《万国公报》谱系

王炳耀的弟弟王炳堃在为《中日战辑》作的一个序言中，表达了此书对于战败的一种基本看法。他认为中、日之间胜败的关键在于语言文字——日本放弃了烦琐的华文，自"明治崛兴"学"西学"而"遂臻富强"，但是中国却由于"不肯更张"而变弱了：

> 夫日本向读中国之书，习中国之文，亦积弱已久。自明治崛兴，深知中国文字烦琐，实困人材，雅慕泰西文字简便，学有实济，毅然去华文，学西学。不二十年，遂臻富强。中国抱负文墨之

邦，不肯更张，此二国强弱一大关键。①

　　这种看法明显带有普世主义决定论的色彩，并将一场战争的胜负关键，与明治维新、文字、西学直接联系起来，从此后中国的历史发展来看，这种观感是具有代表性的。

　　这种普世主义的视角，显然是来自广学会的《万国公报》。典型的例子是《哀私议以广公见论》。广学会对于中国战败这种基于生物进化观的文明决定论看法，也希望通过《中东战纪本末》的编辑体例传达出来。1896 年 4 月 3 日，广学会在《申报》上刊登了一则新书预告。针对市面上已经出现的香港文裕堂铅活字本王炳耀《中东战辑》，广学会称自己的战争专题剪报辑录更加完备，关键是编辑体例更加合理，能做到"树义必坚，摘词无懦"。他们在正文六卷之前冠以《弭兵会记》，其"义"在于"耀德不观兵"，编辑战史不是为了宣扬战争，而是陈述一种秩序内涵"德"。在篇末附录以《治安新策》（林乐知对于战争的评论），乃是为了"除弊"——对中国国民性提出批评，"兴利"——对变法维新提出建议。而此前王炳耀《中东战辑》除摘录不完备以外，最大的问题是它以《朝警记》为核心来叙述战争因果的方式，乃是"对本会命意毫无领会"。②显然，姚锡光病其重议论、轻战况之编纂体例问题，乃是广学会有意为之，并视为"本会命意"的关键所在。因

---

① 王炳堃：《序》，王炳耀（煜初）辑《甲午中日战辑》，沈云龙主编《近代中国史料丛刊》第 1 辑，台北：文海出版社，1966，第 9 页。

② "天之于植物也，将欲兴之，必先衰之。故夫草木黄落者，句出萌达之所自胎也。惟国亦然。广学会创设八年，王公大人深相嘉许。日本难作，天兴华也。而新学之宜兴，即寓明证。爰请美进士林君乐知留心搜访，华秀才蔡君紫绂刻意经营，今斐然成章。一则树义必坚，一则摘词无懦。且独标真谛，刊落浮华，颂祷夸张，诸无所尚。开卷冠《弭兵会记》，耀德不观兵也。末卷殿《治安新策》，兴利兼除弊也。中六卷首谕旨，尊庙谟也；次电报，文省事增也；次记朝警十七篇，润色《万国公报》也；次记和局，有《中日和约》《还辽约稿》《使相被刺纪实》各真本，世多未见也。次著论译论，随时随事，确实详尽也。全书全卷全篇各具本末，名实相符也。绘人绘地，右史左图也。剞劂将竣，都四十万余。吉精校对，加圈点，铸新字，印白纸，工装钉，悦目赏心也。若香港近刻《中日战辑》，钞撮本会中《公报》所刊之《乱朝记》十三首、论说数篇，较此书十不及三四，且于本会命意毫无领会，诸君稍缓数日，即得完书，且光华喜报，毕具其中矣。再林、蔡二君积月圆二十度之心血，始成此书，本会取为振兴中国之一助，倘有翻刻者，必禀中西官提案严罚，合先声明毋贻悔。广学会新著《中东战纪本末》，不日出书，托申报馆代售，翻刻必究。"《申报》清光绪二十二年二月二十一日（1896 年 4 月 3 日），第 4 页。

为对广学会来说，"兵"本来不重要，重要的是"德"。

纵观《中东战纪本末》全书，它是从所谓报刊"公论"的立场来解释与评论战争的。除内容上重议论轻战况以外，形式上也以文献汇编的形式来叙述战史，淡化具体时序与自然因果。这也是后来被姚锡光诟病为"杂录成书，绝非本末体裁。如满地散钱，不能贯注"的主要原因。

《中东战纪本末》认为，从文明教化论的立场来看，明治后的日本由于接触了西方基督教文明，因此"日本通国之民皆知教化"。到战争的后期，《万国公报》评论"明治维新"能"表武功，有利器，明国体，兴新政，民知教化，避杀戮，以仁心闻于天下"。将战争的失利归咎于制度、政体、国民性甚至中国文化本身，显然将中日之间的战争理解为现代与传统的战争、文明与野蛮的战争、民主国与专制国的战争，而不是早前评论所认为的，是两个民族国家之间战争。从《哀私议以广公见论》的命题来看，凡是处于民族国家立场来议论战争的都是"私议"，唯有站在文野之分的高度，才能得到"公见"，明白中国战败的真正原因，找到改革救正的方向。

(二)战役亲历者谱系

《东方兵事纪略》的作者姚锡光及其写作的主要资料的提供者，都是从战场回来的亲历者，其中绝大多数人在甲午战后集中于湖广总督辖区的武昌，出入于总督张之洞所办的一些新式军事与教育机构，如武备学堂、自强学堂。他们检视战争的着眼点与广学会立场迥异。

首先，姚锡光欲通过书写战史，使世人明白"我所以致败之由，与彼所以毒我之故"。《东方兵事纪略》认为，中日甲午战争战败的责任在于"封疆之吏""将帅之臣"，认为他们"内无整军经武之谋，外无致命遂志之节"，矛头直指在内的孙毓汶与在外的李鸿章。

其次，在他们看来，回顾与书写战史，根本目的是向春秋时著名的战败国君臣那样"明耻教战"，[①] 以便强国"雪耻"。战败并不可耻，可

---

① "宋司马子鱼之言曰。明耻教战。求杀敌也。夫曰明耻。则必有可耻之事。与雪耻之道。播诸命令。勒为成书。昭示国人。所以生其怒敌之心。而作其同仇之气。故古者不以言败为耻。而以不能雪耻为耻。左氏纪楚庄之业。谓日讨其国人而训之。而训辞不详。意者必称召陵城濮之辱。以警其民而生其愤。故能军不罢劳。民无怨讟。至秦孟明三年拜赐之言。吴夫差立人于庭之诏。越勾践尝胆卧薪之烈。"姚锡光：《东方兵事纪略自序》，《时务报》第五十三册（1898年）。

耻的是不能雪耻。基于这种强烈的国族主义胜败观，他们认为没有绝对的"弱国"，也没有必然导致战败的"世变"，一切都是"奇变"，因此是可以通过"明耻教战"来改变的。历史上的楚庄王、越王勾践，近世西欧败于普鲁士的法国，都是由弱迅速转强的榜样。

1895 年，曲阜人孔广德搜罗与甲午一战有关的章奏 29 篇、议论 99 篇、诗 226 首、颂赋各 1 篇、词 7 阕，续二卷增采章奏 32 篇，辑成诗文集《普天忠愤集》，由六艺书局石印 12 册，1896 年在上海及外埠发售。孔广德当时流寓上海，是福州将军庆裕的学生，另一名重要作者张罗澄，也出自张之洞幕府。他们的立场显然与教会不同，叙述战史的视野放宽到诗赋，编例按诗文体裁分目而不以时序，显然着眼点在于激发国族感情"忠愤"。序称"自来世有大变则有大才应运以拯救于其间"，认为甲午之败虽是"大变"，却并不是什么必然之败、文明之败，因此可以等待"大才"出现而加以逆转，期望读者"因耻生愤，因愤生励"，仍与姚锡光的看法相似，是"明耻教战"式的胜败观念。①

如前文所及，姚锡光对于具体战役胜败细节因果的描述，以及可以通过"明耻教战"加以逆转的国族主义胜败观，影响了后来一系列关于甲午战争的正统战史书写。1933 年王钟麟《中日战争》就是以《东方兵事纪略》为蓝本书写的，有些部分是"几十页直抄"。②而王芸生的《六十年来中国与日本》，范文澜、郭沫若、翦伯赞的中国近代史著作中有关甲午战争的章节，基本是简单转抄辑录姚书的记载而已。此外，另有 1902 年《杭州白话报》连载"平情子"所演白话战史《中东和战本末纪略》，大体上也是以姚书为底本的。他们的看法与当时流行于上海等地的《中东战纪本末》《中日战辑》《中倭战守始末记》《时事新编》等所持的教会普世秩序立场十分不同。

---

① 孔广德：《普天忠愤集自序》，上海 1895 年石印本。

② "有一类分明是剽窃他人的著作，却腼颜据为己有，如一部讲'甲午战争'的书，里面整页的、接连几十页直抄姚锡光的《东方兵事纪略》，却不曾看见一个引号，想必是手民脱落了罢。"参见罗家伦《读标准的书籍　写负责的文字》，罗家伦《中国人的品格》，工人出版社，2010，第 184 页。

四　流通、影响与新形态

（一）流通行销——商业化

上述几种战史的主要发售与流通渠道，是口岸城市上海的一些书局，如申报馆、格致书室、美华书馆、虹口中西书院、纬文阁、十万卷楼、申昌书局、宝善斋书局、汲绠书庄、六艺书庄、源记书庄、图书集成局等。[①]

1895 年 7 月，《中倭战守始末记》，由江左书林一家以洋 4 角寄售。[②]

1895 年 11 月，《谏止中东和议奏疏》石印刊出，以每部洋 3 角在上海各书庄发售。[③]

1896 年香港文裕堂刊印的《中日战辑》由上海四马路文宜书局（售价洋 1 元 6 角）、三马路申昌书室（售价洋 1 元 2 角）发售。[④] 1897年，随着科举风向的转变，反应灵敏的上海书商又出一函 4 本的便携本，售价洋 6 角，以应科场之需，由上海各书坊及湖南、芜湖、京口、南京宝善分局及金陵词源阁、庚兴钱庄等发售。[⑤]

1896 年 4 月，孔广德编的战争诗文集《普天忠愤集》，以每部实洋

---

① 参见周振鹤编《晚清营业书目》（上海书店出版社，2005），以及《申报》《万国公报》相关书籍广告。

② 《新出中倭战守始末记》，《申报》清光绪二十一年闰五月二十一日（1895 年 7 月 13日），第 6 页。该书广告连续刊登于 1895 年 7 月 13 日、14 日、15 日、20 日、27 日、8 月 3 日、7 日、9 日、24 日、31 日，9 月 7 日、14 日、21 日、28 日、10 月 5 日、12日、19 日、26 日，11 月 2 日、9 日、16 日、23 日、30 日，12 月 7 日、14 日、21 日、28 日，1896 年 1 月 4 日、11 日的《申报》。

③ 《申报》清光绪二十一年十月初十（1895 年 11 月 25 日），第 6 页。该书广告连续刊登于 1895 年 11 月 26 日、27 日、28 日、30 日，12 月 4 日、7 日、11 日、14 日、18 日、21 日、25 日、28 日，1896 年 1 月 1 日、4 日、8 日、11 日的《申报》。

④ 《香港新到〈中日战辑〉》，《申报》清光绪二十二年正月二十八日（1896 年 3 月 12日），第 6 页。

⑤ 该书与科场应试选本《皇朝经世三续文编》《中外时务策学大成》列于一条广告内，称"诚为三场必要之书"，参见《新出石印〈皇朝经世三续文编〉〈中外时务策学大成〉》，《申报》清光绪二十三年七月十七日（1897 年 8 月 15 日），第 4 页。该广告连续刊登于《申报》1897 年 8 月 14 日、18 日、19 日、20 日、21 日、25 日、28 日，9 月 1 日、4 日、8 日、11 日、15 日、17 日。

2 元在上海发行出售，并同时由外埠的北京、天津、汉口、苏、杭、镇江各书庄代售。①

大概由于此书热销，1896 年 5 月底，上海南昼锦里赐书堂书庄私抄六艺书局版，翻印了 3000 部，也在《申报》上登广告出售。1898 年，此书的另一个主要作者张罗澄（山民）在报纸上登告示，指责赐书堂书庄主人戎文彬盗版，并称其翻印书错讹脱漏百出，以致文理不通。②此事后来告到英租界会审公廨，判赐书堂书庄支付洋 100 元稿费给张罗澄。戊戌政变后，因为政治空气发生了变化，"旧政甫复"，书市敏感，以致《普天忠愤集》滞销，虽经书庄竭力招徕登报推售，仍积压了几百部没有卖出，甚至还因为盗版官司，引来讹诈，发生了要挟《普天忠愤集》停售的事情。③《普天忠愤集》的书价从 1896 年初发售时每部实洋 2 元不折不扣，到经历翻印风波后不断下跌。1898 年 11 月，由上海南昼锦里紫文阁以洋 8 角出售，并同时在棋盘街飞鸿阁、十万卷楼等处寄售。1901 年，上海四马路宝善斋以洋 7 角发兑，1902 年，日本书商日清书馆最新书籍地图发行所以洋 6 角批发，参与批发的还有英国书商理文轩、中外书会、藻文五彩石印局等。

在清末从甲午到壬寅科举与学制改制的几年间，《普天忠愤集》这类叙述中日甲午战争的文集战纪，经历了戊戌变政、庚子国变等影响书市冷暖的重要时局变动，仍然不断被翻印发售。除上海本地的书商外，日本和英国的书商也参与了它的发行。售价的走低，除书商促销推售因素外，实际上也显示这些书籍可能已经从忧心时局的忠愤之"士"的阅读领域，进入了更广大基层读书人的书囊，推动的原因当与科举内容改革有关。

1896 年，陈耀卿《时事新编》6 册一套，以洋 8 角在上海理文轩书庄、申昌格致书室、千顷堂书坊、《新闻报馆》账房、龙威阁书坊、博文堂书坊等发售点出售。④1897 年，坊间多有翻刻，上海棋盘街北首博

---

① 《新出石印〈普天中愤集〉》，《申报》清光绪二十二年三月十八日（1896 年 4 月 30 日），第 4 页。

② 《查究翻板误人》，《申报》清光绪二十四年九月十九日（1898 年 11 月 2 日），第 7 页。

③ 《捏名图讹》，《申报》清光绪二十五年七月二十三日（1899 年 8 月 28 日），第 12 页。

④ 《石印〈万国史记〉石印〈绘图清侠记〉》，《申报》清光绪二十二年正月十八日（1896 年 3 月 2 日），第 4 页；《新出〈时事新编〉》，《申报》清光绪二十二年四月初三日（1896 年 5 月 15 日），第 6 页。

文书局、南市大东门外大街务本堂书坊以洋 5 角推售。到 1902 年，东商日清书馆最新书籍地图发行所也开始发售此书。

1896 年 5 月 5 日（清光绪二十二年三月廿三日），广学会《中东战纪本末》出书，托上海申报馆、申昌书画室、北京路美华书馆、格致书室、虹口中西书院代售，外埠则由《申报》的销售点和教士售书处分售，每部洋 1 元 5 角。①广学会除在上海与外埠利用自己的图书分销点销售《中东战纪本末》外，也延用一贯做法，通过赠书以广流通。②

《中东战纪本末》初编 4000 册，曾通过上述各类分销渠道，在短期内销售一空。1897 年，广学会将日本驻美公使森有礼《文学兴国策》单行本与《中东战纪本末》合订十册，请图书集成局刊印行世，并出《中东战纪本末续编》两册。可能由于销售情况甚佳，又为科场所重，书贾盗刻翻印的情况较多，以至于广学会入禀苏松太道台衙门，出告示禁止。③

另外，广学会还有自己特殊的赠阅渠道。《中东战纪本末》曾经赠送给朝鲜宫内大臣、④总理衙门总办章京⑤及光绪皇帝的师傅孙家鼐。此外，此书还有明治 31 年（1898）2 月日本藤野房次郎译本，可见它很快就流传到了日本。

在清末几次科举改革后，西学逐渐向全国基层读书人普及。甲午后出现的这些战辑、战纪主要通过上海、武昌等城市的书籍销售渠道流通。受图书市场商业化的驱动，它们以各种形式，由关心时局的"忠愤之士"流向紧跟科举风向的天下普通读书人的书囊。其中一些出自教会或亲历者的带有强烈主观色彩的观感，开始通过商业化、普及化而常识化，渐渐构建了一般中国人对于 1894 年中日之间这场战争的认识。

---

① 《广学会新著〈中东战纪本末〉三月廿三日出书》，《申报》清光绪二十二年三月二十二日（1896 年 5 月 4 日），第 4 页。
② 《前日广学会以〈中东战纪本末〉一书见赠》，《申报》清光绪二十二年三月二十五日（1896 年 5 月 7 日），第 4 页。
③ 《钦命二品顶戴霍南分巡苏松太兵备道兼办机器制造局刘为出示谕禁事》，《申报》清光绪二十三年正月初八日（1897 年 2 月 9 日），第 3 页。
④ 《朝鲜宫内大臣致林君乐知谢赠〈中东战纪本末初续编〉书》，《万国公报》第 103 期（1897 年）。
⑤ 《照录总理衙门总办章京答谢李君佳白送〈中东战纪本末〉书》，《万国公报》第 91 期（1896 年），第 57—58 页。

（二）意义的共生——序跋、附录与列入书目、丛书的形式

中日甲午战后，关于战争的叙事除以文本的形式呈现以外，也以各种副文本（paratext，又译"准文本"）[①]的形态形成共生性意义。有许多后来进入国人对这场战争常识性认知的内容，便是透过这类意义共生形式建立起来的。

首先，甲午战后出现的各种战辑或战纪，大多拾掇中外报章文字，却又体例各异，体现了对于战争的不同认识：或按专题编辑，弱化战役过程，强化胜负之理；或据战役发生的自然时序排列史料，以本末体裁明确因果责任，以便"明耻教战"。

除此之外，正文以外的序跋、附录，也与正文内容形成了一种"互文"，甚至可以说是形成了共生性的意义。如王炳耀编《中日战辑》在1895年于香港初版时，已经附录有胡燏棻的《变法自强条陈疏》[②]和叶耀元[③]写给张之洞的筹御倭寇条陈。[④]胡在战争期间受命留驻办理东征粮台，而叶耀元是京师同文馆与上海广方言馆的优等毕业生，精于算学等"新学"。王炳耀除根据战争发生、发展、变化的自然时序，来编排采自《万国公报》的文字外，还在篇末附录了两篇以"时务"与"兴新学"为改革方向的奏疏，使《中日战辑》除在王炳塈序言中流露了广学会的普世主义文明观的影响外，主要基调仍比较传统，即认为甲午一

---

① 朱莉娅·克里斯蒂娃（Julia Kristeva）在1969年出版的《符号学》一书中，首先提出了互文性（文本间性）术语，意在强调任何一个单独的文本都是不自足的，其文本的意义是在与其他文本交互参照、交互指涉的过程中产生的。由此，任何文本都是一种互文。副文本（paratext）一词，是法国文学批评家热拉尔·热奈特（Gérard Genette）在1979年首次提出的，他在1982年对该词做出阐释，并将其归为五种跨文本性（互文性、副文本性、元文本性、承文本性、广义文本性）的类型之一；而在1987年出版的专著《副文本》中，进一步对其界定与分类做了更细致的分析。参见陈昕炜《基于副文本体系的序跋文本研究》，《理论界》2014年第1期。

② 《胡云楣廉访（燏棻）奏变法自强条陈疏》，王炳耀编《甲午中日战辑》。

③ 叶耀元（1864~？），吴县人，又名庆元，字子成，别署味道馆主、水镜天仙、电苏。上海广方言馆、京师同文馆优等毕业，是当时有名的算学家，曾为算学书局和汪康年校勘新译算数。著有《陆军新书》《测地绘图补》《简算新法》《炮法求准》《形学补编》《测寰海境图解》《中西算学大成》等书。1896年在上海成立"新学会"，1897年创办《新学报》《算学报》。参见张耘田、陈巍主编《苏州民国艺文志》上册，广陵书社，2005，第116页。

④ 《节录叶君耀元上张香帅书筹御倭策十一条并大纲二十六条附》，王炳耀编《甲午中日战辑》。

役败于日本，乃有十分具体的因果，并可以通过具体技术层面的改进，来扭转中日之间未来的强弱局势。因此，广学会对于这种编排和附录形式表示不满意，称其"于本会命意全无了解"，并不是没有原因的。

类似的情况也发生在广学会自己编的《中东战纪本末》上。在此书出版后不久，广学会将日本驻美公使森有礼写于19世纪70年代的教育改革论，以《文学兴国策》为书名翻译出版。在出单行本时，便与《中东战纪本末》进行捆绑销售，在广告上力陈两书齐备方得"完璧"。不久，又将其作为附录，索性与《中东战纪本末》合出。其强调中日之间胜败之势植根于文明优劣，而新的文野分际又以基督教文明为标准，改革的落脚点在于教育改革，这些基本的取向是十分清楚的。

前文已经谈到，甲午战后的战纪在后来因科举风向转变而热销，进入天下普通读书人的书囊。它们之能在书籍流通中进入一般读书人的购书单，与清末的一些流行的新学书目有很大的关系。这些书目对于它们的分类与介绍，也完成了战争叙事的进一步意义共生。除广学会自己的营业书目《广学会译著新书总目》列入《中东战纪本末》外，1902年徐维则编、顾燮光补的石印本《增版东西学书录》也收录了《本末》八卷、《续编》四卷、《三编》四卷，并在简要评论中认为此书在编订方式上存在异议，但主要价值在于记录史实、保存资料，故而"甲午一役赖以知始末，他日记中东事者或有所取资也"。[1]另外，1901年，贵州学政赵惟熙也在自己编的《西学书目答问》的"政学第一·史志学"目下，收了《中东战纪本末》八册、《续编》四册，评论说"是书芜杂不伦，然于近事时见一斑"，也认为此书在内容上的价值大于体例。[2]

目前所见《东方兵事纪略》有武昌刻本、江西通学斋本与石印本三种。清末新学汇编如邹凌元《通学斋丛书》就全文加以收载。《增版东西学书录》在"史志"类"中国人辑著书"下亦收录此书。

1904年沈兆祎编《新学书目提要》，对此前流行的各种新学书籍提要钩元，并做简单评论。他在"历史类"目下收了姚书，并认为姚锡光《东方兵事纪略》对于战争事实的记载，要比广学会《中东战纪本

---

① 徐维则编、顾燮光补《增版东西学书录》，1902年石印本。
② 赵惟熙：《西学书目答问》，1901年，见熊月之主编《晚清新学书目提要》，上海书店出版社，2007。

末》更为可信，因为前者资料汇编式的体例，使人无法了解战争的"成败之迹"。①这也从另一个侧面反映了《中东战纪本末》的重点并不在于叙史，而在于"知来"——即根据普世主义"文明观"的指向，来明示中国变革的方向与具体举措。

甲午后出现的各种战辑或战纪类战争叙事，其序跋、附录及后来的书目都与正文共生了意义。这其中有一个值得注意的有趣现象，即通过清末精英的知识分类，战争叙事出现了史志化一面，渐渐脱开胜败强弱的国族立场，可以参考英国、日本德国参战人员、战争观察家的记录、文件等来共同完成表述。

如 1934 年出版的、顾燮光自己编的《译书经眼录》，收录 1902—1904 年续得知见得新学译著，其中有不少来自日本的"东学"著作。这个书目中提到了日本人清香田村的《中东战史》上下两卷，以及金粟斋译日本涩江保《日清雅片战史》，日本辰巳著《海上权力史论》，并与涩江保著《法国革命战史》，苏州励学社、福州东文学堂分别译出的《欧米独立战史》，南洋公学译日本松井广吉著《意大利独立战史》，吴宗濂译英穆和德著《武志说略》，法腊复勒著《中西启衅始末》，毛乃庸、罗振常译日本松井广吉著《美国南北战史章》，安寄社译日本涩江保著《英国革命战史》，日本松井广光著《伊大利独立战史》，日本涩江保著《希腊波斯战史》等同列在卷一"史志第一"目下。书目的这种编法，显然有将中日甲午战争的叙事史志化的倾向。

无独有偶，《中东战纪本末三编》以英国炮兵司蒲雷主事所著《东方观战记实》作为主要基础，附以各大国观战诸记，北京美国使馆、伦敦华使馆讨论战守的电报，以及日本人所得丁汝昌遗墨若干篇以石印留真，加上李鸿章奏疏及《台湾纪事诗》十八首编在一起，顾燮光称其为"信史"。

无论是出于中国为了"明耻教战"可以师法敌国的传统胜败观，还是出于广学会一贯的基督教普世秩序文明决定论立场，甲午战后的战争叙事通过序跋、附录、书目等"副文本"，渐渐摒弃了单一的敌我立场，而采取更为广阔"客观"或者超脱的视角来讨论战争。它们与战

---

① 沈兆祎《新学书目提要》卷二《历史类》，上海通雅书局，1903。

争中晚期出现的正文之间逐渐形成共生意义，从而使战争叙事进入正规的"史学"分类，进入精英知识领域，或者雷德菲尔德所谓"大传统"，这是一个值得注意的趋势。

（三）文学化图像化

除进入所谓"大传统"外，关于甲午战争的叙事，也同时通过白话演义、民间文学传说、图像等形式，进入了普通民众对于历史的常识性认知，或者说进入了雷德菲尔德所谓的"小传统"。如后来成为京剧名角程砚秋专用编剧的罗惇曧，在甲午战争时曾作为幕僚身在军中，战后罗氏以姚锡光《东方兵事纪略》为基础，参证自己在军中的见闻，简括成《中日兵事本末》行世，文笔雅洁、材料翔实、论说清晰，体裁处于文、史之间，接近笔记体。这部书后来被"平情客"改编成白话演义本《中东和战本末纪略》，分 31 期，连载于 1902 年的《杭州白话报》上。

姚锡光的《东方兵事纪略》便通过罗惇曧的勾连，变成了白话演义体，在内容和形式上更接近战争文学，塑造了一些忠奸对立的人物角色，强调善恶忠奸伦理，以及胜负强弱双方在道义上的倒置与对立。1908 年，武昌开办宣讲所，第一次就"演说国耻"，讲演《中东战纪》时"极其痛快"，以至于"闻者竟至泣下"，其打动民情的程度，竟引发了英国领事干预宣讲。①

在文本以外，甲午战后的战争叙事也以图像的形式呈现。1895 年王炳耀的《中日战辑》又名《中日战辑图考》，原书应附有水战形图、陆战地图、春秋地十八省图、台湾全图、地球全图、春秋地图等地图，② 这原是理解战役必需的，也使战争以空间的形态呈现给读者。另外《时事新编》的编者陈耀卿还编有《绘图扫荡倭寇纪要初集》。1895年，管斯骏（藜床旧主）撰《刘大帅（平倭）百战百胜图说》，由赐书堂石印出版。书中搜集当时有关刘永福镇守台湾抗击日军侵略事迹的资料，编成图说体通俗读物，类似连环画。前部分收刘永福、吴光亮、林

---

① 《英领事干预宣讲之原因》，《申报》清光绪三十四年五月二十二日（1908 年 6 月 20日），第 11 页。

② 笔者所见《中日战辑》只在封面题签上标出了这些附图目录，并未见到图像实物。

荫堂等小像十幅，刘永福抗日史事及军务奏稿、檄文告示 15 篇；后部分为图说 32 篇，赞扬刘永福在台中、台南抗击日军的战绩。其中叙述新竹鸡笼山之战、澎湖口之战较为具体。此书有光绪二十一年刊本。[1]

除《点石斋画报》以时事画传统来报道战争外，上海吴文艺斋、筠香斋、文仪斋、沈文雅等旧校场年画的知名店铺，也制作或批发了以甲午战争的大小战役为主题的年画。[2]这些画作体现了人们对于战争的想象与愿景，值得另文详细讨论。

五 余论

早在战争仍在持续时，以《万国公报》为代表的各国报刊便开始以报道、评论的方式形成战争叙事。战争的亲历者也以日记等形态留下了私人的记录。战后，这些战争叙事以战辑或战纪的形式结集，并在武昌、上海等地出版刊印，通过清末的图书刊售网络行销全国。广学会谱系的战争叙事与武昌的战争亲历者对于战争在一些基本观感上存在差异。例如，前者认为中国之败于明治后的日本是必然的。原因根植于文明，取"文明决定论"立场看待中国成为战败国。而后者则认为，甲午之败于日本乃是"奇变"，具体责任者是指挥调停战争局势的内外"将帅"与枢臣。与此相应，两者在对扭转局势的应对之道上的看法也不同。虽然都赞同以敌国"日本"为师，广学会系统开出的方案是效仿日本进行文明教化的改造，武昌亲历者则从"明耻教战"的传统败局观出发，号召国人通过明了战争具体过程而激发民族感情"忠愤"，从而转弱为强。

上述两种战争叙事还有一个重要的分歧，这就是编辑战史的体例。广学会谱系偏重于以专题战辑的形式编排，衰集各国报刊的"私议"，然后由广学会以"公论"的立场来发表普世主义见解，同时弱化战役经过，凸显国际公例与战争伦理如"弭兵"之德。武昌亲历者谱系则对广学会的编辑方式极为不满，认为它如"散钱满屋"，不能清晰描述

---

① 阿英：《甲午中日战争文学集》，第 17 页。
② 唐权：《版画中的中日甲午战争》，《21 世纪经济报道》（数字报），2014 年 9 月 8 日，http://epaper.21jingji.com/html/2014-09/08/content_20479.htm。

战争的因果脉络、胜败之迹。这与两者对于战争的基本观感和立场显然是有密切关系的。

甲午后出现的战争叙事在出版流通时，经历了科举内容改革、戊戌变政、庚子国难、壬寅学制改革等大的历史变动。它们在商业流通中受图书市场的驱动，从"忠愤之士"流向天下普通读书人的应试书囊。其中一些出自教会或亲历者带有强烈主观色彩的观感，开始通过商业化、普及化而常识化，渐渐构建了一般中国人对这场战争的常识性认知。

在流通中，甲午战争叙事被各种新学书目收录。其序跋、附录与清末所流行的一些新学书目对它们的分类、摘要合在一起，与正文形成了意义的共生关系。在这种互文中，它们渐渐进入正规的"史学"分类，进入精英知识领域，成为"信史"，建立了所谓历史的"客观性"。另外，它们又通过白话演义、民间文学传说、图像等形式，进入了普通民众对于历史的常识性认知，或者说进入了所谓"小传统"。在精英知识与民众常识之间承担出入转换之责的，主要是出身于武昌阵营的一些战争亲历人如罗惇曧者。

至于战争叙事的另一个重要方面，图像以及图像如何以空间与虚拟形式呈现战争及强弱胜负观念，限于篇幅无法在此深入讨论，当留待日后另文详述。

为《殉难记》，不为殉难人

——吴庆坻《辛亥殉难记》成书、流转考

沈　洁*

《辛亥殉难记》是吴庆坻（1848—1924）于清亡后搜、访史料、行迹，写成的一部有关辛亥革命中殉清官绅、兵丁的史传。吴庆坻，字自修（一作子修），又字敬彊、稼如，别号悔余生、蕉廊、补松老人，浙江钱塘人，光绪丙戌进士，历官湖南提学使、四川学政、湖南学政，直政务处。辛亥乞休，避居沪上。此间，纂《辛亥殉难记》，书成于民国5年。此书4次印行：民国5年吴庆坻（虎林旧史氏）自刊本，民国10年铁忠、果涣补辑本，民国12年金梁复校本，及民国24年金梁增订本。凡5卷：卷首"上谕"，卷一"文职传"，卷二"武职传"，卷三"驻防传"，卷四"列女传"，并附"西安、江宁、福州、荆州、京口驻防殉难职官兵丁（附家属）"表。其中有传略者200余人，附表所列有姓名者3777人，文字极简，而所涉史事极繁，是研究辛亥革命史、清遗民史，以及中国从帝制到共和政教与文教转型不可忽视的史料。

《辛亥殉难记》及其作者吴庆坻，在迄今为止的近现代史研究中，很少被提及、引用，专门的研究更付阙如，仅有一些相关外

*　沈洁，上海社会科学院历史研究所研究员。

缘研究。① 中国历代均有"褒忠"传统，搜访遗民行止，辑遗民录，确立"忠义"作为价值主轴。而在辛亥年，"忠义"观念遭遇来自共和、族群等多方面的挑战与质疑。所以，一方面是革命凯歌高奏，对"遗老遗少"大加挞伐；另一方面，是清帝逊位，让政于"共和"，殉节"不知为谁"。与之对应，现代转型之际，形成了两种迥异的"褒忠"叙事：一为自1912年至今，大量的革命英烈传记；二是以《辛亥殉难记》为代表的清遗民忠义书写。前者的大量及绵延，与后者的少见、湮没及负面化，构成强烈对比。

笔者意在考订《辛亥殉难记》的版本、史源、成书及出版、流转过程，兼及清末民初的"忠义"书写，在这个论域中，复线而不是单

① 这些研究大致可概括为以下四个方面。其一，在辛亥革命史研究中，在1912年当年，便有大量的革命"烈士传""烈士事略""殉难记"等问世，并为后世论史反复征引，成为革命史叙事中的重大情节。而《辛亥殉难记》所褒之忠，系为清朝而死，被湮没并不奇怪。有关殉清官、绅的论述，只有零星散见，如李细珠《辛亥鼎革之际地方督抚的出处抉择——兼论清末"内外皆轻"权力格局的影响》（《近代史研究》2012年第3期），多数仅论及督抚层级的殉节与逃亡。其二，更多的是有关历代《遗民录》的研究，如赵园的《明清之际士大夫研究》（北京大学出版社，1999），及诸如《逸民传》《宋遗民录》《元八百遗民诗咏》《明遗民诗》等众多遗民录、遗民诗词的整理出版。其中有关清遗民的研究较多，如胡平生《民国时期的复辟派》（台湾：学生书局，1985）、林志宏《民国乃敌国也：政治文化转型下的清遗民》（中华书局，2013）、周明之《近代中国的文化危机：清遗老的精神世界》（山东大学出版社，2019）、罗惠缙《民初"文化遗民"研究》（武汉大学出版社，2011）等，相关论文亦复不少。但这些研究，基本只讨论清亡后的遗民，少着笔于辛亥年殉难官绅士庶史事。此外，还有一些近代文学史框架内关于遗民结社、诗咏的研究，如林立《沧海遗音：民国时期清遗民词研究》（香港中文大学出版社，2009），朱兴和《现代中国的斯文骨肉：超社逸社诗人群体研究》（上海三联书店，2014），吴盛青 Modern Archaics: Continuity and Innovation in the Chinese Lyric Tradition 1900–1937（Harvard University Asia Center, 2013）、《抒情传统与维新时代：辛亥前后的文人、文学、文化》（上海文艺出版社，2012）等，讲述雅集的文化语境如何构成遗民文化，以及遗民文化与中国文学史的关系。其三，有关《清史稿》的研究，除了众多的《清史稿》编纂过程研究，如许师慎编《有关清史稿编印经过及各方意见汇编》（"中华民国史料研究中心"，1979），台北"国史馆"编订过卷帙浩繁的《清史稿校注》（台湾商务印书馆，1999）；另外，秦翠红关于《清史稿·忠义传》的研究、蔡炯昊《共和时代的清代历史记忆与政治文化：以清史馆、〈清史稿〉、故宫为中心》（华东师范大学博士学位论文，2017年）亦与此相关。其四，李一翔、方敏《晚清遗老吴庆坻的人生历程》（《近代中国》第25辑）简述了吴氏人生履历；吕顺长《清末中日教育交流之研究——以教育考察记等相关史料为中心》（浙江大学博士学位论文，2007年）第二章"湖南提学使吴庆坻的教育考察"有关于吴庆坻的介绍，但内容仅限吴氏1906年赴日考察学制；左松涛《变动时代的知识、思想与制度——中国近代教育史新探》（武汉出版社，2011）亦论述了吴氏在四川、湖南学务中的活动与贡献。

向度地，从革命的另一面去呈现清末民初帝制折向共和过程中面对的政治困境、文化困境与伦理困境，并在此基础上，重新审视和理解中国的现代转型。

一 《辛亥殉难记》与同时代的忠义叙事

与《辛亥殉难记》大致同时代、详及辛亥殉难的文本，主要是《清史稿·忠义十》、罗正钧《辛亥殉节录》（1920 年刊行）、尚秉和《辛壬春秋》（1924 年刊行）三种。此三书，人物、内容与《辛亥殉难记》大致重合，唯成书较晚、内容较简。

（一）《清史稿》

辛亥殉难官绅列传，较之《辛亥殉难记》，《清史稿》的流传更广、更远，影响亦更大。《清史稿》1928 年首次全书刊印，其辛亥部分的忠义传记，与《辛亥殉难记》内容高度重合。

《清史稿·忠义传》由章钰编纂，朱师辙《清史述闻》记："《忠义传》十九备于国史，复经众手补辑，间有国史外增补者。后由章式之总辑，其去取久而未决。"① 夏孙桐亦记，《忠义传》历经数手，迄无就绪，亟宜商定办法，于是拟就《〈清史·忠义传〉办法说帖》：

> 一、国史原传人数猥多，（原注：所见嘉庆朝三省教匪一案，内即百余人）国家劝忠之典宁滥无遗，与正史千秋论定，宗旨迥殊。此时无所用其瞻顾，即守举莫敢废之义，仅可依《新唐书》"孝友传"例，于序载明某案若干人某某等，（原注：人名能全列固善，如竟多至不胜载，或云某某等若干人）择其特异者入传，庶有限制。

> 一、武官死绥乃其职分，临阵捐躯，勇怯共之。国史可从浑同，正史必应区别。非有勇烈实迹未可滥收，文官守土殉难，差可从宽，亦宜酌核情节。盖其中尽有当时无下落者一概请恤，其后隐

---

① 朱师辙：《清史述闻》卷 4，上海书店出版社，2009，第 54 页。

名不出而见于他书纪载，倘仍入传大书特书，何以传信以后世。

以上二条，就国史原传去取。

一、忠义不应专属兵事，如国初敦达礼之殉太宗，（原注：李绂撰传，见《碑传集》）应列传首，此类皆国史原传所未载，其他以死勤事者皆可搜采。直言贾祸者，凡属言官别有建白应归列传，非言官者亦当入此。

一、《新唐书》"忠义"三十三人，而当时未死难者居其八，类此者亦国史原传所未收，拟搜采补入。（原注：惟军营积劳病故者，原传间有附入，为清末最滥之典，断宜剔除）

一、《明史》于鼎革殉节者所载最详，辛亥之变，殉国诸人颇有纪载，采尤立传，附见宜详，勿致遗漏。惟身入民国，出入仕途后复借口希名，宜有鉴裁。（师辙按：荆溪史南如著《藕庄文抄》，辨其族祖史夏隆于康熙丙子卒于家，年近九十，而《明史》载其死节，故考核宜慎）

以上三条，在国史原传为增辑。

见在办法，先将国史原传遍阅，酌定去取，其应取者分两种办法：一归"忠义传"，一提出就事归入列传，（原注：拙辑嘉庆、道光、咸丰三朝已就事归入多人，盖兵事所关，得此较为详晰。而"忠义"本传分出多人，稍减其繁）至其原传外应增者，官私诸书博采确核，期无遗滥，如此则祛冒滥、阐潜幽，庶此传不致黯然无色。敢贡刍言，以备采择。[1]

章钰便是据夏孙桐这个"办法"，最后总纂完成。[2] 说帖中提及辛亥殉难，强调应博采列传，勿致遗漏。

《清史稿·忠义传》辛亥部分的内容，主要是《忠义十》，第496卷。据秦翠红统计，《忠义传》第10卷共列108人，其中并见于《辛亥殉难记》者89人，约占本卷总人数的82.4%；未见吴庆坻撰《辛亥殉难记》的19人，则源于金梁1923年的增补版。[3] 从收录人物名录和

① 朱师辙：《清史述闻》卷4，第54—55页。
② "（章）式之则据以编纂"，朱师辙：《清史述闻》卷4，第54页。
③ 秦翠红：《〈清史稿·忠义传〉史源考》，《南京晓庄学院学报》2015年第3期。

内容两方面看，《清史稿·忠义十》（第 496 卷）与《辛亥殉难记》是高度重合的。

吴庆坻之子吴士鉴为《清史稿》总纂之一①；金梁为《清史稿》校勘，为史稿最后成书及刊印阶段的重要人物。从《辛亥殉难记》到《清史稿·忠义十》，文本之间的流转和采录，可以推定是通过吴士鉴、金梁二人。而金梁是《辛亥殉难记》民国 12 年版的复校者，是《辛亥殉难记》民国 24 年版的增订者。从后来金梁出版的各类著述看，《清史稿·忠义十》条目及内容的最后订定，与之有极大关系。

1934 年，金梁出版《光宣列传（四十卷）》，在叙中说：

> 光宣列传四十余卷，凡后妃诸王及内外臣工皆备自《清史稿》列传分辑者也。丁卯夏校刻《清史稿》，稿皆未齐，惟列传一类，乾隆以前归金君兆蕃，嘉庆以后归夏君孙桐，分任复辑，较为完整，随辑随刊，至次春书成过半，夏君忽以光宣两朝不及兼顾，交稿另编，零散数十篇，所阙尚多，无人接办，余既任校阅全稿，儒林、文苑又待补辑，遗逸等传复在余手，辞不获已，乃并光宣而亦任之，增补删并，分卷画一，凡三阅月，得三十八卷，二百五十传，正附合约四百人。②

1935 年，广州明德社重印《清史稿》"忠义传""孝义传"，金梁撰写叙文：

> 《清史稿·忠义传》，章式之钰撰，《孝义传》，金钱孙兆蕃撰，梁皆校补国史旧档。忠义凡八千人，孝友凡四百人，核诸史例，彩不成书，不得不有所剪裁。然删去者，亦已多矣。章、金初稿，虑多湮没，各于序内，胪列姓名，余亦辑有忠义孝友传目，均待别刊。忆自戊辰史稿刊成，忽禁发行，谓有违碍，不知断代为史，笔削有定，岂能任意出入。春秋大意，当以万世之是非为衡，不得以

---

① 《清史稿》，馆长赵尔巽，兼代馆长总纂柯劭忞，总纂六人：王树枏、吴廷燮、夏孙桐、缪荃孙、马其昶、秦树声、吴士鉴。

② 金梁辑《光宣传列·叙》，1934 年刊本，第 1 页。

一时之是非断之也。况复参以私人爱憎乎! 今广州明德社，拟刊忠义、孝友二传，意在提倡中国固有之道德，其用心深矣。社友缪君篆，以史稿行世甚少，索余藏本，乃为录寄备刊，期于世道人心或有所补，即此可知清史一书，有益无害，深望早日解禁，俾广流传，使忠孝之义，复明于今日，反本定一，重观太平，不甚盛欤。乙亥重午。息侯金梁①

1935 年正是金梁增订版《辛亥殉难记》刊印的年份，加之这两部书内容高度重叠，也进一步证实了《清史稿·忠义十》对《辛亥殉难记》的采录。

在 1936 年的《四朝佚闻·叙》中，金梁亦提及："余校刻清史，兼修列传，主纂光宣，间及咸同。"② "自撰光宣列传、遗逸、艺术传及补咸同列传、儒林、文苑传"，③ 可知，光宣两朝人物传记，最终编定完成是在金梁任史稿校阅期间，他尤其提到儒林、文苑、遗逸诸卷"在余手"，《四朝佚闻》"汪兆镛"条："尝为辛亥三秀才行，纪何承金、赵彝鼎、李泽霖殉节事，《清史稿》以列忠义传者也。"④ 汪兆镛纂录《碑传集三编》，忠节四《赵总兵传》便是直接录自《辛亥殉难记》，汪氏在按语中说："吴庆坻撰《辛亥殉难记》，《清史稿·忠义传》第十多采录之。"⑤《清史稿·忠义十》经金梁手，直接移自《辛亥殉难记》，便基本可以肯定了。

（二）《辛亥殉节录》

《辛亥殉节录》（亦有称之为《辛亥死事录》者）为湘潭罗正钧所撰，1920 年夏刊行，与《辛亥殉难记》内容大体相同，而罗书较吴书内容及收录人物皆简。

在吴庆坻与左孝同、陈三立等人的往来信札中，可知两书为同时独

① 金梁：《重印忠义孝义传叙》，金梁：《四朝佚闻》，1936 年刊本，第 48 页。
② 金梁：《四朝佚闻·叙》，第 1 页。
③ 金梁：《四朝佚闻》，第 43 页。
④ 金梁：《清史稿回忆录》，金梁：《四朝佚闻》，第 39 页。
⑤ 汪兆镛纂录《碑传集三编》卷 31，台北：明文书局，1985，第 855—856 页。

立采择修撰，各自成书。左孝同致吴庆坻三札，论及此书：

> 前月即望奉赐书，并葵园先生墓志三册，比即分致槃叟、质老、郅老，属为致意。近得罗顺循之世兄书，承寄到墓铭（陈散原撰，赵芷孙书）。并顺循所纂《船山师友记》《辛亥殉节录》，敬读一过，考订搜访均极明晰。《殉节录》二册，不如尊撰之详，只载守令、武臣、士人，而其事实大同小异，亦有公集未及甄录者。其书刊于庚申，不知公曾见及否。如需省览，便当寄呈。……小弟孝同顿首。四月二日三鼓。①
>
> 顺循墓铭及《辛亥殉难录》，俟其世兄来，当属以一分奉呈尊览。②
>
> 顺循墓志及所撰《辛亥殉节录》，谨寄奉览。③

陈三立一札亦提及：

> 友人湘潭罗顺循提学亦有《辛亥死事录》，编成四卷，曾以公所章目录寄之，复书称多补其未备，急欲得全稿，用资参征。公此书如已印就，乞见寄数分便转达，如其所请也。④

再看李肖聃的记述。他在《记罗顺循所著书》一文中说："顺循寻返直隶，擢天津知府，旋任山东提学使，迄国变归。著《辛亥殉节录》数卷，与钱塘吴庆坻子修所著《辛亥殉难录》，互有详略。"⑤《近数十年湘学叙录·湘人近著略目》称罗氏殉难之录，"足匹补松之书"。⑥ 罗正钧为葵园弟子，著有《船山师友记》《左文襄年谱》《王壮武年谱》，并文稿4卷、诗稿2卷，《官书拾遗》四卷，最后成《辛亥殉节录》6卷，时人对他均有极高评价。杨钧在罗氏去世后作《惜罗》一诗，述

---

① 王凤丽整理《吴庆坻亲友手札》卷10，凤凰出版社，2020，第258页。
② 王凤丽整理《吴庆坻亲友手札》卷10，第260页。
③ 王凤丽整理《吴庆坻亲友手札》卷10，第260页。
④ 王凤丽整理《吴庆坻亲友手札》卷12，第287页。
⑤ 李肖聃：《李肖聃集》，岳麓书社，2008，第269—270页。
⑥ 《湖南大公报二十年纪念刊》，1935，第17页。

其"辛亥以后，伏居陋巷，不与世事。袁项城招之，不顾也，其人慷慨悲歌之士，陈同甫①一流人物"，"有济世才，又有济世学"。②刘声木评价更高："卒不为势利所诱惑，愿为朝臣，不愿为家臣，皎然不污泥滓，明君臣之义，立人道之防，较之同升诸公，依附草木者，可谓薰莸异气，鸾枭异性，杨氏仅以陈同甫一流许之，未免轻视之矣。"③陈三立为罗氏作墓铭："赋以元璞之坚刚兮，表以瑰木之轮囷。摩苍穹而睥睨兮，摄群象于帝先挈。与世龃龉之肺肠兮，聊誉技于小鲜。警啼鸩还树鸡栅兮，羲纽剖而禹甸。翻狎龙血之玄黄兮，媚皇古以存存。寄孤恨于国殇兮，维人极于一毡。光精耿其不灭兮，接芳躅于遗文。"④

从上述材料，可以得出结论：吴庆坻《辛亥殉难记》与罗正钧《辛亥殉节录》的搜访与成书在大致相同时段，但两者为各自独立成书；两书内容大体相同，罗书只采守令、武臣与士人，在名录、所收人物数量及内容上，均不及吴版。两书略有交集，源于师友网络，从左、陈二札看，吴庆坻成书要稍早于罗正钧，陈三立曾以吴书目录示罗，罗氏称多补其未备，希望看到吴氏全书，"用资参征"；吴庆坻亦曾通过左孝同，读过罗书，他在《辛亥殉难记》自序中提到的"同志匡益"名单中，亦见罗正钧。由此可见，《殉难记》与《殉节录》两书，其事实大同小异，各独立纂修，曾互相参阅，唯吴书史事较罗书更详。

（三）《辛壬春秋》

尚秉和《辛壬春秋》凡48卷，1924年由北京历史编辑社刊行，卷首有王士珍和郑毓怡题字。其中第45卷为"清臣殉难记"。尚秉和在凡例中称：

> 关于革命零星纪载，向分新旧两派，而立论每不相容，以致纪载每多失实。兹篇于新旧人物、精神道德各有表彰，无所偏倚，务

---

① 陈亮（1143—1194），字同甫，号龙川，南宋词人，力主抗金。
② 杨钧：《草堂之灵》，岳麓书社，1985，第22—23页。
③ 刘声木：《四学使名节》，《苌楚斋随笔、续笔、三笔、四笔、五笔》，中华书局，1998，第793页。
④ 陈三立：《清故山东提学使罗君墓志铭》，《散原精舍诗文集（增订本）》下，上海古籍出版社，2003，第980—982页。

存其实……各省起义情形常询访当事者，甲与乙所述每不相同且每至互相驳斥，甚至一人所述前后或亦小异，然全是小节，此等小节，若律以古人简括之纪录，则在不书之例。兹略述之者，原以推助波澜，幸勿以小有参差而生误解。①

可知，该书非清遗民立场的作品，而采革命与殉清两方史事，立论兼容。尚秉和此书"搜集传记，存录报章，凡百七十种"，吴汝纶之子吴北江评论此书："凡公私报纸及私家记述，靡不甄录，存其事实而刊落其偏私，劬劬瘁瘁，如制敝衣，百衲补缀，牵于人事，中经乱离，作辍不常。自辛亥冬于今兹历十二载，乃克成书，凡四十六篇，都三十万余言。"② 历12载，说明尚秉和自1911革命爆发当年，便已开始搜访相关史事。其弟子谓：

《辛壬春秋》之取材，求客观，无偏倚，存异说，极矜慎之能事。大约北廷秘闻，多得之于王世珍，王为袁世凯心腹，参与密勾。南中传闻，多核之于定县谷钟秀。谷为南京临时议会之河北代表。党人资料，得之沧州张溥泉。此外如立宪派之藉忠寅等，高瞻远瞩，兼听慎择，实事求是，此本书之所以能正确。③

北洋与革党、立宪派三方史事，各有来源。而殉难清臣，除了辛亥当日清廷褒忠的官方文书，"私家记述"与"公私报纸"应为其主要来源。"清臣殉难记"共录8人殉难史事，尚秉和在开篇中说：

右八人者，皆所谓士也。士人殉国者，宋末明季皆有之，盖感于外国人为君主而耻于戴之也。辛亥变起，国体共和而非易姓，清室自存也，国土如故也，清以其政权公之天下，凡天下之民皆国主也，凡执政之人尽公仆也，诸人者，无守土之责，无民社之寄，无戴新主之嫌，无食毛践土之义，洁身远引斯可矣，而愿以身殉乎，

① 尚秉和：《辛壬春秋·凡例》，1924年刊本，第2页。
② 尚秉和：《辛壬春秋》叙目第四十八，第5页。
③ 转引自曹聚仁《天一阁人物谭》，上海人民出版社，2000，第523页。

此在究持新学说者，必不得其解矣。而钱塘吴氏、湘潭罗氏所著《辛亥殉难记》《殉节记》，皆一一纪录之也。何哉！中国之社会风俗，一周孔之社会风俗也，尚廉耻、重节义、笃伦纪，数千年行之而未或变更，中国之所以自尊在此，外国人之所以重视中国人者亦在此，此国本也，亦国维也。晚近以来，异说蓬兴，藩篱尽破，如洪水猛兽之不可扞御，独有人焉！感怆国变以死自明，直欲挽叔季浇风，返之中古以上，其持义虽近迂乎，而用以矫世厉俗则观感兴起为益宏矣。彼吴氏、罗氏之断断焉叙录之，岂无故哉！岂无故哉！余既因而著之，而又恐后之人索解不得也，故备论之。①

作为共和成立史的一个"备论"，这是尚秉和自陈追索殉难史事的立意。尚氏作此记，一为感怆国变欲挽浇风，二"恐后之人索解不得"，为吴氏、罗氏作殉难记张目。可与孟森评述《清史稿》的相关论述对照来看，针对当日大量的批评以主张禁止《清史稿》的时论，作为历史学家的孟森则认为，应当以学术的观点看待、评价清史稿的叙事，而不应因其"立场"一概毁之。② 与《辛亥殉难记》一样，《清史稿》亦为遗民修史，与民国的整体氛围格格不入，史家则提出"立场"之外，学术的、伦理的、风俗的视野，一如尚秉和所说之"无所偏倚，各务事实"。

（四）北洋时期的"宣付史馆"

1914 年、1915 年，主要是徐世昌任国务总理期间，北京政府集中为一批殉清官绅褒忠，宣付史馆。袁政府为殉清官绅"昭雪"，有四川总督赵尔丰、西安将军文瑞、京口驻防副都统载穆、杭州驻防协领贵林、署荆州副都统恒龄、河南南阳镇总兵谢宝胜、湖南巡防营统领黄忠浩、云南开化巡防营统领孔繁琴、湖北施南协副将倭和布、山西候补知府陈政诗、河南商城县知事许中书、四川巴县故绅陈廷佐、四川补用道署嘉定府知府曹铭、山西河东监制同知陆叙钊、安徽提法使张毅仁、四川西昌县知县章庆、湖南嘉禾县知县钟麟、湖南省嘉禾县典史何永清。

---

① 尚秉和：《辛壬春秋》清臣殉难记第四十六，第 7—8 页。
② 孟森：《〈清史稿〉应否禁锢之商榷》，见朱师辙《清史述闻》，第 298—317 页。

其中，除河南商城许中书、四川巴县陈廷佐、四川补用道曹铭三人，[1]其余均为《辛亥殉难记》所收录。

据蔡炯昊的研究，以徐世昌幕府为中心，形成了一个文人学者圈，徐氏幕府中人不少亦曾入清史馆参与清史修纂，有名者如：王树枏、柯劭忞、姚永概、秦树声等。[2] 在袁世凯、徐世昌等人的推助下，民国2年、3年、4年，各地方督军、各省行政官长"分饬所属，将民国死难士民采访事实，汇咨内务部立案褒扬"。[3] 所持论，诸如：

> 此邦人士咸以该故员节义可嘉，保全尤大，称道弗衰。……该故员会际艰难，见危授命，论其一身之节操，事已难能，拯兹一郡之生灵，功宁可没！（载穆——引者注）[4]
>
> 杀身成仁，史乘不分乎新旧，褒崇忠义，国体不限，于君民诚以旌表死者，正所以动观感而励来兹也。（孔繁琴——引者注）[5]
>
> 以身许国之义，均以其职为性命所关，职不得尽则以死殉之，虽囿忠于一姓之义，而慷慨捐躯以身殉职实足以励世俗而挽颓风。（文瑞——引者注）[6]

洪宪帝制之前为殉清官绅褒忠立传，传统说法多指向为袁氏向帝制引渡做准备，但事实也非全然如此，如徐世昌在1918年就任总统之后所说："自民国以来，纲纪沦亡，民性隳落，若江河之日下。文章道德弃等粪土，承学之士子几于不复以诵书识字为乐。"[7] 褒忠不但是一个政体与正统论的指向，亦包含"正人心而励颓风"的文教、伦理指向。在一个革命胜利、共和成立的年代里，为殉清者张目，体现了许多时人的道德理想。伏传伟的博士论文曾经指出，赵尔巽在决定是否就任清史

---

① 《政府公报》1914年1月27日第650号，第22—23页；《内务公报》第21期，"文牍"，第15—17页；《政府公报》洪宪元年第80册，第575—576页。

② 蔡炯昊：《共和时代的清代历史记忆与政治文化：以清史馆、〈清史稿〉、故宫为中心》，华东师范大学博士学位论文，2017年，第135—136页。

③ 《政府公报》洪宪元年二月八日，第80册，第575—576页。

④ 《政府公报》1914年10月5日第869号，第25—26页。

⑤ 《政府公报》1914年10月6日第870号，第16页。

⑥ 《政府公报》1915年3月13日第1021号，第29—30页。

⑦ 《总统对新闻界演说（续昨）》，《晨报》1918年12月2日，第3版。

馆馆长一职时，其中重要的一个考量就在于能否为在辛亥革命之后在成都被革命党所杀的其弟赵尔丰平反。① 河北士人贺葆真在民初的日记中记载其父贺涛被宣付清史馆立传之事并抄录批准的批令，十分郑重。数日后又有地方官员特别告知他此事，显然有祝贺的意味。② 1920 年，江西人李国珍因为其父湖口镇总兵李全彪在当年被总统宣付清史馆立传，还曾经特别发通电表示感谢，《申报》上刊载了这则电文：

> 北京大总统钧鉴，先父随曾文正、彭刚直、李文忠转战十余年，设置长江水师后，掌理军政者又三十年，不无微劳，几致湮没，本月十五日，蒙大总统特发明令，宣付清史馆立传，国珍奉令之下，感激涕零，惟有矢慎矢勤，力图报国，借答鸿施，谨申谢忱，伏乞垂察，李国珍叩。③

《顺天时报》1921 年登载一则消息，地方人士为辛亥殉难乡贤谋求宣付清史馆立传："辛亥政变，刘伯轩中表先君以县尹就义闽省，今闽当道设通志局，征录遗事，乃兄遁叟为传行状邮，一面由同乡京官李金事领衔呈请大总统交清史馆立传。"④ 这些"一般社会"请求为亲友褒忠的言辞，以及因亲友获褒忠立传而表达的感激，亦是"民情"与"民心"，构成《辛亥殉难记》成书之共和年代的另一种社会氛围。

（五）其他零星殉清叙事

潘静如《民国诗学》论民初忠义叙事：

> 清帝逊位以后，陈伯陶《胜朝粤东遗民录》、佚名《清遗民诗

---

① 伏传伟：《进入民国——清史馆的机构与人事》，中山大学博士学位论文，2006 年。
② 详见《贺葆真日记》1916 年 2 月 8 日："读五日批令，知吾父已奉令交清史馆立传矣。其批令如左，直隶巡按使朱家宝奏，已故耆儒贺涛，道德文章足资师表，恳请宣付清史馆立传，由政事堂奏批令，贺涛应准宣付清史馆立传，以彰儒行。此令。"2 月 13 日："访县长现曹君，曹今日适得巡按使公文，言吾父入清史馆事，使告我也。"贺葆真著、徐雁平整理《贺葆真日记》，凤凰出版社，2014，第 333—334 页。
③ 《李国珍之谢电》，《申报》1920 年 4 月 21 日，第 3 版。
④ 《顺天时报》"艺林"，1921 年 12 月 29 日，第 5 版。

咏》、罗正钧《辛亥殉节录》、吴庆坻《辛亥殉难记（附殉难
表）》、冯恕《庚子辛亥忠烈像赞》、金梁《增辑辛亥殉难记》
《清遗逸传》虽竭力表彰大节，然真能守遗民之节者，方之宋、
明，实远所不逮。此在当时，已有公论。且当时同一号清遗民者，
其出处行藏固大不类也，李审言《海上流人录征事启》、胡忏庵
《评俞恪士觚庵诗存》、黄稼溪《魏潜园七十寿序》别之甚严。①

提及的几种著述，仅罗正钧、吴庆坻、金梁三种为专述辛亥殉难，
并且金梁之著述为吴庆坻《辛亥殉难记》的增订本，非独立专书。除
此之外，零星涉及的辛亥殉难叙事还有以下几种。

为刘声木《苌楚斋随笔》，"苌楚斋随笔系列"中，收录有当世遗
民和历代遗民著述，在记录著述之余，刘声木还将同人的序言、自己的
按语贯穿其中。②《王世忠等清末完人》《黄锡鹏遗民》《赵彝鼎殉难大
节》《四学使名节》四篇，专述辛亥殉难官绅。③ 刘氏及其苌楚斋随笔
系列是清遗民历史书写的一个典型案例，他在记述赵彝鼎的殉难故事
时，抒发议论："我朝养士二百余年，士习素淳厚，光绪中叶，已论议
蜂起，蔑弃礼义。及其末造，纲常名教，已扫地无余，宜乎宗社为墟，
而高爵厚禄者，又复弹冠相庆。不谓成仁取义，孤忠劲节，震耀千古，
乃在僻居江表，仅入邑庠之赵茂才。其能熟审于君臣之义，从容绝命，
冀以正人心，息邪说，甘蹈首阳之节，视死如归。其撑挂纲常，有功名
教，死诚有重于泰山者，予故节录《殉节记》中诸人所述，亦冀以挽
回末世之人心，以成茂才殉节之志。"④ 赵死后，妻弟孙邦桢辑录他的
事迹，遍征题咏，合其传、状、墓志，编为《殉节记》一卷，乙卯年
（1915）排印。刘声木在《赵彝鼎殉难大节》一文中引述赵彝鼎遗嘱：
"我作忠义之事，我妻亦不必悲伤，人固有一死，但求死合于义耳……
但我比召忽之死，似尤合君臣之义。况我亦欲正人心，息邪说，使人不

---

① 潘静如：《民国诗学》，北京联合出版公司，2017，第 176 页。
② 参见罗惠缙《从〈苌楚斋随笔〉五种看刘声木的"文化遗民"情结》，《阳明学刊》
第 3 辑，第 396 页。
③ （清）刘声木：《苌楚斋随笔、续笔、三笔、四笔、五笔》，中华书局，1998，第 173、
253、571—574、793—794 页。
④ （清）刘声木：《苌楚斋随笔、续笔、三笔、四笔、五笔》，第 572 页。

得以汉外视我君为满也，则我一死之所争大矣。"① 其训诸生词："尔等须读孔孟之书，忠君爱国；我已愿作圣清之鬼，求是去非。"其"自述"："一秀亦君恩，愿作圣清之鬼；《五经》由我读，岂为革党之民。""自注"："国家养兵数百年，乃敢目君为满"，"此理不可不明"；"学堂掌教二三子，还思造士为清"，"是所望于群公"；"我心为国，故不死于家而死于此地，以会课在此，正欲以明伦也。"② 与吴庆坻、罗正钧相同，刘声木叙写殉难故事，不仅是遗民的故国之思、黍离之悲，更重要的是在斯文垂丧年代里，用殉难故事来传扬"成仁取义、孤忠劲节"。他称修纂《东莞县志》的陈伯陶"为我朝末造之完人"。③ 对清遗民而言，书写构成"草间偷活"的全部意义，为孤忠者立传、传续，是遗民因自身之"不死"而抱持的愧憾。

另有《辛亥溅泪集》四卷，为湖南人苏舆所作，民国长沙龙云印刷局石印本。此书以杂记形式记叙武昌起义前后的时局及革命过程中的种种矛盾与斗争。书中未详记殉难史事，但以"溅泪"名之，可见作者对于辛壬鼎革的悲怆与愤懑。④ 苏舆是戊戌时著名的《翼教丛编》的编者，自陈"守湘西之学统，遏南海之狂流"，其师王先谦盛赞："门人苏厚康孝廉为《翼教丛编》若干卷，于康、梁造谋、湖南捍乱，备详始末，亦佳书也。"（王先谦《王先谦自订年谱》，《葵园四种》，岳麓出版社，1986，第745页）李肖聃《湘学略岳阳学略第十八》云："又得《辛亥溅泪集》若干卷，中伤童昏之失国，斥神奸之篡宗，见《哀郢》之孤忠，流悲音于《心史》，较之劬庵（湘潭罗正钧）殉难之录，补松（钱塘吴庆坻）碧血之编，负痛尤深，伤心独至。"⑤ 称《辛亥溅泪集》较之吴、罗殉难之书，负痛、伤心尤深。杨树达作《平江苏厚庵先生墓志铭》："孔子之志在《春秋》，《春秋》固所以经世也，窥绝学于二千年之后，进欲经世而不得，退欲更著书而天下不与以岁也，岂先生一人之穷，伤大道之终葳也，呜呼！神龙露一麟于云端，人固将测

---

① （清）刘声木：《苌楚斋随笔、续笔、三笔、四笔、五笔》，第573页。
② （清）刘声木：《苌楚斋随笔、续笔、三笔、四笔、五笔》，第574页。
③ 《遗民修东莞县志》，（清）刘声木：《苌楚斋随笔、续笔、三笔、四笔、五笔》，第639页。
④ （清）苏舆著、胡如虹编《苏舆集》，湖南人民出版社，2008，第211—290页。
⑤ 《李肖聃集》，第90页。

其大也。"① 都是对遗民著述的赞誉。

《庚子辛亥忠烈像赞》，编撰者冯恕，民国 23 年出版，所收庚子辛亥死节汉满诸臣，自许景澄至载穆，共 69 人，左图右赞，图像用珂罗版影印，赞词皆历言各人氏里、官职、身世及死难经过。冯恕在序言中说："国于天地之上，必有特立永久固有之国性，以为之本，其国乃不至沦亡，纵或有奸慝强邻、邪说曲术以挠乱之，而学士大夫、庸愚野老，谨守保爱，其固有之国性，终乃必底于治平。"② 赵珩《彀外谭屑》中提及过此书："民国初，由清末遗老出资刊过一部《庚子辛亥殉难诸臣图录》，分上下两册，唐先生的祖父即在上册之中。下册是辛亥殉难诸臣，首页即是先曾祖季和公（赵尔丰），第二页是端午桥（端方），而唐先生的伯祖志伯愚（志锐）即在第六页。"③

还有一些零星的，比如 1921 年夏，罗振玉也在采访辛亥殉清官绅史事，希望勘定吴、罗二版殉难录，并兼采庚子国变死事之人，合撰成《庚辛成仁录》。但是后来并未见成书，罗振玉为天津人乔保衡所撰《庚子京师褒恤录》做了详尽校注，成《校书记》和《补遗》各一卷。④ 罗在《庚子褒恤录校补序》中还原了事情的因由与过程：

> 辛酉长夏，采访辛亥殉国诸君子事实，以勘定吴子修、罗顺驯（循）两提学之书，欲兼采庚子国变死事之人，合撰《庚辛成仁录》，而苦无一书记述庚子死事者。一日，老友章式之外部以《庚子京师褒恤录》见赠，为之喜出望外。此录为裕小彭部丞厚旧稿，天津乔亦香太守保衡所编刻，杀青甫竟者也。爰尽一日之力读之，知我先圣先王之教泽固未尝绝于天壤，而深叹部丞与太守先后撰辑刊印，其有功名教为不细也。录中先列谕旨，后列原奏，而附以死事者之呈报，颇秩然有条理。顾传写刊刻，不能无讹脱，而以三日夕之力，以谕旨与原呈互校，而比勘其同异，并函请朱聘三太史汝

① 杨树达撰《积微居诗文钞》，上海古籍出版社，1986，第 87 页。
② 颖：《庚子辛亥忠烈像赞》，《大公报》1935 年 1 月 31 日，第 11 版。
③ 赵珩：《彀外谭屑》，生活·读书·新知三联书店，2017，第 205—206 页。
④ 王庆祥、萧立文：《罗振玉王国维往来书信》，东方出版社，2000，第 519 页。并参见罗惠缙《民初遗民生存方式之文化意蕴解析》，《求索》2007 年第 4 期。

珍敬检《德宗皇帝实录》恭校谕旨以定从违，复请金浚宣部郎从亦香太守假部丞原稿，比勘一过。遂订正百三十余事，成《校记》一卷。复查原稿尚有李文忠两次请恤顺直官绅兵民奏、吉林将军两次请恤吉林官绅兵民奏，又，顺天府第一次请恩恤奏中宁河县死难之人，此录均芟削不载。谕旨及奏折关于死事者，尚十余通。为《补遗》一卷，将请于太守补刊，以成全书，倘亦太守所乐许乎？①

此外，更单零的著述，散见于清遗民的各类章句、诗咏、碑铭、墓志中。如章锡光著《湘水青磷集》，"纪辛亥湖南殉难者"。② 孙雄作《辛亥殉难三总督别传论赞》《辛亥殉难二巡抚别传论赞》，述松寿、端方、赵尔丰、陆钟琦、冯汝骙这些督抚一级的殉难史事。③ 汪兆镛写《辛亥三秀才行》："油幕老记室，白屋村夫子。藐然青青一衿耳，临难谁能责以死，伟哉乃有三义士！何生棠笔细柳营，妖氛忽犯循州城，城亡义不图苟生，碧姹夜照丰湖清。同时李、赵二文学，徒闻贼民之兴大诧愕，蔑弃礼教曷为国，志士岂忘在沟壑，毕命辞成万夫却，绝粒投缳神自若，得此泮池芹藻不寂寞。呜呼！兴亡自古何代无，痛绝晌息海水枯。长白山隶汉版图，东塾著说征班书，妄辨种族欺瞽愚，大盗移国罪当诛。茫茫天意何为乎？九域从此流毒痛。三子一暝翔霄衢，蝉蜕不受滓浊污，愧死印累绶若卿大夫，圣清三百年养士之泽报区区。"④ 王闿运作《端方尚书挽词二首》："世事真难料，匆匆蜂蛮伤。谁言九州岛伯，空作一夫亡。尊酒孤良约，邮笺写谠章。惟余书画箧，遥吐剑虹光。富贵元如梦，风流见亦稀。金门能玩世，石尉岂思归。直以多才累，翻蒙俗吏讥。九疑不相迓，碧血恨溅衣。"⑤ 郑孝胥作《哀长沙县知县沈瀛》："吴儿轻糜尽随风，九鼎吾终重此公。势不两存能自决，

① 罗振玉：《庚子褒恤录校补序》，罗振玉：《松翁近稿（外十种）》上，上海古籍出版社，2013，第111—112页。
② 章梫：《怀章吉臣观察同年锡光会稽山侮兼东鹤汀司马四首》，章梫撰《王章诗存合刻（一山读存）》卷4，1936年刊本，第19页。
③ 孙雄：《旧京诗文存》"序目"，台北：文海出版社，1973，第7页。
④ 吴庆坻：《蕉廊脞录》，中华书局，1990，第103—104页。
⑤ 王闿运：《诗词录 湘绮楼丁未后未刻诗·端方尚书挽词二首》，《太平洋》第1卷第4号，第2页。

人皆一死未为穷。交期太浅真相失，节义何尝或可同。他日私成黄沈传，还从鬼录想双雄。"① 章梫为陆钟琦父子作《题顾伯华所藏陆文烈文节父子墨迹卷子》："乍接罡符寇已深，煌煌大义百神临。未能拨乱能完节，忠孝应无愧翰林。"注云："辛亥之变，死难者多而翰林院中人，仅文烈文节暨伊离将军文贞公志锐、江西巡场抚冯忠愍而已，文节与父同殉，尤为吾甲辰同年之光。共和已十有一年矣，宣王渐长，愿公乔梓在天之灵有以相之。"② 溥心畬为陆钟琦写神道碑铭："呜呼，忠臣比干之盘，尚传鸟迹；将军卫青之墓，犹余石麟。"③ 陈三立为杨调元作墓志铭："道丧人纪一发存，吊诡目论纷莫原，后愈披猖溃篱藩，豺豕迸迹鸥鹙喧，掊解羲纽禹域翻，衣冠污屈从崩奔，挺出儒吏窸寐尊，蟠胸训典扶桑暾，辗转死职活元元，井阑终古怼累魂，悲哉独酬养士恩，疏抉忠孝识本根，不灭幽祇灵只扪"，称其"孤忠大节"。④ 又为黄忠浩作神道碑铭："验公亏成，基游州庠。器业谟略，朋狃弥彰。驰驱奋出，为国干城。匽胸穹宙，物象峥嵘。委投搏噬，烈士之常。五运驰纽，依扶人纲。幽趋万蠕，公有耿光。考碣起世，精感茫茫。"⑤ 1935年，广州明德社《重印忠义孝义传叙》，由金梁组织，将《清史稿》"忠义"与"孝义"二传合编，忠义凡八千人，孝友凡四百人，金梁重印此书，是发生在《清史稿》被民国政府列为禁书的情况下，自陈"意在提倡中国固有之道德"。⑥ 张尔田亦记此事，注曰："意中国固有提倡之道德，可知清史一书，虽仓卒成书，谬误不免，然士林欲得之心，不为之稍减也。"⑦ "文献之寄不可以无传"，更构成遗民之所为"遗民"的身份标识。

① 郑孝胥：《海藏楼诗集》，上海古籍出版社，2003，第222页。
② 章梫撰《王章诗存合刻（一山读存）》卷5，第8页。
③ 溥心畬：《皇清诰授光禄大夫一等男山西巡抚陆文烈公神道碑铭》，《溥心畬先生诗文集·寒玉堂文集卷上》，"台北故宫博物院"，1993，第32页。
④ 陈三立：《清故华州知州调署渭南县知县杨君墓志铭》，《散原精舍诗文集（增订本）》，第927页。
⑤ 陈三立：《清故署四川提督奉天副都统右江镇总兵黄公神道碑》，《散原精舍诗文集（增订本）》，第926页。
⑥ 金梁：《重印忠义孝义传叙》，金梁：《四朝佚闻》，第48页。.
⑦ 王钟翰：《张尔田师谈清史稿纂修之经过》，《清史补考》，辽宁大学出版社，2004，第173页。

二　版本及史源考

（一）四个版本

《辛亥殉难记》共四次印行，分别为：

《辛亥殉难表》，吴子修撰，铅印本；

虎林旧史氏撰《辛亥殉难记》，民国五年；

吴庆坻辑，铁忠、果焕补辑《辛亥殉难记》，民国 10 年，线装；

吴子修辑，铁忠、果焕补辑，金梁复校《辛亥殉难记》，民国 12 年版；

吴子修辑、金梁增订《辛亥殉难记》，民国 24 年铅印本。

我们从金梁 1935 年刊印增订本《辛亥殉难记》序言中，可大致复原此书四个版本的流转情形：

> 辛亥殉难记，吾杭吴子修先生撰录，初刊于丙辰，荆州果仲澜（焕）、铁韵铮（忠）重印于辛酉。余复校刻于癸亥，并征补遗漏，录送子修先生允为增辑，未几先生去世，余乃函其嗣君绚斋学士（士鉴）索得补稿，尚待商榷，而绚斋又逝于里，匆匆数年未遑整理也。今津沽养病，复检丛残，又得江宁等处旧存访册，亟起重加增订，再付刊行，盖是书至是凡四刊矣。卷次记表略有校改，先后序跋仍附卷后，虽不能即定为完本，而抱残守阙，庶无负子修先生撰书之意，惜已不及面就教正耳。乙亥立夏金梁①

《殉难表》应当是吴庆坻在作殉难录之初类似纲目性质的一个先期编纂大纲，出版地、出版年份不详，内容包括：殉难官员及驻防兵丁、家属姓名列表，包括西安驻防殉难职官兵丁表附家属，福州驻防殉难职官兵丁表附家属及福州捷胜营汉军殉难兵丁表，江宁驻防殉难官兵民表

---

① 金梁：《重印辛亥殉难记跋》，《瓜圃丛刊叙录》，民国排印本，第 4 页，又见沈云龙主编《近代中国史料丛刊》第 29 辑，第 285 册。吴庆坻撰录、金梁增订《辛亥殉难记》，1935 年第 4 版，第 3 页。

附家属，京口驻防殉难官兵民表附家属，每人名下均列出死因。小规模印行，在师友间传阅，借以听取意见、增补人物与史实，未大规模流传于社会。1916年"殉难记"第一版正式刊行，凡五卷，卷首为宣统三年上谕20篇，内文由文职传、武职传、驻防传、列女传4卷构成。1921年，两名荆州驻防旗人铁忠①与果涣辗转读到此书，增补了一些驻防八旗的史事，重印此书。果涣作《重印辛亥殉难记后跋》：

> 吴自修提学鸠合同志参访是年殉难事迹，成《辛亥殉难记》及《辛亥驻防殉难表》二书，读之可以振顽立懦，诚有益于世道之作也。涣幸辗转求得一帙，而宝藏之，亲朋闻而索阅者众，乃重印之，以广流传。就所素知，复作补遗数则，附列于后。②

1923年，金梁在铁忠、果涣的版本上，又增补了杭州驻防史事，他在《重印辛亥殉难记跋》中讲述经过：

> 辛亥殉难记吴子修提学访录刊行后，以遗漏尚多，复修改增补，梁曾录寄吾杭营殉节官兵数人并撰外舅云骑尉世职文荣公殉节

---

① 铁忠（1864—？），日本陆军士官学校第一期步兵科毕业。原名铁良，（《日本陆军士官学校中华民国留学生名簿》，郭荣生校补、沈云龙主编《近代中国史料丛刊续编》第37辑，台北：文海出版社，1977）别字韵铮，登记籍贯为湖北荆州府，[《中华民国留学生日本陆军士官学校在学（性别）名簿》，广东省档案馆藏，档号：31]湖北荆防镶白旗人。1864年（同治三年）正月初五生，早年入两湖书院就读，1898年11月被湖广总督张之洞选派赴日留学，1898年秋获得官费保送日本留学，先入日本陆军成城学校完成预备学业，继入日本近卫步兵第四联队做见习士官，1899年6月考入日本陆军士官学校第一期学习，1900年11月毕业，回湖北新军任职，旋赏候选知县。其时因与兵部侍郎、江宁将军铁良同名，奉令改名铁忠。1905年，任湖北新军第一镇第二标统带官、湖北督练公所兵备处总办。1908年兼任湖北陆军小学堂监督，后派充湖北督练公所军事参议官。1911年6月23日，赏给陆军协都统衔。武昌起义爆发后，撤职逃回北京，投效冯国璋部。1912年起任禁卫军司令部军需处处长，后调任禁卫军顾问。1913年11月6日，获北京政府颁发三等文虎勋章。1913年12月10日，被北京政府陆军部颁令任命为镶黄汉军都统（载瀛）公署副都统。1914年8月2日获颁一等金色奖章，1914年8月18日获颁三等嘉禾章。后任北京政府总统府统率办事处参议行走（即候补参议）、镶白旗汉军都统、两湖总督署总督等职。1923年1月29日，被北京政府陆军部特任将军府穆威将军。（参见陈予欢编著《中国留学日本陆军士官学校将帅录》，广州出版社，2013，第386页）

② 果涣：《重印辛亥殉难记后跋》，吴庆坻撰录、金梁增订《辛亥殉难记》，第4页。遗憾的是，关于果涣其人，尚未在现存史料中搜访到其详细生平行迹。

事略，请于提学，愿任重刊之责，惜久未脱稿。此本为铁韵铮将军忠照初本补辑重印，盖未知提学尚有修改待刊之稿也。梁近方拟辑杭州驻防辛亥殉难录，详述当时防议情形，官兵殉难者各系以小传，与先祖父苇杭公（讳观成）所辑《道光庚子壬寅乍浦驻防八旗殉难录》、先父桐山公（讳凤瑞）所辑《咸丰辛酉杭州驻防八旗殉难录》（板旧存杭州八旗会馆）汇刊，传布吾杭乍两防辛酉之乱阖营数万人同时全殉。吾先伯父忠节霭如公（讳麟瑞）巷战阵亡，尸不可得，尤为惨烈，忠义及方志均有传。辛亥之变，吾营死者仅十余人，乃姓名事迹竟多湮没，更数年后将无人能详其始末，至可感叹。子修提学表章忠烈，海内同钦，所望修改之稿迅赐缮定，使梁得早日重刊，流传中外，阅者有所观感，斯文未丧，兴顽立懦，庶于人心世道或有补欤。

此后金梁对此书又做增补，1935 年出版了后来流传最广的增订本《辛亥殉难记》。

（二）成书过程

此书初刊于 1916 年，吴庆坻讲"操椠五稔，驰书四方"，[①] 说明在武昌起义爆发后不久，他已经在着手搜集相关讯息。我大致梳理了《辛亥殉难记》殉难史事的以下几种来源。

1. 得自官报

卷首 20 条，抄录上谕，计有广州将军凤山、山西巡抚陆钟琦、江南巡防营总兵王有宏、京口驻防副都统载穆、江西巡抚冯汝骙、闽浙总督松寿、黑龙江巡防马队管带谭凤亭、潮州镇总兵赵国贤、广东巡防营管带候补守备何培清、署四川总督端方、广西浔防队统领补用知府张振德、署荆州副都统恒龄、伊犁将军志锐、云南陆军第十九镇统制钟麟同、福州将军朴寿、军谘使镶白旗汉军副都统良弼、云南布政使世增、陆军第八镇参谋官正参领衔湖北候补道刘锡祺、湖北施南府知府署安陆

---

① 吴庆坻撰录、金梁增订《辛亥殉难记》，第 25 页。

府知府桂荫、广东潮州府知府陈兆棠、四品衔四川补用直隶州知州署双流县知县汪承第、端方胞弟端锦等人，均为地方官长上奏，内阁代递，清廷发上谕褒忠、优恤。吴庆坻据实录馆电档、实录馆现行月折及《政治官报》抄录。

2. 得自友人所写传略稿

另一来源为殉难者亲朋故旧，写就碑传寄予吴庆坻。举例如下。

河东监掣同知陆叙钊、子陆文治殉难史事，先是吴氏辗转听闻，后又得顾家柑所撰传，方写就小传。[1]

杭州驻防旗人文荣，为金梁岳父，旗营议和，文荣投河死，手书"杭营失守，忠义扫地，清流北向，是吾死所"，墨迹存于金梁处，其殉难史事，便是由金梁告知、补入。[2]

西安驻防伊尔根氏、岱屏等"列女传"，其死事来自驻防旗人岱屏伯父阔普通武所做的《三烈诗》。[3]

山西候补知县劳谦光死难事，劳谦光为劳乃宣族侄，由劳乃宣撰其家传寄付吴庆坻，吴氏在撰写的劳谦光小传中说："吾友劳京卿乃宣，故山左籍，比岁居曲阜，以所撰谦光家传来，吾读之而悲，不独悲谦光也，汉阳告捷，武昌垂下，忍而弃之，何心哉，功虽不成而君千古矣。呜呼，劳氏之光，国家之巨痛哉。"[4]

署云南沾益知州胡国瑞投井殉节，当地士绅民众请封此井，题曰胡公井，湘人旅滇者为文表之，而湘潭王闿运系之铭。[5]

湖北蕲州吏目骆纶投河死，蕲州知州武进人李宝泩为其作传。[6]

江阴贡生赵彝鼎、广东香山附生李泽霖、湖南湘潭附生何承鑫三传，源于汪兆镛的《辛亥三秀才行》，"钱塘吴子修年丈采入殉难记，清史馆诸公据以列忠义传中"，镇洋沈秀才传，亦由汪氏《镇洋沈秀才

---

① 吴庆坻撰录、金梁增订《辛亥殉难记》，第 61—62 页。
② 吴庆坻撰录、金梁增订《辛亥殉难记》，第 140 页。
③ 吴庆坻撰录、金梁增订《辛亥殉难记》，第 149 页。
④ 吴庆坻撰录、金梁增订《辛亥殉难记》，第 62—63 页。
⑤ 吴庆坻撰录、金梁增订《辛亥殉难记》，第 74 页。
⑥ 吴庆坻撰录、金梁增订《辛亥殉难记》，第 79 页。

遗诗叙》提供史源。^① 金武祥致吴庆坻信中也提及此事："粤中汪君憬吾，即作《三秀才行》者，为弟昔年旧友，特寄上事略一册，屏笺一幅，嘱弟代恳椽作，俾遂显扬。粤东有道德者不多，想亦执事所乐为称道也。……杖朝快睹中兴年，吉语欣颁胜祝延。更仰遗山传野史，表忠杨烈已成编。"^② 赵彝鼎殉难史事，还有其妻弟孙邦桢录遗札裒同里士夫哀挽之作，为《殉节记》一卷，亦为吴氏殉难记史源。^③

3. 友朋搜访，驰书往还

吴庆坻成此书，殉难史事更多来自友朋之间的互通、告知。吴氏自述：

> 操椠五稔，驰书四方，其赞助蒐访者，江宁魏梅孙家骅，无锡林椎眉志道，福州黄荪石曾源，桐乡劳玉初乃宣，仁和叶柏皋尔恺，钱塘张仙槎宗汉，若西安驻防表册则三原陈对峰名扬编辑，米脂高幼农增秩录寄，福州驻防表册则侯官陈邵亭雍录寄者也。同志匡益，谨备书之，岁在柔兆执徐^④，虎林旧史氏识。再，此本先印出，其后屡有所增实，赖先师长沙王祭酒、汉军杨君钟义、湘潭罗君正钧、广州黄君诰、江陵范君鹏之指示，其凤将军各传则东莞陈君伯陶所录寄也。……癸亥七月，庆坻谨识。^⑤

从这个名单中，可以大致复原史料的搜访网络及过程。举一些传记中吴庆坻直接有表述的来源和踪迹的例子如下。

友人途经拜访，向其转述。比如，浙江候补知县文海，浙新军变，引颈受刃，"阳湖汪编修洵与君善，述其死事状如此"。^⑥ 四川威远县知

---

① 汪兆镛《镇洋沈秀才遗诗叙》，汪兆镛：《微尚斋杂文》，近代中国史料丛刊续编第83辑，台北：文海出版社，1981，第25—27页。
② 王凤丽整理《吴庆坻亲友手札》卷2，第33页。
③ 吴庆坻撰录、金梁增订《辛亥殉难记》，第82页。
④ 丙辰年。
⑤ 吴庆坻撰录、金梁增订《辛亥殉难记》，第25—26页。
⑥ 吴庆坻撰录、金梁增订《辛亥殉难记》，第67页。

县徐昭益死事，"君妻弟吴厚卿，余蜀学所取士，走上海来述君死状"。① 京口驻防副都统载穆，"吾闻诸鲍振镛，振镛闻诸公子溥芬口。溥芬侍先公之京口，遣还晋阳，濒行诲之曰，方今民穷财尽，政以贿成，祸至无口，吾服官四十年，无不可告人事，死生得丧，非所计，尔勉自立，毋以吾为念，盖誓死报国，固早计决矣。呜呼，鄂湘虽变，苏宁犹可为也，苏亡而镇郡随之，公以贵胄身丁其厄，不忍人民涂炭，而以一死自完其志，亦可哀矣哉"。②

更多的则是友朋采访，信函往还。如福建汀州府知府来秀，服毒死，"山阴章子肯游诏安，与君善，措赀护其眷属北还，子肯归以告族人章锡光，锡光书来述其状云"。③ 陕西凤翔知县彭毓嵩、其子彭稣年死事，吴庆坻述：知其事已忽忽十稔，"羁栖海上，乃闻君死节，泫然流涕书之，贵筑花金荫，客君所，既护其丧还西安，以书来告"。④ 湖南镇筸中营游击杨让梨死难事，为刘瑞芬之子刘世珩采访告知，"得镇筸游击杨君死难事略一册，寄呈鉴察，未知为采辛亥死难诸贤录有此否"。⑤ 陕西副将补用游击简纯泽死事，由济南人传述至京师，"涞水毓清臣为诗吊之，以语劳京卿乃宣，京卿以告余，后得郑泽所为状，乃益详"。⑥陈伯陶在广东为吴氏搜访殉难史迹，"近接张闇公前辈及汪暾吾兄来函，各以所见呈献，谨将原函寄上，希察入。《记》中无广州凤将军山，当时殉节陶有略记，并付呈以备采录"。⑦ 张学华、汪兆镛均为居粤遗老，搜访广东殉难史事，又再通过陈伯陶与吴庆坻互通。高时显致吴庆坻函："前日友人来言，有人拟借印若干分致同志，且有采访所得，可以曾补大著记表者，属转询尊旨，未知何似。续目稿已付手民，照前式排比，一俟印就，即寄呈。"⑧

福州驻防汉军旗人黄曾源辛亥后隐居青岛，他为吴氏编殉难记提供

---

① 吴庆坻撰录、金梁增订《辛亥殉难记》，第70—71页。
② 吴庆坻撰录、金梁增订《辛亥殉难记》，第124—125页。
③ 吴庆坻撰录、金梁增订《辛亥殉难记》，第55—56页。
④ 吴庆坻撰录、金梁增订《辛亥殉难记》，第64—65页。
⑤ 王凤丽整理《吴庆坻亲友手札》卷5，第97页。
⑥ 吴庆坻撰录、金梁增订《辛亥殉难记》，第107—108页。
⑦ 王凤丽整理《吴庆坻亲友手札》卷8，第205页。
⑧ 王凤丽整理《吴庆坻亲友手札》卷3，第64页。

了许多素材：

> 子修老前辈大人阁下：前肃寸椷，并寄汪君所作《三秀才行》，谅已上尘签阁。比维兴居安善，为颂为祷。闽省国变，遭难几及百人，乱后遗黎，始则卖儿卖女，继则散诸南洋各岛，其忍饥寒以待毙者，惟有老年残废而已。几经探访，始将名姓开出，至于旗分年定，亦皆不能详悉。然得我公大笔褒扬，庶死者不至湮没，否则妄加惨戮者殆鸡犬之名，为可慨也。然闻浙江满城竟至为墟，其惨尤甚，亦既无人能得其姓名否。京口闻亦有遭惨毙者，不知曾经采访否。敬询南阳谢总兵死事，已托人征取事实，因济南乱事发生，率皆出走，容后取得寄呈。……名册附呈，祈察人。①

这通信札，记述了黄曾源为吴氏作此书寻访福州、杭州、京口等地驻防殉难史事的经过，还包括南阳总兵谢宝胜的殉难实迹。

在这个搜访殉难史事的遗民交谊网络中，劳乃宣与吴庆坻的互动是最多的。先看吴庆坻致劳乃宣的信函中，与搜访殉难史迹相关的内容：

> 石荪兄允为代访闽防殉节诸人，感佩无似，倘有寄到，即求速邮见畀盼祷之至。拙录得一百五十余人，妇女别为一卷，稿已粗具，尚待修补耳。②
>
> 玉公老兄先生执事：中春奉手教及黄石孙兄函，时方在山中看地，迟未作答，至三月遂移居沪上，居舍湫隘，意绪恅愡，迄无一字上达左右，良用歉疚。昨得五月下旬寄笺，并读大著，为令侄撰述汉阳殉难事实，闻一军人而守义不挠、甘死如饴若此。此学生中星凤，抑亦君家之良也。谨当撰次入拙记中，以燀扬之，俟脱稿录呈教正。③

---

① 王风丽整理《吴庆坻亲友手札》卷3，第75—76页。
② 中国社科院近代史所编、虞和平主编《近代史所藏清代名人稿抄本·第三辑八 劳乃宣档五》，大象出版社，2017，第144页。
③ 中国社科院近代史所编、虞和平主编《近代史所藏清代名人稿抄本·第三辑八 劳乃宣档五》，第146—147页。

为《殉难记》，不为殉难人

石翁处如通函，本为致怀，所查闽防诸义事，有消息否？……汪君辛亥三秀才诗大佳，可以传三君矣。然江南尚有高淳施秀才，是四秀才也。汪君盖不知其事。①

黄石孙兄函见，读之增感，谢总兵死事本末及其生平功绩，得友人寄示者颇多，拙记尚翔实，此豫人感谢公，愿为立石，以示来兹，文虽未甚工，要足见人心不死也。《赵秀才殉节记》中有畾人两截句，乃江阴人代为之，殊不可解，盖彼中人知弟采访颇殷，而刊印此记迫促，乃令我得挂名其间，方深附骥之幸，遂不复为赝鼎之辨。②

拙记仍随身，得暇从事修改，赵秀才死事有江阴人刊本，施秀才传略谨录上，公当为诗以表章之。石兄函已另复，敬叩道安。

施秀才传

君讳伟，字卓斋，江苏高淳县附生，年四十许，性朴讷，傲岸绝俗，不苟言笑，而乡里咸推重。兄仁，岁贡生，喜与闻地方新政，君心非之。宣统三年十月，金陵陷，君忧愤不食，逊位诏下，君闻之大恸。翌日，检所管田产簿籍，授其侄济宏，而自具衣冠拜家祠，出门投塘水死，塘去祠近，水仅及膝，家人驰救则已绝，衣裾犹未尽濡也。有自挽联大书祠壁云：有志竟成，此去便归安乐国；他生未卜，再来须待圣明时。其从容赴义如此。③

《辛亥殉难记》印成，早拟就正，以邮递不便，寄沪上交蔚若侍郎带呈。蔚公来书云，须此月杪方回岛上，印出后知舛漏尚多，正须补改，迩来精力不胜劳，姑留此以待海内同志匡谬耳。……小弟庆坻顿首。④

韧叟老兄先生有道：两奉手教并石荪兄函，《孙孝廉事略》敬

① 中国社科院近代史所编、虞和平主编《近代史所藏清代名人稿抄本·第三辑八 劳乃宣档五》，第147页。
② 中国社科院近代史所编、虞和平主编《近代史所藏清代名人稿抄本·第三辑八 劳乃宣档五》，第149—150页。
③ 中国社科院近代史所编、虞和平主编《近代史所藏清代名人稿抄本·第三辑八 劳乃宣档五》，第153—154页。
④ 中国社科院近代史所编、虞和平主编《近代史所藏清代名人稿抄本·第三辑八 劳乃宣档五》，第160页。

领到，已补入拙录矣。长沙简公事尤奇，所云烟霞洞不知在何地，既韬隐五六年乃卒，蹈东海以死，当别有感触也。在湘数载，未遇一简姓者，已驰函余尧衢，属为搜访，得其家世事实，乃可撰述，容后再行布陈。①

拙录《辛亥殉难记》先取目录及驻防各表印成，盖目录出后，当有同志为补其阙遗，而订其讹舛者，兹以寄呈，伏望察览。列传印出，再行就正。石荪是否仍在青州，或移居他处，则仍寄尊处转交，并示为本。此颂道安不尽，庆坻顿首。②

《辛亥殉难记》有传者约一百五十余人，若西安、江宁、京口、荆州、福州、杭州各驻防死难者尤多，托人采访，积成巨册，列表排印，先为公布，俾获章显。俟印成，当奉呈也。公家佩兰大令传草草撰成，久未录上，兹寄奉教正，不足称盛，愧悚愧悚。③

至杭人除贵氏父子等四人外，更无其人，盖和局成而全躯者多，至其后寒饿困踣以亡者，无可考矣。④

再看劳乃宣致吴庆坻函：

又检《殉难记》目录，见有杭州驻防协领贵林等四人。先疏忽未见，殊属鲁莽，但何以只此四人，此外职官、兵丁、家属等均未有表，是否皆获保全，祈示悉为幸。⑤

奉十三日手教，并《殉难记》目录，驻防各表，领悉。拙作蒙过奖，愧不克当，而真之一字则知己之谈也。既惭且感。倾否之占已见事实，而波澜叠起，未知究竟作何归宿，此则在乎天矣。而当事诸人之心，则皎然可对日月也。弟承一山诸人函电相招，而未

① 中国社科院近代史所编、虞和平主编《近代史所藏清代名人稿抄本·第三辑八 劳乃宣档五》，第166页。
② 中国社科院近代史所编、虞和平主编《近代史所藏清代名人稿抄本·第三辑八 劳乃宣档五》，第169页。
③ 中国社科院近代史所编、虞和平主编《近代史所藏清代名人稿抄本·第三辑八 劳乃宣档五》，第184—185页。
④ 中国社科院近代史所编、虞和平主编《近代史所藏清代名人稿抄本·第三辑八 劳乃宣档五》，第187页。
⑤ 王风丽整理《吴庆坻亲友手札》卷5，第115页。

克即行，报纸屡志弟之行踪，皆謽言也。吾乡近日情状若何，亟盼酌示一二。石孙尚在青州居中所营，未他往。尊件可径寄，或寄弟处转寄亦可。《目录》中有杭州草桥门更夫一传，必有可观，乞先录示一读为幸。又《驻防传》及《驻防表》，皆无杭州驻防、乍浦驻防，何以故，或浙省别有专编乎。祈示知为祷。①

前奉手复，并大撰敝族谦元传，领悉。附骥尾而传族党之光，感何可言。已寄其家中，备入家乘矣。驻防死难各表已印成否，深盼先睹。昨得黄石老函，有奉致一函，附以孙孝廉传略，寄上祈察入。弟近尚无恙，曲亦粗安，惟苦旱耳。时事蜩螗，匪夷所思，然鷾鸐所为正足足为渊丛之用，或者有曲终奏雅之望乎。②

前月廿八日，奉布一函，并黄石孙兄书，计登签掌。比想杖履安绥，至颂至仰。近者涞水毓清臣明经寄来简廉静蹈海殉节诗，弟以其可备尊著《殉难记》之材，询以简君事略，来函谓出于北京《群强报》，并寄示报纸，观报所载乃今年二月事，想大著必尚未载。兹将报纸裁下，并照录毓君之诗，一并寄呈，以备采择。惟报中所述尚不甚详明，简君为湘人，我公湘中必有知好，似可函托湘人再加采访，以期得其生平事迹，然后编纂，庶能详确。鄙见如此，尊意以为何如。脱稿时，尚祈录示为幸。③

前月奉手复，备聆壹是。族侄谦元死事前蒙撰入记中，俾附以传，感甚。承示江南尚有高淳施秀才，不知情节何如，尚祈示及。顷得黄石老青郡来函，有奉致一函，并关防殉难姓名一册，计九十余人，用特寄呈，即祈察入示复为幸。如有复石老函，请掷下转寄，或径寄亦可。石居青州中所营也。④

蔚若侍郎于岁暮返岛，带到见贻《辛亥殉难记》《殉难表》各六册，谨领谢谢。弟重来岛上，荏苒三秋，侘傺一无佳况，惟衰躯则转健于前，曾作一诗以自幸，录呈一粲。⑤

---

① 王风丽整理《吴庆坻亲友手札》卷5，第116页。
② 王风丽整理《吴庆坻亲友手札》卷5，第117页。
③ 王风丽整理《吴庆坻亲友手札》卷5，第117页。
④ 王风丽整理《吴庆坻亲友手札》卷5，第119页。
⑤ 王风丽整理《吴庆坻亲友手札》卷5，第119页。

癸丑岁，旧党诸人曾有所图，漏言被祸，有朱君死于是役。此间高君孟贤撰有墓志，录得一纸，并附述事迹，寄呈台览，似可收入大著，祈酌之。……弟宣顿首。①

前函所言在威海卫蹈海殉国之简姓湖南人，我公曾函询湘人访其本末，不知已得复否。②

《辛亥殉难记》前蒙见示目录，尚未出书，近友人有见之者，来函浼为物色，当已印出，如有存者，尚乞惠赐数册，是为至感。③

施秀才传读悉，人心不死，于此可见。赵秀才殉节纪刊本，昨由高云汀兄处得见之，并获读大作两绝句，甚佩。昨得黄石孙兄致吾兄一函，内有谢总兵殉难碑记，属转呈，兹寄上，即祈察收示复为幸。于此，布请道安，诸惟亮察。④

辛亥殉国诸传，尊著已成者若干人，敝族谦元一传，如已脱稿，乞录示以光家乘。幸甚。复石孙函早寄云矣。⑤

前在敝乡，奉手示并致黄石孙书，当复一函，计邀鉴及。比维起居无恙，至颂至仰。弟长至日由舍间启行，由吴门、金陵而返，于二十七日抵阙里，诸托顺平，衰躯尚不甚劳苦，足抒注存。黄函当即寄青，兹得其复书云，承索闽省殉难姓名，知公扶持纪纲伦理之心，至老弥笃，曷胜钦佩。已函嘱乃弟就近采访，到即寄上。嘱弟先与公言之，后再函达，用敢代陈左右，伏乞鉴察。我公所纂今已有若干人，或谓今日殉义不如明季之多，然乎否乎。手此，顺请著安，诸惟亮照。⑥

黄石孙太守寄来奉致一函，转呈祈察阅。函中《三秀才行》，足为大著资料。人心不死，即此可见。⑦

致黄石公书领到，容携至曲阜转寄青州不误。弟初九日由杭回

---

① 王风丽整理《吴庆坻亲友手札》卷5，第120页。
② 王风丽整理《吴庆坻亲友手札》卷5，第120页。
③ 王风丽整理《吴庆坻亲友手札》卷5，第121页。
④ 王风丽整理《吴庆坻亲友手札》卷5，第121页。
⑤ 王风丽整理《吴庆坻亲友手札》卷5，第121页。
⑥ 王风丽整理《吴庆坻亲友手札》卷5，第122页。
⑦ 王风丽整理《吴庆坻亲友手札》卷5，第122—123页。

桐，兹定于明日起身，此上苏州，略有句留，大约月内可抵阙里，俟到当再布达。此请道安。弟宣顿首。①

二月奉布寸缄，并呈黄石翁函，计蒙大鉴。久疏音敬，时切依驰。闻从者近又迁回沪上，伏惟起居安善为颂。弟近尚无恙，东省风鹤时惊，日来颇定，曲阜尚可苟安。世事之变，时流每抱希夷坠驴之望，窃谓楚则失矣，齐亦未为得也，必也有无是公出而赋天子之上林，庶有瘳乎，但恐不能冀耳。族侄谦元，辛亥殉难于汉阳，附呈家传一篇，伏乞察核，可否编入大著，俾附骥尾而传。倘蒙采录，祈录稿见示为幸。②

从吴、劳往来信札中，可以看到《殉难记》成书过程的细碎线索，吴庆坻拟定目录后，与劳乃宣往还商议，确定大纲，黄曾源是其中最主要的搜访人。吴庆坻在自序中说："蛰伏海上，闻见孤陋，沉埋湮郁，盖不知凡几矣。甄录言行或病疏漏，传闻异辞歧误间出，尚冀并世贤达增益而纠正之。"③ 辛亥后吴氏短暂留居沪上，越二年回到杭州学官巷老宅，直到 1924 年去世未再离开，《殉难记》初版成书在 1912 至 1916 年间，蛰居的遗民，基本上是依凭报章及友人传讯。许多小传文末，吴氏以"旧史氏曰"讲述对殉难史事的评论、感喟，以及友朋或书信或来访告知各地殉难史迹，助其厘定事实、增补缺漏。吴庆坻引欧阳修作《新五代史·死事传》"死者，人之所难"之语，自陈"伦纪方隳，薪拚焚溺，善善从长，春秋微旨，褒讥进退，以俟良史"，以"良史"之愿、之行而维世运人心，从《辛亥殉难记》的成书过程，我们可看到，这不是吴庆坻一人所为，亦非其一己之愿，是清遗民群体的众志与合力。

三 时人评价及清遗民的忠义书写

《辛亥殉难记》成书后，其传播，目力所及，几乎止于 20 世纪 30

① 王风丽整理《吴庆坻亲友手札》卷 5，第 123 页。
② 王风丽整理《吴庆坻亲友手札》卷 5，第 123 页。
③ 吴庆坻撰录、金梁增订《辛亥殉难记》，第 25—26 页。

年代，此后，这部书便基本上处于湮灭状况。可以分析到的 4 个版本的成书时段为 1916—1935 年，其间，也正是清遗民活跃的主要时段。辛亥革命之后的中国，共和为草成，制度与伦理皆在帝制解体后的淆乱阶段。五四新文化运动的激烈反孔氛围，使清遗民越发坚执地为儒学及其衍生的文化与价值议题奔走呼号。这便是其忠义书写的大致语境。之后，党治确立，又进入全面抗战，帝制与共和已不再是中国政治的核心议题，清遗民群体也大多老成凋零。他们的文化抱负渐渐从历史中消隐。

那么，这本书在 20 世纪 30 年代末之前，究竟传播程度如何，影响如何？

（一）友朋间传览

首先是清遗民群体间的传览。比如，汪兆镛 1921 年致吴庆坻函中提道："大著《辛亥记》已敬录数通矣，倘别有储藏能惠寄，尤感。"[①]他曾记吴庆坻其人其事，以及与之因搜访殉清死事而结下的情谊：

> 余有初未识而神交相契者，钱塘吴子修年丈庆坻，见余《辛亥三秀才行》一诗即拳拳通书，问讯往复者。再余年六十赠诗，有"清溪一曲水，照见百年心"之句（余有清溪渔隐图）。丈光绪十二年进士，官编修，视学湖南、四川，典试滇南，三十二年改官制，简授湖南提学使兼署提法使者一布政使者二，旋乞归，国变后侨居沪渎，蒐采殉难诸人事实，为《辛亥殉难记》一书，大义觥觥，海内体仰。此外有《杭州府志》一百七十余卷，《补松庐诗》六卷，诗文渊懿典雅，续修《浙江通志》未藏。甲子三月告终，春秋七十有七，病中口占一诗云"寂寞分无千载誉，蹉跎死已十年迟。平生师友王（先谦）梁（鼎芬）沈（曾植），又到相逢痛哭时"。辛亥后所为诗自署曰"悔余生"，殁后哲嗣绲斋侍读士鑑编为五卷刊行，吴兴刘承幹又为刊《蕉廊脞录》八卷，曰国闻、曰里

---

① 王风丽整理《吴庆坻亲友手札》卷 1，第 19 页。

乘、曰忠义、曰经籍、曰金石、曰书画，而以杂记附焉。①

汪、吴此前并无交集，辛亥后，因《辛亥三秀才行》一诗与正在搜访、编辑殉难史事的吴庆坻通书，问讯往复、惺惺相惜。

缪荃孙《乙未日记》中记，接吴子修片，告知其正在编纂辑录《辛亥殉难记》之事。② 刘承幹《求恕斋日记》亦记己未三月阅《辛亥殉难记》。③ 叶昌炽《缘督庐日记》丁巳年四月二十九日："稿未半而紫东自里门来，翰怡既出，共周旋，又同车访佩鹤相左，此稿不得不又阁笔。翰怡交《辛亥殉难表》一册、目一册，子修前辈自武林寄贻，即其所辑也。"④

《吴庆坻亲友手札》中，也零星可看到此书的传览，或来函索阅，或由吴氏寄书。如，金武祥："《殉难记》有续刻否，葵园先生续稿已否刊行，其传状尊处当已寄到，均祈示知。"⑤ 高时显："《殉难记》尚存共计二十册，钱处已送去，未知尚需致送何处，乞示知，当即遵送也。余书当设法带呈。……续目稿已付手民，照前式排比，一俟印就，即寄呈。"⑥ 刘廷琛："尊著《辛亥殉难录》杀青已竟，祈惠寄一部。"⑦ 吴郁生："昨拜赐书，并大著《辛亥殉难记》，已先在紫老处读过，此为近今极有关系之书，必传无疑。至佩至佩。同人当携归分致。玉帅在津，可移赠升吉老、尉牧师。"⑧ 陈伯陶："接诵《殉难记》及目录，遵即转致诸公。"⑨ 吴庆坻给友人周云⑩寄《辛亥殉难记》，并赋诗一首："乾坤方坱黙江海，独悲凉哀怨歌山。鬼空文慰国殇传，闻辞或异罪我

① 汪憬吾：《棕窗杂记》卷3，1943年刊本，第21页。

② 缪荃孙著，张廷银、朱玉麒主编《缪荃孙全集·日记》4，凤凰出版社，2014，第130页。

③ 刘承幹：《求恕斋日记》己未年（1919）三月初七日。

④ （清）叶昌炽撰《缘督庐日记抄16卷》卷16，丁巳年四月二十九日，民国上海蟬隐庐石印本，第69页。

⑤ 王凤丽整理《吴庆坻亲友手札》卷2，第34页。

⑥ 王凤丽整理《吴庆坻亲友手札》卷3，第64页。

⑦ 王凤丽整理《吴庆坻亲友手札》卷6，第140页。

⑧ 王凤丽整理《吴庆坻亲友手札》卷7，第179页。

⑨ 王凤丽整理《吴庆坻亲友手札》卷8，第205页。

⑩ 周云，字世臣，号折庵，山东东阿人，光绪壬辰进士，湖北候补道。

语。何伤微尚邀天鉴，□桥陵涕泗滂。"① 署云南沾益知州胡国瑞辛亥殉难，乡人将其所投之井命名为"胡公井"，胡国瑞的儿子胡庶华自柏林游学归来后，通过左孝同联络吴庆坻，请他在《胡公井图》上题字。左孝同致吴氏信：

> 有胡生庶华，为弥勒殉节胡国瑞之子，王湘绮为之井铭。庶华葬父后，德国留学十年，去岁毕业归。兹来海上，拟将其先人志节绩图表扬，求当代名人题咏。弟嘉其仁孝之忱，属何东彦为之图，将先生之传、湘绮之文装潢册端，即可流传。庶华意求先生赐以珠玉，并求将大传另纸录示，感且不朽。比告以先生老病初愈，不敢冒渎，然不能不为之上达。庶华入泮，本门下士，游学柏林，尚无习气，谅蒙嘉许。如以久阁笔墨，或令绚斋世兄代撰，亦无不佳。胡公图求同为篆额，"胡公井图"固不妥，"胡公殉节图"似亦未协，敢请吾师酌夺示知，不胜感佩。尊撰《殉节录》知有存者，求赐二三本，庶华欲求，并拟以一与龙绂慈②（芝生侍郎季子，为吾侄婿）。便中掷下为荷。③

这也是殉难故事的动人流转。

除了吴氏"亲友手札"中的亲密交际圈，活跃于 20 世纪 10—30 年代的清遗民，在著述中也时有提及吴庆坻及其殉难书写。刘声木在《苌楚斋续笔》"四学使名"中，写了湘潭罗正钧、钱塘吴庆坻、东莞张其淦、东莞陈伯陶四位在晚清任过提学的清遗民。此四人，都在逊清后做了许多搜访、书写忠义的事。关于吴庆坻，刘声木写道：

> 吴学使书，丙辰排印本，搜罗文武男女壹百伍拾余人，名数实与罗学使相埒。吴学使于宣统三年见国事日非，慨然引去，亦可云高举远识，急流勇退。予以糊口在湘，时聆教诲，每言及国事，辄

---

① 吴庆坻：《以〈辛亥殉难记〉寄世臣》，吴庆坻撰《悔余生诗》卷 5，1926 年刊本，第 2 页。
② 左宗棠孙女婿。左宗棠之子左孝勋四女左静宜之夫。
③ 王风丽整理《吴庆坻亲友手札》卷 10，第 256 页。

为《殉难记》，不为殉难人

悲天悯人，慨叹无已。古云视国事如家事者，吾于吴学使见之矣。东莞张豫泉学使其淦任安徽提学使，陈子励方伯伯陶任江宁提学使，行迹与罗、吴两学使相类，已见予《□笔》卷□，岂我朝末造，忠义文学之士，尽在提学使一职乎，亦天地正气所钟也。①

刘声木评价罗正钧《殉节录》与吴庆坻《殉难记》，有功名教，两书"并垂天壤，昭示日月"。于式枚在讨论清史稿体例时，提到了"浙中吴提学庆坻方纂《碧血录》，采访甚富，将来'忠义传'内辛亥不为无人。……奖忠之报，无愧于前明；守死之经，未沦于末世。自有历史'忠义传'之例在，不必特仿欧史，示微意、发孤愤矣"。② 于式枚所言之《碧血录》，即为《辛亥殉难记》。③ 这一方面说明了《辛亥殉难记》为《清史稿·忠义传》史源的可能性，另一方面，也足见此书当时在清遗民群体中的受重视程度。章钰为辛亥殉难于湖北的张曾畴书写墓志，也提到"予尝见录辛亥殉难者数家，而君名缺焉"，④ 可知，清遗民对于殉难事迹，多所关注，"录辛亥殉难者数家"，吴庆坻书无疑是其中流传最广、影响最大的。

---

① 《四学使名节》，（清）刘声木：《苌楚斋随笔、续笔、三笔、四笔、五笔》，第 793—794 页。

② 于式枚：《修史商例按语》，朱师辙：《清史述闻》，第 107 页。

③ 这一点，秦翠红在考论《清史稿·忠义传》史源时也注意到了。见秦翠红《〈清史稿·忠义传〉史源考》，《晓庄师范学院学报》2015 年第 3 期。

④ 全文如下："壬戌秋九月，无锡许君同莘手舅氏张太守殉难事状，乞表其墓。按状，君讳曾畴，早失母，父字之曰望屺，无锡人，生而好学，尤工书，由诸生入湖广总督张文襄幕府，勤于所职，廉介不苟，文襄倚重之，历保知府，捐升道员，加花翎二品顶戴。岁辛亥八月十九日，武昌变起，总督瑞澂弃省会不守，匿兵舰中。时君主办汉口火车货捐局，瑞澂索供应局存款为馨，局当车站冲炮火横，及员司星散，君念守空局无益，展转达上海，居两月，复返汉口，料简局中未了事，为民军所侦，复图东返，附轮抵黄石港，逻者复胁之还，易舟而西，乘不备投江死。时十月初六也。遗骸为黄州某镇乡民所瘗。乙卯十二月归葬邑之开原乡。同莘状君生平甚详，其要者如此，予尝见录辛亥殉国难者数家，而君未与其列，未知云何也。同莘诚恳笃至，有闻于时，痛舅氏死事而汲汲图所以章显之者，名节所在，谊无假借，是则君于地坼天崩之日以一死完大节，无可议也。予尝怪文襄竭国家之力创练新军，所求执干戈以卫社稷者，身殁未几，适得其反，且尝见文章气节风厉天下，门生故吏类负时望，巨变猝起，则光沉影寂，鲜有能自见者。君与新起民军半皆鄂中旧故，委蛇其间，或可苟免，而乃不胜其请，出于怀沙沉石之所为，是诚不欺其志，有烈丈夫风矣。最录大要，备录忠义者之蒐辑，且以塊夫世之受辱而不死者。"（章钰：《湖北补用知府无锡张君墓表》，汪兆镛：《碑传集三编》卷 31，台北：明文书局，1985，第 871—873 页）

(二)时人征引与评述

除了清遗民友朋间传览，这本书还有一些其他形式的流转。

1. 时人征引

刘锦藻撰（1862—1934）《清朝续文献通考》，有两处提及吴庆坻及《辛亥殉难记》。一处是"经籍志"，将此书列目，简单索引："《辛亥殉难记》五卷，吴庆坻撰，庆坻字子修，浙江钱塘人，光绪丙戌进士，官至湖南提学使。"① 一处是"群庙考"，抄录《右直省昭忠祠》一则："臣谨案辛亥之变，外省殉难者，颇不乏人，大员如闽浙总督松寿，署四川总督端方，山西巡抚陆钟琦，江西巡抚冯汝骙，云南布政使世增，福州将军朴寿，伊犁将军志锐，副都统恒龄、良弼，总兵王有宏、赵国贤等，谕旨虽均予优恤，而未及入祀昭忠，然大节无亏，足光史册。钱塘吴庆坻撰《辛亥殉难记》，文自疆臣逮佐贰，武自将帅逮偏裨，下至黉序之士，闺壼之媛，搜访得百九十二人，各系小传，其沈埋湮没者尚不知凡几也。"② 刘锦藻撰《清朝续文献通考》始于1894年，辛亥革命后在其子刘承幹支持下续写，至1921年完稿，共400卷。《清朝续文献通考》资料来源广泛，《会典》《东华录》《清实录》等是其基本史料，另外也大量引用了各种章疏、公文。③ 刘锦藻自云："嗣遭政变，南北转徙，常独居深念，以乙巳至辛亥，尚阙七年未能卒业，悆然难安，因更事补辑，中间避地青岛，寄迹大连，卷轴随身，昕夕订正，未尝或辍也。""博考旁搜，期于翔实。"④ 陆润庠为之作序："究心国故，穷年搜讨，可谓有决定之志，精进之心矣，更以贞固之道持之，博考详稽，裁决精审。"⑤ 可见，这也是典型的遗民著述，以梳理典章而整理国故。"殉难"与"忠义"，必定是其题中应有之义。

孙雄为金梁《瓜尔佳氏九忠四节三孝图》题词，也征引吴庆坻

---

① （清）刘锦藻：《清朝续文献通考》卷264，"经籍志"八，商务印书馆，1935—1937，考第10088页。

② （清）刘锦藻：《清朝续文献通考》卷167，"群庙考二·诸臣祠"，考第9183页。

③ 陈其泰：《中国史学史》第6卷，上海人民出版社，2006，第356页。

④ 《清朝续文献通考·自叙》。

⑤ 《清朝续文献通考·序》。

《辛亥殉难记》：

> 万劫不磨忠与孝，臣子大义日月光。苦节能贞圣所许，柏舟汎彼褒共姜。瓜尔佳氏称旧阀，绵绵瓜瓞蕃东方。南迁渐水族繁盛，笄钗簪绂同流芳。五忠四节与三孝，贤声更仆难具详。息园绳武辑合传，清芬骏烈劬挖扬。绘图征题蕴涕泪，我诵跋语神惨伤。伤哉辛亥海水沸，苞桑失系嗟其亡。天倾地坼龙战野，焘然中国纷蝍蜋。五伦解纽四维坠，回澜谁障鸿流狂。志（文贞师）端（忠敏公）松（忠节）朴（忠肃）吾师友，成仁尽瘁维人纲。西安殉义族万众，三千余人同自戕。君家文直有纪载，（伊公克坦言西安驻防多瓜尔佳氏同族，辛亥殉难者无数，拟辑瓜尔佳氏忠义录，未及成书而逝。辛亥岁各省驻防多殉难者，而以西安为最惨。吴子修前辈庆坻所辑《辛亥殉难录》，自尽者有四千余人）飘零遗著寻缣缃。董戒用威废成法，临文嗟叹长沙王（王葵园师为吴书作序云，咸丰初以粤匪陷鄂诛遁走之巡抚青麐，一时官吏懔然于王章之不可犯。辛亥岁，湖北新军之变，总督瑞澂弃城登舟，御史台环请拿问，摄政未允，由是长沙、江宁督抚相率遁走，徇一己之私情，废祖宗之成法，与自弃其国何异）。汉臣陆（文节文烈父子）谢（南阳镇总兵谢宝胜）史生色，文山正气垂星芒。一姓兴亡秦越视，蚍蜉撼树徒披猖。人禽几希判两戒，吾为此惧严提防。嘤鸣求友契针芥，开函金薤辉琳琅。读经思挽阳九厄，杜陵诗史何敢望（息侯赠我楹帖云，千秋在诗史，一代有经师）。务本篇与愿学录（二书均息侯所撰，其所为自序，见瓜圃丛刊序录），矢同枕葄刊表坊。寒家忠孝衍世泽，旧德名氏毋相忘（先本生高高祖潞安太守，公字讷夫，乾隆戊申岁从征巴勒布，总理军需局，己酉春间闻母邵太恭人讣，请奔丧，弗许，奏留军营，哀毁劳瘁卒。事迹见《常熟县志》。先考步青府君于光绪甲午七月客金陵，闻母杨太恭人讣，一恸而绝，宣统己酉旌表孝子）。①

---

① 孙雄：《瓜尔佳氏九忠四节三孝图题词（七古二十一韵，应金君息侯属）》，《旧京诗存》（下册），卷7，1931年刊本，第3页。

闵尔昌 1923 年编定的《碑传集补》，卷 34，"忠节四"，采自吴庆坻《辛亥殉难记》者，计有西安将军文瑞、西安左副都统承燕、西安右副都统克蒙额（《文将军传　承燕、克蒙额附》，卷 34，第 4—5 页），云南布政使世增（《世布政传》，卷 34，第 14—16 页），京口副都统载穆（《宗室载都统传》，卷 34，第 19—20 页），湖南镇箪中营游击杨让梨、从子陈其（《杨参将传　陈其附》，卷 34，第 22—23 页），四川总督端方、端锦、刘燧、赫成额（《端总督传　端锦、刘燧、赫成额附》，卷 34，第 24—26 页），署荆州副都统恒龄、参谋官德霈、恩沛（《恒都统传 德霈、恩沛附》，卷 34，第 26—28 页），驻藏左参赞罗长裿（《罗参赞传》，卷 34，第 29—30 页），伊犁将军志锐、巡捕官刘从德、教练官春勋（《志将军传 刘从德、春勋附》，卷 34，第 30—32 页），河南南阳镇总兵谢宝胜、姚霭云（《谢总兵传　姚霭云附》，卷 34，第 32—34 页），共 20 人。

与闵尔昌《碑传集补》差不多同时成书的汪兆镛《碑传集三编》卷 31，"忠节三"，其中，潮州镇总兵赵国贤传，便取自吴庆坻，汪氏在自叙中说，"期于光宣以来数十年政治之迁流、人才学术之隆替，可以考镜"，宗旨有四端：一曰订伪，二曰补遗，三曰参证，四曰续纂。补遗一端，便只举了赵国贤一例："总兵赵国贤辛亥殉节，已奉旨褒恤，予谥忠壮，见钱塘吴子修提学庆坻《辛亥殉难记》，忠义传未列，亦疏失矣"。①

镇洋人（今太仓）沈兰徵，辛亥后服毒自杀，1935 年，上海人严昌埁辑沈兰徵诗文，编《隐怡山房小咏》②，自陈"欲补《辛亥殉难记》所未及往者"。严昌埁因读到汪兆镛所作《辛亥三秀才行》，请钱振锽介绍，投书汪兆镛为此书求序："遂使名不出闾里之人，而硿硿节概得以表暴，嗣阅《清史稿》及《辛亥殉难记》，三秀才姓名赫然在列"，"公既为三秀才吐气，闻此必为兴起，行见清词正议，酣畅淋漓，不特沈节士从此与三秀才并传，实所以维名教于不敝也。"汪兆镛在为《隐怡山房小咏》所作序言中说："光绪、宣统间，政纪日梦，无可讳

---

①　汪兆镛：《碑传集三编·自叙》，台北：文海出版社，1930，第 1—4 页；《清汪微尚老人兆镛自订年谱》，台北：台湾商务印书馆，1980，第 57—59 页。

②　沈兰徵著、严昌埁编《隐怡山房小咏》，上海南市春华堂雕版式排印，线装一册。

言，实皆由险躁之徒，鼓其簧舌以煽惑当世，而其时人心风俗未若今日陷溺之甚也，使有贤公卿大夫攘斥而廓清之，若辈无所售其奸，然后整军经武，潜遏乱萌，何有祸变相寻迷而不返哉！乃欲止沸而复扬汤驯至势成燎原。"① 从沈兰徵到严昌堉，再由钱振锽至汪兆镛，殉清者与清遗民的殉难书写彼此接连；史事、人物及其文辞，串联起的是共和时代另面的文教坚持。书写者想要揭示的是历史不是静止的，对历史的重新唤起成为一种活着的当下。诗咏、著史，既是清遗民群体的日常，其心志表达，亦构成一种集体意识。

费只园编辑《清代三百年艳史》，1929 年由上海校经山房成记书局出版，② 费只园编辑此书，参考了大量时人著述："在下采取的书籍，在朝在野，或庄或谐，统计有百十种。"《辛亥殉难记》与《东华录》《熙朝新语》《贰臣传》《逆臣传》《碑传集》《碑传续集》《浙江革命史》《辛壬春秋》《汪穰卿随笔》《孽海花》《官场现形记》《湘绮楼日记》等一起，为其参考、采取。③

袁嘉谷《卧雪诗话》提及吴庆坻："仁和吴子修前辈庆坻，说经考史讲舆地，著书数十册，辛亥以还杜门息影，自写定六种，最关于世道人心者为《殉难记》一书，空山荒屋与渊明、皋羽同调。"④ 李肖聃《最近湘学小史》论罗正钧书辛亥殉难，"与浙人吴庆坻自修所为殉节录（吴书原名《碧血录》）互有异同，殉君之义，为旧史所誉重"。⑤《近数十年湘学叙录·湘人近著略目》讲"罗氏殉难之录，足匹补松（吴庆坻——引者注）之书"。⑥《近数十年湘学叙录·苏郎中遗集叙》论苏舆《辛亥溅泪集》，将之于罗、吴二书放在亡清后的忠义叙事中比对："又得《溅泪集》若干卷，中伤童昏之丧国，斥神奸之乱贞，见哀郢之孤忠，流悲音于心史，较之劬庵殉难之录，补松碧血之编，负痛尤

---

① 薛冰：《古稀集》，海豚出版社，2017，第 276—278 页。
② 费只园编辑、许月旦评点《清代三百年艳史》（下），校经山房成记书局，1929，第 136—137 页。
③ 魏绍昌主编《民国通俗小说书目资料汇编》，上海书店出版社，2014，第 1356 页。
④ 袁嘉谷：《卧雪诗话（卷五至卷八）》，崇文印书馆，1924，第 10 页。
⑤ 熊希龄编《湖南大公报十期纪念册》，"专著一"，大公报馆，1925，第 92 页。
⑥《湖南大公报二十周年纪念刊》，1935，第 17 页。

深，伤心独至。"①1943 年，萧一山编著《清代学者著述表》，亦将吴庆坻列入："吴庆坻，字子修，一字敬彊，浙江钱塘，生清道光二十八年戊申（1848），卒民国十三年甲子（1924），年七十七。《蕉廊脞录》八卷，《辛亥殉难记》八卷，《补松庐文录》八卷，《诗录》六卷，《悔余生诗》五卷，《吴氏一家诗录》十卷。"②

吴庆坻的殉难书写，还引发了很特别的"行动式"续写。镇海招宝山北坡立有一《薛山人蕊书书剑冢碑》：

> 余尝闻山人有至性，国变后都郁不自得。一日，见吴自修所纂《辛亥殉难记》……如获至宝，以为生平知己在是焉，为哭至失声。旋拔剑起，怒发上冲，斫其几上纸而散乱于地下者，家人拾而观之，则为明季马、阮诸人也。……抚山人之意，以为年巳及暮，旦夕即为山中之鬼，身后当与诸忠节辈聚首谈心，不然，变化为魑魅，与诸罔义贪暴者一试验其技也。③

名为薛山人者，晚清并未入仕，现存的清代文献、现代文献也很难查到此人踪迹，一个典型的"一般社会"。他在辛亥后读到《辛亥殉难记》，引此千余名殉清者为生平知己，为之恸哭，并为他们立牌祭奠。1924 年冬，他在招宝山麓筑了"书剑墓"，请朋友蒯森撰写碑记，墓中埋葬的是一把剑和《辛亥殉难记》，意欲死后与这些尽忠者作伴。薛山人守着这个书剑冢，直至 1931 年去世。④

比起这个"一般社会"，梁鼎芬的焚书更具象征意义。梁鼎芬崇陵植树是我们熟知的遗民故事，这中间，他还有一项别具况味的仪式表达。吴庆坻给周云《以〈辛亥殉难记〉寄世臣》诗后附注："梁节庵师傅，今年祭崇陵，具疏呈此书，并焚于陵下。"此事徐珂在《康居笔记汇函》中也有记载："吴子修年丈庆坻，曾督学湖南，继改湖南提学

---

① 《湖南大公报二十周年纪念刊》，第 14—15 页。
② 萧一山编著《清代学者著述表》，国立编译馆，1943，第 254 页。
③ 《薛山人蕊书书剑冢碑》，黄文杰：《悦·读宁波》，宁波出版社，2011，第 308 页。
④ 《遗老的愤懑——薛山人和他的"冢"》，陈兵编著、宁波市镇海区地方志编纂委员会编《蛟川闻知录》，宁波出版社，2016，第 126—128 页。

使。宣统辛亥夏乞归，国变以还，隐居不出，纂《辛亥殉难记》。梁文忠公鼎芬祭崇陵时，具疏代呈，并焚此书于陵下。"① 祭书于皇陵，这是吴庆坻完成殉难史事辑录后，遗民群体继之而行的"仪式性"续写。经由"殉难"的行动（清遗民对殉难行动的历史书写，清遗民对殉难者的记忆、崇祷，以及林林总总的仪式表达），这些互不相识、并无关联的遗人，连成一线，连带他们的亡国之恸、黍离之悲一并获得了疏解。

2. 方志

民初新修方志，有许多是由清遗民在组织或参与，便有对《辛亥殉难记》的征引。

1920 年《（民国）香山县志续编》，卷 10 "宦迹"张德润传："张德润，南雄人，候补千总，为香山县巡防营管带官。辛亥九月，革军入县城，德润守南门，力战援绝，被执，骂不绝口，遂被害，投尸江中（《辛亥殉难记》）。"② 卷 11 "列传"李泽深传："同时有李泽深者，字郇雨，邑诸生（《辛亥殉难记》），世居麻洲乡，少从邑人林谦游，性孝友，事嫡母寡嫂尽礼，视孤侄群从有恩，率乡族以义，尝倡筑石铭山馆及增拓斗南楼遗址辟园读书其中（李赞宸撰传略略）。居城南，教授生徒，以小学近思录为日课，辛亥九月闻变，闭户绝粒，五日死，年七十有三，临难时手书'清处士李郇雨墓'七字授其子，俾刊墓碣云（《辛亥殉难记》）。"③ 两传均直接引自《辛亥殉难记》。

1931 年重印本《（宣统）番禺县续志》记广州将军凤山死事："旨凤山甫经到粤，猝遭惨害，深堪悯恻，着加恩予谥，追赠太子少保衔，照将军阵亡例从优赐恤寻旨予谥勤节（据吴庆坻《辛亥殉难记》）。"④

1948 年《新纂云南通志》，卷 187 "名宦传十·忠烈二"，涉及辛亥殉难官绅 10 人，除张嘉钰（第 19—20 页）一人录自《施汝钦腾越

---

① 吴庆坻撰《悔余生诗》卷 5，第 2 页；徐珂：《康居笔记汇函》（1），山西古籍出版社，1997，第 139 页。

② 厉式金修，汪文炳、张丕基纂《（民国）香山县志续编》卷 10，"宦迹"，1920 年刊本，第 3 页。

③ 厉式金修，汪文炳、张丕基纂《（民国）香山县志续编》卷 11，"列传"，第 42 页。

④ 梁鼎芬修，丁仁长纂《（宣统）番禺县续志》卷 42，"前事"，1931 年重印本，第 20 页。

镇张公殉难事略》外，其余 9 人：钟麟同（第 20 页）、世增（第 20—22 页）、王振畿（第 22 页）、范钟岳（第 22 页）、孔繁琴（第 22 页）、毛汝霖（第 22—23 页）、石家铭（第 23—24 页）、琦璘（第 24—25 页）、胡国瑞（第 25 页），均录自吴庆坻《辛亥殉难记》。[1] 张舜琴传，虽非直接录自吴书，但也注明了参考《清史稿》、吴庆坻《辛亥殉难记》及袁嘉穀撰墓表。[2] 而袁嘉穀所纂修的民国《石屏县志》艺文附录十二"张教授传"，就是直接录自《辛亥殉难记》："《张教授传》提学使吴庆墀（坻字通假——引者注），浙江人。君讳舜琴，字竹轩，云南石屏州人，光绪二年举人，四应礼部，试不得志，选昆明县学训导，调太和，擢顺宁府学教授，学使叶尔恺调充学务议绅兼会计课课长，省城乱作，君大恸曰，际此乱世，吾辈又何生为，遂仰药死。……谨案，右文由《辛亥殉难记》录出。"[3]

3. 报刊

报刊上对吴庆坻、《辛亥殉难记》及其搜访殉难的评议，略举几条。

《盛京时报》艺文专刊《神皋杂俎》，1916 至 1945 年由满族作家穆儒丐主编。自 1924 年 1 月 12 日起，至 5 月 25 日止，几乎每日不断，在《神皋杂俎·史传》栏连载 91 期，刊载了金梁增订版的《辛亥殉难记》序跋、卷首上谕、文职、武职、驻防、列女等卷除表册外的大部分内容。

1924 年吴庆坻在杭州去世，《大公报》登载挽诗：

易世沧田事漫论，故家乔木两犹存。王融褉后无旬日，元礼风规旧及门。父执几人今见在，江春千里黯招魂。瞿闻然中夜披衣起，知有平生未报恩。瓜葛山来托谢家，鹿车苦忆上京华。文章麟角知难遇，礼教牛心愧有加。闲访邮亭诗句在，同游隋寺塔痕斜。无因祠馆春如昔，迟日深阴正落花。身世沈吟杜拾遗，汉貂七叶不

---

① 周钟岳：《新纂云南通志》卷 187，1948 年刊本，第 19—25 页。
② 周钟岳：《新纂云南通志》卷 202，1948 年刊本，第 17—18 页。
③ 袁嘉穀纂修民国《石屏县志》卷 31，"艺文附录十二"，1937 年铅印本，第 31—32 页。

为《殉难记》，不为殉难人

胜悲。畏吾部落风须易，延阁平章晷更移。长繻积薪程效少，徐生求药报归迟。临江著述分明在，不是承平吊屈辞。阆风临晼越王城，从此蒲车罢北征。早失慈云悲独夜，晚逢禅诏百无生。乡邦文献从蒐辑，碧血山毛有重轻。留滞周南何眷念，先朝功德要章明。前岁双鱼寄郄回，度人经字玉缄开。右军季女前方嫁，郎署诸孙宦有才。词翰谬称陈孟牍，经方常覆季鹰杯。传闻葬地经营久，瞻拜何年释其哀。①

"碧血山毛有重轻"便是述其搜访殉难史事，章明先朝功德。

1925 年《顺天时报》刊载江宁驻防旗人吴兆璜的《读〈辛亥殉难记〉》，分上下两篇：

　　呜呼！见危授命，慷慨就义，固皆豪烈之士，若夫匹夫匹妇，居穷乡陋壤，不谙诗书，逞血气之忿，奋发而不能自已，仓卒间舍身，以遂其志，一瞑不顾，亦诚可痛矣。辛亥之变，一二青年，揭竿号呼，非有雄兵利器，深谋远虑，乃疆吏相率遁走，浃旬间土崩鱼烂，卒致逊位，有史以来，变迁之速，未有若是之甚也。吴君自修纂《辛亥殉难记》四卷，长沙王益吾先生为之序，癸亥冬，金君息侯增集刊行。盖是役，文武官吏死者一百五十余人，处士驻防死者数百人，幸者见于斯录矣，其它饮恨以终，志不得伸，名不得扬，不可胜纪也。②

　　自古智愚分席而居，智者使唤，愚者使于人，智者辅愚之不足，愚者庇于智者而立，夷焉不惊，秩焉不乱，无战斗争夺，无侵暴凌虐，乃有人焉。齐智愚无大小，合万物而一之，凌替淆杂，无复伦次，人孰无心，谁不厌乱。苟有人焉，舍身以济天下，奋袂攘臂，号于众曰，望治者从我，谁不从之。逞一人之欲，毒亿万之众，举唐虞三代之所遗而大弁之，逡巡姑息，互相取利，呜呼！势伏未发，拱手默坐，固可谓天下无患也。乃其既发，川决江溃，不

---

① 翼堂：《挽吴子修姻叔》，《大公报》1924 年 5 月 21 日，第 7 版。
② 秣陵吴兆璜：《读〈辛亥殉难记〉》（上），《顺天时报》1925 年 1 月 31 日，第 5 版。

可收拾，使弱肉强食，相剪伐而不已，幸耳制于它人，奴隶僇辱，且将泯然，同归于尽，虽欲求足衣食，苟全性命，顾可得乎！辛亥距今十余年，俗异势殊，旷焉若隔离百世，而不相及也。悲夫。①

吴兆璜也是吴庆坻辑佚殉难史事的主要搜访人之一，现存的材料里找不到更多与此相关的具体史实，但从《读〈辛亥殉难记〉》一文，能看到清遗民群体表彰殉难的初衷：在一个俗异势殊、川决江溃、弱肉强食的时代，寻找超越政争、党争、具体人事纷争的固定价值。

1935 年《晶报》发表《书〈辛亥殉难记〉后》一文：

> 昨承金息侯先生梁惠贻《辛亥殉难记》及《瓜圃丛刊正续叙录》，受而读之竟，慨然曰：辛亥为吾国五千年来一变嬗之会也，此自有青史在，毋烦更喋喋。特是年忠清捐躯者，虽盛不若前明，而其个性所存，固亦无戾于共和而足震乎顽儒。曩者一代鼎革，每矜奖胜朝死节，亦以隆于彼而励于此耳，政体纵异，中山先生之倡忠实，岂二致哉！然则殉职辛亥者，彼时诚大违时务，今一回首，又安可听其草木同腐而不一纪录乎。是吴子修、金息侯两先生之纂记，亦不可少也已。②

如作者所言，殉清者在彼时"大违时务"，与共和大义颉颃；然时移世易，共和已成，"死节"所表征的"个性"，则"无戾于共和而足震乎顽儒"。

1936 年《船山学报》载《何秀才承鑫辛亥殉难传》：

> 吴自修提学记辛亥殉难百五十余人，其中湘人则黄总兵忠皓、罗参赞长裿、杨参将让梨、石知府家铭、胡同知国瑞、骆吏目纶、黄哨长新与何秀才承鑫，凡八。自总兵以下至哨长，皆有职守。胡同知既解任，犹从容就义，其心盖甚尊朝廷之命官，独秀才幕客

---

① 秣陵吴兆璜：《读〈辛亥殉难记〉》（下），《顺天时报》1925 年 2 月 1 日，第 5 版。本文亦刊载于《大公报》1925 年 2 月 11 日，第 7 版。

② 迦公：《书〈辛亥殉难记〉后》，《晶报》1935 年 7 月 12 日，第 2 版。

也。吾友左彤轩大令，尝佐湘潭秦提督炳直，治军惠州，为余述魏巡检道秀才死事甚具。辛亥革命军起，所在溃变，惠军亦摇动，秀才见势危迫，入谒提督曰：公以举人起家，累官至专阃，朝廷眷注优渥，至事无可为，宜有以自处。承鑫久随公，公弟畜我，今日公死国，承鑫死友。提督大感动，相对跪泣，秀才退自经，而提督为家人挟持不得间隙尽命。是时署中惊乱，仆役窜散，庖厕空无一人，秀才死逾二日，始得敛。提督今流寓海上也。秀才与提督同里贯，初名兀毲，后改今名，字性存，好读宋五子书，既补诸生，益务博涉经史，尤邃《周易》、《戴记》、许氏《说文》、司马氏《通鉴》。始遨游湖湘诸郡县间，无所遇，乃走依秦广东，秦进以教其子，声气翕合，谢滌泉户部言秀才祖某，咸丰间骂贼死，彤轩则尝推提督命宫，自前所历皆奇中，入某限度，当予谥建祠。考其时，适当辛亥，其意与秀才同。黄哨长亦提督县人，提督甚信任，事既急，又讹传主帅死，乃愤自戕，于是秦提督军中同时得两烈士。黄梨洲之言曰：陈纯德俘戮也，而荣以甲辰之死；丁乾学牖死也，而入之逆阉之难，夫私家纪录浮滥，史氏据之无所抉择，遂使无实之名冒渎风教，君子盖深恶之。提学之纪殉难诸人也，拳然于风化之关，其用心至厚。陈继训为余言，陆光熙自日本归，方劝其父以疆圻应时变，其父不许，会事迫尽命，然则光熙实非殉国者，梨洲所称陈纯德、丁乾学之类，盖多也。[①]

作者提取《辛亥殉难记》中的湘籍士绅，并盛赞吴庆坻之纪殉难诸人，"拳然于风化之关，其用心至厚"。

1937年《南报》中《辛亥殉难者》一文，介绍《辛亥殉难记》的大致内容：

> 《辛亥殉难记》者，嘉兴吴自修提学搜访是年殉难文武一百五十余人为之传记，以备史官之采摭者也。其中得清廷予谥者十三

---

① 黄兆枚：《何秀才承鑫辛亥殉难传》，《船山学报》第11期，1936年，"文苑 文录"，第8—10页。

人，即广州将军凤山予谥勤节，山西巡抚陆钟琦予谥文烈，其子翰林院侍讲陆光熙予谥文节，江西巡抚冯汝骙予谥忠悫，闽浙总督松寿予谥忠节，广州潮州镇总兵赵国贤予谥忠壮，署四川总督端方予谥敏忠，其弟河南候补知府端锦予谥忠惠，荆州副都统恒龄予谥壮节，伊犁将军志锐予谥忠壮，福州将军朴寿予谥忠肃，调补甘肃布政使唤云南布政使世增予谥忠悫。①

1945 年《文史月刊》中《谭良赉臣及其他》一文，直接采录《辛亥殉难记》，述良弼之死：

> 钱塘吴庆坻（子修）、满洲金梁（息侯）撰《辛亥殉难记》，记良死事情形云"辛亥八月，武昌举义，各行省响应，朝论纷呶，大局岌岌。十二月八日，日加午，有自称崇恭者，造良宅投刺求见。良方乘车自外归，及门，遽掷炸弹，伤左股，血如注，治之不效，遂卒。则刺客亦负重伤，立毙。搜其怀，得名刺，则四川人彭家珍也"云云。又云："宣统初，以天潢贵胄典兵事，顾真娴韬略者，惟良氏一人而已。忌者多，故一说良伤股，断其一股，本可不死。乃三日后，主治医某忽以酒和药进，良饮之，遽绝。盖实有主使之者。……"果尔，则良终不得免耳。②

报刊所载，还有书籍广告一类，如刊于《申报》的"金息侯书目"，也包含《辛亥殉难记》条目。③

4. 书目及馆藏

在民国时期各类公私藏书目录中亦有著录。

私藏，诸如刘声木《苌楚斋书目》（1929 年）："《辛亥殉难记》5 卷各省驻防殉难表 1 卷，吴庆坻，浙江排印本。"④ 章钰《章氏四当斋

---

① 楚青：《辛亥殉难者》，《南报》1937 年 6 月 15 日，第 2 版。
② 听禅：《谭良赉臣及其他》，《文史月刊》第 3 期，1945 年 7 月，第 14 页。
③ "《辛亥殉难记》，一元二角。"《申报》1936 年 2 月 14 日，第 1 版。
④ 庐江刘氏：《苌楚斋书目》卷 4，1929 年刊本，第 19 页。

藏书目》卷下之二，寅类，史部，传记类："《辛亥殉难记》六卷，卷首一卷，辛亥驻防殉难职官兵丁表一卷，清海盐吴［子］修撰，民国十二年重排印本，一册。"[1] 其他零星所见私人藏书记载，如石继昌《春明旧事》中记蒙古族学者奉宽先生，姓博尔济吉特氏，字仲严，别署小莲池居士，室名汉严卯斋，蒙古族人，清末任职海军部，"先生旧藏《辛亥殉难记》一册，封面题字一行：'此为民国十年长白果涣重印增补六卷附表之足本。'"[2]

20 世纪 30 年代各类小书铺、小书商的售书广告册，发往各地，为外地购书者提供目录简章，[3] 也多有见到此书遗迹。比如，很著名的孙殿起《贩书偶记》（1936 年），卷 6，"传记类" 就有此书索引："《辛亥殉难记》六卷，首一卷，附职官兵丁表三卷，吴自修撰，长白果涣补，民国辛酉铅字排印本。"[4] 再略举几条其他书铺的邮购目录如下。

《大公报代售书籍》1935 年，《辛亥殉难记》，金息侯辑，1 元。[5]

《杭州复初斋书局拍卖部书目》1935 年第 3 期，第 3651 条，《辛亥殉难表》，白纸排印大本，1 册，实洋 4 角。[6]

《文奎堂[7]书目》1933 年 6 月上册，史部，传记类，《辛亥殉难记》六卷，吴子修，铅印，洋纸 1 本，6 角。[8] 1933 年 6 月下册，《辛亥殉难

---

① 章钰：《章氏四当斋藏书目》卷下之二，燕京大学图书馆，1938，第 12 页。

② 《元裔学者奉仲严》，石继昌：《春明旧事》，北京出版社，1996，第 19 页。

③ 举一则外埠通信购书的途径和规则：遂雅斋书店所编《外埠通信购书简章》：（一）本店各种书籍均照定价出售，不折不扣；（二）凡采购书籍者，请将书名或号头注明，及书价径寄，本店收到当即寄奉；（三）国内寄费约书每八册二角三分，多还少补；（四）款项可由邮局银行汇下，邮局不通之处，可用二角以内邮票代价，唯污损及不能揭开者概不收用，须固封挂号以免遗失；（五）本店寄出各件均以邮局收据为凭，倘中途有意外损失，恕不负责，购书人于发信两个月后未得本店回件者，请速来函以便查究；（六）本店各种书籍当有同名而板本及印工不同者，故定价不一，若只存一部者，数主函购即以函款先到者为准，倘顾主将书收到不合意，可以退回另换他书，但往返寄费须顾客担任；（七）来函购书或询问，无论初二次均须将姓名及住址缮写明白，以免错误；（八）索本斋书目者，请附邮票一角，即行寄呈。（遂雅斋书店编《遂雅斋书目》，1937，第 2 页）

④ 孙殿起：《贩书偶记》卷 6，"传记类"，1936，第 121 页。

⑤ 《大公报》1935 年 3 月 5 日，第 11 版。

⑥ 顾立章编《杭州复初斋书局拍卖部书目》1935 年第 3 期，复初斋书局，1935，第 262 页。

⑦ 北京隆福寺街。

⑧ 文奎堂书庄编《文奎堂书目》1933 年 6 月上册，文奎堂书庄，1933，第 44 页。

记》6卷，吴子修，铅印，洋纸1本，6角。① 1934年5月上册，《辛亥殉难记》六卷，吴子修，铅印，洋纸1本，6角。② 1938年第11续编，《辛亥殉难记》金梁，铅印，洋纸1本，1元2角。③

《来青阁书目》1936年第6期，第805条，《辛亥殉难记》6卷，西安驻防殉难职官兵丁表1卷，江宁驻防殉难官兵表1卷，王先谦重编，光纸，铅印，2本，1元，即宣统亡国史。④

《德友堂⑤书籍目》1936年，史部，传记类，第812条，《辛亥殉难记》5卷，吴子修记，铅印本1册，1元。⑥

《文芸阁书目》1937年第3期，史部，纪事本末类，第857条，《辛亥殉难记》，虎林旧史著，排印，洋纸1册，2元。⑦ 1937年第3期，史部，杂史类，第999条，《辛亥殉难记》，吴子修撰录、金息侯增订，铅印，新闻纸1册，实1元2角。⑧

《三友堂⑨书目》1934年第1期，史部，传记类，《辛亥殉难记》5卷，宣铅印，洋装1本，8角。⑩ 1936年第2期，史部，传记类，第621条，《辛亥各省驻防殉难表》，铅印，白纸1本，8角。⑪ 1936年第2期，补目，第2989条，《辛亥殉难记六卷附职官兵丁表》，金梁撰，铅印，光纸1本，8角。⑫ 1937年第3期，史部，传记类，第631条，《辛亥驻防殉难表》4卷，铅印，竹纸1本，8角。⑬ 1937年第3期，史部，传记类，第632条，《辛亥殉难记》5卷，首1卷，吴子修撰，铅印，竹纸1本，1元。⑭

① 文奎堂书庄编《文奎堂书目》1933年6月下册，文奎堂书庄，1933，第88页。
② 文奎堂书庄编《文奎堂书目》1934年5月上册，第58页。
③ 文奎堂书庄编《文奎堂书目》文奎堂书庄，1938，第104页。
④ 来青阁书店编《来青阁书目》1936年第6期，来青阁书店，1936，第32页。
⑤ 北平南新华街。
⑥ 德友堂书店编《德友堂书籍目》德友堂书店，1936，第31页。
⑦ 文芸阁书店编《文芸阁书目》1937年第3期，文芸阁书店，1937，第69页。
⑧ 文芸阁书店编《文芸阁书目》1937年第3期，第80页。
⑨ 北平隆福寺街路南。
⑩ 三友堂书店编《三友堂书目》1934年第1期，三友堂书店，1934，第29页。
⑪ 三友堂书店编《三友堂书目》1936年第2期，三友堂书店，1936，第23页。
⑫ 三友堂书店编《三友堂书目》1936年第2期，第110页。
⑬ 三友堂书店编《三友堂书目》1937年第3期，三友堂书店，1937，第51页。
⑭ 三友堂书店编《三友堂书目》1937年第3期，第51页。

《宏远堂书目》1937 年，史部，纪事本末类，第 857 条，《辛亥殉难记》，虎林旧史著，排印，洋纸 1 册，2 元。① 1937 年，史部，杂史类，第 999 条，《辛亥殉难记》，吴子修撰录、金息侯增订，铅印，新闻纸 1 册，实 1 元 2 角。②

《中国书店新旧书目》1935 年，第 806 条，《辛亥殉难记》四卷，附殉难表，铅印，2 本，1 元 6 角。③

《文殿阁新旧书目》1936 年第 2 期，史部古书类，《辛亥殉难记》六卷，吴子修，铅印，洋纸 2 册，银 1 元。④ 1939 年，补遗，《辛亥殉难记》六卷，吴子修，铅印，洋纸 2 册，1 元。⑤

《作家书社目录》，1935 年，考古学，本国史，《辛亥殉难记》，吴子修撰录，纸面 4 开本，1 册。《辛亥殉难记》初刊于丙辰，重印于辛酉，金息侯氏复校刻于癸亥，并征补遗漏；今复检丛残，又得江宁等处旧存访册，重加增订，卷次记表，略有校改，先后序跋，仍附卷后。⑥

《遂雅斋书目》1937 年，史部，传记类，《辛亥殉难记》5 卷，吴子修撰，近排印本，光纸 2 册，1 元。⑦

书铺之外，还有各图书馆，也能看到此书的一些馆藏信息：

1929 年《湖南省立中山图书馆图书分类目录》，史地卷 3，传记，《辛亥殉难记》5 卷，吴子修，2 本。⑧

1930 年国立中央研究院文书处编《国立中央研究院十九年度总报告》，"收受刊物"一条："本馆设有图书室，收集书册以资参考，历年以来，各方寄赠书籍杂志等刊物颇夥，均随时编目庋藏。本年度收到者，有河北第一博物院出版《簠室殷契类纂》，北平古物陈列所《宝蕴月刊》第二辑、《中国营造学社汇刊》，《遐庵汇稿》办事处赠《遐庵汇稿》，徐中舒先生赠《丁星南演炮图说》，关霍初先生赠《元大都宫苑

---

① 宏远堂书店编《宏远堂书目》宏远堂书店，1937，第 69 页。
② 宏远堂书店编《宏远堂书目》，第 80 页。
③ 中国书店编《中国书店新旧书目》，中国书店，1935，第 22 页。
④ 文殿阁书庄编《文殿阁新旧书目》1936 年第 2 期，文殿阁书庄，1936，第 11 页。
⑤ 文殿阁书庄编《文殿阁新旧书目》1939 年第 5 期，文殿阁书庄，1939，第 191 页。
⑥ 作家书社编《作者书社目录》，作家书社，1935，第 240 页。
⑦ 遂雅斋书店编《遂雅斋书目》，遂雅斋书店，1937，第 146 页。
⑧ 《湖南省立中山图书馆图书分类目录》史地卷三，传记，1929，第 45 页。

图考》《丝乡笔记》《关氏故宝》《女红传征略》《红楼梦抉微》，赵荆波先生赠《辛亥殉难记》等。其余书报杂志名目繁多，兹不多赘。"①

1930年《辅仁大学图书馆暂编书目》，史部，杂史类，《辛亥殉难记》6卷，1册，民国吴子修，活字本。②

1931年大同大学图书馆编《民国二十年中文图书目录》，史志类，《辛亥殉难记》，吴子修辑，1册，徐新六先生赠。③

1935年《国立中山大学图书馆中文古书分类目录》，《辛亥殉难记》，吴子修，民国间印本，4卷，1册。④

1936年邓衍林编《中文参考书举要》，传记，分代传记，《辛亥殉难记》5卷，吴子修撰，铅印本，1册。⑤

1937年国学图书馆编《江苏省立国学图书馆第十年刊》，《辛亥殉难记》6卷，卷首1卷，辛亥驻防殉难表1卷，2册，清吴子修撰。⑥

还有20世纪20年代、30年代，日本人在华搜集的汉籍，如，1926年松崎柔甫在《辽东诗坛》发表的《著述介绍》："《辛亥殉难记》一册，金梁编，第一革命の際に戦死したり殺されたりした官吏其他の人夕の小傳に當時の狀態な概述してある。"⑦

1933年南满洲铁道株式会社大连图书馆编《南满洲铁道株式会社大连图书馆和汉图书分类目录》，《辛亥殉难记》，（清）金梁，6卷，附西安驻防殉难职官兵丁表。⑧

1933年柿沼介编《和汉图书分类目录》，《辛亥殉难记》，（清）金梁，6卷，附西安驻防殉难职官兵丁表。⑨

① 国立中央研究院文书处编《国立中央研究院十九年度总报告》，国立中央研究院总办事处，1930，第333页。
② 北平辅仁大学图书馆编《辅仁大学图书馆暂编书目》，史部，杂史类，北平辅仁大学图书馆，1930，第54页。
③ 大同大学图书馆编《民国二十年中文图书目录》，史志类，大同大学图书馆，1931，第201页。
④ 梁格编、谢明章校阅《国立中山大学图书馆中文古书分类目录》，国立中山大学图书馆编目部，1935，第522页。
⑤ 邓衍林编《中文参考书举要》，商务印书馆，1936，第75页。
⑥ 国学图书馆编《江苏省立国学图书馆第十年刊》，江苏省立国学图书馆，1937，第4页。
⑦ 〔日〕松崎柔甫：《著述介绍》，《辽东诗坛》第13期，1926年，第37页。
⑧ 南满洲铁道株式会社大连图书馆编《南满洲铁道株式会社大连图书馆和汉图书分类目录》（第4编），"传记"，南满洲铁道株式会社大连图书馆，1933，第146页。
⑨ 柿沼介编《和汉图书分类目录》，满洲文化协会，1933，第146页。

1934 年东方文化学院京都研究所编《东方文化学院京都研究所汉籍简目》：《辛亥殉难记》5 卷，首 1 卷，清金梁撰，民国 5 年序，排印本，吉田瀚次郎捐。[1]

1938 年京都帝国大学文学部研究室编《京都帝国大学汉籍目录史部第二》，传记类，杂传之属，《辛亥殉难记》6 卷，首 1 卷，西安驻防殉难官兵丁表 1 卷，清吴子修撰，丙辰年满洲金梁重排印本。[2]

（三）清遗民的忠义书写

修胜朝历史，向来是遗民怀念故国的重要方式。[3] 吴庆坻、罗正钧撰修辛亥殉难，以"碧血"剖其"丹心"。更多的清遗民用比书写殉难更广阔的方式和议题表达"忠义不可没"。

在民初，清史馆的设立及大量被征召任编修的清遗民，便被视为"借以酬报故国，诛奸发潜"的良机。柯劭忞说，国亡后无所自荩，"修故史即以恩故国，其职也"。金兆丰、张尔田等入民国后屡屡拒绝地方官的聘请，但对修纂清史一事，一经征召即毅然受聘。

而对于那些反对民国史馆、对袁世凯抱持敌意的清遗民，私家著述则是其更普遍的选择。如王树枏，"值国变，隐居僻巷，终日著书"。[4]章梫："比逊位诏下，先生以景庙实录修而未竣，纠二、三孤臣续成之，始离都门。栖迟沪渎，转徙青岛，复采掇古史，自夏少康迄宋高宗，成《旅纶金鉴》六卷。"[5] 再比如，前文提及的刘锦藻编纂《清朝续文献通考》，陈三立评价："君虽抗高节，然负经世之志，郁不得施，颇欲垂空文存国故自效。当是时，国势浸弱，海内人士竞言新政新学，诡诞之

---

[1] 东方文化学院京都研究所编《东方文化学院京都研究所汉籍简目》，东方文化学院京都研究所，1934，第 27 页。

[2] 京都帝国大学文学部研究室编《京都帝国大学汉籍目录史部第二》，传记类，杂传之属，1938，第 207 页。

[3] 蔡炯昊《共和时代的清代历史记忆与政治文化——以清史馆、〈清史稿〉、故宫为中心》（华东师范大学博士学位论文，2017 年）便以清史馆为中心，论述了遗民修史与清末民初政治文化的转型。孙爱霞《日落余晖尽，西山觅幽情——清遗民行迹考论》（《天津大学学报》2010 年第 1 期）、罗惠缙《民初遗民生存方式之文化意蕴解析》（《求索》2007 年第 4 期；《民初"文化遗民"研究》，武汉大学出版社，2011）等论著也专门论述过清遗民修史、著述之"文化生存"方式。

[4] 《王树枏行状》，卞孝萱、唐文权编《辛亥人物碑传集》，团结出版社，1991，第 712 页。

[5] 《章梫行状》，卞孝萱、唐文权编《辛亥人物碑传集》，第 637 页。

说亦杂出，君惧前典旧法渐即摧灭，慨然援马贵与氏义例勒成一书，曰《续皇朝文献通考》。其书起乾隆乙巳，迄宣统辛亥，辑为四百卷，凡典章、制度、朝政、民俗嬗变沿革之迹，宏纲纤目，昭著森列。逮丁国变，辟居青岛，犹据一楼，孜孜网罗放矢，发挥坠绪，以寄其孤尚，可谓体大思精，宪章之统纪，纂述之隆轨者已。"①

历代遗民录

致力于编撰历代遗民录，最重要的是三个广东人，陈伯陶、张其淦和汪兆镛。

陈伯陶在香港辑成《胜朝粤东遗民录》二卷、《宋东莞遗民录》二卷、《补遗》一卷、《明季东莞五忠传》等书。他在《胜朝粤东遗民录》自序中说："明季士大夫，敦尚节义，死事之烈，为前史所未有，盛矣哉。……呜呼，明季去今二百七十余年耳，今何如耶？序成，掷笔为之三叹不已。"② 闇道人张学华在序文里说，从来忠孝大节，自二三贤者倡之，后遂成为风会："夫古人往矣，彼其惓怀君国，耿耿未已，方蹙然引为内疚，岂复计百世之下，有人焉表而章之。然则天理民彝终古不绝，则此潜德幽光之发，犹有所兴感，非细故也。嗟乎，自新学盛行，奸险之徒，不惜破坏名教，倡为异说，以便其私。而奔走于衣食者，又往往不能自固所守。严穴之士，无可共语，徒欲求之古人，以写其抑郁不平之恨。使后之读者，知名教之不容破坏，而又惧空言之终无补也，李杲棠之言曰：'采薇砭砭，犹为末节。'然则此编之成，其隐痛为何如也！"③ 以写史述古人之事、平心中抑郁，这是编辑遗民录者的千古同悲，秉持的都是一种桑海易观、异世同感的哀痛。

张其淦在上海编成《元八百遗民诗咏》《明代千遗民诗咏》。

《元八百遗民诗咏》有张学华、孙雄、高振霄三篇序言，亦均为清遗民。

张学华也做过遗民史传，印行过《明季遗逸采薇百咏》。他在《元八百

---

① 陈三立：《清故内阁侍读学士刘君墓志铭》，《散原精舍诗文集（增订本）》，第1109—1110页。
② 陈伯陶：《胜朝粤东遗民录》，上海古籍出版社，2011，第27—28页。
③ 闇道人：《胜朝粤东遗民录序》，陈伯陶：《胜朝粤东遗民录》，第26页。

为《殉难记》，不为殉难人

遗民诗咏序》中写：

> 　　顺帝大去，仍主故土。一时耆献如铁、清闷、九灵、席帽诸君子，皆能贞介自守，虽以明主之雄猜，亦不为屈。夫纲常之义，自古为昭，既已委质为臣，在三之节有死无二。若其靦然异代，从复巧词文饰，甚且反颜丑诋，岂为史笔所必诛抑，亦名教所不容也。世之论者或持种族之说，以曲为解，如元季诸贤独非中原之志士耶？豫泉自辛亥后屏迹沪上，日唯以著述为事，思古伤今，感怀身世。此二十年中祸乱侵寻，元黄混色。茫茫天壤，以迄于今欲求如蔡子英之追随故主而不可得，何其悲也！于是阐发幽潜，表彰忠义，其牢落不平之气托为诗歌，将质诸百世，以俟公论大明之日，此其作诗之微意也欤。①

　　纲常之义，应当高于种族之说。在晚清汹涌的反满浪潮之后，清遗民述元遗民史事，有更为明显的心意指向。

　　孙雄序：

> 　　盖君臣之分已定，绝无可以变更之余地。苟或变更，即自丧其人格，纵使援种族统系之说以饰非而炫众，徒见其甘陷于乱贼而已。……南宋晚明遭易代之变，遗民接踵而起。试举一二以概其余。挥戈回日、尽悴事国者，则如文文山、瞿稼轩；凿坏肥遁、著书待后者，则如郑所南、王而农。均为当时所矜式，后人所仰止。诸公之为此，非有种族统系之见也，亦以君臣之分已定，不容出尔反尔，坐视人纲人纪之坠地也。是故，有元之逊荒，有清之禅让，遗民亦复接踵而起，其用心亦与宋遗民、明遗民相同。……东莞张豫泉提学同年，今之郑所南、王而农也。……豫泉避地时室无居人，夷氛迫近，而《元遗民诗咏》及《明遗民诗咏》三编手稿均幸完好如故，殆由数千百遗民之英灵默为呵护，故免为炮火之烬，

---

①　张学华：《元八百遗民诗咏序》，张其淦：《元八百遗民诗咏》卷首，台北：明文书局，1991。

于是亦不可以不纪也。嗟乎，处今日大同之世，乃犹有持种族狭隘之见，谓有元、有清两代虽能混一区宇，而终属非我族类。凡在孑遗之民，不应效文山、稼轩、所南、而农之所为者，抑何所见之不广欤。又何怪四维不张、九州分裂，极古今未有之奇变乎。①

同样是人伦与纲纪，反对种族之说。
高振宵序：

　　民何以有遗也？记世变也。揖让之变而为征诛也，传贤之变而为传子也。变也，非常也。世不能无变，于是有所谓易代者而遗民出焉。自采薇一阕播于人间，六百载之商祀亡于纣。而周兴不能夺首阳饿夫之节，取而灭之者，所以存伦纪也。存伦纪，所以存人心也。人心一日不息，伦纪一日不亡，斯人类一日不灭。……世衰道丧，寡廉鲜耻。义利之辨不明，衣冠之节不立。沦胥以铺，载沉载浮，辗转于涂炭而不知恤者，是贼民而已矣。恶睹乎所谓遗民者哉？东莞张提学遁荒海上，萧焉感伤，恐伦纪之裂而人心之亡，爰为人类之忧，于是乎网罗旧闻，搜集畸零，发为诗歌，以类其事。已成《明遗民诗咏》三十卷，续成《元遗民诗咏》八卷。授而读之曰："此《易》、《春秋》之精义微旨也，岂特发潜阐幽云尔哉！"②

张其淦《明代千遗民诗咏》自序：

　　《大学》曰尧舜率天下以仁，桀纣率天下以暴，暴者仁之反也。《易传》曰汤武革命，应乎天而顺乎人，应天顺人，仁者之事也。乃吾读伯夷采薇之歌曰，以暴易暴兮不知其非矣，以纣为暴亦以武王为暴，吾于是识遗民之心矣。凡新朝之吊民伐罪统一海宇，旧染污俗咸与维新，而遗民则曰人间何世也，凡有一成一旅挥返日

———————————
①　孙雄：《元八百遗民诗咏序》，张其淦：《元八百遗民诗咏》卷首，参见孙爱霞《日落余晖尽，西山觅幽情——清遗民行迹考论》，《天津大学学报》2010年第1期，第80页。
②　高振宵：《元八百遗民诗咏序》，张其淦：《元八百遗民诗咏》卷首。

之戈者，新朝指之为顽民为叛逆，遗民则曰此义师也，其所遭虽在凶荒丧乱亡国之余，而其胸怀之牢骚、忠义之激发、志节之清洁，则常流露于诗歌文字之外。……我生不辰，适逢国变，海滨伏处，十有七年，慨乎圣道日晦，邪说纷起，礼义廉耻，四维不张，因日取明遗民之有事可稽、有诗可诵者，披览而景慕之。又窃取孔子赞伯夷之义长言而咏叹之，得诗五百八十篇……怀古伤今，百感交集，又不禁投笔兴叹，泫然不知涕之何从已。①

1918 年，汪兆镛在澳门编纂《元广东遗民录》，并编撰《碑传集三编》。

在《元广东遗民录》自序中，汪兆镛说：

> 九龙真逸辑《宋东莞遗民录》《明粤东遗民录》二书，已刊行矣。说者谓宋、明二代主辱臣死，或躬采薇之节，大义觥觥，照耀史策。元顺帝国亡北奔，其时宜少忠杰之士，蒙窃以为不然。夫君臣之义，万古常昭，若时移世易，辄躔迹新朝，腼颜而不知耻，甚至持谬说以自解，此何异倚门市倡，朝秦暮楚之为耶！②

以"君臣之义"对抗"夷夏之辨"，这是清遗民撰述元遗民史事的常用逻辑，也构成他们看待民国取代清朝的逻辑。

《碑传集三编自叙》：

> 我朝政教修明，魁秀踵起，自公卿大夫以逮闺檐淑秀，多声烈彪炳，抗美前征，《史馆列传》暨《满汉名臣言行录》所载綦详，私家撰述，以道光初嘉兴钱衔石给谏仪吉著《碑传集》为最善。光绪间，江阴缪艺风编修荃孙复为赓续，同光以前文献足征矣。宣统辛亥后，《清史稿》告成，大抵采用官书外，依据钱、缪两从编为多，而泰山土壤、河海细流，订坠钩沉，义未可废。爰本两从家

---

① 张其淦：《明代千遗民诗咏自序》，1929 年刊本，第 1—2 页。
② 汪兆镛：《元广东遗民录自序》，邓骏捷、刘明心编校《汪兆镛诗词集》，广东人民出版社，2015，第 7 页。

宗旨，续为三编，网罗放失，期于光宣以来数十年政治之迁流、人才学术之隆替，可以考镜。往昔名流，有为钱、缪所遗者，亦补辑一二，于读《清史稿》诸臣列传粗资裨助，厥有四端：一曰订伪。宰辅张玉书丁母忧，服阕召补保和殿大学士，王熙原缺见熙朝宰辅录，史传谓服未阕入阁视事，忠节张国樑率师援镇江力战，为主将和春之逆奴枪伤坠马阵亡；香山何日愈，据黄彭年《恻恻吟》辩论明晰，金陵克复，贼首李秀成口供，贼中咸重国樑，礼葬丹阳尹公桥塔下，尤有确证，史传沿谬，辑蒋敦复等所为传状，谓丹阳兵溃，国樑策马渡河自沉，忠骸漂失无获，误也。二曰补遗。巡抚曾燠，文苑杭世骏、翁方纲、米筠，大名昭著，史传岂可阙如，即吴荣光之治绩，为程春海侍郎所称誉，非止以善书名，注《庾信集》之倪璠，注《李白集》之王琦，注《苏轼诗》之冯应榴，以校勘名之黄丕烈、秦恩复、鲍廷博，以诗名之舒位孙，原湘史馆传稿已收，无庸删汰，总兵赵国贤辛亥殉节，已奉旨褒恤，予谥忠壮，见钱塘吴子修提学庆坻《辛亥殉难记》，忠义传未列，亦疏失矣。三曰参证，史体谨严，无取芜蔓，而撷要阐隐，未可囿于一家之言，宰辅阮元督粤，奏免洋料入口税，以济民食，利赖至今，史传未载，曾国落幕府宾僚之盛，翊赞中兴，无锡薛叔耘副宪福成，叙记甚详，翁同龢晚岁被遣海盐，张鞠生学副无济撰《日记跋》，了然于当时情境，虽非碑传，亦当附录备考。四曰续纂。闽县陈文忠师傅宝琛归安，朱文直侍郎祖谋恹官，沈敬裕抚部瑜庆均殁于《清史稿》成书之后，其余记踪远引终老山林者，仍依官秩编次，此举其荦荦大者，若夫史传异同详略，别裁各具，不复观缕，其篇目则宰辅、部院、卿寺、翰詹、科道、部属、督抚、监司、守令、佐贰、武臣、忠节、孝友、义行、列女悉依钱、缪所编，惟督抚之次增河臣、使臣，守令之次增加校官（校官见汉碑），钱、缪两书经学、儒学文学之名，似未允洽，兹将经学、理学统入儒林，文章辞赋诸家统入文苑，文苑之次增入算学，本于阮文达畴人传之意也。东汉崇尚风节，蔚宗创立"独行传"，辛亥后松柏岁寒之时，其有瑰志绝俗者，增立独行一门，以表幽贞。为书共五十卷，屡经寒暑，甄采未备，寡闻陋见，窃自较近恕，所愿大雅宏达，多所匡正，而晚近风气横恣，狂澜滔滔，靡所届极，竟举一切彝典，弃若土苴，动辄菲薄前贤，每抱残编，不胜人亡国悴之感。近有补编别出，采及时流，以媚浊世，则非愚瞀所敢知矣。戊寅十一月，罗浮汪兆镛识。①

清遗民编纂的遗民录，比较重要的还有张其淦、刘承幹合力完成的《清遗民诗咏》。张其淦完成《元八百遗民诗咏》《明代千遗民诗咏》两书后，请刘承幹作序，刘承幹并建议张"致意于挽近嬗代之际"的遗民，张答以"纪传阒绝，将安所取材"，反而劝刘承幹接手此事。刘氏允诺后，立即着手搜罗碑传志状，并驰书四方，搜访相关著述。在写给张元济的信中，刘承幹陈述了此事的因缘与经过："东莞张豫泉观察，曩曾有《元明遗民诗咏》之著，今则年登耄耋，吟兴犹昔，拟仿其例为《清遗民诗咏》，志在表彰气节，维持名教。苦于无所取材，乃嘱侄搜集诸遗民事迹，系以小传。硁硁之愚，亦遽忘其简陋。窃不自量，拟就小启遍函海内诸交，代为广事搜集。附呈小启数纸，敢乞鼎力赞成，俾早日观成。表微阐幽，当荷同情（长者太丘道广当必有以见教），不以侄之奉渎为可厌也。"② 他在丁丑年（1937）七月初四日写给罗振玉的信中也提到此事："东莞张豫泉提学其淦近有清遗民诗咏之著，属幹先行搜集事实。曾托君九兄代为采访，复函谓此事公与沈庵宫保最为熟悉，一经函询必有所获。慨自国变迄今已阅二十六星霜，人世间几不复存有气节二字，维持名教原属吾侪表章气节亦系后死者之责任。鄙意以为凡未筮仕于国变之后而有故国之思者，纵委巷陋儒亦应在表扬之列。最好碑传行状哀启，尊处如有以上各种文字，乞属文孙奉高世兄录示，俾资参考，多多益善。"③ 可知搜访清遗民著述之事所涉甚广，张元济、罗振玉、沈曾植等许多人都致力过，"名教"与"气节"仍是他们孜孜以求的。《清遗民诗咏》最后收录从戊寅之夏（1938）至庚辰岁尽

---

① 汪兆镛：《碑传集三编自叙》，台北：文海出版社，1930，第1—4页；《清汪微尚老人兆镛自订年谱》，台北：台湾商务印书馆，1980，第57—59页。
② 《刘承幹致张元济函（某年9月22日）》，《上海档案史料研究》第3辑，第232页。
③ 《求恕斋函稿·致罗振玉》，上海图书馆历史文献研究所编《历史文献》第19辑，第243页。

（1940）的遗民诗赋，共得 400 人。①

诗咏

更多的清遗民采用诗赋、歌咏这样更为私人的方式表达情衷。比如，《元八百遗民诗咏》编定后，有众多遗民为之题诗。陈夔龙题诗："百年纵有兴亡判，一统何能种族分。翘首回看沙际月，捧心常作岫中云。生前祠录羞微素，梦里衣冠拜侠君。阐发幽潜烦采笔，瑶篇浣诵挹清芬。"章梫《元八百遗民诗咏》题诗："明代遗民已发皇（君有咏明遗民诗三编形世），上寻却特有沧桑。至元运去归沙漠，王保保存国朱亡。"溥心畲题诗："何意乾坤剩此庐，满城槐柳尽萧疏。伤麟叹凤遗民在，一树冬青夜著书。胡汉风霜臣节重，唐虞岁月主恩深。七编拯溺尊王意，默道兰成作赋心。"②更多清遗民为《明代千遗民诗咏》题诗。略举几条。

陈夔龙题诗七首：

> 东汉盛钩党，有明重东林。当时蒙诟辱，谁识千载心。
> 养士三百年，食报艳千古。倘续明史稿，遗民传须补。
> 河山守一姓，禾黍秋风早。不见贰臣中，钱吴两诗老。
> 太息前朝事，萧条旧史官。伤今先吊古，泪溅笔花残。
> 乱世少完人，如公真不朽。他年清史传，不知有我否。
> 濡染龙门笔，成兹千佛经。狭哉元诗选，衣冠集百灵。
> 展卷发长啸，毫素生清风。西山在南海，异代采薇翁。③

陈三立题诗：

> 生今踵沦胥，维教怀旧俗。百千古衣冠，缠梦影空谷。大义绵

---

① 《清遗民诗咏序》，缪荃孙等：《嘉业堂藏书志》附一《嘉业堂群书序跋卷四》，复旦大学出版社，1997，第 1398 页。
② 转引自孙爱霞《日落余晖尽，西山觅幽情——清遗民行迹考论》，《天津大学学报》2010 年第 1 期。
③ 张其淦：《明代千遗民诗咏题词》，第 1 页。

遗恨，茫茫采芝曲。凭将表微心，齐上西台哭。①

张学华题诗：

　　赤棒绯衣喋血盈，百年士气尚峥嵘。相从不止田横客，犹许人间识姓名。

　　空山风雨付销沉，独抱苍茫一片心。碧血千年终不灭，翻从异代结知音。

　　闲搜野史几嘘唏，怀古伤今托意微。贾岛诗成还设祭，故应同荐北山薇。

　　空谷跫音喜不孤，行吟我亦托江湖。一编尚记留残稿，却愧词家大小巫。②

陈伯陶题诗：

　　乐府篇章尽历朝，松江老铁让君超。如何旷代还相感，千首吟成客妇谣。野史亭中采访辛，遗山诗笔更如神。愿君续作南冠录，三百年来纪逸民。③

章梫题诗四首：

　　咏史曾成断代书，残明逸老共嘘唏。此身绝似辽城鹤，一座江山恨有余。

　　百咏华宗托采薇（张汉三前辈著《采薇百咏》，皆咏明遗民者），陈侯岭外录明遗（子砺前辈著《粤东明遗民录》）。与君鼎足三高士，列传千篇史即诗。

　　我未成书患病磨，东南行省稿尤多。陕甘云贵仍寥落，愿在荒山一网罗（辑《明遗民传》积稿一箱以病未卒业）。

---

① 张其淦：《明代千遗民诗咏题词》，第1页。
② 张其淦：《明代千遗民诗咏题词》，第2页。
③ 张其淦：《明代千遗民诗咏题词》，第2页。

二百余年目前事，及身竟以逸人传。幸余鹄望潜龙在，贞下起元龙乘乾。①

高振霄题诗：

唐虞三代圣已伏，逸民兴感标其目。尼山微言渺可寻，凤衰麟悲守其独。千古俯仰一辙耳，长歌短吟聊代哭。东莞张子老著书，篇章等身卷盈屋。海滨避地自萧然，终日珥毫记芳躅。有明发迹三百年，党狱权奋势滔天。高皇起家自民间，培植纲常开其先。作法于凉诛隐佚，士夫懔懔心胆寒。圣子神孙多庸暗，屠戮杖责摧朝贤。三案一网泣神鬼，缇骑四出如风烟。末劫经臣支残局，功不足议殉九边。总括一代善政少，江山徒足资凭吊。中原精气久销沈，大命顾瞻自苍昊。岂知士气终不灰，白手空拳张赤帜。义旗一麾半壁倾，钟山角犄江水沸。扶鲁植唐奉桂滇，螳臂奋掷抗荒鄙。历数不延凤阳胍，风云叱咤犹生色。或暗或佛或酒死，等是国殇胜苟活。撑起万古名教心，节概硗硗立白骨。此是孔孟真嫡传，张子诗法比史迁。发凡起例婉成章，善善真继春秋篇。噫乎吾衰又何言，九鼎一丝看青天。青天蒙蒙白昼昏，此恨在胸那可扪。吾欲散发入大荒，一叩九顿号帝阍。②

朱汝珍题诗：

觥觥大节仰明儒，即属顽民道不孤。野录搜罗成韵什，终篇笺注付贤徒。数逾卓辑几三倍，义得陈编举一隅。琐尾固知徒自苦，抱琴思与水云俱。③

清遗民借为前代遗民挽歌，浇胸中块垒，张尔田读吴伟业诗，写题记云："余年十五，从先君行箧探得《吴诗集览》旧椠本，爱玩永日。

---

① 张其淦：《明代千遗民诗咏题词》，第2页。
② 张其淦：《明代千遗民诗咏题词》，第3页。
③ 张其淦：《明代千遗民诗咏题词》，第4页。

先母怜之，命恣所阅。生平治史，尤熟于明季故实，自兹始也。我生不辰，晚遇艰屯，改朔移朝，草间偷活，而斯编乃若豫为之兆者。岁在癸丑，应聘兰台，白鹤东来，空余华表，铜驼北望，还见长安。身世之感，易代同符，今又十五年矣。老革腾骞，纤民炽盛，寄身已漏之舟，流涕将沉之陆。旧集重温，缘缨霑脸，不知泪之何从也。"[1] 缪荃孙以诗题顾炎武像："厄运遭阳九，雄才冠大千。天开新世界，人是古英雄。精卫思填海，离骚欲问天。史局求遗老，锋车旦夕征。礼贤辞几杖，誓死办刀绳。枉札贻规范，微言示劝惩。一朝文献在，拒绝又何曾。"小字注："先生虽不就征，常与史馆诸公函。见集中。"[2] 陈三立为清道人李瑞清遗集作序，道人"尤于故君故国之思，缠绵肺腑，阴求遂其志业，疲奔走，蹈艰阻不悔，益自熹。往者余与陈君仁先卜居，邻道人，每乘月夕，相携立桥畔观流水，话兴亡之陈迹，抚丧乱之靡届，悼人纪之坏散，落落吊影，仰天唏嘘，死生离合几何时，魂魄所依不能忘也"。[3] 为俞明震诗集作序："余尝以为辛亥之乱兴，绝羲纽，沸禹甸，天维人纪浸以坏灭，兼兵战连岁不定，劫杀焚荡，烈于率兽。农废于野，贾辍于市，骸骨崇邱山，流血成江河，寡妻孤子酸呻号泣之声达万里，其稍稍获偿而荷其赐者，独有海滨流人遗老，成就赋诗数卷耳。穷无所复之，举冤苦烦毒愤痛毕宣于诗，固宜弥工而浸盛。"[4] 左孝同逝后，陈三立作神道碑铭，亦叹其"饮恨以死，永垂大节"。[5] 林绍年神道碑铭中有"国变后痛愤自挝，形神囚瘁"[6] 之语。皆为丧乱之感。

王闿运的"悲愤"之作：

悲愤二首

谁谓贤豪多，共逐轻尘散。一身不自谋，何能任桢幹。曰余随

① 王钟翰：《张孟劬先生〈遁堪书题〉》，上海图书馆历史文献研究所编《历史文献》第 20 辑，上海古籍出版社，2017，第 375 页。

② 缪荃孙：《题顾亭林先生象》，《缪荃孙全集·诗文一》，凤凰出版社，2015，第 536 页。

③ 陈三立：《〈清道人遗集〉序》，《散原精舍诗文集（增订本）》，第 1033—1034 页。

④ 陈三立：《〈俞觚庵诗集〉序》，《散原精舍诗文集（增订本）》，第 942 页。

⑤ 陈三立：《清故江苏提法使兼署布政使左公神道碑铭》，《散原精舍诗文集（增订本）》，第 1051 页。

⑥ 陈三立：《清故弼德院顾问大臣民政部右侍郎军机大臣上行走林文直公神道碑铭》，《散原精舍诗文集（增订本）》，第 951 页。

俯仰，乃欲游汗漫。方舟溯潇湘，时序阅回换。春寒忽中人，长夜不能旦。朔风惊改律，千里吹縠霞。行行且旋辙，遥望成一叹。何以慰我情，梦接英与彦。昔年与张李，行国至海隅。乃悟戮飞廉，特以和战驱。纷纭五十年，国是淆中枢。并心论外交，禹甸日榛芜。邦谋慰我心，华风遂沦铺。无礼何以立，亡秦信非胡。从来失神器，未若此摧枯。余逢广厦倾，岂得抢枌榆。毋忘啁啾义，感物一嗟吁。①

呐呐词寄怀金靖州兼讯樊云门吴自修两司使

皇纲将弛维，异人汛其流。生世不见用，聊可比柏舟。委官苦求去，吴金见机由。刻余无斧柯，坐哀浮云浮。一朝广厦倾，燕雀不秋秋。焦明翔寥廓，下视亦烦忧。乃有秦中客，羁牵为楚囚。自誓不援手，甘死蒙国羞。谁知窃国人，征书到沧洲。独于岑李外，推贤先见忧。三聘那能致，却与仙童游。余怀夜耿耿，夜夜东海头。朝咏潜庐诗，翻美长安秋。时有小朝廷，仲连论齐邹。如今一簸荡，茫如万浮游。百年会有终，一日安可偷。近闻升吉甫，陇上把钮耰。虚蒙庆王卯，不报端方鐇。舍此无可语，岂与张勋谋。因书呐呐词，临风吐伊幽。②

乱后重至上海沈子培招饮愚园

出海复入江，方舟恣回复。既翔人外境，仍驻尘中躅。良朋喜相寻，晤言展心曲。并车驰广途，寒原送遥瞩。园亭隔喧嚣，敷筵列殽蔌。酒行不期醉，觞至俄相属。共叹京尘污，方喜兹游独。欢怨随所遇，坚白焉能黩。持谢同志人，流芳愿相勖。③

身世之感，易代同符。赵翼讲"男儿生堕地，例须一篇传"，④ "名份"向来是儒林极推重之事，表彰遗逸，为逝者正名，亦为来者确立和坚固道德标准。而遗民编订前代遗民录、殉难史事，作有黍离麦秀之

---

① 王闿运：《诗词录 湘绮楼丁未后未刻诗》，《太平洋（上海）》第 1 卷第 4 号，第 2 页。
② 王闿运：《诗词录 湘绮楼丁未后未刻诗》，《太平洋（上海）》第 1 卷第 4 号，第 2—3 页。
③ 王闿运：《诗词录 湘绮楼丁未后未刻诗》，《太平洋（上海）》第 1 卷第 4 号，第 3 页。
④ 赵翼：《瓯北集》卷 23，上海古籍出版社，1997，第 476 页。

为《殉难记》，不为殉难人

悲，如刘承幹在为吴庆坻《蕉廊脞录》所写序言中说："网罗旧闻，与当世贤士大夫相周旋，抽潜掇幽，风世厉俗"，"当兹礼崩乐坠之时，求野则获"。① 这个"礼崩乐坠"之感，在辛壬鼎革的历史语境中，尤其具有颠覆性。于式枚论忠义，他讲唐以前忠臣义士，有必死之心而不必有必死之事，宋、明以后义、烈渐成人臣大节，而遇辛亥死事，其略同于汉、唐，迥异于宋、明，"时局既殊，学说又变，死者人之至难，亦最不详之事，既无必死之路，本无求死之方，古人于此原有裁酌，即如唐之张巡、卢奕，岂不赫然烈丈夫哉？而当时之议奕者则曰'委身寇仇，以死谁怼'，议巡者则曰'与其食人，曷若全人？'古之忠臣本不必人人强死也。然辛亥一役，晋、蜀、江、闽，远至新疆，近而湘汴，大臣列将蹈义相望（诸人皆应入列传），以及地方各官死节者，尚不可偻数，革党方横，邪说正肆，力为讳诋，无与表扬"。② 于式枚说，"近代死事之臣，按籍数之多于历代，即云略远详近，虽不敢云过，实不得谓稀"，他说的略同汉唐迥异宋明，蹈义却"无与表扬"，这与杨钧所说"'忠节'二字，完全无着，出力不知为谁，舍生尤为白死"③ 是同义。这既是殉清的历史语境，也是清遗民忠义书写的两难语境。

民国成立，殉清是为革命之反方，"忠烈"另有所指。关于"辛亥死难人物"，冯尔康《清代人物传记史料研究》中，列举了《辛亥殉难记》《辛亥殉节录》，邹鲁编辑的《黄花冈七十二烈士传》，贺觉非撰著《辛亥武昌首义人物传》三种，"辛亥时期死事者，有为清朝而亡故的，亦有为反清而牺牲的，各有他们的专门传记"。④ 两种殉难叙事。尚秉和作《辛壬春秋》意在二者之间做一调和：

> 自武昌兵起，有守土之责或手握兵柄者，识时务而随风会与势转移及弃官逃走者，不可胜数也，而临难慷慨殉身不顾者亦有人焉。夫死者人之所恶，生者人之所乐也，今有人焉，势可以不死，

① 刘承幹：《蕉廊脞录序》，吴庆坻撰，张文其、刘德麟点校《蕉廊脞录》，中华书局，1990，第1—2页。

② 于式枚：《修史商例按语》，朱师辙：《清史述闻》，第107、111页。

③ 杨钧：《草堂之灵》，第272页。

④ 冯尔康：《清代人物传记史料研究》，商务印书馆，2000，第101—102页。

义亦无所取其必死，而竟死焉，是必视其生有甚不可且其意之所重必有更有甚于生者，故宁糜顶踵、涂肝脑以赴之也。世界进化学说日新，谓专制为毒，谓忠君为非，且并訾及先儒教忠之说。夫忠之为义，国为大，君次之，是有界说焉。程婴杵臼之存赵孤死，贯高之明张王死，纪信之代汉高死，忠君而死也；颜杲卿之守常山死，张巡之守睢阳死，忠国而死也。古之人盖视君为至重，谓忠君即所以忠国，忠国即所以忠君，君与国常不分。

　　辛亥殉难清臣，其大吏死职及武臣被戕或执戈战死者，类皆殉国者也。至郡守、县宰，当大吏逃亡之后，督率无人，监司失主，进退尤可自专，而不逞之徒，冀地方乱，肆为谣诼，情势危疑。当此之时，郡邑绅耆于地方长官无论贤否皆攀辕卧辙，泣涕挽留而不使去，而为之牧宰者恒亦不忍恝置之也，乃不幸猝与祸会焉。是忠于民而死也，忠民即所以忠国，意尤矜之，故备列焉。①

这两段文字，尚秉和分殊了忠"清"、忠"君"与忠"民"、忠"国"：辛亥以前的殉难，君、国一体，殉君即是殉国；而殉清官绅则被归列为忠于"民"，忠于一种抽象意义的"国"。在帝制被推翻的年代，剔除忠的"忠君"内涵，将"君"与"国"的一体性剥离开来，这是一个富于折中意味的殉难叙事。北洋时期为殉清者宣付史馆立传的呈文中，便多采用这样的一种叙事策略。举熊希龄、谭延闿两人为例。《参政院参政熊希龄等呈已故前清提督黄忠浩慷慨殉节请宣付清史馆立传文》：

　　窃自玉步改移之际，必多有殉难之臣，耿耿孤忠，至折脰捐躯，肝脑涂地而不悔。新朝开国，又必从而彰阐表扬之，以为世道人心之激劝，用以炳简册而耀来兹。此亦公理所在，不容泯没者。则有如已故前清署理四川提督开缺广西右江镇总兵黄忠浩，当世变改革之时，死事至为惨烈。此希龄等所为掇拾遗事而不能已于陈情者也。……窃以为专制共和之递嬗与历史易姓不同，毕命效忠，其

① 　尚秉和：《辛壬春秋》"清臣殉难记"第四十二，第1—2页。

为
《
殉
难
记
》
不
为
殉
难
人

义号为至狭。若忠浩者，事后追论其硁硁守义或不免昧于现今大势之嫌，然迹其视死如归，洵能不负所学，得之末流，有足多者。至其平日之筹谋公益，多关地方至计，尤属不能忘。①

谭延闿述故友黄忠浩被难：

> 泽生忠肝古义人也。辛亥在湘，已尽散部曲，将之日本，而余巡抚强留之统军。吾尝夜诣之，问以方略，欲微讽使起义军。慨然曰：吾自入军中，久置死生于度外，此不足计，至事无可为，固早知之，业受任矣，固不能惜死以负夙心。明日，被拥城楼，有问者曰，汝主战，信乎？时已被创，答云，吾有兵仍当战。遂被杀。②

两人所述，与尚秉和不谋而合，旨在讲明专制共和嬗递，因此不能以传统的忠、义来衡量黄忠浩的死，不能狭义视之为忠于一家一姓，而应当注意到"以为世道人心之激劝""以敦薄俗"。叙述者的身份更是值得玩味的，熊希龄、谭延闿不属清遗民序列，是清末以降的维新派士人，辛亥投身共和。作为民国肇建之肱骨，他们为殉清者上表褒忠，所着意的唯在道德价值。革命党人龙绂瑞对黄忠浩的评价是："清亡殉节者寥寥无几人，君独慷慨捐生，至死不屈，虽违正义，亦可谓烈丈夫矣。"③ 虽违正义，亦可谓烈丈夫。这与沈刚伯论安陆知府桂荫之殉难，也是异曲同工：

> 安陆知府桂荫。他在各省均已独立，临时中央政府正在组织之中的时候，知清朝必亡，乃遣其子女离鄂，将印信交给知县保管，而与其妻寄住在府学教谕家中。数日后，两夫妇方于夜间同入文庙，自缢。《清史稿》倒为他立了一篇百余字的小传，但却写得不

---

① 《参政院参政熊希龄等呈已故前清提督黄忠浩慷慨殉节请宣付清史馆立传文》，《政府公报》第 45 册，1914 年 12 月 10 日，第 341 页。
② 谭延闿：《近代湘贤手札书后》，收入湖南文献委员会编《湖南文献汇编》第 1 辑，湖南人民出版社，2008，第 318 页。
③ 龙绂瑞：《龙荑溪先生遗书》（节录），粟戡时：《湖南反正追记》，湖南人民出版社，1981，第 119—120 页。

实不尽。传中称："郧阳兵变，骤围府署。"其实安陆根本无兵，郧阳的兵更没有跑到安陆去"变"的道理。把一个自动殉节的人写成被迫缢死，岂不是冤枉死者吗？不错，拿现代的眼光来看，我们可以说桂荫是个顽固分子，但他顽而能"固"，竟"固"到本可不死，而偏要以一死来实践那食禄死事的信条，这样愚不可及的精神难道不比那般恬不知耻的遗老们高出万万倍吗？况且"慷慨成仁易，从容就义难"，这两种死法在道德上的价值，是完全不同的。①

"顽"而能"固"，便也意味着一种道德坚守。日本大阪朝日新闻社社员一宫房次郎访华，劳乃宣述其笃志孔孟之学，"吾国革命后来游，将访求遗老传述于故国，以维纲常也"。② 此"纲常"指向的，显然已更在文教与风俗。1928年，蔡元培、傅斯年等人商议修订国史之事，傅斯年在《代蔡元培拟国史办法》稿中说，以宣付国史立传为一种褒奖之法，未尝无其理由，盖就一面言之，表彰忠烈，政府可存此旧典。③ 帝制时代，士夫讲"君臣之义，无所逃于天地，名教纲常，不可一日不在天下"，而在共和时代，剔除了君父与君国的纲常，将忠义以另外的形制延续下来。这如同中国社会至今长盛的忠烈故事，亦非仅有君臣大义这一节。

王先谦给《辛亥殉难记》所写序言中称其为"不可少之书"，之所以不可少，是因为舍生取义之事虽足光史册，但时事推移，斯文垂丧，"后之人观于人才与世运相维系之故，亦不能无感也"。④ 此亦构成清遗民忠义叙事的一个核心语境——"时事推移，斯文垂丧"。遗民慨叹时世的述说中，"丧""沦"是常见字眼；然而通过他们的历史书写，我们能看到衰落感叹之外的建构性力量。围绕殉与不殉、何为忠、何为义的讨论，与其说是一种退回传统、拥戴帝制的对古典时代的回望，不如

---

① 沈刚伯：《起义前后的见、闻、经历》，沈刚伯：《史学与世变》，海豚出版，2015，第146—148页。

② 劳乃宣：《韧叟自订年谱》，1922年刊本，第31页。

③ 傅斯年：《代蔡元培拟国史办法》（稿）（暂系年月于1928年11月），王汎森、潘光哲、吴政上主编《傅斯年遗札》第1卷，台北"中研院"历史语言研究所，2011，第160—161页。

④ 吴庆坻撰录、金梁增订《辛亥殉难记》，第3页。

说是关于当下社会秩序的思考。20 世纪 10—30 年代，共和肇建，但政治底定不了文化与社会的众多领域，同明清鼎革之际顾炎武、王夫之念兹在兹的风俗问题一样，清末民初的读书人热议纲常，关切的都在于社会大变动时代如何确立新的秩序、安定人心、稳固社会。遗民史学具有强烈的实践性和现实意味，历史不仅是关于过去的问题，他们希望用历史确认当下，《辛亥殉难记》的编纂、刊印与传阅，缩影了吴庆坻及清遗民群体关于秩序变动形成的集体意识。本文希望探讨的，亦正是此时代氛围中清遗民的身份认同，"忠义"的伦理与文化内涵，以及这些伦理与文化内涵所指向的社会秩序。《殉难记》在这样的时代诞生，也在这样的时代迅速归于湮灭。它的湮灭意味着中国经历清末民初的历史三峡，颠沛之后进入新的政治秩序，"忠义"为"烈士"取代，"殉难"亦有了新的指向。

档案中的土改：晋中新区的革命实践及其政治意涵[*]

常利兵^{**}

土改作为中共党史、革命史建构中的重要历史实践，历来为中外学者所关注，产生了数量可观的研究作品。概言之，已有研究可分为宏观和微观两种路径：前者多注重土改运动自上而下式的落实过程，凸显了"政策—效果"的叙事模式；后者则利用地域性史料，自下而上地研究土改运动在农村社会中的具体历史面相，体现了一种综合性的"社会史"叙事模式。近20年来，伴随地方档案资料的不断发掘和利用，人们对土改史的研究不再局限于官方史学的宏观建构，更多以区域性的微观个案去展现土改实践的复杂面貌。

当然，有关土改史研究的宏观与微观二元叙事分类只是相对而言，其背后凸显了官方与民间对土改认知的不同理解。例如，韩丁的《翻身——中国一个村庄的革命纪实》一书，即是以晋东南地区长治市郊的张庄村为对象，"兼用小说家、新闻记者、社会学家以及历史学家的笔法"，[①] 建构了一个革命老区的村庄土改运动，并成为西方人了解中共革命史的经典文本。从内容体例上看，《翻身——中国一个村庄的革命纪实》属于微观史研究，详细勾勒了土改中张庄村村民的命运沉浮，以村庄案例的形式对中共老区土改实践做了深入细致的诠释。笔者认为："总而言之，韩丁的《翻身》通过张庄土改运动成为中共土改实践的典型叙事文本，但是我们结合张庄留存下来的部分珍贵档案资料试图向读者说明，《翻身》只能作为一种官方话语的建构案例去理解，其宣传和

---

* 本文得到国家社科基金重大项目"百年中国乡土文学与农村建设运动关系研究"（项目号：21&ZD262）资助。

** 常利兵，山西大学中国社会史研究中心教授。

① 韩丁：《翻身——中国一个村庄的革命纪实》，韩倞等译，北京出版社，1980，"序言"，第4页。

服务中共革命正当性的意识形态功能是很显然的。它有一定的时代局限性，而不限于这种意识形态的历史建构，尽可能地以一手资料还原和回归历史的本来面貌，正是历史学者的职责所在。"① 纵观近年来土改史的微观个案研究，尽管研究者试图以自下而上的区域社会史视角讨论土改实践，但似乎又难以摆脱原有意识形态话语的制约，总给人以用地域性资料去填充宏观大历史进程之感。

由此，笔者认为有必要换一个视角重新审视土改，以期为土改史研究拓展新的可能。本文即是将土改档案本身作为讨论对象，考察分析不同档案文本与土改实践的展开、中共革命合法性的确立之间的复杂历史关联。进而，既要追问土改的历史依据从何而来、土改的正当性建立在什么样的社会基础之上，也要探究中共的土改调查为其革命合法性提供了怎样的事实基础。而档案中的"土改"重视土改档案的来源、时间、地点、问题、内容、类型等，就是从更加内在的视野解释土改实践，努力揭示土改背后的历史动机与复杂性，在剖析土改档案资料的脉络中探讨中共革命合法性的问题。

本文利用的晋中新区土改档案资料，分为三类：第一类是汇报型的请示报告资料，多是根据上级政策法规进行的土改总结；第二类是关于土改问题的调查，系由工作组根据第一手材料撰写的调查报告；第三类是工作通报、指示、宣传，这是一种结合了前两类材料且经过加工修饰的综合型土改文本资料，政治宣传色彩突出，是应革命形势需要产生的。这三类档案资料中的土改实践并不完全等同，而是各有侧重，总体上呈现了中共革命合法性的建构过程。革命话语集中体现在第一类、第三类档案文本中，第二类是土改村庄的事实调查与呈现。可以说，中共土改的实践逻辑就是革命话语与民间文化相互发生作用的过程，从这一角度研究土改史，在于凸显两者之间的关系生成史。因此，土改中发生的诸多事件均可从上述类型资料中加以探讨和说明。这样的研究路径是对以往土改史研究的反思与再出发。

此外，革命合法性这一概念指涉一个革命政党作为行动主体追求政治正当性的问题，本质上也是道统与政统融合为一的问题。文中使用此

---

① 常利兵：《张庄土改：〈翻身〉及其时代性问题》，未刊稿。

概念所要解决的问题是中共如何在民间社会确立革命实践的现实根基，以取得广大民众的认同、支持，也是一个事关民众动员的根本问题。如果合法性缺失，就难以赢得革命的同盟军，因此土改实践中始终存在中共作为一个现代政党建构其革命合法性与正当性的政治诉求。此种诉求的途径，既有外在的、宏观的、抽象的民族主义，结果是以民族国家独立为行动目标，也有内在的、微观的、具体的社会经济纲领，则与解决具体社会问题相对接，往往会造成民粹主义流行。

总之，本文从晋中新区土改档案资料入手，通过对不同类型资料的文本分析，探究土改实践的多重历史建构与中共革命合法性确立之间的关系生成问题。以往土改史的微观实证研究对此关注不够。事实上，土改档案资料本身也经历了一个文本制作过程，并因应不同的革命局势而多有变化，凸显了中共寻求革命合法性的艰苦用心和非凡努力。本文以档案中的"土改"发问，意即在此，是否妥当，还请方家批评指正。

一 以点带面：彻底废除"兵农合一"制度

从档案资料看，晋中新区土改时面临的一个重要情境就是阎锡山的"兵农合一"制度。究竟何为"兵农合一"，其内容有哪些，对此，1948 年 11 月的土改通知中有具体说明：

> 阎匪曾为了抽兵征粮，在晋中大部分地区实行了"兵农合一"制度。其办法是将各阶层的土地集中起来，分为若干"份地"，每"份地"包括水旱平坡搭配均匀的土地 30 亩到 60 亩不等。将 18 岁至 48 岁的各界青壮年男子编为 3 人或 6 人的"兵农合一"小组，其中抽 1 人为常备兵，1 人为预备兵，余皆编为国民兵，然后配给每人一份"份地"。常备兵的"份地"，可以出租，亦可由其家属自耕，另规定其他国民兵给常备兵以优待粮棉，或由其他国民兵代耕而不给优待粮。在"份地"上收获的粮食，需缴纳 70% 的租税。所有青壮年男子均必须接受当兵和领种"份地"的条件，不得拒绝。……它严重破坏了原来就很落后的农村生产力，它是更加野蛮的反动的新式农奴经济。对于这种农奴制度，必须彻底废除，代之

以没有封建和半封建性剥削的土地制度。①

上述这段关于"兵农合一"制度（简称"兵合"制度）的政治话语中，不仅指明了这一制度的具体含义及其破坏性、剥削性，而且主张要彻底废除它。在晋中新区土改的必要性上，阎锡山的"兵合"制度首先成为中共各级领导机关构建其革命性话语的主要矛头。晋中二地委在1948年底召开的土改扩干会议上指出："晋中新区是兵农合一区，让把各阶层的土地集合起来，分成份地，都编了组……分到地的，打下粮食70%被阎抢走……成了他们的农奴。在我们解放后看到大家吞糠咽菜，把脸吃成黄绿色，有的被打死，有的逃走。所以兵农合一制度是更加野蛮反动的新式农奴制度，这种农奴制必须彻底打倒，要变成没有封建半封建剥削的土地制度来代替，就是耕者有其田。"② 二地委对"兵合"制度的交代，遵照了晋中区党委关于新区土改决定中的相关内容，并结合村庄情况对"兵合"的后果进行了具体描绘。于是，对阎锡山"兵合"制度的革命性否定就成为中共在晋中新区进行土改实践的首要目标，其话语表达大多与这一制度直接或间接关联起来。即在晋中新区，农村的破败和农民生活的艰辛，都是阎锡山推行"兵合"制度所致，因此为了把广大农民从这一暴政下解放出来，就要彻底废除它，实现耕者有其田。

但是，问题似乎并不简单。1948年7月21日晋中战役胜利，全区获得解放，中共将阎锡山的军队压缩至太原市区及周围地带。当天，华北局在对晋中前委6月13日的请示电文回复中指出：阎匪"兵农合一"实行结果，请仔细调查研究，报告给华北局后再确定政策；另外，麦收后土地留归原主的提法，因牵涉面太大，容易滋生纠纷，希望不要公开宣布。③ 一个月后，晋中行政公署在关于如何处理兵合区土地青苗的办法中再次强调，"兵合"的特点就是将农民与地主之土地全部收归阎锡

---

① 《晋中区党委关于新区土地改革的决定》（1948年11月15日），山西省档案馆藏，档号：47-1-100-3。
② 《晋中二地委土改扩干会议上的报告》（1948年12月23日），山西省档案馆藏，档号：49-1-35-2。
③ 《华北局关于土地所有权与谁种谁收问题给晋中前委的指示》（1948年7月21日），载中共山西省委党史研究室编《山西新区土地改革》，山西人民出版社，1995，第74页。

山所有，农民之收获不足以维持最低生活之需要。而且表现为租佃形式的封建性的土地关系已不复存在，"变为了更加落后、倒退、野蛮、反动的农奴经济"。所以，"为了从土地上解放农民，消除'阎灾'、渡过饥荒，土地青苗依下列原则暂行解决之：（一）废除'兵农合一'制。（二）不恢复原先封建的土地关系。（三）适当满足无地少地农民的要求。（四）鼓励劳动，发展生产"。[1] 在晋中行署颁布的处理青苗办法中明确指出"兵合"制度使原有的租佃形式的封建土地关系不复存在，而土改就是要消灭封建性的租佃土地关系，那么土改实践的所指和意义如何再次确立？看似熟知的一个革命话语表达，却在晋中新区土改中表现得复杂起来。时任晋中区党委书记罗贵波在其忆述中提到晋中地区土地占有情况相当复杂，"有的地方实行了'兵农合一'编组分地；有的地方没有实行'兵农合一'；有的地方在晋中解放后群众自发地废除了'兵农合一'。这样，就决定了新区土改的复杂性和艰巨性"。[2] 无论是各级基层机关向上级部门的汇报总结和请示报告，还是工作组进入村庄后的土改调查，还有关于新区土改的问题检讨、宣传报道等，都因这一制度而时有变化、修正，甚至在否定和肯定间来回选择、评判。这些问题显示了中共试图通过土改的建构性而达到革命合法性在晋中新区确立的目的。

如何才能化解这一症结，为晋中新区土改的顺利进行提供政策性指导？中共一方面对阎锡山的兵合制度继续政策上的革命性建构，另一方面则结合各地在制度实施上的差异程度进行土改实践的具体设计和布置。1948 年 8 月底，华北局在实行新区土改的意见中指出："在这些地区，老的土地制度已为阎逆的'兵农合一'制度所破坏，现在如果暂维阎逆'兵农合一'所造成的土地关系，则不利于缺乏劳力的贫苦农民；如果实行地归原主，则有利于地主旧富农，而不利于原来无地少地之贫雇农民。"[3] 和前述的政策指示一样，均认为"兵合"制度已破坏

---

① 《晋中区行政公署关于晋中新解放之"兵农合一"区土地青苗暂行处理办法》（1948年8月20日），《山西新区土地改革》，第76页。

② 罗贵波：《太原战役中晋中新解放区的土改和支前》，《山西新区土地改革》，第470—471页。

③ 《华北局关于在同蒲沿线新巩固区实行土改等问题的意见》（1948年8月25日），《山西新区土地改革》，第78页。

原有的封建土地关系，但并不可简单宣传"地归原主"，否则又会对贫雇农产生不利影响。随后，中央就华北局的意见中"兵农合一"和"地归原主"两个问题做出了重要指示。即阎锡山的"兵合"制度把旧的土地所有关系破坏了，并对土地进行编组分配，"虽然这种分配是极不合理而又极不利于农民的，但在客观上却为我们推行土地改革作了若干准备"。因此，在废除后不应提出"地归原主"的口号，"晋中区党委提出'地归原主'口号，是不妥当的"。① 很显然，"兵合"制度既是中共土改的革命对象，同时中共也试图利用它造成的后果。而实际的情况却是晋中新区土改实践中"表达性现实"与"客观性现实"② 之间的张力问题时有发生。

中共在《中国土地法大纲》中已建构一套更加成熟的土改话语，并成为老区半老区土改复查和新解放区土改的重要政策。其核心表述是：中国的土地制度极不合理，占乡村人口不到10%的地主、富农，占有70%—80%的土地，残酷地剥削农民。而占乡村人口90%以上的雇农、贫农、中农及其他人民，却总共只有20%—30%的土地，终年劳动，不得温饱。为了改变这种情况，必须根据农民的要求，消灭封建以及半封建性剥削的土地制度，实行耕者有其田的制度。③ 这一话语表达了中共进行土改实践的必要性与正当性，要求各解放区必须在思想认识上达成高度的一致。就晋中新区而言，在兵合制度下原有的封建土地关系已被打破，于是在遵照土地法大纲进行土改时却又不能不兼顾当地的实际状况，所以来自上级的政策规定和出自下级的具体情境共同导致这一区域内的土改实践极为复杂。这在晋中区党委颁布的土改意见中有充分体现。1948 年 11 月，区党委从思想认识、土改方针、土改步骤、发动与组织群众、建党建政和领导等方面做了具体的土改布置。除了要求必须依据土地法大纲和依靠贫雇农、团结中农、实行平分这样的一般性表述外，重点对晋中新区和"兵农合一"之间的关系有进一步的区分，

---

① 《中央关于晋南、晋中新收复区实行土地改革的指示》（1948 年 10 月 9 日），中央档案馆编《解放战争时期土地改革文件选编》，中共中央党校出版社，1981，第 434 页。

② 黄宗智：《中国革命中的农村阶级斗争——从土改到"文革"时期的表达性现实与客观性现实》，《中国乡村研究》第 2 辑，商务印书馆，2003，第 66—95 页。

③ 《中共中央关于公布中国土地法大纲的决议》（1947 年 10 月 10 日），《解放战争时期土地改革文件选编》，第 84 页。

不再只是笼统说这一地区是"兵合"制度区。其中，一类是没有实行"兵合"制度的新区和恢复区，另一类是实行过"兵合"制度的新区和恢复区，并且对各自土地平分的办法做了区别。① 显然，晋中新区的土地关系并不是这一制度完全涵盖得了的。另外，区党委对土改工作日程明确规定：全部新区土改争取于 1949 年春耕前完成，领导力量应首先放在"兵农合一"区。11 月初开始实验村工作，11 月底各实验村工作组到区党委汇报总结。12 月初区党委开扩干会议传达布置，12 月 15 日前后以区为单位开积极分子会议讲解政策，最迟在年底，土改干部必须普遍深入村着手工作。次年 3 月 10 日起由村逐级向上进行土改总结，4 月 1 日区党委召集总结会议。各级党委必须及时搜集与掌握具体材料（包括各种统计数字），要反对临时抱佛脚的态度。② 如此具体的土改日程，为讨论晋中新区土改实践提供了重要的时间表，并使得对土改档案资料的解读有了一个总体性的历史脉络。也正是这样一份土改意见书，正式拉开了晋中新区的土改序幕。

1948 年 12 月，晋中区党委对新区土改政策把握上的一些问题说明土改所面临的困难和复杂性。在未实行"兵合"的地区，要求按照土地法大纲"中农不动两头动"的办法实行平分；"兵合"制度执行不彻底、旧有封建土地关系未变动的地区，也按未实行的地区对待；在已宣布"地归原主"的"兵合"地区，要求没收地主的土地、财产及征收旧式富农多余的土地、财产，在农民收回原有土地的基础上，实行"抽多补少、抽肥补瘦、填平补齐"的方针，以达到平分的目的。③ 也许正是考虑到晋中新区的复杂性，在土改步骤上首先将若干村庄作为土改实验村，以取得土改经验，再加以推广，用以点带面的方式消灭"兵合"制度。土改实验村多集中在一地委、二地委所辖区域，如文水县西韩村和徐沟县的龙家营（属二地委），忻县王家庄和寿阳县的西安公（属一地委）等。

---

① 《中共晋中区党委关于今冬新区土改意见》（1948 年 11 月 10 日），山西省档案馆藏，档号：47-1-100-2。

② 《中共晋中区党委关于今冬新区土改意见》（1948 年 11 月 10 日），山西省档案馆藏，档号：47-1-100-2。

③ 《中共晋中区党委在晋中新区土改扩干会议上的结论》（1948 年 12 月 18 日），山西省档案馆藏，档号：47-1-99-1。

　　在阅读土改实验村总结报告时，笔者发现文件大多按一定的格式套路撰写，既有对宏观土改政策话语的转述，也有将其套用在实验村的土改中的例证，从而将当地的土改实验在宏观与微观层面结合起来，形成报告文本。这一点对于理解本文讨论档案中的"土改"至为关键，即土改档案经历了一个制定和编制的过程。为了及时掌握土改实验村的具体情况，晋中区党委还专门拟定了供实验村土改工作组统一参考的撰写总结报告的提纲，通过这一提纲的内容基本上可以掌握土改档案中那些汇报型总结材料的来龙去脉。在土改实验村的总结提纲中，区党委详细地罗列了土改实践中涉及的方方面面。首先是关于"兵合"前后人口、土地的变化情况以及不同阶层的思想变化，反映出中共领导者试图在新区土改与"兵农合一"之间寻找地域关联。其次，分别是划分阶级成分、登记评议土地、发动与组织群众、改造村政权、建党与干部问题，以及领导方法和工作作风问题。① 可以看出，这一总结提纲是对土改意见的具体化，后者只是从方针政策和日程上做了规定，而前者则落实到了村庄层面，通过事项内容的概念化、格式化，为中共革命合法性的确立和在地化提供了地方经验文本。

　　接下来，我们以文水县、忻县和徐沟县的土改实验村为例展开进一步讨论。文水县西韩村土改于 1948 年 11 月 7 日开始，至 12 月初结束，前后近 1 个月时间。在该村土改档案中有两份实验报告，分别为《文水西韩村实验土改中的几个问题》和《文水西韩村土改实验初步总结》。在第一份报告中，西韩村土改工作组交代了他们进村后十天内逐日开展工作的过程，及在划成分时遇到问题后向上级领导提出请示，希望得到答复。相比之下，第二份报告则是结合第一份报告，重新撰写了西韩村土改实验试点的全部工作内容。这两份土改报告呈现了中共土改的实践过程。首先，工作组一进村，即寻找军工烈属及积极分子，访贫问苦，尤其是探询村民在阎锡山暴政下的土地占有情况及各阶层对处理土地问题的意见，并表明协助农民解决土地问题的态度和立场。其次，以群众大会和个别谈话的方式进行土改政策宣传，内容是封建土地关系和"兵

---

①　《晋中区党委土改实验村总结提纲》（1948 年 11 月 5 日），山西省档案馆藏，档号：47-1-103-2。

合"制度对农民的剥削情况,只有平分土地才是最合理的土地政策。随后,又组织积极分子成立以贫雇农为主的临时农民委员会、贫农团,进行讲阶级、划成分、斗地富,直至平分土地。整个报告记述的土改过程就像韩丁的《翻身》一样,彰显了中共土改实践叙事中的"引苦""诉苦""挖穷根""栽富根""消灭封建地主阶级""实现耕者有其田""天下农民是一家"的革命逻辑。当普遍的革命行为进入特定地域时就会变得纷繁复杂,于是便有了对土改实践中出现问题的说明、指示和纠偏。同时,中共领导者也会在土改实践与革命话语之间建构一致性,使革命行为在不同地域具有一种不容置疑的正当性和合法性。

在西韩村,工作组确定村民郭根银的阶级成分的案例就颇有意味。郭的父亲是商人,有土地 60 亩,自己不劳动,雇人耕种。郭根银两岁时,父亲到蒙古经商,之后便杳无音信,留下母子二人在家,雇人耕种土地,也陆续变卖一些,到土改时只剩下 33.3 亩土地。郭根银长大后,曾到清源县做了两年生意,1946 年回村后因长期患病导致腿瘸耳聋。有村民说郭是假装的,怕给国民党当兵打仗,工作组认为郭根银怕当"敌人兵"装残疾是对的,但是"我军来了,怕服军勤仍装是错误的"。另外,"因郭欺侮的女人也不少,他一贯不劳动,行为不正派,群众定成他是破产地主",而工作组指出,"郭根银虽有剥削但积累不起财富来",个人财产也少,行为不端,带有流氓性,可在群众大会上批评教育他,如评为破产地主,拿不出东西反而会增加一个土改破坏者。于是将郭划为富裕中农。[①] 但是,晋中二地委在第一份报告中记述郭根银成分问题的空白处用红颜色的笔做了一个"划成富农或地主"的批注。而晋中区党委给二地委关于土改问题的复信中,指出新区改变地主富农成分的时间标准为民主政权建立以前一年,各地应以此为标准。"我们所以这样确定,是由于我占时间很短,土改极不彻底,沦陷后敌占时间较长,在兵合政策下,逼使若干地富下降,在这种情况下,决定一年改变成分,这对团结多数,集中力量打击那些敌占后存在的地富更为有

---

① 《文水西韩村实验土改中的几个问题》(1948 年 11 月 21 日),山西省档案馆藏,档号:151-1-17-2。

力。"① 看似不起眼的一个批注，凸显了上下级之间在划阶级成分时面临的客观现实与革命诉求的张力。在西韩村报告中，另一问题则是关于"兵农合一"的事实调查。前文中对阎锡山"兵合"制度的叙述多是中共在晋中新区进行土改的政治话语表达，而工作组在村庄层面的土改调查更多是"兵合"制度的具体呈现。

在西韩村，前后两份土改实验总结报告均记录了如何在"兵合"制度基础上进行土地平分的问题。第一份报告中，工作组在分地时遇到的情况是，"麦子谁种谁收了，秋地群众认为是各家归各家，宿麦种到各人地里了"。促成这一现象的原因是："1. 群众私有观念很厉害，自己原来的地有契约，种的也熟了，是保险产业。2. 有的人还有变天思想，怕种上别人的地不保险。3. 废除兵农合一口号，群众观念里认为地归各家，有的同志和群众就以兵农基础平分土地。群众说，谁还种外地，谁还愿再兵农合一，有的甚至认为你探他的思想，扭转这思想是相当困难的。"对此，工作组的做法是："一讲兵合后地权给了阎锡山，种地人全成了阎匪的奴隶；二用算账方式说明贫雇农阶层地增加了，没地的保证给解决土地，过早提出在兵合基础上平分土地，易使农民思想混乱，需在划成分后再正式提出。"② 在第二份报告中，针对该村的"兵合"制度，除了继续用政治语言外，还增加了一些统计数字。如"西韩村地质是临近村庄最好的，而且数量亦多，兵合后由于敌人残酷的抢粮抓丁，大地打的稀烂，牲口饿死，变卖很多，因而今年荒地300余亩。敌人的份地是按年龄分，家中没在年龄的男人，就不给分地，致使2户地主、4户中农、16户贫雇农、5户商人失去土地"。③ 另在报告中添加了许多具体情节，记述工作组如何实现村民从土地私有观念到土地平分观念的转变。但在西韩村平分土地的问题上，二地委和区党委的意见有所不同。区党委在给二地委的复信中指示，根据区党委对晋中平川平分土地的基本方针和群众的情绪，"在兵农基础上进行平分"的提

---

① 《晋中区党委关于新区土改中几个问题给二地委的复信》（1948年11月17日），山西省档案馆藏，档号：47-1-00-5。

② 《文水西韩村实验土改中的几个问题》（1948年11月21日），山西省档案馆藏，档号：151-1-17-2。

③ 《文水西韩村土改实验初步总结》（1948年12月1日），山西省档案馆藏，档号：151-1-17-3。

法不妥当，应该是"在执行兵合以后，封建土地关系已被打乱的情况下进行平分"。①

显然，区党委的意见并不像二地委认为的那样，笼统地按照未经"兵合"地区来对待。而是一再申明区党委的意见，即"这种地区必须坚持已经确定的土改方针，在兵合后封建土地关系已被打乱的情况下进行平分。农民要求分回其原来土地者，可允许并加以照顾，其原来土地低于全村平均数者，可分回其原来土地并补足至平均数；其原来土地高于全村平均数者，可分回其相当于全村平均数的土地，但不应公开宣传农民地归原主，以免增加这种要求所引起的不必要的麻烦"。② 由此，就不难理解第二份土改报告中对土地问题做如此叙述了："贫农铁儿原有地 15 亩，郭瑜原有地 8 亩，兵合后，铁儿种了 30 亩，郭瑜种 15 亩；富裕中农岳德富原有 60 亩好地，郭广亮 90 亩好地，兵合后，岳德富种 30 亩，郭广亮种 60 亩；地主宋锡恩原有地 116 亩，岳昆山原有地 80 亩，兵合后，宋种 60 亩，岳种 30 亩。……经过这样一算，大家机敏了，有的说咱穷人都是赖地，地归原主，坏地又压在穷人身上。介保妈说，就在乱的底底上分吧，地多的只能怨阎锡山，不能怨咱们给他们分回地。"③

在晋中一地委的土改报告中，值得注意的是工作组在土改宣传教育问题上存在的思想混乱问题。尽管忻县在土改与发展生产上进行宣传是好的，但在中农政策上未能按照土地法大纲进行宣传，也没能及时纠正农民的绝对平均主义思想。在兵合地区，由于土地关系打乱，群众思想上的阶级分化更不明确，工作组只是表面上看到农民与地主同样失掉土地，对"农民只恨阎匪不恨地主"的问题重视不够。因此，要求工作组"使群众对阎之兵农合一土地政策与我之土改政策"在本质上加以原则区别，对分到份地的农民，经过"具体算账"和"阶级教育"使一切农民都懂得分到阎锡山的份地"不是利"而"尽是害"。"使之共同觉悟到兵合对农民是一种桎梏，然后引导共同诉封建剥削下的痛苦，

① 《文水西韩村土改实验初步总结》（1948 年 12 月 1 日），山西省档案馆藏，档号：151-1-17-3。
② 《晋中区党委关于新区土改中几个问题给二地委的复信》（1948 年 11 月 17 日），山西省档案馆藏，档号：47-1-100-5。
③ 《文水西韩村土改实验初步总结》（1948 年 12 月 1 日），山西省档案馆藏，档号：151-1-17-3。

使了解兵合制度与封建制度在本质上是相同的，而前者具有更大的反动性"。① 这些都体现了一地委试图将阎锡山的"兵合"制度与中共土改的必要性结合起来进行革命话语建构的目的。当然也是土改前线的工作组干部将上级的土改政策进行具体实践的复杂表现。不过，在王家庄和西安公两村的基本情况中都没有关于"兵合剥削"的具体内容。正如前文强调的，晋中新区土改决定的出台一开始就将斗争的矛头指向了阎锡山的"兵合"制度，并将其定性为一种农奴式的法西斯的封建土地制度，已将广大新区的封建土地关系彻底打乱，包括地主、富农在内的一切阶层都受制于阎锡山政权的统治和剥削。那么中共如何面对他们所定性的这一新解放区的现实境遇，便使得封建土地关系、"兵合"制度、晋中新区土改三者间互为影响、相互交错，成为本文讨论土改实践与革命合法性问题的重要内容。在一地委的土改实验报告中，工作组已经很娴熟地将"兵合"制度这一新区特点与老区土改的封建土地制度并置进行表述，凸显了由点到面的土改展开过程。

徐沟县龙家营村的土改实验报告也是依照区党委下达的总结提纲来撰写的，与西韩村、王家庄、西安公三村不同的是，该村对土地占有状况首先丈量、评议等级，之后进入平分阶段；集中对衣服、口粮、农具、牲口等土改果实的处理，也是其他三个村不大关注的，这一点在上级土改意见和总结提纲中专门强调过的；关于村政权的改造问题，通过选举贫农团、建立农会等方式确立了新的村庄政治格局。还有一点不同就是对兵合制度的控诉在龙家营报告中更为笼统和淡化。在工作组丈量土地时，遇到的问题是村民怕丈量土地后"承担过重的负担"，"村本位思想很厉害"，而"怕整个村里多负担，这是阎匪遗留给群众的恶果。这一问题始终没有得到解决，丈量土地工作总的看来是失败的"。所以，"群众企图把自己的地亩数都丈成实亩数，把坟盘、渠堰、坝堰、垄背等都除了，达到他们的企图，该除一分除成二分。……王通，富裕中农，原有地58.2亩，丈量后49.5亩，缺地8.7亩。总的看来，土地

---

① 《晋中一地委土改实验村的一段工作情况》（1948年12月28日），山西省档案馆藏，档号：48-1-38-4。

是减少了。每个人都成了实有土地者"。① 在评议土地等级和产量时，也遭遇了类似问题，"群众顾虑是怕评得高了，作下负担基础，认为评议的高就负担重"。甚至出现村民串通起来与工作组周旋："有问题隐瞒我们，在各个会议上，老是我们往高提，群众往下压，形成对立。贫农龙成林、富农龙富海，商议说明天开始评定产量，要计划好，上下布置好，闹成一致，不然就弄出实底来了。"②

针对龙家营村民表现的各种顾虑、周旋和变相抵抗，工作组试图通过政治教育加以解决，"评定产量是为了分地，不是为了负担，对群众是有利的；共产党与农民是一家人，只有共产党来，穷人才能翻身，没有害穷人的一点理由，不必怀疑"③。该村虽是"兵合"地区，但在报告中看不到对"兵合"制度的革命话语建构；相反，却将土改遇到的阻力看作由群众的"不忠实、滑头子、言行不一致，贫雇农多、中农少，教门多、统治力强，妇女多、男人少"等因素导致的。在平分土地方面，报告还指出："这个村人多地少。很多人在外地经商，土地仍不够种。去年兵合后，土地亦没有荒芜，群众对土地问题很重视，如果分配不好，就会发生纠纷，影响生产。"由于"兵合"关系，在什么基础上平分，是"争执很大的一个问题"，"领导上是两种意见，干部之间极不一致，故在工作过程中也是两种做法"④。即一部分人主张在地归原主基础上实行平分，"县里的种麦布告提到动员大地户自动拿出多余土地，调剂给无地少地农民，一般人的麦子都是种在自己的土地上"；另一部分人主张在打乱兵合基础上平分，因为"地富土地不集中，拿出其多余部分只能满足贫雇农要求的一半，在兵合打乱基础上容易达到平分，对贫雇农有利"。但是，"因为干部思想不一致，所以宣传上只强

---

① 《徐沟县龙家营村土改后阶段的实验总结报告》（1948 年 12 月），山西省档案馆藏，档号：47-1-103-4。
② 《徐沟县龙家营村土改后阶段的实验总结报告》（1948 年 12 月），山西省档案馆藏，档号：47-1-103-4。
③ 《徐沟县龙家营村土改后阶段的实验总结报告》（1948 年 12 月），山西省档案馆藏，档号：47-1-103-4。
④ 《徐沟县龙家营村土改后阶段的实验总结报告》（1948 年 12 月），山西省档案馆藏，档号：47-1-103-4。

调了废除兵合与不论男女老少平均分一份土地"。① 很显然，在事关晋中新区土改实践和政治意涵时，中共的做法是将阎锡山的"兵合"制度进行革命性的解构和废除，从而为新区土改的正当性奠定基础。

1948 年 12 月底，晋中新区土改实验阶段基本结束。接着，1949 年 1 月，新区土改全面展开。罗贵波在回忆文章中说："1949 年 1 月上旬，全区 4000 余干部、积极分子、教员、学生组织浩浩荡荡的土改工作队，分批进入广大新区农村。土地改革工作在各地轰轰烈烈地开展起来。历时约 3 个月，在全区约占 63% 的地区，进行了平分土地；约占 25% 的地区调剂了土地。"② 在区党委颁发的《晋中行政公署布告》中对土改必要性有如下强调："晋中新区人民于解放之前，曾长期遭受封建势力压迫与剥削，近年来又在阎匪'兵农合一'暴政下，生产破坏，田园荒芜，人民生产横遭摧残。为此，本署特决定：于今春发动晋中新区百数十万人民，依照中国土地法大纲贯彻实行土地改革。彻底废除阎匪'兵农合一'土地制度，彻底消灭一切封建及半封建剥削的土地制度，实行平分土地，达到耕者有其田。"③ 本文无意呈现整个土改过程，试图在遵循历史时序的前提下，通过土改档案文本的重新解读来讨论档案中的"土改"如何得以建构及其与中共革命合法性确立的关系问题。

尽管土改全面展开前已有各地的试点实验，但考虑到各地区的复杂性，各地委又先后举办土改训练学习班，对参加土改的工作组干部进行政策教育和培训。在此，仅以晋中二地委的土改训练队为例，从工作组的角度呈现土改的一些具体细节。因为土改首先是一个自上而下的执行过程，又有工作组发动和组织群众自下而上地参与，最终成为一个上下相互作用与影响的革命实践过程。④ 二地委的土改训练队始于 1948 年

---

① 《徐沟县龙家营村土改后阶段的实验总结报告》（1948 年 12 月），山西省档案馆藏，档号：47-1-103-4。

② 罗贵波：《太原战役中晋中新解放区的土改和支前》，《山西新区土地改革》，第 471—472 页。

③ 《晋中行政公署布告》（1949 年 1 月），山西省档案馆藏，档号：47-1-100-5。

④ 李里峰关于土改中"阶级划分"问题的讨论，有助于理解中共土改运动中自上而下与自下而上的辩证实践过程。详见其《践行革命：华北土改运动中的阶级划分》（《史学集刊》2021 年第 3 期）一文。

12 月 3 日，有各地学员 130 人。在学员构成上，"区以上干部 44 人，大部分是新提拔的，占 33.84%，村干部 55 人，占 42.3%，通讯员及民兵 21 人，占 16.15%，群众 10 人，占 7.7%；以成分看，工人雇农各 1 人，占 1.5%，贫农 78 人，占 60%，中农 47 人，占 36.15%，地富 2 人，占 1.5%，商人 1 人，占 0.77%，党员 46 人，占总数 35% 强；文化程度上，中学生 3 人，占 2.3%，高小 14 人，占 10.77%，初小 10 人，占 7.7%，粗通文字者 44 人，占 33.84%，文盲 59 人，占 45.38%"。[①] 可以看出，贫农和中农在工作组干部中占有绝对优势，这与土地法大纲要求依靠贫雇农、团结中农的原则相一致。但学员的文化程度普遍低下，文盲和粗通文字者占到了近 80%，这样的干部素质无疑会影响到他们在政策学习、革命实践中的实际效果。此外，土改队伍中有一些成分不纯人员，也说明了各阶层对土改有着不同的认知和期望。

再来看土改训练队的学习情况。上级要求土改训练的目的是"将我党土改政策原则精神使大多数学员能够明确领会和掌握，在实际工作中不至于出乱或少出乱子。并使每个学员学习后，在实际工作中能用得上，达到要学用一致的目的"。在学习内容上规定："甲、土地法大纲七天学完，乙、划分阶级七天学完，丙、发动群众问题四天学完，丁、坚定和准备结束二天，共计划二十天学习结束。"[②] 虽有如此具体的学习计划，并采取"先由领导讲解文件政策后再按小组讨论，或者以自学为主讲解问题为辅，或者将文件精神与实际问题联系起来讨论"等形式多样的学习方法，但有的学员还是表现出各种思想情绪上的波动，难以安心学习。如交城县四区学员梁清洁，汾阳县九区的申立贵，都是"区上拿组织纪律硬逼着来学习的"，导致其抵触学习；还有学员惦记家里的事情，因家里没有劳力，无人劳动，急着回去；另一些学员怕做不好，不愿参加土改工作，弄不好还得负责；而大部分学员则怕学习后调离本地工作。[③] 不难发现，参加土改学习的人员首先会结合自己的现实处境和利益诉求去理解和应对外来革命者的动员与组织问题。

另外，土改训练队的学习中还有对"地主或工商业者"、"清算伪

① 《晋中二地委土改训练队总结》（1949 年 1 月），山西省档案馆藏，档号：49-1-38-11。
② 《晋中二地委土改训练队总结》（1949 年 1 月），山西省档案馆藏，档号：49-1-38-11。
③ 《晋中二地委土改训练队总结》（1949 年 1 月），山西省档案馆藏，档号：49-1-38-11。

人员"、"团结百分之九十以上的人"、"对逃亡地富财产的处理"和"如何做到既满足贫雇农要求又不侵犯中农利益"等问题的讨论，但基本是按照土地法大纲，以土改学员或所属地区的形式加以转述的，并没有展现学员在这些问题上的具体反应如何。至于训练的效果，二地委指出，学员基本掌握了土改的政策原则，认识到平分土地的目的是发展生产，并把握了"以劳动不劳动、剥削不剥削作为划成分的标准和不能乱打乱杀乱刨底财"的政策界限。不过，在这些学习中没有关于阎锡山的"兵合"制度与晋中新区土改之间的话语关联。也许是因为土改领导干部和训练队学员只将关注点集中于传达和贯彻土地法大纲内容，却未能将其与晋中新区的"兵农合一"特点联系起来认识新区的土改实践。或者说，他们对"兵合"制度与新区土改的关系问题原本就缺乏足够的政治敏感。正如训练总结中指出的："在这一期学习中，没有将阶级思想斗争较全面的启发及展开，没有把农村封建阶级很明确的引导到每个学员身上，让他们在思想上对阎匪一样的仇视，……没有启发大家对封建阶级进行思想斗争，也就是没有进行诉苦的思想斗争而引起每个学员在思想上更加明确的认识封建阶级对农民的残酷压制，从中进一步提高大家的阶级觉悟性，以求得在政治上提高一步。"① 其实，这段土改训练队的自我检讨反映了在土改实践过程中以"诉苦"和"引苦"的方式求得学员在思想认识上的一致性的斗争策略显得有多么重要。但是，我们似乎不应忽视的是一般性的宏观政治话语在局势变动不居的条件下进入特定地域社会时出现的诸多变化。也正是在来自上和下的各种力量交织的场域中才展现出历史的丰富性和复杂性。

从档案资料来看，有关 1949 年初的全面土改大多是遇到某些问题后向上级汇报、请示的各类报告，以及工作组撰写的阶段性或全程性的报告总结。这些土改文本主要是在上级领导的要求和规定下完成的。1948 年 11 月，晋中区党委曾强调："土改胜利的保证，首先，依靠方针政策决定的正确和力量组织的适当，并能及时检查与认真纠正错误，推广经验。然后，最重要的保证就是必须严禁自成系统，自立政策，这种无组织、无纪律、无政府的违反党的组织原则的行动，将使我们这一

---

① 《晋中二地委土改训练队总结》（1949 年 1 月），山西省档案馆藏，档号：49-1-38-11。

伟大的历史任务遭受惨败。各级领导机关与领导同志必须万分警惕，坚决地保持全党在政策思想上与组织行动上的高度一致，以便完成中央所给予我们的光荣任务。"① 随后二地委提出了更具体的要求。下乡土改干部必须"坚持党的政策原则，并加以贯彻，不许有人恶意修改或曲解党的政策；必须及时向上级反映群众的真实意见，不许把上级和群众分开来；必须根据具体情况向上级提出负责意见，不许有不负责的态度；必须加强请示报告制度，不许自作主张，和先斩后奏，否则要受纪律处分"。② 这对于解释土改档案文本的性质和生成提供了重要参照。工作组在土改实践中，凡遇到动员群众、划阶级、斗地富、挖浮财、建立党组织、改造村政权等问题时，便会向上级提出请示，希望上级给予政策指导和答复。③ 可见，中共上层的土改政策以解决问题的方式进入地方社会，工作组干部承担着中间角色。

这在文水一区韩村土改中遇到的"蜜蜂问题"上有很好的体现。事情是这样的：在干部组织讨论村中如何分配地主韩景华的土地时，在场的多数人提出也得分掉地主养的蜜蜂，只给他留坏地一份，"叫他也参加劳动，到地里受一下"。为了分掉地主的蜜蜂，贫雇农还列举了蜜蜂的许多坏处，如吃庄稼花，导致少产粮食，吃家里的面，还蜇人等。于是给蜜蜂定性为一种剥削，认为如果不分韩景华的蜜蜂，他仍然是"财主"，因为他"出产蜂蜜""不需要劳动"，而"穷人们照样还得受穷"。另有两个妇女委员主张不给地主留地，但给地主留蜜蜂，理由是"蜜蜂靠大家喂不好、养不了，蜜蜂对庄稼是有好处的，使庄稼能长好"。村干部韩开明则说，分了蜜蜂，养不了的话，可以开一个蜂厂，集体养，雇人管理。最后经工作组再三解释，村干部才勉强接受，但在

① 《中共晋中区党委关于今冬新区土改意见》（1948 年 11 月 10 日），山西省档案馆藏，档号：47-1-100-2。

② 《晋中二地委土改扩干会议上的报告》（1948 年 12 月 23 日），山西省档案馆藏，档号：49-1-35-2。

③ 如《关于分配浮财问题的报告》（1949 年）、《晋中区党委：华北局关于某地划阶级中几个问题的指示》（1949 年 1 月 3 日）、《晋中区党委关于新政权建立的起点问题给三地委的信》（1949 年 1 月 20 日）、《二地委发动群众向地富作坚决斗争》（1949 年 1 月 18 日）、《岳宗泰关于划分阶级中几个问题的请示》（1949 年 1 月 23 日）、《晋中区党委关于划阶级问题给岳宗泰的复信》（1949 年 1 月 24 日）、《晋中区党委关于了解在土改中交城县死了的一个地主的情况给二地委的信》（1949 年 2 月 1 日）、《晋中区党委关于在新区土改中进一步发动群众的指示》（1949 年 2 月 5 日），等等。

贫雇农会议上他们又坚决主张分了地主的蜜蜂。到最后，连两个妇女委员也发生了动摇，不敢再坚持自己的意见。无奈之下，又经工作组解释动员，直到召开农协大会，这个"蜜蜂问题"还在争论，并认定养蜜蜂是一种剥削，要作价分掉。干部韩爱敏说，"如果公家一定不让分蜜蜂，那就把蜜蜂作了价，倒过来，叫韩景花拿钱来买"。还有的贫农说，"蜜蜂如不分，人家韩景华仍是发财，用不了一年，还是一样的富有"。在区领导和工作组的不断解释下，围绕所谓"蜜蜂问题"的争论才达成一致意见，"以后养蜜蜂发财是应该的，对国家也有利"，才最终决定"分蜜留蜂"。① 这个例子很值得思考。一是因为它与晋中新区土改的"兵合"特点完全没关联。二是通过贫雇农、工作组、区领导、农协会、村干部等多方力量争论是否分掉地主蜜蜂的问题，让我们看到革命理想和现实利益之间的张力对消灭封建剥削制度的革命话语具有的挑战性。三是蜜蜂居然也被定性为剥削，养蜜蜂是不是一种剥削，要由蜜蜂的主人是地主还是农民来判断。这也充分反映出土改实践因政策规制而产生的多样化效应。

为了及时将土改工作转入结束阶段，1949年2月，区党委指出："为了便于及时汇集材料做出总结起见，区党委特统一印发土改工作总结提纲，希各地于土改结束后即抓紧时间分期总结，以便吸取经验，及时推广。总结时尽可能多叙述典型，少作一般化的叙述。"② 总结提纲和前文的土改实验总结提纲大同小异。关于新区土改的总结报告要比之前的土改实验报告丰富一些，而且在内容撰写上也多以文字叙述与统计数目相对照，显得有理有据。相比较而言，孝义县土改工作报告主要是一般化叙述，用政治语言将土改中的地富问题、划阶级及干部执行政策中的偏向问题进行了汇报。③ 太原县二地委先后撰写四份土改总结报告，从形式到内容更具体，特别是最后一份土改综合报告，是按照总结提纲写出

---

① 《韩村土改总结材料》（1949年2月），山西省档案馆藏，档号：151-1-17-6。
② 《晋中区党委关于印发土改工作总结提纲的通知》（1949年2月3日），山西省档案馆藏，档号：47-1-98-9。
③ 《孝义土改工作报告》（1949年2月15日），山西省档案馆藏，档号：150-1-11-2。

的一份详细汇报型报告。① 太原一地委的土改总结也较为细致。②

1949 年 5 月，由太原市委③写出的《太原新区土地改革的初步总结》，对整个晋中新区土改实践进行了总结汇报。这份报告对阎锡山"兵合"制度的定性和表述发生了变化，不再像之前各类总结报告中一般化的政治定性后，再尽力去找事实根据，而是有了一些新的话语表达。在记述新区农村的基本情况时，该报告指出："阎匪彻底实行'兵农合一'，解放后又宣传地归原主者，约占新区村庄的 53% 弱；未实行兵合和虽已实行而不彻底者约占 30%；兵合彻底未归原主者约 3% 强；恢复区约占 14%。阎匪实行兵合，绝大部分均不超过半年，一季未收，即被我解放。因之，绝大部分地区，农村阶级关系和土地关系均无根本变化，这是一个极其重要的特点。"④ 很显然，此时报告着重强调了晋中新区绝大部分的农村阶级关系和土地关系并没有因为"兵合"制度而发生根本变化，主要还是租佃式的封建土地关系。这与之前针对"兵合"制度的革命性话语已明显不同。在同一个地区先后出现不同的政治话语，不仅说明土改实践的复杂性，而且显示了上下级在寻求革命合法性和掌握一地域社会政治经济关系时所面临的挑战和困境。这一点从土改中存在的缺点与不足中也可看得清楚。

晋中新区土改是在支援太原战役、大量基层干部南调及动员农民进行生产、救灾、战勤负担等环境下进行的。工作组指出，土改虽有成绩，但"运动发展极不平衡"。有的地区做得较好，有的"从根本上说是失败了或可能失败了的"，其余大部分"都遗留有问题，甚至有的问题多且严重"，如：在划阶级时，将一些中农错划为地主、富农，或把

---

① 《太原二地委新区土改初步总结报告》（1949 年 2 月 8 日），山西省档案馆藏，档号：49-1-35-8；《太原二地委关于新区土改报告》（1949 年 3 月 8 日），山西省档案馆藏，档号：49-1-35-10；《太原二地委二分区新区土改第二期阶段初步总结报告》（1949 年 3 月 21 日），山西省档案馆藏，档号：49-1-35-11；《太原二地委新区土改工作综合报告》（1949 年 5 月 10 日），山西省档案馆藏，档号：49-1-35-12。

② 《太原一地委关于新区土改工作总结》（1949 年 5 月 1 日），山西省档案馆藏，档号：48-1-38-5。

③ 1949 年 2 月，中共晋中党委和中共太原市委合并为新的中共太原市委，因此，部分档案名称已将晋中党委改称为太原市委，但有些档案仍沿用了旧有的晋中党委这一名称。档案中的太原新区包括了原来的整个晋中新区及太原战役后新解放的周边地区。

④ 《太原新区土改工作的初步总结》（1949 年 5 月），山西省档案馆藏，档号：154-1-34-3。

地主、富农错划为中农，对划分标准"误识、误用"，"按地亩、看摊子、不计算剥削率，只看使用关系，新旧富农分不清"；为了实现绝对的平均，不少地区抽动了中农的土地；还有对农民反奸霸的正当情绪和要求采取死防硬堵而"犯了右倾偏向"。由此导致了农民群众的觉悟和组织程度未得到应有的提高，封建剥削的土地制度消灭不彻底；村组织基础软弱无力，不能单独起领导作用，各项支前负担政策和制度也无法得以彻底贯彻。① 产生这些问题的主要原因是土改干部和群众始终对阎锡山"兵合"制度认知不清，尤其是上级领导多次下达关于"兵农合一"的革命话语，使这一地区的土改实践更加复杂和难以操作。对此，工作组有特别强调：一是对农村阶级关系分析上有错误，对地主富农阶级本质认识不够，"麻痹了自己、忽略了必需的阶级斗争"，抽象地强调农民群众的能动性；二是对晋中新区虽实行了"兵合"但"农村阶级关系和土地关系均没有根本改变"这一重要特点认识不足，做出了"中农对原属土地观念淡薄"的错误分析。如1948年11月区党委提出了"三种不同地区对中农的三种不同方针"，但12月在新区土改扩干会议上又对原来的土改决定做了修正，主张"必须首先没收地主和征收富农的土地财产，允许中农可以保留稍高于全村平均土地数量，这些做法都是保护中农而非侵犯"。结果，由于"土改决定下发的较早，土改扩干会议结论下发的晚"，再加上"多少存在农业社会主义思想"，从而发生了严重侵犯中农利益的偏向。所以，除极少数地区"兵合"在一年以上者可采取抽补方针，达到平分外，绝大部分地区"均应按土地法大纲执行"。② 由此，也就不难理解区党委为何又做出在1949年冬再次进行土改复查运动的决定了。

可以说，从土改实验到全面土改，有关阎锡山"兵合"制度与晋中新区土改之间的话语建构并不像土改领导者多次反复下达的各种方针政策所描述的那样定型，原初曾试图以这一制度作为开启新区土改实践的抓手，到后来它的施行又被限制在极为狭小的范围内。因此，晋中新

---

① 《太原新区土改工作的初步总结》（1949年5月），山西省档案馆藏，档号：154-1-34-3。

② 《太原新区土改工作的初步总结》（1949年5月），山西省档案馆藏，档号：154-1-34-3。

区的土改实践以彻底消灭"兵合"制度作为斗争对象，实际上经历了一个由点到面的革命性建构过程。在意识形态化的政治话语和新区客观事实之间如何为中共革命合法性的确立提供坚实可靠的现实基础，则是土改领导者一直在思考的问题。

二 掌握事实：土改调查与问题建构

前文以汇报型土改总结报告为主，对"兵合"制度与晋中新区土改之间的历史关联做了多方面讨论。接下来以工作组的村庄土改调查为对象，探讨该区域的历史状况与问题建构的复杂关系。即工作组的土改调查在多大程度上为土改提供了事实依据，从而在问题建构与土改实践之间形成有效的逻辑关系。从实践角度看，一方面是自上而下的土改政策，对这一新区如何开展土改有着政策性的主导和推进，另一方面是工作组到村庄后进行以"兵农合一"问题为主的社会调查。这些调查报告是在上级指示下进行的，层次不一，详略有别，不仅印证了第一类土改资料背后的历史复杂性，而且为土改实践中的问题建构提供了事实基础。

晋中新区的土改调查集中在 1948 年 8 月至 10 月。在此，本文以太原三区的洛阳村、平介县的安固村、交城一区的东汾阳村、文水县的徐家镇、榆次县的苏家庄、忻县的城关村和田村等 7 个村庄在"兵合"制度下的具体变化和影响展开讨论，进而考察土改调查与问题建构的深层关系。通过这些村庄调查，可从事实层面对"兵合"制度的在地化状况有所了解和掌握，并与前文的总结汇报材料形成对照性的理解。笔者将 7 个村庄的调查材料作为晋中新区土改调查的典型事实，以此探讨它们对于土改的问题建构与中共革命合法性确立的重要性。无疑，这些调查影响了中共土改政策的制定、调整，乃至其政治话语表达与革命实践的走向。

先来看洛阳村的土改调查。工作组最早于 8 月 8 日开始对该村"兵合"后的土地情况展开调查，"花了六七天时间"，调查方法是"采取个别访问贫苦穷人，过去与我们熟悉的伪村干部，以及召集贫苦农民座谈等方式"。① 洛阳村地处汾河、潇河之间，在全面抗战时期常有中共地方干部到此活动、居住，与潇河南边的王家堡、马村一起成为八路军在此的一个平川根据地。所以，"这村群众对八路军了解较多，抗属也多，和我军政关系是比较密切的。为了解兵合情况，故选择此村进行调查"。从调查内容看，"兵合"前后村里各阶层占有土地状况有较大变化。该村经过"兵合"后，地主、富农占有土地减少，中农的土地有所增加，贫雇农增加土地近一倍，似乎"兵合"制度是有利于贫雇农的，但事实并非如此。工作组认为，尽管地主土地减少了，但是按照人口平均计算，他们比其他阶层仍占有较多土地。而且，"在地主4户中，只有1户是国民兵常备兵编组分到地，其余都是将祖业地划出去，又给了别人家当助耕的。富农2户也是助耕的"。中农"有13户46人是无在军龄人，家境不好，连助耕都未当上，失去原有土地242.39亩"。贫农中"无地的67户，加上河南河北的木瓦匠7户，占本阶层户数42%强，占全村户数28%弱，贫苦的越加贫苦了"。② 所以，即使实行"兵合"使地主、富农土地减少和中农贫农土地增加，但地主、富农的势力和地位并未受到根本影响。

调查显示，1948年春耕前，由洛阳村"兵农合一执行委员会"把本村土地先行丈量，再按"兵合"制度进行划分。"每份地四十一二亩，……国民兵领到之份地多无垫底资本，种不起，也必须找助耕，分的给别人家种。但是谁当谁的助耕，则由国民兵与非国民兵家'合谋'，无人用穷人助耕，怕他给不起粮。一般地主富农即便无人当国民兵，也是有地种的。好地多在伪村干部手中或和敌较近的国民兵。"③ 事实上，当助耕的做法成了变相占有土地的一种形式，因此地富有能力当助耕，使得其对所耕种的土地享有控制权。在划分土地过程中，不仅有人故意从中暗阻，隐藏土地，导致丈量数目不详确，而且"当时分地，表面是国民兵到一起拿纸球的，实际纸球上有记号。一个老婆婆说

---

① 《太三区洛阳村兵农合一后土地情况调查》（1948年8月8日），山西省档案馆藏，档号：154-1-34-4。

② 《太三区洛阳村兵农合一后土地情况调查》（1948年8月8日），山西省档案馆藏，档号：154-1-34-4。

③ 《太三区洛阳村兵农合一后土地情况调查》（1948年8月8日），山西省档案馆藏，档号：154-1-34-4。

'尾巴长的纸球是村干部拿的，尾巴短的是村人拿的'，这说明村民是有怨气的"。更有甚者，"伪村干部自己分到地又觉得不满意时，竟能强迫或糊弄别人，把好地换到他的手里。伪村长常来大与国民兵分队长王仲福在分地时从中贪污即属常事"。[①] 于是，工作组指出洛阳村在"兵合"中的土地划分是不平衡的，"地主仍是地主"，"伪村干部大部分都仗势发横财"。如"地主王秀棋家，虽将原有土地分出去了，但又划入 44.59 亩，并助耕 52.16 亩，长工还用，骡子大车还养着。地主王殿文家，虽划出原有地 66.05 亩，但又划入 60.33 亩"。[②] 可见，地主在村中继续享有强势地位。

伪村干的"仗势发横财"问题，在调查中也有详细记录。伪村长常来大贪污舞弊，当村长不到四个月，"仅在小店镇私存麦子近二十石，还骑得崭新的铁洋车子。他收的夏田只出很少一部分负担"。村特派员张春善，"今年磨镰割了好麦子，春天别人家吃糠的饿死的都有，而他是低价买穷人家的柜架用具。他的亲家王恒玉，虽不是伪村干，但有村特派员招呼，划到麦地三十八九亩，收麦近四十小石，出负担才七石多。并成为最先交清的模范"。伪国民兵分队长李保中虽是贫农出身，但在"要国民兵时强迫穷人当兵，敲诈富人钱财，这是他发财的主要道门"。副村长李天申划分地时，"他的祖业地就未划进去，借口说是漏地，今年夏就没出负担"。[③] 洛阳村的伪村干部利用手中的权力和关系，不仅借助"兵农合一"从中渔利，而且成了真正掌控村庄政治权势的特权阶层。尽管他们当中无地主富农，但"伪村政权对地主富农还是特别照顾的，特别是份地、助耕，地主仍有大量地种，支差苦事，地主出的也很少。全村没有地主富农去当兵的"，所以，"无论如何讲，地富在村中还是不受影响的"。对于伪村干部，"穷人恨他们，因为他们欺负穷人，要粮要人逼穷人，不把穷人当人看；地富恨他们，因他们贪

---

① 《太三区洛阳村兵农合一后土地情况调查》（1948 年 8 月 8 日），山西省档案馆藏，档号：154-1-34-4。

② 《太三区洛阳村兵农合一后土地情况调查》（1948 年 8 月 8 日），山西省档案馆藏，档号：154-1-34-4。

③ 《太三区洛阳村兵农合一后土地情况调查》（1948 年 8 月 8 日），山西省档案馆藏，档号：154-1-34-4。

污，有时敲诈"。① 显然，经过"兵合"后村中最受苦的还是贫农阶级。贫农王侯小，"自己的九亩地被人家划走，无人用助耕，后来设法助耕了六亩地，连一点麦子也没有，从春到夏，都没吃的。只好把炕几皮箱农具都卖给伪村干部了"。② "兵合"制度在该村造成各阶层的分化和不平等还体现在"当兵的事情"上。"全村 28 个常备兵预备兵，贫农有19 个，中农 8 个，地主 1 个。村中强制贫苦人当兵的办法就是要优待粮，拿不出所欠优待粮来，只用命顶。富有者，不出兵，他们设法出得起优待粮，或花黑钱给伪村干部……"③ 这些因推行"兵合"造成村庄分化的复杂状况，使晋中新区土改实践的展开处于反复的变动和调适之中。

与洛阳村相比，平介县安固村的土改调查更复杂一些。主要是因为安固村在 1945 年冬和 1946 年春经历过"减租、清算"运动，以及"五四"指示下达后又以"减租清算"和"自愿献地"的方式，进行过"无代价的分配地主的土地给无地少地的农民"。④ 工作组认为这些对地富剥削势力有一定削弱，"基本群众也有了一些觉悟"。1946 年 8 月，安固村陷入"阎匪"之手，在 1947 年秋实行"兵合"制度。⑤ 经过"兵合"编组后，该村原有土地被"打乱分开"，"不使任何人能分到自己的一块地种，每份地不只是一个原主人而是数家的地合为一份"。但是"地权仍属于原地主人"，而"种地人（即在军役者）得给原地主人出租，每亩一斗"。这样，不仅造成村民负担繁重，"凡种份地的人都得出官银，每两官银大约是 12 亩，以及各种摊派粮"，而且因"土地分乱"和"差务修碉堡"导致"群众生产情绪低落"，"土地荒芜不少"。⑥

---

① 《太三区洛阳村兵农合一后土地情况调查》（1948 年 8 月 8 日），山西省档案馆藏，档号：154-1-34-4。

② 《太三区洛阳村兵农合一后土地情况调查》（1948 年 8 月 8 日），山西省档案馆藏，档号：154-1-34-4。

③ 《太三区洛阳村兵农合一后土地情况调查》（1948 年 8 月 8 日），山西省档案馆藏，档号：154-1-34-4。

④ 《平介县县委会关于安固村土地情况的调查》（1948 年 8 月 14 日），山西省档案馆藏，档号：157-1-71-1。

⑤ 《平介县县委会关于安固村土地情况的调查》（1948 年 8 月 14 日），山西省档案馆藏，档号：157-1-71-1。

⑥ 《平介县县委会关于安固村土地情况的调查》（1948 年 8 月 14 日），山西省档案馆藏，档号：157-1-71-1。

1948 年 5 月，安固村重新获得解放，针对原有土地被打乱划分的状况，工作组通过处理"夏田"和"秋田"两种办法废除了"兵合"制度。具体做法是，该村的夏田是"去秋（未兵合时）原地户种上的"，而"兵合"是"去冬才彻底执行的"，所以"去秋种上的麦田，经兵合把土地打乱，原地主的土地被国民兵分去，今年夏收时这部分麦田将被国民兵收去"。解放后，按"谁种谁收"的口号和"照顾鳏寡孤独和贫苦程度"的调剂办法进行处理，使"丧失土地的原地户和国民兵（分地户）和地主富农分得一部分麦子"。[①] 而"秋田"大部分是中农贫农种的，虽采取了"谁的地归谁种"的解决办法，却造成了一些分歧。"兵合"后，中农所划入的地是别人的，"耕种上总是不如自己的好"，所以对"谁的地归谁种"的办法没有意见。少数中农因自己的地被别人分去了，"做的不好，还有的荒芜了"，而他种别人的地，"种的顶好，苗子长得旺"，按此办法，他们种好的地"要退给别人"，"别人退给他的地却是很坏的荒芜的"，结果"纠纷经常出现"。[②] 对于"不在军龄"且失掉土地的贫农，在"谁的地归谁种"的办法下，土地重新回到自己手里，"这部分贫农没有意见的"。对于那些有少量土地又"在军龄"的人，他们"合回了更多的土地"，如果再把地退给别人，他们的土地又变少了，"意见是很大的"。最后工作组采取"伙种形式"进行调剂解决，以满足其生活需求。如果"地主的地被贫农合去"，则用"三七分法处理"，使"地主不劳而获了一部分粮食和青苗"，"无形中承认了地主的地权和恢复了兵合前的土地制度"。[③]

从安固村废除"兵合"的过程来看，因各阶层、土地、军龄、耕种等因素的相互交叉和牵扯，处理起来并不简单。而且该村在全面抗战后虽经历了"减租清算"和"自愿献地"运动，但实行"兵合"后村里又出现了"阎匪村政"利用特权"依仗敌势""欺压群众"的现象。伪村长王义明因贪污问题，在"清算斗争"中被群众清算过"二石多

---

① 《平介县县委会关于安固村土地情况的调查》（1948 年 8 月 14 日），山西省档案馆藏，档号：157-1-71-1。

② 《平介县县委会关于安固村土地情况的调查》（1948 年 8 月 14 日），山西省档案馆藏，档号：157-1-71-1。

③ 《平介县县委会关于安固村土地情况的调查》（1948 年 8 月 14 日），山西省档案馆藏，档号：157-1-71-1。

粮"。"阎匪"占领该村后，他便向群众"报复倒算"，他将分过斗争果实的群众"开了一名单，见了面，就要粮"，"群众害怕，即答应给他退。……就这样，他向群众倒要的粮食在二十石以上"。还有地主李齐堂向群众报复，"因兵役问题，群众斗争时在他家吃过一顿油糕。敌人占领后，他把吃过的人吊起来打，并用讽刺的话问'油糕好吃吧?'"①可见，"兵合"制度不只是编组划分打乱了原有的土地关系，伪村政权的影响也很大。

与 1945 年前的土地占有情况相比，在废除"兵合"制度后各阶层之间没有产生明显的分化，那么，不局限于土地本身的变化，伪村政权下的村庄生活状况就会成为晋中新区土改实践展开的重要参照。而由土改调查所揭露出的种种社会问题对中共革命的合法性确立就显得至为关键了。

至于交城一区的东汾阳村，工作组首先指出这是一个"没有经过我们的工作，没有调剂过土地"的小村，1948 年 7 月解放后，才进入该村进行"兵合"状况的调查。1948 年春，该村实施了"兵合"制度。在"兵合"前，东汾阳村各阶层占有土地情况是：（1）富农 3 户，占全村户数 3%，占全村人口 4%，占全村土地数 7%，他们"不仅土地数量多，并且质量好，没有荒碱地"；（2）中农 46 户，占全村户数一半，占全村人数 60%，占全村土地数 65%，"在土地数量与质量上，均超过了全村的平均数"；（3）贫农 39 户，占全村户数的 43%，占全村人口 30%，占全村土地数 27%，"其中坏地占很大比重，荒碱地占整个贫农土地 29%"；（4）雇农 3 户，占全村户数 3%，仅占全村人口 2%，没有土地。②

工作组认为，东汾阳村虽没有地主阶级，仅有 3 户富农，但是"各阶层占有土地数量也是相差很大的"。全村人均占有土地 3.9 亩，除贫农人均占有数略低于全村平均数外，中农略高于全村平均数，富农则比全村平均数多 2.2 亩。尽管有 3 户雇农属于无地户，可东汾阳村各阶层

① 《平介县县委会关于安固村土地情况的调查》（1948 年 8 月 14 日），山西省档案馆藏，档号：157-1-71-1。
② 《交城一区东汾阳村在阎匪实行"兵农合一"前后的一些情况》（1948 年 8 月 20 日），山西省档案馆藏，档号：152-1-63-2。

的土地差别其实是很微小的，并非调查所言"相差很大"。不过，富农中农的土地质量要比贫农的好很多，贫农近30%的土地是荒碱地，可见其生活程度的低下了。

至于东汾阳村在"兵合"中"编组分地"和"抽兵助耕"的具体做法，与洛阳村、安固村大同小异，不再赘述。而"兵合"后造成村庄的人地关系变化，使得土改的展开面临着不一样的历史状况，工作组调查掌握这一状况，不仅意在废除"兵合"制度本身，更是要通过土改实践消解它在村中造成的种种变化及影响。

在东汾阳村，编组划分土地后有30户村民因"不够国民兵的年龄，也没有助耕"，丧失了439亩土地。在无地户中，除了少数人"移居城里或逃亡其他地方寻求生活"外，大部分是孤寡老弱、没有劳动力、不能维持生活，也失去了土地和生活依靠。在3户张姓富农中，张学德因地"合"出去了，便到交城县里改做商贩；张春绅的地被"合"出去后无地破产，又"有病在身，劳动不了份地"，变成了赤贫；张佳全的地划出去以后，又与别人合谋助耕了15亩地。[①] 工作组认为3户富农的没落是因为"他们与敌人政治上没有联系"导致的。对此，晋中区党委在批示中专门强调该村的"这种情况尚不能说明一般村庄之地富在兵合下已完全破产"。从3户富农的破产也可看出中共革命话语表达的普遍性与土改实践的具体事实之间存在的一些差别。另外，"兵合"后该村荒地也明显增多，主要是因土地打乱划分后，规定"原来的地不让本主留种"，结果"村南的人种村北的""村北的人种村南的"，导致"耕种很不方便"，以及农民生产情绪低落，抓青壮年当兵和差役导致"劳力减少"等。所以，不少村民反映说："劳力负担自今年正月（旧历）到六月，没有到地里做过几天活。……'兵农合一真是好，不长庄稼光长草'。"[②]

受"兵合"制度的影响，东汾阳村解放后，各阶层农民在如何处理和解决土地问题上表现了不同的态度和要求。一部分有劳动力并得到

---

① 《交城一区东汾阳村在阎匪实行"兵农合一"前后的一些情况》（1948年8月20日），山西省档案馆藏，档号：152-1-63-2。

② 《交城一区东汾阳村在阎匪实行"兵农合一"前后的一些情况》（1948年8月20日），山西省档案馆藏，档号：152-1-63-2。

"份地"的贫农，在"兵合"前"地少质量坏"，"现在解放了，负担减轻了，有的提出不愿把地全部退回，有的提出退回原主就无法生活"。如贫农张根德，原有土地 16 亩，其中 7 亩是碱地，不能耕种；"兵合"时"他家两个国民兵，分到了 60 亩地"，当工作组提出"地归原主"以废除"兵合"制度时，他希望"能多少给他留下一点好地种"。贫农雷洪如因"不在国民兵年龄"，失去了仅有的 5 亩土地，他的意见是"地归原主还是好，自己就有地种了。并希望能再补一点地"。中农多数赞同"地归原主"的调剂办法，富农因"有人工底垫，劳动好"，也深表赞同。① 这些不同的意见体现了"兵合"后村庄人地关系的混杂情形。晋中区党委认为笼统地提出搞"一刀切"的地归原主的做法是不妥当的，因为首先要确保满足无地少地的贫雇农的要求。"兵合"后无地少地的村民在"编组划地"过程中可能划分到土地，如只是按地归原主的办法处理，那么土地退回原主就意味着再次失去土地。

　　1948 年 9 月，晋中区党委下发了关于调查新区农村情况的重要通知，对如何调查和掌握农村"兵合"前后的不同情况做了详细说明。文水县徐家镇、榆次苏家庄、忻县城关村和田村进行的土改调查就明显受到该通知规定的影响。区党委指出，为掌握本区特点，主要通过调查"实行兵合前后所造成的不同情况，以及已经实行兵合地区和尚未实行兵合地区之间的不同情况"，以便"正确的确定我们的政策与工作步骤"。对于"全县概况"，首先要按照"已调剂土地又实行兵合的地区"、"未调剂土地已实行兵合的地区"和"未调剂土地也未实行兵合的地区"三种不同地区进行；其次是对"执行我之政策与实行兵合的概括过程"；还有"如能弄出兵合前后之比较的一项以至几项数字情况则最好，如不可能，即不要勉强"。② 这三项调查规定是从县级层面做出的一般要求，而通知中对村级层面的调查要求更为详细、具体，"每县尽可能找出两个能代表多数情况的典型村庄调查，应包括阎匪实行兵合与未实行兵合者各一村"。在"村庄概况"中，除了"全村现有户

---

① 《交城一区东汾阳村在阎匪实行"兵农合一"前后的一些情况》（1948 年 8 月 20 日），山西省档案馆藏，档号：152-1-63-2。

② 《晋中区党委关于调查晋中新区农村几项重要情况的通知》（1948 年 9 月 5 日），山西省档案馆藏，档号：47-1-12-2。

口、人数、土地、产量、荒地、青壮年、劳动力、牲畜数目"的调查外，还要注意"如有我之工作，是否犯过错误"的问题。至于"兵合"执行状况，包括"开始时间""兵合前后阶级关系变化""政治统治""负担""文化思想统治""阎匪兵合下各阶层生产生活状况及其反映或斗争"，以及"解放后，各阶层对青苗、土地负担、顽伪人员处理等方面的真实意见，对我各种政策之了解程度，赞成或反对或怀疑之表现"，尤其是要"以具体人反映出具体事说明之，但必须看能否代表一种人的意见"。① 正是这种种调查事项的规定，使得在掌握事实上比之前的土改调查有着更具体的政治指向和问题建构。徐家镇即是典型。

徐家镇的土改调查在 1948 年 9 月 12 日至 24 日进行，历时 12 天。在"概况"部分，记录了该村于 1939 年建立中共党组织，1944 年"我军进入平川活动，该村我军常驻"。全面抗战后，中共改造村政权，在反贪污运动中"斗争了村警武风川，斗争出 100 多石杂粮"。1947 年秋"敌人正式统治该村"后，地主郭维廉当了"兵农政治委员会"的农官，实行伪村政。1948 年 6 月，徐家镇获解放。

1947 年 8 月，地主郭维廉和伪村长武保生带领 10 个评议员到文水县城参加"兵合"制度受训，学习如何划分土地。3 天后，他们回到村里成立"兵农政治委员会"，组成 3 人小组，"农官郭维廉，联合小组长范世昌（中农），评议小组长郭维桑（富农）"。随后在乡村指导员张广武的督促下测量地亩、评议划分、拨地等，最后在 1948 年 3 月完成"兵合"。地主、富农占有土地数量明显减少，由 12%降低到 4.4%；贫农的土地数量明显增多，由 24%增加到 44.4%；中农的变化则微小。②

就"兵合"前后土地变化而言，似乎对贫农多有益处，但是从徐家镇的政治统治状况来看，则是另一番景象。首先，1947 年秋在敌伪政权统治下，中农郭二河和贫农武家谟分别担任村长、村副，"当时通过咱们上得台，是为了利用两面派，以便掌握维持"。因郭二河当村长

---

① 《晋中区党委关于调查晋中新区农村几项重要情况的通知》（1948 年 9 月 5 日），山西省档案馆藏，档号：47-1-12-2。

② 《文水县徐家镇兵农合一情形调查材料》（1948 年 9 月），山西省档案馆藏，档号：181-1-10-5。

不到半个月就贪污浪费了 200 石粮食，并"经常假报情况，欺骗我方"，"被我军镇压"后，由贫农耿建义当了村长。但很快又被"阎匪"换成了富农武保生任村长。其次，郭维廉"在旧政权时当老村长，有恶霸行为，日本投降后，献地运动时退了 26.2 亩，遂对我方不满"，在他当了"兵合"农官后，在"群众中影响很不好"。1948 年夏，徐家镇解放，郭维廉儿子郭石岚当选评议员，在夏征时"他把全村麦田都打了八折，欺骗了政府"。还有"兵农基干"也是理解该村政治统治不可或缺的因素。徐家镇的兵农基干有两组 12 人，组长分别是地主武师尹的儿子武治贤和中农李建德。武治贤在村里担任兵役分队长兼民卫军中队长，不但"奸淫妇女，还把贫农贾侯小的女人打得弄了孩儿（即流产）"，而且"在抽兵过程中肆意勒索财物"，群众对他很痛恨。李树德是民卫军分队长，在解放该村时顽固抵抗，在群众中影响也不好。中农彭守炳虽是特派员，但其罪恶事实不大。[①] 可见，"兵合"虽使得徐家镇的地主、富农土地数量减少，但伪村政权组织和兵农基干的统治势力享有特殊的政治地位并欺压普通村民。很显然，这些由"具体人反映出的具体事及意见"在该村解放后就成为中共进行土改实践以确立革命合法性的重要证据。在徐家镇的土改调查中，更复杂的是在废除"兵合"制度中如何处理土地和秋苗的问题。

工作组主要以"地归原主外加调剂"的办法废除"兵合"制度。调查显示，"兵合"后该村各阶层占有秋苗的情况与土地占有情况相类似，中农和贫农整体上均有所增加，但是在此解决办法下，又有新的变化，贫农占有秋苗数量明显减少，地富的秋苗数量增加较多。从实际效果看，地归原主的做法导致"贫雇农吃了亏"。如贫农杜福一家 3 口人，没有地，在"（19）46 年献地运动"中分到 2.4 亩，又因"兵合"划分出去后，"自己领入 24.8 亩，内有麦子 5.5 亩，剩下的 19.3 亩都种成了秋田"。在地归原主中，把自己种下的全部归还了，"原来的 2.4 亩分到东良庄（平遥县属）被荒了，完全失去了秋苗，外加调剂时给他调剂下 1.5 亩，按三七分实得 0.9 亩秋禾"。他说："咱们宣传政策是

---

① 《文水县徐家镇兵农合一情形调查材料》（1948 年 9 月），山西省档案馆藏，档号：181-1-10-5。

不苦劳动人，结果下来还是劳动的吃了亏。"① 相比之下，地主武定国家有 11 口人，又是烈属，虽"兵合"没有划分土地，但助耕了武振国的一份地，共同劳动，能分到 13.3 亩秋禾，地归原主时又退回 27.63 亩秋禾。结果村里"不少群众说地归原主（连青苗）是地主路线"，废除"兵合"不是"为了劳苦的人"。②

徐家镇为何采取地归原主的做法？工作组认为该村在 1946 年实行过献地运动，贫雇农或多或少有了土地，地主、富农在数量上也占优势，所以地主、富农和大部分中农都愿意地归原主，这样可以重新得自己原有的土地。尽管贫农占有土地不多，他们也希望在"兵合"中失去的土地能够重回到自己手里。于是在群众大会上做出了"地归原主外加调剂"的决定。这一决定也受到平遥地归原主做法的影响。因该村接近平遥南良庄和东良庄，后者先后退还了徐家镇的 965.61 亩和 239.78 亩土地，群众产生"对咱们处理秋禾的办法就是地归原主"的想法。③所以，以地归原主的方式废除"兵合"制度是根据多数村民的意见做出的决定，这一办法的"好处是能使各阶层安心到自己地里生产"，但问题是贫雇农"吃了亏"。与地归原主相关的另一问题就是"分青"，即在土地归还原主时地里种植的秋禾如何调剂和处理的问题。不管哪种分法，中农所得秋禾平均数相差不多；如采用地归原主和对半分青，则对地主、富农最有利，这就使"贫农受下的被他们得去了，且对奖励劳动发展生产也是不利的"；谁种谁收和二八分青对贫农最有利，但是工作组认为实行起来最困难，因为"兵合"后该村失去土地的有 90 户332 人，此办法会导致他们得不到照顾和无法生活，也"不利于团结大多数组织统一战线及照顾各阶层的生活"；而三七或四六分青"既可以照顾到劳动者，又能照顾到原地主，使各阶层都有生活，也是群众容易

① 《文水县徐家镇兵农合一情形调查材料》（1948 年 9 月），山西省档案馆藏，档号：181-1-10-5。

② 《文水县徐家镇兵农合一情形调查材料》（1948 年 9 月），山西省档案馆藏，档号：181-1-10-5。

③ 《文水县徐家镇兵农合一情形调查材料》（1948 年 9 月），山西省档案馆藏，档号：181-1-10-5。

接受的一种办法"。① 综合考虑后，工作组采取了地归原主和三七分青（即外加调剂）作为废除"兵合"的办法。在该村的调查报告中，并没有记录调剂的具体做法，只是简单的一些数字估算，再加上分青调剂问题可能比较复杂，牵扯面大，所以调查人员说，至于如何完成调剂还需做进一步研究，并强调"要外加调剂就必须派干部专门去做"。②

可见，徐家镇废除"兵合"的做法并不简单，尽管有"兵合"前后土地状况的调查，在实际的执行过程中却比想象的要复杂。对这一状况的了解，对工作组而言相对容易，但是要进一步解决调查中所发现的种种问题，还是相当困难的。尽管有土改调查作为事实基础，可从相关政策到土改实践又是一个基于多因素影响的动态性建构过程，显然，对土改干部来说，这也是一项革命治理能力的考验。从内容看，工作组在徐家镇进行的"兵合"前后情况调查要比其他村庄的更系统、完整。但是，该村在废除"兵合"制度的问题上并不彻底，原因就在于调查中所揭示出来的问题要比他们预想的纷繁复杂。

榆次县苏家庄和忻县城关村、田村进行的土改调查，在内容上侧重以革命话语的方式对"兵合"制度下的村庄进行政治性描述，缺乏相应的数据资料分析。苏家庄作为榆次县的富庶村，应是一个能够反映"兵合"制度实施情况的理想典型，但调查人员并没有对该村在"兵合"前后的社会经济变化进行详细的调查统计，而主要记述了"阎匪"在村里的"掠夺和罪恶"事实："要粮要款，像流水般川流不息，名目之多，花样之繁……田赋粮，备战粮，马料粮，备荒粮，优待粮，富商粮，货换粮，军购粮，帮差粮等 13 种之多。掠夺之庞大惊人，真是骇人听闻。"还有"阎匪将该村人民刮的皮尽血完，无粮可吃，吃过榆皮、榆叶、槐叶、槐角、臭蒿、小蒜、槐花、狗吉叶、谷糠、铺草根、柳絮、圪棉棉、地哭莲、羊挑叶等野菜 29 种之多"。另外，"今夏，饿死陈富梅的母亲与两个小孩、梁黑子、侯三狗、马秃子等 23 人。受不

---

① 《文水县徐家镇兵农合一情形调查材料》（1948 年 9 月），山西省档案馆藏，档号：181-1-10-5。

② 《文水县徐家镇兵农合一情形调查材料》（1948 年 9 月），山西省档案馆藏，档号：181-1-10-5。

住饥饿痛苦服药自杀的,成铺福因没吃的,把老婆卖了。……"① 显而易见,工作组试图以此来揭露苏家庄在"阎匪"统治下村民遭遇的悲惨生活,至于如何废除"兵合"制度,并没有提出具体措施,只是强调说:"民主政府宣布,谁种谁收,公平合理的解决土地问题,尚不能全面的解决具体事情,必须迅速地规定有效办法,才能照顾到人们的生活与生产情绪,否则影响生产。"②

另外,在"谷草干柴"征收和"偷盗"等问题上的调查事实也凸显了村民与土改工作组之间存在的一些张力。在征收谷草上,"一般妇女过去没有劳动习惯,怕割草,怕劳动,在情绪上是抵触的";而干柴问题,"部队过去已买过很多了,现在又提出每人准备400斤干柴,许多人很是发愁,每斤十八元又嫌少,必须适当减少一些才行,不然会使人在情绪上躺倒了"。偷盗问题更是村里的"一个大事情"。"不只是男人偷,女人小孩也偷。不只偷吃,还要偷卖,已形成了集体行动。如果不解决,会减少秋收的四分之一左右。如果马上禁绝,有100多人没饭吃。这一矛盾必须给予资本,组织其生产才行,否则很难解决。"③ 这些事实虽与"兵合"制度不直接相关,却在一定程度上反映出村民的抵触心理,为土改前后如何更有效地重构和改造村庄社会提供了问题指向。这在如何解决伪村干部问题上也有反映。一方面是"村里百分之九十的人都愤恨村干部,要求处理这些人,出出他们的心头闷气,现在都咯吵的这些事情,准备将来斗争",但对伪村干部而言,"由于他们过去做过许多罪恶的事,在思想上有顾虑"。如"他们说不干吧,怕说是给阎锡山就干,八路军来了就不干了,结果又怕罪上加罪;干吧,又怕徒劳无功,宽大的不宽大了,所以对工作完全是软磨硬抗的磨洋工应付态度,得过且过"。④

---

① 《榆次县苏家庄村调查与了解》(1948年9月10日),山西省档案馆藏,档号:160-1-33-1。

② 《榆次县苏家庄村调查与了解》(1948年9月10日),山西省档案馆藏,档号:160-1-33-1。

③ 《榆次县苏家庄村调查与了解》(1948年9月10日),山西省档案馆藏,档号:160-1-33-1。

④ 《榆次县苏家庄村调查与了解》(1948年9月10日),山西省档案馆藏,档号:160-1-33-1。

与其他村庄相比，苏家庄的土改调查并不是集中围绕"兵合"问题来展开的，而是在呈现解决诸多问题的同时为土改实践的问题建构提供事实。这说明工作组在调查时对兵农合一和新区土改的理解和把握并不总是一致的。在忻县田村的调查中，除了对"兵合"情况做了一般概述外，主要对所遇到的问题该如何解决进行了相应说明。在划分阶级时，即产生了如何确定"划成份年限与起点"的问题。工作组指出，他们只是根据自己的掌握，"既没有经过群众评议，也没有向群众宣布"，而是"按中央一九三三年关于划分阶级成份的计算标准，按当地革命政权建立向上推算，连续剥削三年即为地主和富农，参加主要劳动停止剥削五年，富农三年，即可转变成份的精神"进行划分。这样，从1948 年 7 月田村解放之日算起，尽管地主、富农在"兵合"后受到影响，"他们虽没领下土地，表面上看，不能在土地上剥削人了"，但是，"他们并没有参加劳动，仍靠底财生活，不能转变成份；该村兵合共二年，就是参加了劳动也才二年，不能变成份"。[①] 可见，工作组在田村划分成分并没有因"兵合"制度的影响而改变地富的成分性质，即使地主富农因"兵合"失去土地或进行劳动，但是在划成分年限界定上均达不到改变其成分的条件和要求。即使以"连续剥削三年"作为划分地富的标准也因二年"兵合"而难以确定，只好以其"底财生活"作为标准。这说明当"兵合"制度造成的问题不足以为新区土改确立革命合法性时，工作组试图回到地富原有的生活状态中寻找突破口。

在忻县城关村，工作组也试图解决"兵合"制度造成的土地混乱问题。"全村原有土地秩序破坏了，客观上亦造成我之土改应很快进行的要求，只是需要依我土改办法整理解决这一问题"，但是对具体解决办法却未置一词，反而强调说，"如只先地归原主，恢复了旧有的秩序，将来土改仍需要变更，这样又增加了麻烦，还不如一次做好"。很显然，在工作组看似草率的态度和主张背后实际上是他们面对城关村土地复杂状况时的一种机械式回应。该村调查中还有一些关于村民的心态变化。"群众普遍急着'变天'，又因敌人的欺骗宣传，思想言论被压制，结

---

① 《"兵合"之新区田村土地情况调查》（1948 年 10 月），山西省档案馆藏，档号：142-1-18-1。

果群众对我多不了解，并有许多误会和恐惧心理"，结果，许多群众
"处在苦闷彷徨之中，负担交不起，亦不准备逃跑"。后来，随着"对
我了解越多，又都在盼着我军来……主要的要求仍是政治上翻身、出
气、复仇、反掠夺等"。① 其实，在城关村群众的心理状态由恐惧、苦
闷、彷徨到翻身、复仇、急着"变天"的转化过程背后，实有土改工
作组的深入宣传、动员，以使村民在"对我了解越多"之后产生情感
上的变化。

通过上述土改调查资料的叙述和讨论，工作组对"兵合"制度与
村庄土地状况的掌握和了解，既有相似性也有差别性，尽管他们都是遵
照土改实践这一共同的革命主题进入晋中新区的。虽然新区内的村庄都
受到了阎锡山"兵合"政策的规定和影响，但它们并不完全是同质性
的，也有各自的特性。安固村和徐家镇在抗战结束后经历了"减租清
算"和"献地运动"，一定程度上已有中共力量的介入和展开，而其他
几个村庄则没有这个特点，所以工作组在村庄调查中对相应问题的揭示
就会表现出不同的倾向和理解。有的工作组在调查"兵合"在村庄造
成的影响时就对其进行了废除，有的工作组仅限于对相关问题的调查，
甚至受制于问题复杂性的困扰，未能彻底废除"兵合"制度，而期待
随后的再解决。这些差别实际上反映了工作组自身对中共土改政策、
"兵合"制度、村庄境况等方面的认识和把握的不同，从而影响了他们
在村庄土改调查中的问题建构。还需指出的是，这些在土改前夕进行过
调查的村庄，在紧随其后的土改实践中又经历了怎样的革命和再造过
程，在多大程度上遵循了之前的调查事实等问题，还有待今后更进一步
的研究。当然，这些村庄调查在相当程度上直接影响了晋中新区土改运
动的话语表达和革命实践，则是毫无疑问的。

三　翻身翻心：土改与革命合法性的确立

目前学界对中共土改史研究已有相当丰富的积累，特别是以"翻

---

① 《忻县城关兵农合一暴政及土地问题》（1948 年 10 月），山西省档案馆藏，档号：142-
1-18-4。

身"与"翻心"两概念为问题意识的讨论，[1] 对笔者重新思考土改问题与中共革命合法性确立之间的历史关系多有启发。而且，现有研究对翻身、翻心问题的把握多集中在农民这一主体上，注重以被动员式的访苦、引苦、诉苦和革命教化机制来构建其阶级觉悟由"自在"向"自为"转变的"翻心"过程。这也是很多学者从史料文献中揭示出中共土改实践逻辑的一个共性。不过，除了农民这一需要被提高"阶级觉悟"的主体外，具体执行土改的工作组在帮助农民"翻身"的同时也经历着种种的"翻心"过程。在土改中，工作组干部既对农民的落后言行做启发、纠正，以提高其阶级觉悟，同时对来自上层土改政策的理解和认识也时常在偏差与纠偏中探索、前行。综合来看，翻身、翻心的土改实践在本质上也是土改工作组与农民不断相互作用和影响的展开过程，从而使中共革命合法性的确立和在地化成为可能。

下面本文根据晋中新区土改档案中的第三种类型的资料，即针对土改实践中产生的一些问题通报、请示或宣传等内容，进一步讨论中共试图通过土改问题的解决以确立革命的合法性的过程。笔者重点关注的中共革命合法性问题，并不是一个形而上的抽象概述，而是要探讨中共在土改实践中遇到问题时是如何解决的，而且解决问题的考虑和指向又体现了怎样的革命合法性诉求。李里峰在讨论土改中的划分阶级问题时指出，尽管阶级划分的标准和程序时常与中共的阶级政策出现偏离，但是不能将其"简单视为政策执行中的错误或偏差"，而是革命实践中"政策弹性和适应性"的辩证逻辑体现。[2] 晋中新区的土改问题及解决也凸显了这一特点，不过在此辩证逻辑中更有着革命实践的在地化和革命合法性确立的运作机理与目的。

1949 年 1 月，祁县各村土改进行不到一个月就出现诸多问题，县

---

① 诸如：郭于华、孙立平《诉苦：一种农民国家观念形成的中介机制》（《中国学术》第 4 期，商务印书馆，2002）；李放春《北方土改中的"翻身"与"生产"：中国革命现代性的一个话语—历史矛盾溯考》，《中国乡村研究》第三辑（社会科学文献出版社，2005）和《苦、革命教化与思想权力——北方土改期间的"翻心"实践》（《开放时代》2010 年第 10 期）；李金铮《土地改革中的农民心态：以 1937—1949 年的华北乡村为中心》（《近代史研究》，2006 年第 4 期）；吴毅、陈颀《"说话"的可能性——对土改诉苦的再反思》（《社会学研究》2012 年第 6 期）。

② 李里峰：《践行革命：华北土改运动中的阶级划分》，《史学集刊》2021 年第 3 期。

委及时对工作组下达了指示信，以确保土改顺利完成。从指示内容看，问题是：（1）地主富农的态度出现较大变化，由一开始在"经济上分散财产""政治上威胁群众"转变为不仅在"经济上有计划的拿出一部分表示开明，特别是收买干部，到处请干部吃饭，甚至用美女计"，而且在"政治上打听消息，搬人求情，蒙蔽群众，启发群众的怜悯思想"；（2）中农大多看似积极，实际上对土改政策采取了"怀疑、观望"的态度；（3）贫雇农主要是"随风倒"的态度，表面上"也能跟上我们走"，但还是"靠公家吃饭"的想法，有明显的"良心命运"观和"变天思想"。① 县委认为，地主、富农态度转变的真正目的是"为了经济上少拿，政治上少受打击的阴谋"，而中农和贫雇农的表现，在于其阶级思想还没觉悟，"敌我界限还没划清"。之所以会产生这些问题，主要原因是土改干部"看问题不加分析研究，不看群众的觉悟程度与群众情绪"，被一时的表面现象迷惑而犯了"急性病"。"仅仅单纯的划一下阶级，就走向斗争"，结果导致"不是少数人的孤立运动，就是领导上强迫命令代替群众的自觉运动"的局面。因此，"要想达到发动百分之九十的群众起来，彻底消灭封建是不可能的"。②

为了纠正土改中的问题，祁县县委首先强调土改干部要深入了解并根据事实在群众中大胆揭露地主、富农的活动阴谋，教育干部和积极分子"不吃地主饭，不受地主贿赂，金钱美女都不要，不给地主通风报信，不当防空洞，不当两头鬼"。县委对工作组干部提出的这些要求和规定，试图以上下级关系对其工作方式、政治思想、阶级觉悟等方面加以塑造，这是他们践行土改的一种"翻心"实践。因为作为土改的实际执行者，如果对相关政策和实践掌控出现偏差和不平衡，不仅直接影响土改的正常进行，而且事关中共革命合法性能否稳固确立的问题。其次，县委要求发动积极分子深入群众，具体了解群众接受土改政策的阶级思想，针对群众自觉的不同程度，"有分别有重点解决思想和政策问题，发动其政策自觉，阶级自觉"。这样，"群众在对政策的了解上，

---

① 《祁县县委对目前新区土改工作指示》（1949 年 1 月 19 日），山西省档案馆藏，档号：158-1-22-6。

② 《祁县县委对目前新区土改工作指示》（1949 年 1 月 19 日），山西省档案馆藏，档号：158-1-22-6。

认识到为什么要划成地主富农中农贫农，为什么地主要没收，富农要征收，中农要抽补，贫农要翻身，很满意的接受党的政策"；而且使其明白"良心命运，都是封建势力的统治工具，只有这样觉悟起来，才可正式划定阶级，走向斗争阶段"。① 不过，晋中区党委在指示信的相应处特别做了一条"要达到那样觉悟的程度，离开具体的群众性的划阶级成份工作，是不可能的。在划成份以前，要求群众有那样觉悟的程度，更是不可能的"的批注，由此对该县委发动群众的政策自觉和阶级自觉的做法提出质疑。这一批注，显示出区党委和祁县县委在发动群众以达到翻身翻心的问题上存在的不同做法。区党委主张先划定阶级才可能提高农民群众的觉悟程度，而县委认为通过政策宣传和动员，即可让农民先觉悟起来，然后划定阶级，再进入斗争地富阶段。显然，启发农民的阶级觉悟，并非只是土改干部与农民群众之间的运动过程，干部自身对于土改政策和实践的理解与把握在很大程度上受上级领导的规定和要求的左右。而工作组关于"翻心"的土改政策又直接影响和决定了土改实践中农民的翻身翻心。

尽管有祁县县委关于开展土改工作的指示，晋中区党委对其指示信中存在的一些问题也有特别的强调和说明，但是其土改总结中仍有翻身、翻心过程中所暴露出的值得分析和讨论的土改问题。其中一个普遍性问题就是工作组对土改政策交代不够清楚，致使群众干部中出现"左倾"倾向。县委认为，由于没有把政策交代清楚，"有的同志怕地富不低头，不缴械，不敢大胆宣传禁止乱打乱杀政策"，使"个别地富一时不了解政策，造成恶果"。② 在农民中进行政策宣传时只是强调"政府命令，党的政策"是什么，没有强调政策执行对于农民利害关系的重要性，农民在"感到申不了冤""出不了气"的"激怒过高的思想"下形成了扣人打人的现象。所以，对农民的政策自觉和阶级觉悟的提高与塑造，不只是土改工作组干部的政策宣传、下达，也受制于他们对相关政策精神的准确认识和把握，并与农民群众在土改的话语表达与实践中达

---

① 《祁县县委对目前新区土改工作指示》（1949 年 1 月 19 日），山西省档案馆藏，档号：158-1-22-6。

② 《目前的新区土改初步总结意见和今后运动发展意见》（1949 年 1 月 30 日），山西省档案馆藏，档号：158-1-22-5。

成基本的共识，才可能避免一些负面问题的发生。另外，在划成分问题上，干部群众不愿把脑力劳动当作劳动，把那些"在外经商、当教员或因年老回家无劳动能力而不得不把地出租"视为封建剥削，还有的是"只看当前生产占有而不看形成的原因，把政治面貌也作为划阶级的标准"等。[①]

在祁县土改中也存在着较严重的"右倾思想"。县委批评，把中农和贫农混为一谈，不在贫雇农身上多下功夫，"不敢宣传土改总路线，不敢大胆地发动贫雇农，更不敢在中农之间树立贫雇农骨干"。有些干部的做法是"以积极分子代替了广大的贫雇阶级"，结果"失掉依靠，斗争松懈"，影响了土改的完成。还有的干部对"个别严重破坏分子和罪大恶极的奸霸分子"未加重视，没有尽早地收集材料呈请上级批准，给予及时制裁，形成了"变天群众不敢积极起来斗争"的被动局面。其实，这些"左"或右的问题体现了土改干部与农民群众在践行"翻身"与"翻心"上的认知差别。表面上是政策宣传与群众动员的实际需求，但是复杂的历史境况对工作组干部提出了比较高的政治要求，他们不仅要理解土改政治话语的意涵与指向，还得将其贯彻到所身处的农民群众当中。事实证明，这些做起来并不简单的革命工作反映出中共借助土改以确立其革命合法性是一个艰难曲折的探索、调适与实践过程。

另外，祁县县委认为土改中的狭隘经验主义和盲目地发动群众现象也不容忽视，否则会"影响运动向前发展，使工作走上弯路"。具体表现在要么是干部不考虑群众的思想觉悟程度，只是机械地搞运动，要么是不相信群众的力量，不了解群众思想的实际状况，搞形式主义，形不成群众性的斗争场面。还有的工作组开会时，不知道要具体解决什么问题，盲目地替代包办，"看不起新干部，批评重于表扬，使用重于教育，拿自己去测量他们"，反而使运动在村里"生不下根"。如"戴家堡开地主训练班，小韩村群众偷听干部开会，大都是包办，而不是把政策搞清楚"。为此，县委要求土改干部必须"打通群众思想，大胆使用群众"，才能真正培养出大量的农村干部，在农村中打下基础，否则，没

---

① 《目前的新区土改初步总结意见和今后运动发展意见》（1949 年 1 月 30 日），山西省档案馆藏，档号：158-1-22-5。

有"群众的领导，封建势力还会恢复的"。所有这些问题，均是干部"不学习政策、不研究政策、不熟悉政策、不掌握政策精神"的具体表现，特别是"自觉不自觉的自以为是，不相信群众，不了解群众"的"经验主义和游击主义"作风造成的。①

其实，上述种种问题反映了工作组干部在土改中帮助农民"翻身翻心"的同时，自身的"翻心"并不是一个不言自明的问题。为及时扭转这些不利局面，县委又专门以西观村的土改经验作为对土改干部进行政策教育和启发思想觉悟的鲜活案例。概言之，西观村的个案经验主要是：首先，工作组到村后解释政策，重点讲解，组织讨论，接着转到个别的访贫问苦，发动贫雇农，并联合中农。其次，在讨论政策和结合诉苦的基础上贫雇农、中农有所自觉，要求工作组干部讲解如何划阶级的问题。紧接着，就用"诉苦"来划出地主，划清中农与富农。当群众中出现"良心命运迷信"时，即用村中实际例子启发和教育，以提高其阶级觉悟，随之组织群众成立农协，正式通过成分划定。最后通过"访苦引苦"，在群众中开展"斗争思想"和"斗争策略"的教育，确保按期完成土改工作。② 县委将西观村土改经验归纳为"解决政策""思想发动""组织力量""同时并进"的工作步骤和方法，并强调说，"深入群众，光用大会硬斗的办法是解决不了问题的，只有结合说服，软硬兼施，打破顾虑，才能收到效果的"。而且要想达到"斗争深入"，必须学会"串联"。"因为要想翻身，必须拿出浮财，要拿出浮财，必然串联到中农。斗争地主，农民害怕或怜悯一下，不能引起仇恨，对农民防空洞，要说服动员，否则，要延长说服。"③

可以说，从以西观村"翻身翻心"经验为个案来看，特别能说明本文对中共革命合法性问题的关注和讨论。土改运动的展开呈现了一个"践行革命"和"权力实践"的复杂在地化过程，而工作组干部在其中发挥了"承上启下"的作用。他们不仅是晋中区党委、华北局颁布的

---

① 《目前的新区土改初步总结意见和今后运动发展意见》（1949 年 1 月 30 日），山西省档案馆藏，档号：158-1-22-5。

② 《目前的新区土改初步总结意见和今后运动发展意见》（1949 年 1 月 30 日），山西省档案馆藏，档号：158-1-22-5。

③ 《目前的新区土改初步总结意见和今后运动发展意见》（1949 年 1 月 30 日），山西省档案馆藏，档号：158-1-22-5。

土改政策的学习者、执行者，也是将这一政策通过自己的理解和把握再次传达至新区农村的工作者、实践者，处在这样一个"上"与"下"的历史结构中，实际上干部的革命实践有着多重的要求和规定。因为来自上层的土改政策相对而言是一个比较抽象化的一般规定，面对那些历经战乱冲击和面临生活不稳定的个体化农民，如何通过外来的政策话语对他们的生活状况进行革命性的改造和重构，对土改干部来说是非常具有挑战性的历史考验。

这些问题在晋中区党委与三地委关于土改问题的来往通信中也有较多反映。1949年1月16日，三地委给区党委提交了一份土改问题报告，请区党委给出具体指导意见。请示信中有三个问题：其一，"在宣传政策中没有强调没收地主财产、征收富农多余的土地财产。而强调了抽多补少、抽肥补瘦，动中农（祁县材料）"；其二，"中农甚为动荡不安，对政策怀疑，提心吊胆，怕打乱平分，怕被斗争，还有同情地富的情绪"；其三，"以贫农赵成挑、杨卜儿（外来人）为首团结了二十多名无地少地的秘密集合，每天黑夜开会"，讨论谁是地主谁是富农。贫农怕翻不了身，把不少有轻微剥削的人都写到名单上，交给工作组审查。对很多人都想搞，引起了中农的害怕。①从三地委上报区党委的土改问题来看，主要反映的是工作组对土改政策的把握并不准确，要么只是宽泛地理解为"抽多补少、抽肥补瘦，动中农"，导致中农怕被斗争的恐惧心理，要么在对待地富问题上对其财产的没收、征收不做强调，只是以秘密会议形式来决定地富划分。从区党委给三地委的回信中可以看出，这些问题恰恰是土改中"翻身""翻心"实践在农民与干部之间产生的复杂性的表现。

区党委在回信中指出，首先要深入检查了解各地工作组是否还有在掌握与宣传政策上类似的错误。如果这些问题得不到及时发现和纠正，就会使农民特别是中农产生"很大的误解"，"认为这次运动是斗'富'（谁有搞谁），不是'斗封建'"，因此使"群众不能正确掌握党的'依靠贫农，团结中农，消灭封建，发展生产'的总政策"。这样，反

---

① 《土改通报（第2号）——关于新区土改晋中区党委给三地委的信》（1949年2月3日），山西省档案馆藏，档号：47-1-102-2。

而"把我们仅只在分配土地时用的具体原则办法（抽多补少，抽肥补瘦，填平补齐）当作这次土改运动的总政策"，"认为我们是要平分一切财产的"。区党委认为这不仅是一种"错误的绝对平均主义看法"的表现，而且产生这一错误看法的客观原因是"由于阎匪对我的污蔑宣传及地富分子的造谣破坏"。所以，如果工作组干部在"政策宣传上不对头"，更会加重"这个错误看法"，以至于"哪个地区对上述误会不消除，哪个地区群众就掌握不了党的正确政策，因而哪个地区就不可能产生真正的群众运动，表现出真正的群众力量"。① 那么，怎样才能有效地发现和纠正这些政策上的偏向和曲解呢？从区党委给三地委的指示信中可以看出，土改干部能否在政策上首先做到彻底的"翻心"，直接决定和影响着土改中农民翻身、翻心的实践问题。

对于那些"歪曲宣传了党的政策"的工作组干部，区党委要求地委必须及时地"耐心地教育他们改正"。具体办法是"要他把彻底消灭封建，没收地主阶级财产，征收富农封建部分土地财产的目标，响亮的给群众指出来"，"要他把党的总政策的全部内容，给农民讲清楚"，并"告诉他'抽多补少，抽肥补瘦，填平补齐'的原则办法，只是适用于既经历了'兵合'又实行'地归原主'的地区分配土地之时，而不应该去乱套乱用"。② 这些来自上级的教育办法体现的就是一个土改执行者自身对政策理解和认识的内在化过程，也即文中一再强调的"翻心"过程。它不只是一个"权力实践"的展开过程，而是综合了工作组干部的政治觉悟和认知水平、对局势变动的判断与把控，以及他们自身能力是否能达到被期待的"自觉"程度等多重因素在内的"总体性社会事实"。也正是考虑到了土改问题的复杂性，区党委向三地委强调要"时时注意"正确宣传和理解土改政策，只有这样，才可能"把政策给群众交代清楚和提高群众的政策水平和阶级觉悟"，否则土改就很难彻底"搞"起来。

区党委还指出，尽管上级对政策的重要性有指示、要求，但在具体

---

① 《土改通报（第2号）——关于新区土改晋中区党委给三地委的信》（1949年2月3日），山西省档案馆藏，档号：47-1-102-2。
② 《土改通报（第2号）——关于新区土改晋中区党委给三地委的信》（1949年2月3日），山西省档案馆藏，档号：47-1-102-2。

实践中由于"土改时间短促，任务重大，能正确掌握政策的骨干不多"等原因，这一问题在各级领导机关贯彻起来并不是一件容易的事。这在三地委的汇报材料中多有记述。"有些同志进到村里不调查研究，不分析本村群众的具体思想状态和对我政策的认识程度，就把扩干会上下达的政策、指示，照样的搬到群众中去讲"。最典型的就是祁县建安村工作组开大会讲土改政策时，从"中国革命性质""鸦片战争"讲起，一直讲到晋中的特点、土地法大纲、晋中新区土改决定，还讲到妇女工作和划分阶级等。结果，"第一次大会群众没有懂下"，接着"又开了第二次大会"继续讲，到最后"讲的群众疲劳，情绪低落，由二百多人讲到只剩下二十人才算完事"。① 在区党委看来，这一做法就是机械地传达上级政策，不注重本地群众的实际接受能力和觉悟程度，因而出现严重脱离大多数群众的局面。根本原因即在于工作组干部对政策掌握和理解没达到较好的"翻心"程度，把土改工作做成了单一的政策灌输。

还有的干部在讲完土改政策后，"不加仔细研究群众的接受程度"，就过早地"组织农协（有的同志竟然指定、命令群众去组织）"，这种急切地"要求群众去行动"的做法，其实"只是根据少数积极分子的觉悟去划订成份、登记地亩，反而引起了多数群众的怀疑、不安"，于是出现了"订成份会议上基本群众不敢说出地富剥削"的现象。区党委认为，这种不依照当地群众觉悟程度的"说话办事"，本质上就是一种从工作组主观愿望出发的"鲁莽、草率"的工作作风，更是"使群众掌握政策的严重障碍"。这显然是"某些同志犯了怕完不成任务而产生的'急性病'"。所以，区党委在给三地委的信件中反复要求他们在领导土改时必须注意克服政策宣传和掌握上的某些偏差，以及由"急性病"产生的包办代替、鲁莽和草率的做法。② 很显然，区党委要求克服的问题就是工作组首先在政策掌握上的彻底"翻心"，才能确保他们在进入村庄后有效地确立起土改的革命合法性。否则，就可能导致以革命的名义在改造和重构农村社会时反而失掉了广泛的群众认同和社会基

---

① 《土改通报（第2号）——关于新区土改晋中区党委给三地委的信》（1949年2月3日），山西省档案馆藏，档号：47-1-102-2。

② 《土改通报（第2号）——关于新区土改晋中区党委给三地委的信》（1949年2月3日），山西省档案馆藏，档号：47-1-102-2。

础。通过上述对区党委与三地委在土改问题上的信件内容的分析和讨论，反映出工作组干部在政策掌握与土改实践的多重关系中发挥了关键作用和影响。如果不能对这一环节有效地加以规制和塑造，那土改实践的展开就很难达到预期的效果。而在第三种类型土改档案中的问题请示和具体要求更能凸显档案中的"土改"如何借助各种历史主体和行动中出现的"翻身翻心"问题呈现在读者面前。当然，也就能真切地理解区党委要求的"我们每一个工作组同志第一不要把政策讲错，第二不要鲁莽草率行事"这句带有规训意义的政治话语的历史意涵与重要性了。

就土改而言，中共革命合法性的确立始终伴随着土改问题的发现、检讨和纠正，进而在不断规训与调适中逐步变得可能。我们再以祁县土改在"分果实"和"分浮财"中出现的问题做一些讨论。1949 年 2 月底，祁县县委在关于土改的问题与检讨总结中指出，"果实分得公道不公道，是决定运动胜利的主要问题。分得不公道，就要出问题。因此，必须慎重，事前需很好的研究及一切思想教育等准备工作"。县委如此强调，是因为"群众将地主斗倒"后，在思想认识上仍存在"不正确的平均主义的思想"。如："凡是参加平分的，每人一份，加上农民自私自利，抓现成的思想，重浮财不重土地，在斗争中不甚积极。但到分果实时，就红了眼，谁都想多分些好的。"① 这说明农民对"分果实"的态度并不在于是否"公道"，而是"重浮财""想多分"。县委认为，要解决这些问题，必须把"一切问题都提到思想觉悟和反封建自觉"的基础上，向农民宣传清楚"填平补齐"的原则是"先填圪洞后填平"，并提出"农民靠土地、工人靠机器、商人靠资本"的口号，以此来加强对农民的劳动教育，特别要说明"天下农民是一家""团结生产，发家致富"的方针。干部尤其要注意，必须克服农民表现出来的"宗派本位排外""中农争占果实""积极分子多占或偷盗果实""不重视土地"等现象，② 否则就会造成"内部的分散，农民的不团结，地主

① 《祁县县委会关于新区第一期土改村工作总结》（1949 年 2 月 26 日），山西省档案馆藏，档号：158-1-22-1。
② 《祁县县委会关于新区第一期土改村工作总结》（1949 年 2 月 26 日），山西省档案馆藏，档号：158-1-22-1。

趁机破坏"的严重问题。至于如何在分配果实时分得"公道",县委强调应先分配土地,要"合乎季节",做到精确地丈量土地,评议产粮,以求得公平合理解决。因为农民中存在"怕产粮高,多出负担,故意降低产粮等糊涂思想",评议产粮是"分得公平合理"的重要保证,"如搞不好,农民就要吃亏"。为此,就要遵照"以产粮为标准,以亩数为参考,好坏远近搭配"的原则,再"先没收地主,征收富农,再抽中农的土地",然后"挂出榜,叫群众讨论,为啥抽,怎样抽,一定要采取自愿自报,做到全家同意"。①"分浮财"问题,县委认为这是土改中最难处理的。尽管"浮财"和土地都属于土改中的果实,可在性质上它是"现成的东西",所以"分浮财"成了每个农民都想"得现成的"斗争目标。为了做到既能满足群众的需求,又分得"公平合理",办法就是"按物分类,进行分配,缺甚分甚"的原则,"按户分等,以人分件,自报公议,以类出榜",接着组织"群众参观,发动讨论,提出意见",再根据"群众意见"做出最后决定。

可见,由"分果实""分浮财"反映出的这些土改问题,说明工作组干部在进行土改实践中帮助农民翻身翻心的诸多环节和面向,不单是一个通过没收、征收地富"封建财产"后即可顺利实现"分"到贫雇农手中的过程,也凸显了农民对"斗争果实"的理解和表达。甚至在面对具体利益分配时,农民过于专注自私自利的平均主义倾向与中共革命所要塑造的公平正义的平等理念之间产生了明显的矛盾和张力,也就是说,农民的"私"与革命的"公"在分配土改果实这一现实利益面前表现得比革命者想象的更为复杂。如何在这些革命的政治话语表达与土改实践的关联中"摆平理顺",除了在"分果实"中继续贯彻"翻身教育"外,县委还要求要建立各种"组织","要让群众讨论选举,经上级批准,公开建党,举行入党仪式,进行个人宣誓⋯⋯"。② 很显然,土改实践在进行政策宣传和贯彻的同时也开始注重建立农村基层组织的力量。其实,对建立"党"和"组织"的强调,也是工作组干部在

---

① 《祁县县委会关于新区第一期土改村工作总结》(1949 年 2 月 26 日),山西省档案馆藏,档号:158-1-22-1。

② 《祁县县委会关于新区第一期土改村工作总结》(1949 年 2 月 26 日),山西省档案馆藏,档号:158-1-22-1。

"翻心"问题上的拓展，他们的革命者身份固然重要，但建立农村的党团组织尤其重要，因为这直接关系到中共革命的在地化能否彻底实现。如果说土改干部对政策的理解把握和宣传动员，代表了依靠一种外在的革命力量来实现革命合法性的确立的话，那么，建立农村自身的政权组织力量，则有将外来力量的革命合法性转变为村庄内在地确立和稳固革命合法性的目标诉求。这也是深入揭示"翻身翻心"实践逻辑的关键所在。

另外，晋源县县委关于土改中一些问题的检讨同样值得重视。在土改的宣传动员上，尽管工作组"宣传了党的政策"，但县委认为在土改是为了消灭封建和发展生产这两点上宣传得"不够普遍"，"更不深刻"。由于"我工作组到村首先宣传的就是抽多补少，抽肥补瘦，而没收地主征收富农的宣传，很不响亮"，于是"就很容易给人一种土改是向中农拿出土地的印象，特别是没有地富的村庄，中农更加恐慌"。① 这与祁县的土改问题相类似，反映了工作组干部对土改政策理解上的片面化、不深入。县委指出，干部在宣传各种土改政策时，"很少联系农民所感到的痛苦去进行教育，缺乏拿群众所受的痛苦提高到政策上去教育群众"，结果孤立生硬地去贯彻政策，使"我党政策和群众思想觉悟距离很远"。而且在宣传方式上也不够灵活，"有些村的土改干部，除在会议上进行宣传外，在其他场合宣传的不多，缺乏街头的、各种形式的去宣传"。② 县委对土改干部宣传政策不力的分析，实际上揭示了干部作为执行者首先在政策把握上有一个"翻心"的过程，而这个过程的深入与否直接影响了他们在进入村庄后能否把政策宣传与农民的痛苦感真正对接起来。这对外来干部而言，如果只是简单地从外向内、自上而下地进行政策宣传，在形式上容易做到，却可能变成一种"孤立生硬"的单向灌输。

晋源县委认为，要打破这种脱离农民实际生活的宣传弊端，工作组必须"深入了解和掌握群众的一般思想规律是什么"，要帮助农民翻身翻心，就要对其所思所想有足够的熟悉和把握。"我们刚入村，很多农

---

① 《晋源县土改总结》（1949 年 4 月 5 日），山西省档案馆藏，档号：154-1-4-1。
② 《晋源县土改总结》（1949 年 4 月 5 日），山西省档案馆藏，档号：154-1-4-1。

民有好人主义、贫富在命的思想。如果我们讲地主剥削农民的时候，有的农民不易感受，还有的接受不了。"县委指出，这些情况说明农民的一般思想就是"害怕"，他们"在思想上往往是矛盾的，又想倒地主，又害怕地主，又想说，又没有勇气。还有的是背面敢说，当面不敢说，会下敢说，会上不敢说"。① 可见，农民中存在的"害怕"思想是一种普遍的心理状态，并根植于他们所处的原有社会关系中，仅靠工作组外来的政策宣传动员去扭转或改变，显然是不够的。要让农民在"害怕"的思想惯性中实现彻底的"翻心"，还需要干部打造出其他相应的工作方式与可能性。而且这样的"翻心"和"翻身"也是践行土改实践的革命合法性确立的过程。这在县委为提高农民的政治自觉、打消其"害怕"心理的做法中体现得非常明确。"我们在村里需要先有一个带头的，只要有了带头的，就很容易把大家带领起来。因此，我们应培养带头的群众，这是克服群众中一切害怕和顾虑的有效办法。"② 把培养"带头"的人作为克服群众"害怕"的解决办法，凸显了塑造村庄在地化的积极行动主体的作用和影响，这就把外来的干部主体向内在的群众主体转化作为一种有效的工作方式。

当然，只是有了"带头"的群众还不够，接着要在"害怕和顾虑"有所克服的时候，及时地把握住农民的新动向。为了"斗争地主"，他们往往会"要求有领导人"，"知道人多力量大"，只有"在这时候"，"宣传农协，组织农协，群众就容易接受"了。不过，即使土改到了"群众容易接受"的地步，也不是轻易就能实现农民的"翻身"与"翻心"的。因为正是在达到这样一种运动程度之时，或者说在"农民团结起来了"的时候，反而出现了令土改干部难以处理的事情，就是农民会提出不少的问题和要求，而且"有不少是不符合政策"的"打人、扣人""一切和中农看齐的"绝对平均主义。为了应对这些"团结起来"之后的问题，县委还强调，必须注意政策教育，使"群众按政策办法，坚决反对尾巴主义"，尤其是当地主、富农的财产被没收、征收之后，特别要注意克服群众中产生的自私自利的思想，否则很容易导致

① 《晋源县土改总结》（1949 年 4 月 5 日），山西省档案馆藏，档号：154-1-4-1。
② 《晋源县土改总结》（1949 年 4 月 5 日），山西省档案馆藏，档号：154-1-4-1。

"内部不团结"。① 可见，在克服农民"害怕"和"顾虑"的心理后，农民虽"团结起来"了，但并不等于他们具备了干部所期待的政治觉悟和阶级意识，反而会在"分果实"时产生"糊涂思想"。因此，在以"团结教育"的方式克服农民自私自利本位思想的同时，还要让农民懂得"分了果实"只是有了翻身的基本条件，"不愿意当干部，怕当了误工的思想"是要不得的，"我们必须把主人翁思想进行教育，使农民自己管理自己的事情"。② 所以，讨论农民的翻身翻心过程，不能只是看作分得土地、思想觉悟得到提升的过程，更重要的是干部与农民之间不断进行教育、塑造、重构的相互作用和影响。

事实上，在祁县和晋源县的土改实践中有类似的境遇，就是工作组进入村庄后，农民一般有三种态度：一种是积极分子先觉悟，另一种是持"中间"态度，还有一种是落后的态度。面对这样的现实状况，土改干部在工作方法上须先用"起来的积极分子"，再去"联系中间或落后"的群众，而绝不能仅仅满足在"几个积极分子"身上。不过，那些上级的工作原则和方法因执行过程中出现或多或少的偏差，以及农民为满足自身利益而表现出的政策误解、自私自利、平均主义等倾向，使土改中实现农民的"翻身翻心"变得艰难复杂。晋源县组织农协的问题也特别有助于说明这样的复杂性。工作组帮助农民组织农协是土改实践中确立农民主人翁意识和最终"使农民自己管理自己的事情"的重要环节。在晋中区党委看来，农民协会这一基层组织必须是贫雇农作为骨干力量，依靠贫农的领导去团结广大中农，这是判断一个农协"好"与"坏"的基本条件。而且农协还被视为加强农民阶级教育和政策教育、克服农民的落后思想、提高其阶级思想觉悟、树立农民当家做主意识的必要组织。但是，从上级给出的政策要求和政治规定到具体村庄的在地化展开，却是一个充满困难的实践过程。由于土改干部对上级指示安排掌握得并不明确、深入，不少农协只是形式上的，"没有贫雇农的领导"，在实际中"起的作用不大"。不过，农协中贫雇农骨干不占多数，未必一定是土改干部的政策思想不明确，也可能是农民自身在面对

①《晋源县土改总结》（1949 年 4 月 5 日），山西省档案馆藏，档号：154-1-4-1。
②《晋源县土改总结》（1949 年 4 月 5 日），山西省档案馆藏，档号：154-1-4-1。

组织农协时有着不同的认识和顾虑。而村庄固有的社会结构和社会关系也会影响这一基层组织的构成状况。

晋源县委认为农协的问题，根本原因在于对依靠贫雇农的政策思想掌握不深入，有的干部认为贫雇农坏、很穷，"当不起领导"，不如中农在土改中表现积极，"使中农占了领导地位"。其次是土改干部对"地主阶级的破坏"估计不足，"在政治上表现麻木而使不少的坏分子混进农协"。还有"我们干部急着不等群众起来就成立农协，结果便利了破坏分子进行操纵"。① 由此，县委认为土改干部在组织农协过程中没有发挥出正确的领导者和组织者的作用，致使农协不能像他们所预期的那样为土改实践和中共革命合法性的确立提供坚强有力的组织基础。但是，土改干部不只是要面对上级的政策指示和工作要求，更主要的是当他们进入农民群众中间，所身处的复杂现实境况就不是简单地靠政策宣传动员可解决的，而是在与农民的互动中对农村社会进行革命性的实践、改造与重构。这些问题的复杂性在农协的领导上也有反映。农协成立后，"我们的干部常常用包办代替领导农协，开会往往是工作组干部当主席。如北大寺干部代替农协登记浮财，造成中农的恐慌。南张村工作组在零碎的问题上忙的连饭也顾不上吃，辛苦的很，但没把工作做好"。② 干部的"包办代替"时有发生，上级领导也反复指出，这主要是因为干部没有从"提高农民思想觉悟"和"掌握政策"上领导农民，结果直接"替农民办了不少的事情"。可是，要解决干部由"包办"代替"领导"的工作方式，关键的难点在于怎样才能从"思想上政策上阶级觉悟上"去贯彻、落实，并且在贯彻、落实过程中调动和引导出农民的革命主体性和阶级意识，从而形成一个富有成效的"翻身翻心"过程。

至于晋源县土改中的分浮财问题，县委指出，"我们必须认识到分浮财是一个复杂问题。如果领导上有丝毫放松或不重视去领导，就会发生很多问题的"，这足以说明分浮财问题的重要性。上文讨论祁县土改分浮财问题时，已指出分浮财与分土地、农具等其他"斗争果实"在

---

① 《晋源县土改总结》（1949 年 4 月 5 日），山西省档案馆藏，档号：154-1-4-1。
② 《晋源县土改总结》（1949 年 4 月 5 日），山西省档案馆藏，档号：154-1-4-1。

性质上不太一样。地富被斗出来的浮财多是"现成的"财物，它不像土地分到农民手里后，还需要经过一个持续的生产过程，才可能有所收获。但分浮财对于农民的物质利益需求来说，显然不同于分土地后带给农民的那种心理满足。所以把分浮财视为一个复杂问题，对于重新认识和理解农民的翻身翻心实践是一项非常重要的内容。

在晋源县各村土改中，因"领导上对分浮财重视不够"，认为分浮财是很简单的事，把大部分工作组干部抽走，"浮财靠给村里农协干部分配"，结果有了比较严重的贪污浮财现象。北瓦窑村农协委员牛维兵，因没有土改工作组及群众的监督，他"见财起意，贪污果实"。南张村则是农协全体委员"都贪污了一些东西"，造成全村农民的不满，再加上"地主趁机挑拨活动"，整个农协几乎垮台。张村因分浮财不公平，农民"连会都不开了"，农协干部完全脱离了群众。① 这种种问题凸显了分浮财不仅不简单，还可能因处理不当而产生危害，甚至会影响土改能否顺利完成。所以，县委在检讨本县土改分浮财问题时重点对如何分配做了特别的说明和要求。王郭村分浮财时"一是比穷，二是比斗争积极性"，北瓦窑村则用"抓纸蛋蛋"的办法，靠"看看谁的命运好坏"来决定浮财的好坏，"企图用命运的东西来掩盖内幕"。② 针对这些问题，县委强调如得不到及时纠正，就会"使我们脱离广大群众，孤立了自己"。这种从土改干部角度的检讨和反思是必要的，但是对于农协干部和村民在分浮财上的复杂反应和表现，却是不够的。分浮财中的这些问题，反映出农民群众对于土改这一改造和重构农村社会秩序的运动的认识和理解，与工作组干部的要求和期待还存在不小的差距。他们不仅与外来的革命政策原则之间时有张力、矛盾和紧张感，而且正是这复杂化的情形为革命的不断调适和深入提供了可能。由此，农民的翻身翻心实践与中共革命合法性确立的问题的复杂性也可见一斑。

所以，在分浮财的问题上，晋源县对做得比较好的东庄村经验积极进行总结和推广，以尽量减少因处理浮财不当给整个土改造成的不利影响。县委强调，东庄村在分配上实行"自报公议"和"应首先满足贫

---

① 《晋源县土改总结》（1949年4月5日），山西省档案馆藏，档号：154-1-4-1。
② 《晋源县土改总结》（1949年4月5日），山西省档案馆藏，档号：154-1-4-1。

雇农要求"的原则，根据"需要并照顾贫苦程度"进行民主评议和"分什么、分多少"。同时，要"坚持没收地主全部、征收富农的多余部分"，而且区别对待地富，"地主被没收以后，应分一般农民生活的一份，富农留一份"；对于"中农的生活""富裕中农的财产"，坚持"不动"。总之，要把"粮食农具牲口"分给贫雇农，中农"可分一些衣服家具"等其他东西。① 从县委对东庄村分浮财经验的重视和要求中，可看出其特点在于根据不同阶级群体规定了不同的分配方式和标准，有助于避免分浮财过程中出现各种人为性干扰或贪污问题。但是，这一经验有效性的一个必要前提是必须把"成份划好""成份审查好"。而划成分问题在土改中甚至要比分浮财、分果实更为复杂，因此其他村庄对东庄村经验的参照和利用显然不只是效仿其做法，还需与自身土改展开的实践环节关联起来作总体性的思考和安排。

通过上述有关祁县和晋源两个县土改中诸多问题的讨论，呈现了"翻身翻心"是一个在工作组干部、农民群体、上级领导之间的相互作用下不断展开、调适与推进的总体性过程。正是在不断发现、解决、总结与反思种种问题中，中共以土改的方式对农村社会固有的社会结构、人际关系、观念认识，以及农民的生产生活进行了持续的改造与重构。这是我们重新思考中共土改史时特别需要思考的地方。就像韩丁指出的，对于中国几亿无地少地的农民来说，翻身意味着站起来，打碎地主的枷锁，获得土地、牲畜、农具和房屋，但其意义又远不止于此；它还意味着破除迷信、学习科学、扫除文盲，读书识字，以及建立男女平等关系、选举产生乡村政权机构。即它意味着进入一个新世界。不过，本文关于翻身翻心的讨论，并不是要还原一个完整的土改实践过程，主要是想借晋中新区土改中出现的问题来探究农民的"翻身"与"翻心"之所以变得可能的历史结构、条件和制度，还有复杂多变的层级关系。进而去展现中共革命在地化及其合法性确立过程中遭遇的冲突与困境，以及中共为化解每一次危险局面和再造新秩序所付出的艰辛努力与探索。当然，这一革命实践的进展并不是简单的自上而下的政策方针贯彻与落实，而是不同层级的历史行为主体在"上"与"下"的多重关系

---

① 《晋源县土改总结》（1949 年 4 月 5 日），山西省档案馆藏，档号：154-1-4-1。

结构中反复交织与相互影响的历史展演。就此来说，从土改实践的内在脉络出发，由里往外地重新审视其政策话语表达与历史实践对于中共革命合法性在农村社会的确立问题，仍有重要的历史议题需要讨论和阐释。

四　结语

本文试图根据档案资料的类别、性质与问题指向的不同层面，来探究中共革命合法性确立及其在地化问题。这一研究注重以土改中的具体问题为叙述对象，不以还原所谓前后连贯一致的历史面貌为目的，突出以问题为导向的研究视野。之所以作如此考虑，首先是因为史学界虽有相当多的研究成果积累，但存在的一些问题也是毋庸置疑的，如研究路径模式化，满足于史料铺陈，反而对土改实践的政治社会意涵缺乏足够深入的思考和讨论。

有鉴于此，笔者试图以晋中新区土改为研究对象，通过梳理和辨析其档案资料在形式和内容上的问题指向进入历史内部，在揭示这一特定区域土改纷繁复杂性的同时，将土改实践作为中共革命合法性确立的重要场域加以考察分析，希冀进一步将土改史研究推向深入。晋中新区是一个比较特别的区域，既有全面抗日战争时期处于沦陷区的日军统治，也有阎锡山统治时期的"兵农合一"，还有部分地区属于中共与日军、阎锡山开展拉锯战的游击区。这些特征均使这一地区的土改与其他革命根据地老区土改有着鲜明的差别。这在本文第一、二部分已有详细的叙述和讨论。也就是说，中共在晋中新区进行土改之际，所面对的社会历史状况不仅没有在革命老区扎根多年的群众基础和政治影响，而且要对这一区域既有的社会问题加以调查研究，以图有效的解决之策。在前文各部分尤其是第一部分的论述中，即可看出，以阎锡山统治下的"兵合"政策为聚焦点，尽管中共就晋中新区如何进行土改做出了一系列的革命话语表达与试点实践，但践行起来却极为复杂和困难。这在文中关于中共如何发现和解决土改问题时已有充分的反映和体现，当然笔者并不是说工作组干部在每一问题处理上都成功，更重要的是想从中呈现出中共在问题认识和把控上采取的方式与做法。而且在其种种工作背后，他们与农民群众之间又结成了怎样的关系。

由这些层面的史料解读和问题剖析可见，自上而下的土改展开对干部的政策理解水平、执行能力、掌握和调控复杂局面等方面都提出了比较高的要求。而关键的问题是土改现场的工作组干部却未必都能达到上级领导所期待的能力与水平，于是在"偏差"与"纠偏"中不断地进行调适、整合，以保证土改的顺利实现。这在调查人员关于不同类型村庄土改调查完成的详略程度，以及对调查资料分析的深浅差别中有充分体现。另外，本文第三部分主要以祁县和晋源两个县的土改实践为个案，对农民"翻身"又"翻心"问题的讨论，既凸显了工作组干部自身在政策觉悟和阶级觉悟上首先有一个"翻心"过程，并且这一过程的深入与否又直接影响和决定着各地农民能否顺利实现翻身翻心。所以，土改干部在中共革命合法性确立和在地化过程中扮演了重要角色，他们并不是单向的政策宣传和执行者，而是在自上而下与自下而上的多重关系中以土改的方式对农村社会进行了历史性的改造与重构。

西方与东方

旅行的意义

——近代早期法国的王室巡游与政治文化的治理转向

于京东*

1785 年，继位已有 10 年的路易十六从凡尔赛出发，前往诺曼底地区的瑟堡（Cherbourg），为刚刚落成的一项大型军事工程剪彩。一份当时的记录显示，年轻的国王受到了沿途民众的热烈欢迎。在乌当（Houdan），国王的到来引起了骚动和好奇，一个要养活 12 个孩子的妇人跪求国王的帮助，热泪盈眶地赞颂这位"好国王"（un bon roi）；在莱格勒（l'Aigle），人们像拥抱父亲一样簇拥着国王；在法莱斯（Falaise），50 个身着白色与粉色服饰的年轻女孩组成了仪仗队伍，欢迎国王入城，鲜花盖满了王室的马车；在阿尔库尔（Harcourt），国王离开的那一刻，现场成了泪的海洋，路易十六不得不出面安抚人们，让他们放慢急于靠近马车的脚步。这场短途旅行的高潮时刻在终点的瑟堡，档案的作者详细记录了剪彩当天的全程，人们的热情和对国王的热爱让路易十六深感满意，国王视察了由"爱国者"舰（le Patriote）和护卫舰、补给舰、巡航舰等组成的舰队，皇家乐队还演奏了以爱国者为主题的乐曲。[1]

在旧制度时期的法国，王室旅行是一项重要的政治安排。对于统治者而言，既可以直观地了解他的国家，发现统治的问题，控制地方官僚，又能够在各种入城与接受觐见的仪式中展示至高无上的权力。这项传统的历史源头是法兰克时代就有的领主巡游，它代表了一种流动法庭和司法程序，可以实现正义的补救与和平的维系。[2] 到了 16 世纪以后，

---

* 于京东，南京大学政府管理学院副教授。

[1] Le Tellier, ancien maire d'Harfleur, *Voyage de Louis XVI dans sa province de Normandie, manuscrit trouvé dans les papiers d'un auguste personnage* (Paris: Lacourière, 1824), pp. 14-18, 45-71.

[2] Alan Harding, *Medieval Law and the Foundations of the State* (Oxford: Oxford University Press, 2002), p. 41.

随着绝对王权与领土型国家（territorial state）的兴起，这种巡游传统出现了一定程度上的变化：一方面，在制度建设上，愈加集权的宫廷政府不再需要惯例性的巡游，而是转变为不定期的王室旅行，要么是专为某一特定事项而实施，要么是通过盛大的场景与仪式来展示一种新的统治理念与生活方式，缓和中央集权过程中官方与民间所产生的紧张关系；另一方面，在舆论文化上，王室通过旅行了解国土空间与社会治理的现状细节，不仅促成了相关文字与图像记述的传播和阅读，而且与新航路开辟之后兴起的海外探索与科学考察旅行遥相呼应。18 世纪中期以后，整个社会普遍出现了认识国家、了解欧洲、探索世界的大众旅游风尚。[①]

在学术界，围绕近代法国和欧洲旅行的研究主要集中在上述的社会文化领域，[②] 而探讨王室旅行这种特定历史现象的成果并不多。20 世纪中期以后，马克·布洛赫（Marc Bloch）等人曾经将施行神迹的加冕之旅作为考察英法两国王权文化的窗口，此后也出现了一批围绕国王旅行的个案研究。[③] 不过，这些关于早期王权政治文化的研究存在着两个方面的不足：一是通常侧重于旅行现象中的事件、地点与人物的叙述，过于聚焦微观层面的制度、组织和仪式，以至于忽略了王权转型与绝对主义国家建设所带来的结构性变化；二是在材料方面过度依赖历史性的文本，而对版画、地图、小册子等印刷物参考不多，后者恰恰是我们把握近代早期旅行者们"意象世界"的一类关键性媒介。

---

① Numa Broc, *Regards sur la géographie française de la Renaissance à nos jours.* tome. 1 (Perpignan: Presses Universitaires de Perpignan, 1994), pp. 133-134.

② 对外部旅行的探讨主要是地理大发现之后的航海与传教士研究，Mario Cams, *Companions in Geography: East-West Collaboration in the Mapping of Qing China* (c. 1685-1735) (Leiden & Boston: Brill, 2017)。对于法国国内的旅行文化分析可以参见 Jean Mesnard, ed., *La découverte de la France au XVIIe siècle* (Paris: CNRS, 1980)；〔美〕罗伯特·达恩顿《法国大革命前夕的图书世界》，高毅、高煜译，上海人民出版社，2021。

③ 〔法〕马克·布洛赫:《国王神迹——英法王权所谓超自然性研究》，张绪山译，商务印书馆，2018。Richard A. Jackson, *Vive le Roi! A History of the French Coronation from Charles V to Charles X* (Chapel Hill: North Carolina University Press, 1984). Jean Boutier, Alain Dewerpe, et Daniel Nordman, *Un tour de France royal: le voyage de Charles IX* (1564-1566) (Paris: Édition Aubier Montaigne, 1984). Hubert Delpont, *Parade pour une infante: le périple nuptial de Louis XIV à travers le Midi de la France* (1659-1660) (Paris: Éditions de Albret, 2007).

在勒高夫（Jacques Le Goff）看来，作为一种"经验与逻辑之上的形象综合"，"意象"（imaginaire）和语言文字一样，培育和建构了虚实之间的思维景观。[①] 因此，从文化史的角度来看，除了历史档案与游记文本，近代早期大量出版的版画、图像与地图集等，也进一步促成了新的空间观念、地理认知与旅行文化。新航路开辟后，在巴黎、安特卫普、阿姆斯特丹等资讯集散的中心城市，人们热衷于阅读各种游记与地图，并用其实现经济、社会与政治上的许多目标。[②] 这些文字与图像媒介成为旅行过程中的重要力量，不仅被置于一种人、物、财产、要素的流通环境中，而且成为调节人与空间及其所处政治社会的技术手段。无论是官方还是民间，记述旅行的文本及图像都折射了 16 世纪以后的一个重要转型：绝对主义国家的出现。1699 年，费内隆为路易十五写作的启蒙读物《泰勒马克历险记》就配有最新的精确地图；1788 年出版的《法兰西道路指南》中，还出现了专门针对大众游客的王国旅行地图。[③] 因此，本文将在新文化史研究的基础上，选取近代早期法国王室的两次旅行为案例，从过程及媒介载体（文本和图像）的视角探讨绝对主义的空间表象及其治理意涵。

一　1564 年和 1659 年的两份游记文本

在近代早期的欧洲，随着地理大发现与外部探索的推进，除"海外游记""幸福之旅""实景录"等畅销书籍以外，[④] 还有一类重要的写作主题是"国王之旅"（voyage du roi）。通常，王室会资助出版一些篇幅简短、立场鲜明的印刷品，以即时汇报的方式记录和宣传国王一路的

---

① 〔法〕雅克·勒高夫：《中世纪的英雄与奇观》，鹿泽新译，四川文艺出版社，2020，第 3—4 页。

② Jordan Branch, *The Cartographic State：Maps, Territory, and the Origins of Sovereignty* (Cambridge：Cambridge University Press, 2014), p. 36.

③ François de Salignac de La Mothe-Fénelon, *Les Aventures de Télémaque*, tome. 1 (Londres：Chez Jean Hofhout, 1765). Nicolas Verdier, "Les formes du voyage：cartes et espaces des guides de voyage", *In Situ. Revue des patrimoines*, vol. 15, (2011)：pp. 2-5.

④ 例如 1715 年拉弗斯的《法国实景录》和 1781 年梅西耶的《巴黎实景录》，参见 Jean-Aymar Piganiol de la Force, *Nouvelles descriptions historiques et géographiques de la France* (Paris：F. Delaulne, 1715)；Louis-Sébastien Mercier, *Tableau de Paris*, (Neuchâtel：S. Fauche, 1781-1788)。

行程与事项，而对公众而言，它们则是简短、易懂又非常便宜的读物。在亨利二世时期（1519—1559），老费内隆的一本小册子就报道了国王1554 年在低地国家的游历情况。① 到了路易十四时期，为了全面呈现宫廷的各类生活，王室通过资助御用文人、学术机构（如法兰西学院）与出版社的形式，不间断地推出各种记述王室旅行的小册子，篇幅大都控制在 12 页以内。1651 年，巴黎一本名为《国王之行记述》的小册子记录了前往贝里地区的欧比尼（Aubigny），以驱散此地反叛贵族与亲王的行动。② 1662 年底，里昂的雅克·奥利耶书店出版了《国王的敦刻尔克之行》，记述的是法国从英国方面购买了敦刻尔克后，国王于 12 月 2日进入此城的场景。③ 1668 年，塞巴斯蒂安·马布尔-克朗姆瓦西（Sébastien Mabre-Cramoisy）书店出版了《论国王的弗朗什-孔泰之行》。④ 1680 年 8 月 7 日，卢浮宫内的通讯处（Bureau d'Adresse）发表了《国王佛朗德之行日志》，描写的是国王视察北部佛朗德战区的情形。⑤

在众多小册子的记述中，两次比较长的旅行是查理九世 1564 年的环游法兰西之行以及路易十四 1659 年的南方之行。⑥ 前者为期 829 天，停留 196 个地方，行程约 3628 公里；后者为期 13 个月，停留 95 个地方，行程约 3200 公里。作为法国封建时代与绝对主义两种王权的体现，

① Bertrand de Salignac de La Mothe-Fénelon, *Le voyage du Roy au Pays-bas de l'Empereur en l'an 1554* (Paris：Chez Charles Estienne, 1554).

② *Relation du voyage du Roy depuis son départ de Paris jusques à ce jour'huy sixième octobre 1651 arrivé à Aubigny* (Paris：1651).

③ *Le Voyage du Roy à Dunkerque* (Lyon：Chez Jacques Ollier, 1662).

④ Jean Donneau de Vizé, *Dialogue sur le voyage du Roy dans la Franche-Comté* (Paris：Chez Sébastien Mabre-Cramoisy, 1668).

⑤ *Journal du voyage du Roy en Flandre, 1680：avec une relation de ce qui s'est passé sur le vaisseau l'Entreprenant, & au combat des deux frégates à la rade de Dunkerque* (Paris：du Bureau d'Adresse, 1680).

⑥ 1564 年的旅行参见阿贝尔·胡安（Abel Jouan）的《查理九世国王的旅行记录与对话》，其中全程记录了王室一行两年多的法兰西之旅。Abel Jouan, *Recueil et discours du voyage du Roy Charles IX* (Paris：Jean Bonfons Libraire, 1566)。1659 年的旅行记述参见巴黎卢松书店出版的两批小册子，第一批以 1659 年"忠实记录国王与主教的旅行"为主题，4 本各 12 页；第二批以"记述两位国王致力于和平的会晤与宣誓"为主题，有 20 多本。François Colletet, *Journaux Historiques, contenans tout ce qui s'est passé de plus remarquable dans le voyage du Roy et de son Eminen* (Paris：Chez Jean Baptiste Loyson, 1660).

考察这两次国王之行，不仅有利于我们认识王权文化与治理艺术的前后变化，而且可以帮助我们更好地理解文本和图像媒介在这些事件过程中的作用。

（一）关于旅行的时间纪事

从出发伊始，关于国王之行的记述就同时成为一本日历，"就像今日取代昨日"。[①] 1564 年，查理九世的法兰西之行起点在巴黎，1 月 24 日出发；终点在巴黎的圣奥诺雷郊区（Faubourg Saint-Honoré），1566 年 5 月 1 日到达。[②] 阿贝尔·胡安的文本描述很简单，按照时间和里程的顺序依次记述了国王的行程与停留情况，829 天的行程中，有 201 天是在赶路，628 天是停留各地。在整个停留时间中，有 13 个地点停留超过两周以上，通常是重要的中心城市，其余绝大部分经停保持在"一日四地"（1 jour sur 4）的节奏上，这同 16 世纪神圣罗马帝国皇帝查理五世巡游欧洲的节奏是一样的。在巡视的时间安排上，尽管不能排除国王生病一类的突发事件，但大抵的时间安排保持了随意游历与确保政治目标之间一种最低限度的平衡。[③] 这个政治目标在 16 世纪 60 年代集中表现为王国对各地的控制上，在阿贝尔·胡安的描述中，此时的法国正处于"1562—1563 年的上帝惩罚"（第一次宗教战争）之下，国王此行是为了视察王国内的众多地区和省份，"为了认识他忠诚而良善的臣民，也为了使他们认识国王，这对国家的造就与臣民的服从来说都是极其宝贵的"。[④]

1659 年，路易十四的南方之行始于 7 月 28 日，红衣主教马扎然从巴黎出发之后，宫廷便开始准备国王的行程。相较于胡安的文本，柯莱特的记述显然要详细得多，具体内容从 7 月份开始，出发前国王分别会见了葡萄牙、英国大使以及朗格多克、特鲁瓦（Troyes）的代表，并先

---

① Jean Boutier, Alain Dewerpe, et Daniel Nordman, *Un tour de France royal : le voyage de Charles IX (1564-1566)* (Paris : Édition Aubier Montaigne, 1984), p. 19.

② Abel Jouan, *Recueil et discours du voyage du Roy Charles IX* (Paris : Jean Bonfons Libraire, 1566), p. 4, 78.

③ Jean Boutier, Alain Dewerpe, et Daniel Nordman, *Un tour de France royal : le voyage de Charles IX (1564-1566)*, pp. 17-19.

④ Abel Jouan, *Recueil et discours du voyage du Roy Charles IX*, p. 4.

后于 16 日和 23 日两次向巴黎市政厅发表训话；王太后则在 7 月 3 日左右前往圣宠谷教堂（Église du Val-de-Grâce）为即将到来的王室大婚与和平谈判祈福。[①] 7 月 28 日，国王、王太后、王弟以及整个宫廷从枫丹白露宫出发，10 月 14 日到达南部城市图卢兹。[②] 国王一行在图卢兹一直停留到 12 月 27 日，1660 年 1 月 5 日停留蒙彼利埃（Montpellier），在继续了半年的南方之行后，5 月 1 日到达西南部城市巴约纳，并准备六月的边境宣誓与王室大婚。[③] 回程从 6 月 15 日开始，8 月 26 日进入巴黎。[④] 在时间安排上，路易十四一行的"仪式性平衡"色彩较少，一方面"一日四地"的情况少了许多，大多数市镇停留 1—2 日，停留较多的大城市分别是枫丹白露（28 天）、波尔多（18 天）、图卢兹（74天）、圣-让-德-吕兹（37 天）；另一方面，行程节奏相对自由了许多，国王一行往往会参加当地的节日庆典，体验一些地方性的娱乐活动。例如 8 月 14 日在桑特（Sainte）市恰逢圣母升天节，王室一行被当作从天而降的天使而受到欢迎；12 月 4 日，国王观看了图卢兹剧院由耶稣会士们排演的戏剧《和平送来被俘获的金色时代》（Le Siecle d'or captif, delivré par la Paix）。[⑤]

（二）路线选择的政治意图

除去新增加的土地之外，1564 年与 1659 年的两次国王之行所涉及的空间区域在范围上都包括了其时王国领土的绝大部分，但重点又都是边境地区。查理九世一行巡视了除西北以外的所有边境地区，而路易十四则重点巡视了东南与西南地区，里昂、特鲁瓦等东部和东北地区并没

[①] François Colletet, *Journaux Historiques, contenans tout ce qui s'est passé de plus remarquable dans le voyage du Roy et de son Eminen* (Paris: Chez Jean Baptiste Loyson, 1660), pp. 44-46.

[②] François Colletet, *Journaux Historiques, contenans tout ce qui s'est passé de plus remarquable dans le voyage du Roy et de son Eminen*, p. 58.

[③] Anne-Marie-Louise d'Orléans, duchesse de Montpensier, Pierre Adolphe Chéruel, ed., *Mémoires de Mlle de Montpensier, petite-fille de Henri IV*, tome. 3 (Paris: Biliothèque-Charpentier, 1810).

[④] *Suite de la Nouvelle Relation contenant la Marche de leur Majestez depuis S. Jean de Lus jusques à Paris* (Paris: Chez Jean Baptiste Loyson, 1660).

[⑤] François Colletet, *Journaux Historiques, contenans tout ce qui s'est passé de plus remarquable dans le voyage du Roy et de son Eminen*, p. 49, 60.

有行经。在线路上，1564 年查理九世先从巴黎出发，沿着东北部边境南下，在里昂地区沿着罗纳河（Rhône）到达东南边境，此后顺着地中海沿岸地区向西，1565 年 2 月 1 日，国王一行到达图卢兹。[1] 之后，王室从图卢兹到达波尔多，并向下巡视西南部城市巴约纳和圣-让-德-吕兹，而后继续北上至西部海岸城市拉罗谢尔（La Rochelle）和南特（Nantes），最后穿过中部地区，在克莱蒙（Clermont）之后折返北上回到巴黎。1659 年，路易十四从枫丹白露宫出发，直接南下至西南部城市波尔多，随后向东南方向经图卢兹（1659 年 10 月 14 日）之后巡视整个地中海沿岸的地区，并于 1660 年 4 月 20 日重新返回图卢兹。[2] 此后向西南边境的巴约纳出发，并在圣-让-德-吕兹举行了路易十四与玛丽·特蕾莎的大婚。大婚之后，王室直接向北返回，除波尔多和少数几个市镇之外，大都选择了新的线路，在西部海岸稍作停留之后，穿过中部平原直接回到巴黎。

从行程安排与实际停留的站点来看，查理九世的巡视区域包括塞纳河流域、卢瓦尔河流域以及香槟地区，路易十四仅考察了西南部的加斯科涅地区与南部地中海沿岸。当然，两次国王之行的重点都是南方，考虑到绝大部分时间王室都驻扎在北方，国王对空间的绝对掌控也仅局限于巴黎及其周边地带，对南部巡视与停留无疑是有助于弥补这种空间掌控上的不足的。[3] 路易十四每到重要站点，当地与周边地区的贵族、教士与城市代表都要前往觐见，撇去事务性的问题发现和解决，单是仪式上的觐见就体现了以停留城市为中心的，王权对空间的控制"临时强化"。例如 1659 年 8 月 16 日，国王一行到达市镇容扎克（Jonzac），当地及周边城镇的代表就都必须前来迎接；9 月 9—10 日，停留在波尔多的国王接见了来自埃克斯（Aix）、蒙托邦（Montauban）、塔尔塔斯（Tartas）、巴扎斯（Bazas）等城市和其他地方的代表，"感谢国王的恩赐，用宣誓来表明他们的城市将如何一直全心全意地效忠国王，以及他们如何期待伟大

---

[1] Abel Jouan, *Recueil et discours du voyage du Roy Charles IX*, p. 35.

[2] Anne-Marie-Louise d'Orléans, duchesse de Montpensier, Pierre Adolphe Chéruel, ed., *Mémoires de Mlle de Montpensier, petite-fille de Henri IV*, tome. 3（Paris：Biliothèque-Charpentier, 1810），p. 443.

[3] Jean Boutier, Alain Dewerpe, et Daniel Nordman, *Un tour de France royal：le voyage de Charles IX（1564-1566）*, pp. 26-28.

和平将在不远的数月给他们带来欢乐"。[1]

然而，尽管两次旅行都体现了对地方控制的强化，但选择了不同的站点与视察形式，这也反映了 16 世纪与 17 世纪法国王权统治的议题转移。1565 年 9 月 14 日，查理九世一行进入新教城市拉罗谢尔，视察的是全副武装的城内各团体，然后停留了 3 天。对于统治者而言，此时的新教城市已不再是单纯的宗教问题，而是政治上的"国中之国"，所以一直到黎塞留主政的前期，"国家理性"（raison d'état）的一个重点就是解决新教徒叛乱以及解除南方的新教城市武装。1659 年，路易十四的行程中的平叛因素就弱化了许多，相反，外部战争与防御建设成为国家战略的重中之重。在国王停留的 95 个地点中，除布卢瓦（Blois）、沙泰勒罗（Châtellerault）、普瓦捷（Poitiers）、波尔多、图卢兹、蒙彼利埃、尼姆（Nîmes）、阿尔勒、埃克斯、马赛（Marseille）、巴约纳等重要城市之外，路易十四还专程视察了负责边境防卫的众多要塞与城堡。比如在到达波尔多之前，国王在 8 月 17 日就到访了小城布莱（Blaye），18 日视察了城防堡垒以及大炮、炮兵部队的配备情况。[2]

（三）围绕王权的空间话语建构

通过 1564 年与 1659 年的两次旅行在多大程度上能认识和了解法兰西王国？这恐怕是记述文本所无法展现出来的，胡安关于查理九世巡游的记述相对简单，而柯莱特对路易十四南方之行的描述也多半停留在向公众传达王室行程与公开活动上，实际上所能获得的关于王国实际状况的信息并不多。所以，"认识这个王国"尽管是国王一行的目标，但并不是我们研究的主题，不过通过分析文本所呈现出来的内容，我们仍然可以重新思考王权希望向公众传达的信息。

国王作为主权者，在两次旅行当中都进行了充分的权力展示。正如拉罗谢尔城入城式（entrée de ville）上的国王画像一样，国王的形象就是法兰西的形象，而王室在进入一座城市之后，通常用一些意象型的再

[1] François Colletet, *Journaux Historiques, contenans tout ce qui s'est passé de plus remarquable dans le Voyage du Roy et de son Eminen*, p. 55.

[2] François Colletet, *Journaux Historiques, contenans tout ce qui s'est passé de plus remarquable dans le Voyage du Roy et de son Eminen*, p. 50.

现方式加以强调，突出国王与领土空间的一体关系。首先，关于国王的样貌。很少有记录可以纪实性地描述国王的面孔，相反，对国王相貌的描述更多停留在完美的价值层面，"所罗门""圣路易""太阳"等描述意味着国王是没有"脸"的，他只有主权者面孔，而绝对主义将王国投射到了这副面孔上。① 所以我们在两份国王之行的记述中都看不到关于国王样貌体征的描述，但却时刻彰显着以国王为核心的王室形象。例如 1564 年 12 月 7 日，查理九世进入罗讷河口小城塔拉斯孔（Tarascon）时，入城式国王的肖像画下面就写着："风华正茂的年纪，冉冉升起的权力，整个世界之球将置于他手。而双手之间，如我们所想见，是他王权面孔的轮廓与再现。"②

当然，王权的形象同时也会借助空间性的媒介去展现。在路易九世的行程中，各地入城式的门柱和基座上大都题有歌颂国王的文字，同时反映了宗教战争环境下各地对武力与和平的态度。例如 1564 年特鲁瓦入城式的门上就有一个帕拉斯（Pallas）女神像，下面写着："宁静的和平必将战胜战争的恐怖"，整个城门的设计主要是为了纪念 1564 年英国和法国之间的和平协议。③ 1659 年，路易十四的南方之行更是充满了对和平的期待，柯莱特在小册子的开篇就说："没有什么能比战争更为不幸的了，也没有什么能比和平更为让人幸福的了。"④ 在第三个文本中，他则指出："国王是活着的上帝形象，在他的国度里他需要像社团头目、一家之主一样；是他让国家通过神圣的联结作为统一体而生存，所有部分都在这唯一头首的主权（souveraineté）之下，他确保自身存续的同时更是同各部分的利益紧密相关。"⑤

此外，宗教意象与象征空间同样构成了 1564 年和 1659 年两次国王之行的重要表现形式。一方面，国王一行多停留在教堂和修道院，即便

① Jean Boutier, Alain Dewerpe, et Daniel Nordman, *Un tour de France royal: le voyage de Charles IX (1564-1566)*, pp. 327-328.

② Abel Jouan, *Recueil et discours du voyage du Roy Charles IX*, pp. 28-29.

③ Abel Jouan, *Recueil et discours du voyage du Roy Charles IX*, p. 10.

④ François Colletet, *Journaux Historiques, contenans tout ce qui s'est passé de plus remarquable dans le voyage du Roy et de son Eminen*, p. 3.

⑤ François Colletet, *Journaux Historiques, contenans tout ce qui s'est passé de plus remarquable dans le voyage du Roy et de son Eminen*, p. 41.

不停留在这类地方，旅行当中的一项定期活动是前往当地的教堂做弥撒；另一方面，除去这些常规性的宗教活动，在柯莱特的记述中，国王每到一处大都会参加当地的宗教节日庆典，唱《颂主歌》。比如 8 月 25 日停留波尔多期间，正好是圣路易节，国王参加了当天的公众集会与庆典活动。[①] 当然，节日本身就是一种塑造王室想象的载体，绝对君主作为上帝在人间的代理人，实际上通过出席这些宗教活动将一种关于"法兰西"的空间想象同自身结合起来。在旅行的路线选择上，也会有意增加一些著名的宗教城市，例如查理九世经过了著名的宗教城市阿维尼翁，此时还是教皇国的领地；路易十四在普瓦捷时，专门到访了圣拉德贡德（Saint Radegonde）的墓，后者曾是法兰克人的王后、克洛泰尔一世（Clotaire Ier）的妻子。从中世纪开始，法国王室就十分信奉圣拉德贡德，而普瓦捷的圣十字修道院（abbaye Sainte-Croix de Poitiers）也成了王室和平民朝圣的地点。[②]

二　入城式中的图像表达与空间隐喻

在法国，入城式这一政治传统大概在 1510—1520 年就已确定下来，它通过一套仪式流程与意象展示来营造臣属对王权的一致认同，并且构成了 16 世纪以后王室的一种新政治文化。[③] 在旅行的过程中，"进入城市"在两个维度上实现了权力与空间的结合。一是王国领土的巡视通常要以重要城市为行程的节点，一座大型城市的停驻时间更长，国王在此所进行的仪式与活动也相对更多。二是入城式通常是国王对一座城市及其领地宣示主权的过程，尽管国王可能先行进入城市，但入城式才是一座城市真正接受国王的标志，它在空间与仪式上会呈现出一系列的元素设计，而这些元素所折射的是王权与城市的关系及其变化。有关 1564—1566 与 1659—1660 年的国王之行的记录都是以入城式为叙述主

---

① François Colletet, *Journaux Historiques, contenans tout ce qui s'est passé de plus remarquable dans le voyage du Roy et de son Eminen*, pp. 53-54.

② François Colletet, *Journaux Historiques, contenans tout ce qui s'est passé de plus remarquable dans le voyage du Roy et de son Eminen*, p. 49.

③ Jean Boutier, Alain Dewerpe, et Daniel Nordman, *Un tour de France royal : le voyage de Charles IX（1564-1566）*, p. 334.

体的，尤其是在阿贝尔·胡安的记述中，国王的入城式成为整个记述的基本结构之一，而 1660 年巴黎的卢瓦松书店更是专门以"巴黎入城式"为专题出版了一系列的小册子，向民众介绍 1660 年 8 月，国王和新王后进入巴黎时的盛况。在罗伯特·达恩顿看来，借助入城式可以发掘旧制度下的社会结构与市民文化，[①] 但对于王室巡游而言，举行入城式的首要目标不是展现市民生活，而是了解一座城市的基本政治形态和它与王权和中央政府的关系。因此，关于入城式的记述也不是要梳理城市空间，而是要将城市作为王国领土空间的一部分纳入叙事，并且通过文字阅读与视觉表象的多元媒介使这种印象反复强化。

我们不妨以 1659—1660 年路易十四的南方之行为例。第一，1660 年卢瓦松书店推出了 13 本小册子描述国王一行进入巴黎时的情景，全程记录了这一重大仪式流程中的所有文字、图像与场景。[②] 第二，1662 年，由巴黎市政厅后期整理和编辑出版了《法兰西与纳瓦尔国王路易十四及其王后奥地利的玛丽·特蕾莎在巴黎的凯旋入城式》，相较于卢瓦松版本的简短和零散，这个官方版本采取了图文结合的形式，详细地说明了巴黎的城市空间安排与入城式中的社会组织与政治团体。[③] 第三，"国王的入城式"通常是版画商们热衷于印制的一类图像主题，在 1666 年马罗尔（Michel de Marolles）汇编的《凹版画与图册目录》中，"凯旋、入城时的盛况与队伍"是收录版画中的一个重要类别。[④] 本质上，入城式不是一次性的活动，而是旅行过程中反复操演的政治仪式，并且通过文本与图像的出版物得以传播和重现，而在上述两份 1660 年巴黎入城式的文本记录中，所出现的图像又大致可以分为三种类型：第一类

① 〔美〕罗伯特·达恩顿：《屠猫狂欢——法国文化史钩沉》，吕健忠译，商务印书馆，2014，第 127—169 页。

② 连同此前记述南方之行、边界谈判与王室大婚的小册子，1659—1660 年的合集中一共收录了 24 本，原本藏于法国艺术史图书馆（Bibliothèque de l'Institut National d'Histoire de l'Art），索书号：NUM 8 RES 545。

③ 包括城门与建筑、游行队伍、王室成员、过程与尾声四个部分。*L'entrée triomphante de leurs Majestez Louis XIV, Roy de France et de Navarre et Marie-Thérèse d'Austriche, son espouse, dans la ville de Paris*（Paris: Chez Pierre le Petit & Thomas Joly & Louis Bilaine, 1662）. 原本藏于法国艺术史图书馆（Bibliothèque de l'Institut National d'Histoire de l'Art），索书号：NUM FOL RES 490。

④ Michel de Marolles, ed., *Catalogue de livres d'estampes et de figures en taille douce*（Paris: Chez Frédéric Léonard, 1666）, pp. 7, 11.

是国王与王室成员的肖像画；第二类是城市建筑的图画；第三类是描述入城场景与游行队伍的画面。尤其是在 1662 年巴黎市政厅版的记述中，版画图像大都配以详细的文字说明，让我们得以充分理解入城式在整个巴黎所营造的政治意象与现场气氛。

首先，国王的肖像画往往是各地入城式上常常出现的象征物之一。1660 年与 1662 年的两个文本中都出现了国王的肖像，前者出现在封面当中，后者则是一幅分辨率很高的肖像画，边框上写着"上帝恩赐的法兰西国王路易十四"。更值得注意的是 1662 年文本封面扉页的一幅版画（图 1），画面中，国王在王室陪同下端坐在华盖下的御座上，跪在其脚下的是巴黎市的 8 位代表，包括巴黎商会总长（Alexandre de Seve）、审计总长（Pierre de la Mouche）、市议员（Jean Belissant）、高等法院法官（Jean de Monher）、总税务官（Eustache de Fauerolles）、检察总长（Simon Pietre）、公证员（Martin le Maire）以及市税务官（Nicolas Boucot），这大概是在进入城门前，巴黎市在表示对王室的效忠和欢迎。对于凯旋门上历代国王肖像画而言，理想效果是要达到"只需一眼，便可以感受到其面庞的丰富与可爱轮廓，你会忍不住再去看，像是要用尽全力来发掘其背后的奥秘一样"。[1] 但实际上又要在准确描绘物理特征与展现其至上高贵之间保持微妙的平衡，或者说，"通过可见的来隐喻不可见的"。[2]

其次，入城式建筑上的浮雕图像通常也是延续上述做法，描绘和展现王权的荣耀以及国王的功绩。1660 年国王形象出现在巴黎的圣安东凯旋门上方，居中是给国王和王后的献词，两边分别是带有装饰的太阳和月亮，下方共有三道拱门，两侧拱门之上是绘有国王与王后乘坐战车的浮雕（见图 2）。国王的车上是被俘获的战神马尔斯（Mars），下面写着："在这位国王征服整个大地之后，就只剩下战神了"；王后画面下写着："特蕾莎眼中的凯旋只有一种，那就是一位连神都能战胜的国王。"凯旋门的顶部站立着六位代表快乐、服从、忠诚、感恩、协和与

---

[1] *Le Triomphe de la France sur l'entrée royale de leurs Majestez dans leur bonne ville de Paris* (Paris：Chez Jean Baptiste Loyson，1660)，p. 6.

[2] Arlette Jouanna，*Le Prince absolu：apogée et déclin de l'imaginaire monarchique* (Paris：Gallimard，2014)，p. 214.

图 1　1662 年巴黎市政厅文本扉页的插图

坚定的女性雕像。① 圣安东门是巴黎原有的城门，市政厅在其上覆盖了挂毯画（tapisserie），中间居上的一幅是前文图 1 所说的巴黎市 8 位代表跪拜路易十四的另一个版本。国王端坐在御座之上，头顶的手捧号角的女神是王后，挂毯下面是块 3.9 米长的大理石浮雕，上面有题为《献给和平赐予者路易》的鎏金铭文，内容如下：

> 虔诚、荣幸、伟大的祖国之父，在和平与战争中确定王国的边界之后凯旋。同西班牙的和平，与奥地利的玛丽·特蕾莎的联姻，双重联盟为我们带来安宁的日子和共同的欢乐。巴黎的商会总长、

---

① *Explication et Description de tous les Tableaux, Peintures, Figures, Dorures, Brodures, Reliefs et sutre enrichissements, qui estoient exposez à tous les Arcs de Triomphe, Portes et Portiques, à l'Entrée triomphante de leurs Majestez* (Paris: Chez Jean Baptiste Loyson, 1660), pp. 7 - 8. *Explication des Devises generals et particulieres des Tableaux, Figures en Relief, Plate-Peintures, et Medailles qui sont aux Portes et Portiques des Arcs de Triomphe* (Paris: Chez Jean Baptiste Loyson, 1660), pp. 5-6.

市政厅与布尔乔亚特地以此建筑来表达他们对这位好国王的喜悦、热爱与信仰。①

图 2　1662 年巴黎市政厅文本中的圣安东郊区凯旋门

　　此外，铭文下面还有两幅反映国王 1659 年南方之行与边境谈判的地图（见图 3）。左边一幅是马背视角的毕达索阿河地图；右边是毕达索阿入海口的地图，一边是西班牙的城市洪达日比亚（Hondarribia），一边是法国的城市昂代（Hendaye）。除用于再现 1659 年法-西和谈的政治成就之外，两幅地图向巴黎民众展现了边境地区的实际情形。入城式建筑上的浮雕与挂毯画大致有两种类型：一种是基于传统的王权所表现的象征图画，包括主权的象征物、神话人物、宗教装饰等，都是使主权者神圣化与中央集权合法化的内容；一种则是更偏叙事性而非宣传性的图画，它们试图展示国王治下的社会生活景象，表现其世俗统治上的

---

① *Preparatifs dans la Ville de Paris pour la Reception de leurs Majestez*（Paris：Chez Pierre le Petit & Thomas Joly & Louis Bilaine，1662），p. 8.

合理场景。这到路易十四后期尤其明显，代表了一种"统治艺术的世俗化趋势"。[①] 法国国王在 17 世纪末已经越来越意识到王权的荣耀同王国的统治存在差距，对治理问题的重视也逐渐使得权力在制造神话的同时开始注意"治理术"的问题。

图 3　1662 年巴黎市政厅文本中的圣安东门及浮雕地图

　　最后，符号、图像与建筑等作为政治表象，实际为我们构筑了一种绝对主义权力统治的空间隐喻，而依托于这些视觉出版物，对照 1662 年文本中所记述的巴黎市政厅为整个入城式所修缮和装饰的建筑，我们可以大概模拟出入城式的行进路线与空间布局。

　　早晨 6 点，国王一行从万森城堡出发，前往巴黎城外的圣安东郊区；与此同时，教士、大学、商会、官员与高等法院等各自集结，向圣

---

　　① Arlette Jouanna, *Le Prince absolu: apogée et déclin de l'imaginaire monarchique*, pp. 216-217.

安东门汇集。8 点，游行队伍中的各团体依次在圣安东郊区的御座台觐见王室，而后从御座台出发。第一道门是圣安东郊区尽头的第一凯旋门（Premier Arc de Triomphe），共有 3 道拱门，中间拱门上方是路易十四的半身塑像，门的顶端立着 6 位女神（见图 2）。穿过护城河上的桥，队伍经过的第二道门是桥上的石拱门（Arc de pierre），只有一道拱门和两扇小门，拱门上方同样有路易十四的半身塑像。经过石拱门之后的第三道门是巴黎的圣安东门，市政厅对原有门进行了装饰（见图 3）。游行队伍从圣安东门进入巴黎，沿着圣安东街（Rue de Saint Antoine）前进，在圣热尔万喷泉（Fontaine de Saint Gervais）的十字路口处穿过第四道拱门。这是一道高 13 米的山峰形单拱门，仿造希腊神话中的帕纳斯山，上面顶部栽满了月桂树，有 9 位缪斯女神，象征国王对科学与艺术的庇护。下方拱门的支柱是两棵巨大的棕榈树，门的上方是国王与王后侧面画像。游行队伍经过的第五个地点是博韦酒店（l'Hôtel de Beauvais），王太后等人在此等候。第六个地点是巴黎市政厅，然后继续向前穿过圣母桥（Pont de Notre Dame）的凯旋门，过桥后到达塞纳河中心的西岱岛。在河心岛继续穿过新市场（marché neuf）凯旋门后，到达太子妃广场（Place Dauphine），这是整个游行队伍的最后一站。①

如果撇开王权所试图塑造的意识形态因素，单纯从入城式的城市空间来看的话，城门与通道是整个入城式中最重要的空间元素。尤其是此时的巴黎作为整个王国的首都，其开放性的特征折射了 17 世纪绝对主义国家建设中的两个重要内容：一是作为中央集权象征的首都建设；二是城市空间从封闭到开放，成为王国内部流通的关卡而不是封闭的堡垒。这就涉及福柯所说的"领土的城市化"（urbanization du territoire），本质上是将王国的全部领土变成一个大城市，"以便领土能够得到像一个城市那样的设置，以城市为模板来管理"。所以才有了"路易十四希望所有城市、所有法官都建立像巴黎那样的公共管理"这样的说法，这实际上构成了领土国家的空间治理问题。②

---

① *L'entrée triomphante de Leurs Majestez Louis XIV, roy de France et de Navarre et Marie-Thérèse d'Austriche, son espouse, dans la ville de Paris.*

② 〔法〕米歇尔·福柯：《安全、领土与人口——法兰西学院演讲系列，1977—1978》，钱翰、陈晓径译，上海人民出版社，2010，第 299—302 页。

三　地图指南中的领土表象及其结构变迁

从 1564 年到 1659 年，王室一行在旅途中，大概有多种获得道路信息的方式：可以通过言语交谈来求助；可以查询书籍文本去解惑；也可以索性直接一点——查看地图，通过这种视觉产品来"掌握"整个王国的道路轮廓与地理版图。在传播学中，地图就是一种媒介，不但提供信息知识，而且塑造并控制着人的行动及意识。与此同时，图像的呈现往往也是有选择性的，从中世纪的大教堂、新航路上的海港，到王国内部的城市、要塞、领地、飞地等，地图都可以予以反映，却也能够保持沉默、隐瞒甚至是屏蔽，这无疑同绝对主义王权的意识形态密切相关。

在近代早期的欧洲，地图是人们通过旅行来了解空间的重要指南。15 世纪以后，由于成本低廉、效率更高的蚀刻版画工艺得到了推广，航海、探险与旅行的公共潮流不仅得益于地理文献与游记文学的畅销，图片（image）、版画（estampe）、地图（carte）与地图集（atlas）等视觉出版物等同样构成了知识传播与行动指引的媒介。因此，依据朝圣、航海、行军打仗与环球漫游等不同的旅行类型，欧洲出现了大量相关的新地图产品。比如，在 1495 年意大利战争期间，雅克·西诺（Jacques Signot）为法军前进绘制了意大利地图（*La carte d'Italie*）；[1] 1552 年，塞巴斯蒂安·缪斯特（Sebastian Münster）出版了《环球志》；[2] 1665 年和 1677 年，皮埃尔·杜瓦尔（Pierre DuVal）两个版本的旅行路线地图集则收录了古代旅行、宗教朝圣、航海探险的众多地图，甚至参考了荷兰人约翰·尼霍夫（Joan Nieuhof）1655—1657 年出访中国的记录，绘制了新的中国地图。[3]

对于王室旅行而言，17 世纪宫廷出现的"国王地理学家"

---

[1] David Buisseret, ed., *Monarchs, Ministers and Maps: The Emergence of Cartography as a Tool of Government in Early Modern Europe* (Chicago & London: The University of Chicago Press, 1992), p. 101.

[2] Sebastian Münster, *La cosmographie universelle* (Bâle: Henry Pierre, 1552).

[3] *Cartes pour les itinéraires et voyages modernes* 参见 Bibliothèque nationale de France, département Cartes et plans, G-3143; GE FF-8829。地图参见 Bibliothèque nationale de France, département Cartes et plans, CPL GE DD-2987 (7171)。

(géographe du roi) 除了负责教学，另一项重要职责就是为国王准备巡游中的道路指南。一方面，许多原本用于旅行的地图往往会作为道路、邮政、经济信息指南而出版。比如 1632 年，路易十三的制图师尼古拉斯·桑松（Nicolas Sanson）绘制的《法兰西邮政地图》（*Carte géographique des postes*）就包含了全法国的道路、驿站及哨口的信息，还标明了沿途的主要城市（图4）①。另一方面，宫廷制图师也会专为王室的某一次旅行而创作新图。1723 年，路易-皮埃尔·都德（Louis-Pierre Daudet）为路易十五的 1724 年旅行绘制了《凡尔赛到枫丹白露道路地图》（*Partie et plan figuratif du chemin de Versailles à Fontainebleau*），1728 年则出版了他为国王 1722 年北方之行而绘制的《巴黎到贡比涅与苏瓦松不同道路地图》（*Carte des différentes routes de Paris à Compiègne, de Compiègne à Soissons*，见图5）②。随着 18 世纪大众旅行潮流的兴起，这些"路线地图"（cartes routières）逐渐从官方传播到民间，成为普通读者手中必备的旅行参考。③

倘若仔细分析这些 17—18 世纪地图指南的内容细节，除在道路的尺寸、方向与距离的标识上更加详细和准确外，我们也能发现它们在绘制理念与方法上与 16 世纪的作品有明显的不同，反映出一种观察和理解国土空间的新视角。首先，在制作工艺上，用于方向导航的道路、交通地图逐渐从传统资料基础上的手绘向科学观测数据中的几何测绘转变。其次，在空间信息的呈现上，作为背景的地图逐渐增加了城市、路线之外更加丰富而精细的内容，比如山脉、河流、森林、湖泊、矿产、牧场以及可耕种土地等，这实际上呼应了路易十四时期启动的国土调查与统计计划。④ 最后，众多邮政、道路与旅行地图往往会附上王国内部

---

① Bibliothèque nationale de France, département Cartes et plans, GED-8000.

② 前者现藏于巴黎伊夫林省档案馆，Archives départementales des Yvelines, Cartes et Plans, A 242；后者出处：Bibliothèque nationale de France, département Cartes et plans, GE D-14948。

③ 比如丹维尔（Jean-Baptiste D'Anville）的《夏特尔至巴黎道路几何平面图》（*Carte geometrale du grand chemin de Chartres a Paris*）就非常畅销，地图参见 Bibliothèque nationale de France, département Cartes et plans, GE DD-2987（846 B）. Pascale Mormiche, *Devenir prince*：*L'école du pouvoir en France. XVIIe-XVIIIe siècles*, Paris（CNRS Éditions, 2009），p. 421.

④ James E. King, *Science and Rationalism in the Government of Louis XIV, 1661-1683*（Baltimore：The Johns Hopkins Press, 1949），p. 134.

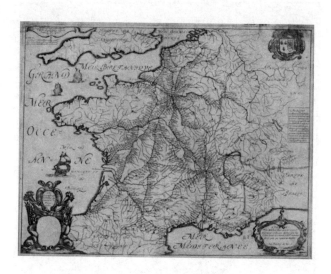

图 4　1632 年桑松的《法兰西邮政地图》

重要城市的平面地图,这突出了以城市为中心的公共治理事项,这些治理过程往往采用最新的科学知识与工艺流程,进而在技术与理性层面实现对领土的整治。

　　这其中与王室旅行密切相关的是中央与地方之间的路政权争夺。在传统时代,对王国内交通要道以及领地的道路、广场、市镇与城市的管理属于"高级司法"(haute justice)的内容。① 绝对主义王权兴起之后,地方贵族与领主时常因为修路问题同中央路政系统发生矛盾,领主们认为路权属于领地司法权的一部分,属于教会的部分也应由各个主教区来管理。这遭到了宫廷的强烈反对。1705 年,担任巴黎地区警长的尼古拉斯·德拉玛尔(Nicolas de La Mare)发表了《论治理》(Traité de la police)一书,在第四卷中就谈及了这一问题:

　　　　对公共领地发布敕令、规则并加以执行,这是主权性权威不可分割的一部分,它仰赖于对整个王国的普遍治理(la Police générale)。尽管道路与街道都不是属人的财产,所以可能不同于王

---

① Gérard Aubin, *Seigneurie en Bordelais au XVIIIe siècle d'après la pratique notariale*(Rouen:Publication de l'Université de Rouen, 1989), p. 179.

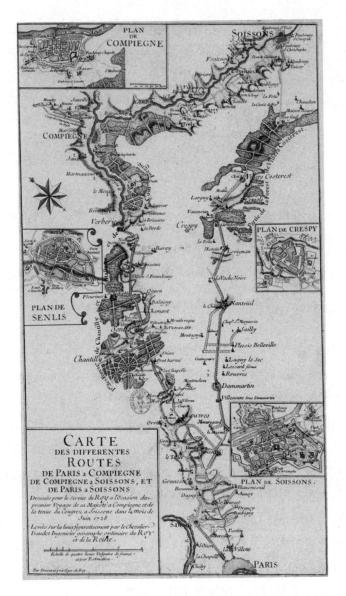

图 5　1728 年都德的《巴黎到贡比涅与苏瓦松不同道路地图》

室的产业权利，但绝大多数学者仍将路政权视为王室权利的一部分。因为即便所有人都可以自由使用和通行，国王仅仅是负责看护和管理，但它也属于主权中的特权（Jure Corona），赋予其管理使用的权利。因而我们可以定论说国王是法兰西唯一的路政主人，只有他才有权制定和执行关于道路的通行规则。[1]

1730 年以后，作为路易十五的财政与建造总监（directeur général des Bâtiments），菲利贝尔·奥利（Philibert Orry）同时也担任了路桥总监（Directeur général des Ponts et Chaussées），他在 1738 年发表了《道路修缮总体指导》（Mémoire instructif sur la réparation des Chemins），作为整个王国道路建设的指导性文件，文中说："公共道路的修缮已经成为一项国家事务（affaire d'État），其实现方式同产生效益一样重要，更关键的是要在确保成功的原则上形成一种良善治理，防止武断行动所带来的问题。"[2]

奥利道路修缮工程的一个重要创举就是工程的实施配以详细绘制的地图，一旦一段道路决定修缮，工程师必须在此之前绘制好地图。1744 年后，丹尼尔-查尔斯·特律代纳（Daniel-Charles Trudaine）接任路桥总监，继续推进奥利的道路修缮与地图绘制计划。1747 年，第一部《阿朗松政区主要道路地图》（Plans des principaux chemins de la généralité d'Alençon）率先完成，到 18 世纪 70 年代，尽管整个工程未能全部完成，但已经完成了王国 8 个行政区的道路地图绘制，留下了 65 卷本共 3100 张地图。[3] 在旧制度时期，特律代纳地图堪称工程师制图的巅峰，其副产品——1746 年皇家路桥学院的成立，更是为制图工程提供了更为专业化的人才队伍，制图与测绘开始成为一项系统的教育事业。

四　王权的治理转向与新型的旅行文化

作为近代国家的一个重要标志，要在权力的统治范围内建立空间性的"王权垄断"（monopole monarchique），不仅需要获得贵族和各地势

---

[1]　Nicolas de La Mare, *Traité de la police, où l'on trouvera l'histoire de son etablissement, les fonctions et les prerogatives de ses magistrats*, tome. 4（Paris：Chez Jean-François Hérissant, 1738）, p. 642.

[2]　Stéphane J. L. Blond, "The Trudaine Atlas: government road mapping in eighteenth-century France," *Imago Mundi*, vol. 65, No. 1,（2013）：64—77.

[3]　Stéphane J. L. Blond, "The Trudaine Atlas: government road mapping in eighteenth-century France," *Imago Mundi*, vol. 65, No. 1,（2013）：64—77.

力的宣誓与效忠，还要在内部保持和推广一种统一的秩序架构。王室巡游的目的很大程度上就在于确保各地对这种新型制度设计的接受与服从，1564 年王太后凯瑟琳·德·美第奇就曾直言不讳地说过："为国王安排此次旅行的主要目的之一是让他所经过的所有地区都能清楚地领会王室的意图，并且表明，国王不再是可以随意用借口糊弄或是肆意违背的人了。"[①] 宗教战争（1562—1598）以后，一种超越了地域与教派、作为共同体的"祖国"意识开始逐渐萌发，而国王作为"祖国之父"（père de la patrie）已经成为王室试图广泛传播的政治信条。[②] 在现实层面，此时的法兰西王国开始逐渐摆脱犬牙交错、交叠重合的空间状态，转向统一领土基础上的国土治理与央地关系整合了，这也正是 1659 年路易十四南方之行的重要主题。在柯莱特的小册子中，作者记录了法国与西班牙的领土谈判过程，而为了准备这场谈判，双方提前耗资在两边各自修建桥梁和房屋，为的就是将地点放在毕达索阿河中心的一个小岛上。小册子说："好奇者可以通过印制的地图来观察这个毕达索阿河中的岛，这条河也叫丹岱河（Danday），这一点我不需做过多描述，因为这条河构成了法兰西与西班牙之间的界标（borne），一直延续到洪达日比亚与昂代城之间的入海口。"[③]

然而，无论是在 1564 年还是 1659 年，王室旅行始终要面对王国内部行政区划的复杂性。一方面，旧制度下原本就存在诸多封建制所制造的领地、自由城市与飞地；另一方面，法兰西王国的扩张与发展在王国领域内留下了许多制度性遗产，同一领土空间之内存在着许多不同的政治区划和等级结构，这构成了领土治理与统一地图绘制的障碍。因此，尽管 18 世纪的统治者不再需要依赖传统巡游来实现对国家的掌控，但也并非如丹尼尔·罗什所说，"仅限于某些特定的具体目的"，[④] 相反，

---

① Jean Boutier, Alain Dewerpe, et Daniel Nordman, *Un tour de France royal: le voyage de Charles IX（1564-1566）*, p. 177.

② 于京东：《"祖国"的前世今生——西方现代国家成长中的爱国主义历史叙事与政治文化》，《江海学刊》2020 年第 2 期。

③ François Colletet, *Journal contenant la relation veritable et fidelle du voyage du Roy, et de son Eminence*（Paris: Chez Jean Baptiste Loyson, 1659）, p. 9.

④ 〔法〕丹尼尔·罗什：《启蒙运动中的法国》，杨亚平等译，华东师范大学出版社，2010，第 8 页。

认识这个王国在旧制度后期成为法国的统治者和社会公众普遍共有的一种愿望,这才有了官方与民间的旅行风尚,而在此过程中,地图显然构成了国家进行空间测算与行政控制的主要手段,也是人们理解现实世界与王国领土的主要参考。例如在 1722 年路易十五的北方之行中,国王每至一处高地便命令随从拿来地图,一边比对着实际的地形空间,一边向臣属们展示这种权力统治工具的实践价值。[1] 显然,随着绝对主义国家建设的推进,王室巡游发展出了新的时代特征,并且围绕着王权的转型衍生出不同于以往的旅行文化,它在现实中呼应了治理层面的新需求。

首先是探索空间的科学之旅。1666 年,法国成立了皇家科学院,试图将新兴科学及其知识生产纳入王权的统治之下。1668 年 5 月 23 日,皇家科学院的记录显示,国王希望科学院绘制一幅比现有地图更为准确的法兰西地图,由科学院来自行决定如何完成这一计划。30 日,科学院的例行会议邀请了宫廷的国王地理学家纪尧姆·桑松列出席,会上首先决定"先绘制一幅巴黎及周边地区地图,以尝试和确定具体的绘制方法",同时决定了前期工具的准备工作。[2] 逐渐地,王室旅行的主要议题逐渐向全国性的调查统计与系统制图转移,而由王室资助的学术机构与科学团体则在全国范围内展开了更多专业性的测绘旅行。在法国国内,1682 年开始的卡西尼计划先后组织了大量的科学家与工程测绘人员,他们前往全国各地选定的地点,采用最新的三角测量法观测经纬度数据,绘制新的法兰西地图。[3] 在欧洲与世界其他地区,王室通过资助航海船队、探险家、耶稣会等,将这种调查统计项目加以扩展,用 1685 年前往亚州的塔夏尔(Guy Tachard)的话说:"国王自成立巴黎皇家科学院后,致力于发展王国的科学与艺术,派遣博学之士前往外国观测,从而修正地图、发展航海和天文事业。"[4]

---

① 〔法〕丹尼尔·罗什:《启蒙运动中的法国》,杨亚平等译,第 9 页。

② Lucien Gallois, "L'Académie des Sciences et les origines de la carte de Cassini." *Annales de Géographie*. vol. 18. No. 99, (1909):193–204.

③ 于京东:《现代国家治理中的地图绘制与国家建构——卡西尼地图与近代法兰西的国家测绘工程》,《南京大学学报》2020 年第 6 期。

④ Guy Tachard, etc., *Voyage de Siam, des peres Jesuites, envoyez par le Roy aux Indes & à la Chine*(Paris:Chez Arnoued Seneuze & Daniel Horthemels, 1686), p. 2.

其次是国土整治的调研之旅。17 世纪后期，绝对主义行政改革中的重要一环就是重振混乱不堪的王室产业，或者称"整治领土"（aménagement du territoire），而国土的测量与制图在此过程之中又十分关键。1655 年 3 月，王室就对巴黎地区发布赦令，设立新的总督职位，负责对属于皇家权利（Droits de la Couronne）的地籍文件的制作。1656年、1657 年和 1658 年，王室接连发布命令，试图将这种巴黎地区的模式推广到全国。① 此举意在将王国范围内的所有相关产业统一整合，"整个王国的所有土地都直接而统一地归国王所有，王国领域内的贵族或农民的无领主之地，依据 1629 年赦令都应归于王权之下"。② 这显然将遭到地方贵族与领主的反对，1659 年 2 月 13 日，为了回应这类异见，王室在新的赦令中提到：

> 没有任何封臣或纳贡者可以反对国王宣称其领地内的产业权利，任何基于采邑或纳贡地块的特权转让都需要赋予和保证对其直属领主的效忠，即便是王国内的教会地区也必须设法宣誓属于国王及其产业。③

1663 年，科尔贝上台后的第一个举措就是要求各地向中央政府汇报土地、森林等产业情况，并附上相关地籍地图，同时派遣大量的王室专员奔赴各地进行调研。这一背景之下，大量的行政人员前往各地，调查和确定土地、建筑、森林、湖泊、遗产、权利等所有产业的具体边界，通过一种治理与司法技术的手段来完善国王对领土空间的垄断机制。1667 年 4 月，新的一份王室法令中决定在财政允许的情形下由王室来赎回所有的产业：

> 任何时间、任何理由转让给任何人的所有产业，都将永久地统

---

① Bellami de Hebault, *Traite de la perfection et confection des papiers terriers generaux du Roy* (Paris: Chez Paulus-du-Mesnil & de Nully, 1746), p. 295.

② David Bitterling, *L'Invention du pré carré* (Paris: Albin Michel, 2009), p. 71.

③ Bellami de Hebault, *Traite de la perfection et confection des papiers terriers generaux du Roy*, p. 330.

合在王权之下，不受任何例外和时间限制。皇家产业和权利不可分割，任何人都不得以任何理由侵犯或分裂…皇家产业是神圣、统一、化身为王权的，由国王的官员与税吏来掌控和管理。①

最后是城市治理的总结与推广之旅。1705 年德拉玛尔《论治理》的第一卷中就附有 8 幅巴黎的城市地图，说明了它在不同时期的扩张状况与行政区划。在第二卷中，作者收录了巴黎高等法院于 1671 年 8 月 12 日登记的一项 1665 年的王室敕令，指出"政府所新修建筑、房屋、商店和摊铺都需要自行同土地所有者商谈而非强迫，但遇到无法达成一致的情况时需要由法院来裁定，这种情况下就需要准备由建筑师绘制并签名的建筑物地图和平面图"。② 诚然，作者附上地图与说明意在强调巴黎的城市区划与治理模式细节，更重要的是，它在王室的旅行过程中可以向全国推广，实现城市的"领土化"，抑或说领土的"城市化"。正如 1758 年，法国中部帕利斯市镇的典吏德拉普瓦·德·弗雷曼维勒（Edme de La Poix de Fréminville）在《城市、市镇、教区和乡村领地的治理概述词典》的序言中所说的：

> 德拉玛尔的《论治理》触及了很少人关注的时代主题，他再现了整个巴黎的市政管理，这种运作模式理应成为整个王国治理的模型……巴黎作为世界第一城市的伟大和卓越归功于它建立后的治理，这也是为何国王要求王国内的所有官员按照巴黎的规则来加强和改进对其辖区居民的治理。这是一种如此明智的模式，以至于所有省份的领主和官员都应认真地效仿以更好地服务于公共和公民利益。③

我们不能否认，在上述的治理转向与旅行文化中，绝对王权在构建

---

① Bellami de Hebault, *Traite de la perfection et confection des papiers terriers generaux du Roy*, pp. 356–357.

② Nicolas de La Mare, *Traité de la police, où l'on trouvera l'histoire de son etablissement, les fonctions et les prerogatives de ses magistrats*, tome. 2, pp. 1425–1428.

③ Edme de La Poix de Fréminville, *Dictionnaire ou Traité de la police générale des villes, bourgs, paroisses, et seigneuries de la campagne* (Paris: Chez Gissey, 1758), pp. v–vi.

自身作为主权者的象征空间的同时，也在王国实际的领土空间内部创造一种统一的理性与规范。然而，用福柯的话说，规范的力量很容易在一种形式平等的体系中起作用，但在以同质性（homogénéité）为准则的内部，个体差异就会变得极易凸显。① 所以，王权在统合空间的同时也必然发现，传统宗教、帝国、封建领主与城市自治的遗产依然制造了许多空间上的障碍，这使得近代早期的法国在领土事务上的管理实际上是一种杂糅形态，而非统一秩序，这种情况一直延续到 1789 年开始的法国大革命。然而，无论是主权的象征空间还是领土的理性空间，新型旅行文化的建构都有利于营造普通匀质的空间理念，滞后的实践尽管需要处理不同的竞争者，但一种主权统合空间的"领土意识"是始终存在的。

五　结语

在旧制度时期的法国，人们关于王国空间的知识大都局限于理论与想象，所以在阅读文本与地图之外，旅行似乎是丰富空间认知的有效方式。作为主权者的权力展示过程，在王权尚未安稳的 16 世纪，查理九世的旅行依然保留着传统巡游的特征，以流动性来弥补行政系统的无能，缓和因空间上的距离、障碍和沟通所带来的王国与臣属、中央与地方之间的紧张关系，而这种传统特征到 17 世纪时就已经大大弱化或减少了。在国土空间的内部，新兴的调查、统计与科学测绘方法得到普及，国王及官员一方面需要从国家理性的角度去重新认知王国的土地及其治理，另一方面则要充分吸纳和利用新兴科学组织的知识生产，将新的技术、方法与管理经验加以推广。因而，全国旅行也构成了领土测算与检验的重要手段，在政治社会各领域得到推广。对于 1659 年的路易十四而言，认识是为了行动，对王国空间与领土状况的了解实际上成为统治向治理转型的一个重要环节，旅行一方面是在仪式象征的维度上强化国王作为王国化身、"祖国之父"的印象，另一方面则是在科学、测量与新式地图所营造的空间认知中，探索新的知识，整合国土区划，推

---

① 〔法〕米歇尔·福柯：《规训与惩罚：监狱的诞生》，刘北成、杨远婴译，生活·读书·新知三联书店，1999，第 208 页。

广先进地区的治理模式。

　　以王权为中心的全国旅行意味着领土空间不仅在历史与地理的意义上"流通"起来，而且各个地区与城市也共享着一种"同质性"：由封闭转为开放，传统的封建领地也开始卸下其壁垒，成为绝对王国普遍匀质空间的一部分。在此基础上，"治理"开始从一座城市扩展到整个国家，它在整个领土空间的范围内思考问题："人"的问题就是"人口"的问题；"粮食和物品"的问题就是"经济"的问题；"卫生与疾病"的问题就是"公共服务"的问题；"罪犯"的问题就是"治安"的问题。①

　　① 〔法〕米歇尔·福柯：《安全、领土与人口——法兰西学院演讲系列，1977—1978》，第288、289、230页。

知己与家国

——方君璧的情感经验与现代女性主义话语反思

李志毓*

　　女性的社会解放、意识觉醒与主体成长，是 20 世纪中国革命的重要内容，也是女性史研究的重要议题。孟悦、戴锦华认为，旧中国女性既是家庭的囚徒，又是男性欲望的对象，"生存于黑暗、隐秘、喑哑的世界"。20 世纪初，女性"浮出历史地表"，喊出了"我是我自己的"的呼声，开启了从物体、客体走向主体的历程。然而这一"我是我自己的"宣言，仅仅意味着女性拥有了自我意志，却未解决"我"和"我自己"究竟是谁、是什么的问题。如果女性自我意识觉醒仅意味着成为与男性一样的人，那么"失落的不仅是性别特征，而是女性的全部历史意味，女性之为女性的真义"。"女性的出现，女性的自我命名所显露的唯一真实，不是她获得了与男人一样的平等，而是……一个使女性的隐秘经验，包括历史经验、心理和生理经验……从一片话语真空中发掘和昭示于世的过程。"① 自《浮出历史地表——现代妇女文学研究》出版 30 余年来，已有大量借鉴西方女性主义话语、揭示女性"隐秘经验"的著作问世，对女性的意识觉醒、争取社会赋权的斗争、情感与人生困境等许多问题都进行了深入探讨。②

　　然而，西方女性主义话语主导下的女性史研究，因对女性身心经验的高度重视和对中国革命"妇女解放""男女平等"话语背后国族叙事的高度敏感，往往倾向于建构另一幅图景，即从女性"真实"的日常

---

　　*　李志毓，中国社会科学院近代史研究所副研究员。

① 孟悦、戴锦华：《浮出历史地表——现代妇女文学研究》，河南人民出版社，1989，第 7—35 页。

② 例如颜海平《中国现代女性作家与中国革命（1905—1948）》，季剑青译，北京大学出版社，2011；罗久蓉《近代中国女性自传书写中的爱情、婚姻与政治》，《近代中国妇女史研究》第 15 期，2007 年 12 月；柯惠铃《她来了：后五四新文化女权观，激越时代的妇女与革命（1920—1930）》，台湾商务印书馆，2018。

经验与身心感受出发，揭露高举"解放"旗帜的革命运动中所隐含的奴役/被奴役结构，民族国家政权及其意识形态中的男权机制，以及各种宏大叙事对女性个体生存和身体欲望的压抑。例如对于张爱玲在《倾城之恋》中让白流苏在香港沦陷、成千上万人死去之际，成就自己的婚姻，李欧梵不无肯定地说：张爱玲"事实上传达了她的最终历史批判"，"她颂扬了流苏的胜利……在那个战争和革命的特殊时代，她的女性人物……应该得到点幸福"。① 李海燕更进一步阐释说：张爱玲的批判"指向了民族主义的信条"，"个人，私密，与低微战胜了公开，政治，高尚以及世界化的历史。张爱玲似乎想说：个人的幸福，特别当其与女性有关时，并不一定与集体性的（未来）幸福绞接在一起"。②

女性（个体）与国族（革命）政治之间的紧张关系，也存在于左翼作家与批评界的论述中。丁玲于1942年在延安发表的《"三八"节有感》被认为是以女性主义视角解构民族主义"妇女解放"叙述的经典文本。正如李陀指出的，丁玲此文"以一种曲折的方式讲述女人的意义和民族国家的意义之间的严重的对立"，质疑"民族国家（无论其建立了怎样不同的政治制度）是否有权把女性纳入某种改头换面的但仍以男权为中心的文化秩序"。③不同的是，左翼批评家并不认为女性/国族的张力必然意味着女性经验与民族国家的隐含对立。

例如，冷嘉在《大风雨中的漂泊者》一文中指出，《"三八"节有感》确实偏离了"抗战建国"的宏大叙事，并暗示革命和民族国家的价值目标未能在女性日常生活领域得到验证，但丁玲并未斩钉截铁地站在女性主义立场上，"挑战"民族国家话语，更未以此颠覆革命进程中所包含的正义追求，亦未"在洞悉一切组织形式的压抑机制后"，退回到个体经验与"小我"的狭窄空间。丁玲深悉现代个性主义的解放能量与"迷障"，因而彻底拒绝了五四新文化运动开启的、通过情感觉悟确立的女性/个人主体及与之相连带的生活想象，进而召唤一种具有强

---

① 〔美〕李欧梵：《上海摩登——一种新都市文化在中国（1930—1945）》，毛尖译，北京大学出版社，2001，第315—316页。
② 〔美〕李海燕：《心灵革命——现代中国的爱情谱系（1900—1950）》，修佳明译，北京大学出版社，2018，第147页。
③ 李陀：《丁玲不简单——毛体制下知识分子在话语生产中的复杂角色》，《昨天的故事：关于重写文学史》，香港：牛津大学出版社，2006，第184页。

大意志力、能包容外部异己力量、将对历史的使命感与对新生活的向往融于实践之中的、自律进取的新的历史文化主体的生成。冷嘉充分肯定了丁玲的选择和探索，并认为：宏大理想的失落，也将令"个性"的成长丧失应有的质地与张力。①

本文拟以现代中国女画家方君璧为中心，以方君璧家藏未刊书信、日记为主要资料，探讨新旧嬗变时代中国知识女性的情感、人生经验及其与政治的关系。方君璧的特点在于，首先，她是现代中国最早留法的女画家，毕生以融合中西艺术为志业，成就斐然，是现代女性不懈追求自我发展的一个典型。② 其次，她是国民党政要汪精卫私人秘书曾仲鸣的妻子、汪的亲人和学生，一生历经政治分裂造成的忧患流离，而晚年能超越党派与私人利益局限，对新中国产生强烈认同，在精神上弥合历史的分裂，完成心灵的回归。③ 最后，她又是一个贤妻良母，照顾孩子的需要妨碍她"走出家庭"、投身社会工作，但也给她以力量，支撑她度过了国破家亡时刻和人生的许多暗夜。1950 年 3 月 21 日，河内枪杀案 11 周年，方君璧在日记中写道：今天"是我一生最伤心的日子。……若是没有三个小小孩子，那时需要一个母亲教养他们，我相信我一定也跟他一起去了"。④ 这是许多身为人母的女性的真实经验。

方君璧一生最深刻的情感是知己与家国。全面抗战期间汪精卫投降日本，她经历两种情感的剧烈冲突，在亲情与抗战之间选择了前者。国民党政权崩溃，她流亡海外，但无时无刻不思念中国。1950 年她在巴黎听说"中国情形很好"，在日记中写道："我想如果做得好，即是我

---

① 冷嘉：《大风雨中的漂泊者——从 1942 年的"三八节有感"说起》，《文学评论》2012 年第 2 期。

② 与方君璧同在巴黎求学的雕塑家、诗人李金发认为：在二十年代留法艺术家中，"最有成就的是方君璧及徐悲鸿"。［李金发：《二十年来的艺术运动》，原载《异国情调》，商务印书馆，1942，收入岭南画派纪念馆编《国画复活运动与广东中国画国际学术研讨会论文集（上）》，岭南美术出版社，2017，第 407 页］1938 年《方君璧画集》在国内出版，蔡元培作序，称赞她：以欧洲工具与笔法，写本国风景与人物，既为中外知画者所叹赏，"又借欧洲写实之手腕，达中国抽象之气韵，一种尝试，显已成功，锲而不舍，前途斐然"。［蔡元培：《〈方君璧图画集〉序》（1938 年 12 月 21 日），中国蔡元培研究会编《蔡元培全集》第 8 卷，浙江教育出版社，1997，第 544 页］

③ 参见李志毓《方君璧的归国日记》，《读书》2020 年第 7 期。

④ 方君璧日记手稿，1950 年 3 月 21 日。

们破产，也应该的，也甘心的。"① 1972 年，74 岁的方君璧应邀回到阔别 23 年的祖国，日记中记录了对新中国建设成就的赞颂和对普通人精神风貌的感动。此后 10 年中她 4 次回国，遍游祖国名山大川，留下大量写生作品。她在中国的最后一天是 1981 年 3 月 29 日，当天在广州参加黄花岗 70 周年大祭。就像 1912 年她随姐姐方君瑛离国赴法前夕一样，她的起点又成为她的终点。② 方君璧一生经历各种分裂动荡，最终与历史和命运达成了和解，获得了精神的统一和安定。考察她的情感与人生经验，将有助于突破"五四"以来由"自我"出发建构社会关系的现代个体想象，反思以女性／国族二元预设为中心的西方女性主义话语，丰富女性的自我理解，为现代中国女性的自我成长，提供某种可供反思、借鉴的历史资源。

一 姐妹之情

方君璧 1898 年出生于中国福建省侯官县一个开明绅商家庭。其大伯父方家澍是光绪壬辰（1892）进士，其父方家湜在汉口经营转运公司致富，其母王寿夫人是二夫人，生三子三女，其中方君瑛、方声涛、方声洞都是著名反清革命党人。方君璧 5 岁丧母，由年长她 14 岁的胞姐方君瑛抚养长大，1912 年随方君瑛赴法留学，生活和学费都由姐姐的微薄官费负担。方君瑛还是她的精神导师，是她一生最敬爱的人。

方君瑛生于 1884 年，1903 年赴日留学，是东京女子师范学校招收的第一位中国女学生。1906 年，方君瑛加入同盟会。她为人正直、热诚、刚毅、沉着，深受孙中山、朱执信等革命领袖敬重。在日本，方君瑛与曾醒（方君璧寡嫂，方声濂遗孀）、汪精卫、陈璧君、黎仲实等 5 人同居一处，志同道合，个个抱定为国牺牲的决心，人人置生死于度外。1910 年，汪精卫等赴北京谋炸摄政王，方君瑛、曾醒、陈璧君都参与其事。

方君璧因幼年丧母，在家中无人管教，整日与大人一起打牌。方君

---

① 方君璧日记手稿，1950 年 5 月 15 日。
② 曾仲鲁：《油画家、国画家方君璧》，"方君璧回顾展·前言"，北京：保利艺术博物馆，2015 年 4 月 29 日—5 月 7 日。

瑛暑假回国，看到她这副样子，痛心流泪，把她的手合成拳敲了三下，说："你答应我，以后再也不要打牌了。"方君璧从此果然再没碰过牌。① 方君瑛还把辛亥志士的民族情感和牺牲精神传递给了方君璧。武昌起义后，她特地带方君璧去南京聚宝门外雨花台——传说中的方氏祖先方孝孺就戮处，凭吊了一番。在方君心中，始终以这位忠贞不屈的先贤为人生楷模。② 方君璧一生有着强烈的民族情感，能自觉从民族国家立场思考问题，显示出姐姐对她的影响。

方君瑛的胞弟方声洞，是黄花岗七十二烈士之一，生于 1886 年，1902 年赴日，先后入东京成城学校和日本千叶医学校，亦是一多血多泪，怀抱炽烈民族情感的青年。方君瑛认为，方家尽力革命的人已经够多，方声洞学医，应留下来，代他们抱必死之心的儿女尽奉养老父之责，不主张他入同盟会。所以方声洞几时也悄悄入会的，方君瑛并不知道。1911 年春，革命党人策划广州起义，留日同盟会青年群集香港，又分散进入广州。方君瑛此时才知七弟已是同盟会员，且已担任过运送军火等许多重要工作。方君瑛劝他留在后方，他不肯，说："你们都会死，独留我为何。满清未除，我还管得了家么！"③ 于是两人合写一封信给老父，说"儿等报国即亦报亲，尽忠即亦尽孝"，并同曾醒合影一帧，寄给家人留念。④ 后来起义计划被官府发觉，关闭城门，革命党人仓促行动，各路响应军队均未到达，演变成三月廿九日草木含悲、风云变色的大牺牲，方声洞也在是役中阵亡。方君瑛、曾醒等人运送枪支来到城外，听到里面枪声大作，却无法进城与七弟及诸青年同赴牺牲，悲痛不已，饮恨终生。

民国成立后，方君瑛偕方君璧、曾醒、曾仲鸣与汪精卫、陈璧君等人一同赴法留学，"彼此结合成一家庭"。⑤ 留法 10 年中，方君瑛以顽强毅力，在法国波尔多大学取得数学硕士学位。1922 年，汪精卫自国内来信，招曾醒、方君瑛回国，分别担任广州执信学校的校长、学监。

---

① 曾仲鸣：《母亲方君璧的故事》，未刊稿。
② 曾仲鸣：《母亲方君璧的故事》，未刊稿。
③ 方君璧致何孟恒、汪文惺函（副本），1962 年 2 月 25 日。
④ 曾仲鸣：《母亲方君璧的故事》，未刊稿。
⑤ 汪精卫手书致曾仲鸣、方君璧函，1923 年 6 月 25 日。

不想方君瑛回国后，耳闻目睹却是革命党人的腐化堕落，从前的热血青年已成为新的贪官污吏，政治黑暗更甚于清朝末年。民国成立，人民痛苦反而增加，岂不是七弟和许多青年的血都白流了吗！自己身为革命党人，却无力挽救，这让她痛心疾首。①

1923年5月，方君瑛在经历车祸、脑力严重衰退、精神极度疲乏的情况下，给身在法国的方君璧、曾仲鸣寄去一信，中有"姊近来神经非常衰弱，凡事均恐惧不决……诚可悲也。此所谓老大徒伤悲，望弟妹勉力励进，庶不至受姊如此之苦恼"等语。② 6月12日，她在上海寓中服吗啡自尽，留下遗书："君瑛之死，乃出于自愿，非他人所迫也。盖因见社会之腐败，不可救药，且自己已无能，不克改良之，惟有一死耳。"③ 方君瑛去世消息传到法国，方君璧悲痛欲绝，这是她青年时代遭遇的最大打击。但她似乎突然成长了，一年之间艺术成就突飞猛进，又似乎继承了姐姐的果敢性格，此后遇事一往无前，做出决定后就不再犹豫。方君瑛的人格和辛亥志士踔厉的牺牲精神，成为方君璧一生的精神资源。

1961年12月，时年63岁的方君璧在波士顿收到一封寄自香港的信，附有一本名为《汪精卫恋爱史》的书。寄信者何孟恒，是汪精卫的女婿，称方君璧"十一姑"。书中所述乃民国初年汪精卫与陈璧君、方君瑛的三角恋爱故事，情节尽属凭空枉作。方君璧读后"气忿填胸，几乎气死"，在复何孟恒信中说：真不敢相信"世界上有的人居然可以这样的造谣"，简直"比以刀杀人更为可恨"。接着她用上万字，细述了方君瑛、曾醒、汪精卫、陈璧君等人在清末民初的奋斗历史，及在生死与共中结成的非常友谊。50年岁月倏忽而过，故人身影仍旧清晰，最后她写道：他们那种置生死于不顾的精神，"是凡人所不能了解的"，他们之间纯洁、真挚、有逾骨肉的友谊，非身处当时情景之中不能体会，更非50年后的今日社会所能明了。《恋爱史》的作者，"亦不过是

---

① 方君璧手书致何孟恒、汪文惺函（副本），1962年2月25日。
② 方君瑛手书致曾仲鸣、方君璧函，1923年5月25日。
③ 方君璧致致何孟恒手书（副本），1962年2月25日。

用常人之心理来猜度他们而已"。①

所谓"常人之心理"，暗示了 20 世纪普遍流行的一种文化观念。正如李海燕在《心灵革命——现代中国的爱情谱系（1900—1950）》一书中指出："对于伪善，我们拥有敏锐的鉴别力（私人感觉与公共表达之间存在的距离，是我们在 20 世纪颇为熟悉的假设），而对于有关美德的言论，我们却太过轻易地将其贬斥为一副虚伪的面具，并把关于爱的言说一概简化为某种遁词或高尚化修辞，实际指向一种至高的现实——性欲。历史上对于灵魂之爱与肉体之爱的重要区分，常常被视为一种属于过去时代的天真或伪善的副产品，而弃之如敝屣。"②

方君璧熟悉姐姐的精神人格，完全理解存在于方君瑛与汪精卫之间的"灵魂之爱"。事实上，这种杂糅又超越了亲情、爱情、友情的情感，是存在于晚清革命党人中的一种特殊现象。一方面，他们留学海外，可相对摆脱旧式家族关系制约，依个人心性、志趣、抱负而自由结成新的生活共同体，又投身革命，生死与共，彼此情感之深刻，确为常态社会中人所不能想见。另一方面，他们作为新旧嬗变时代的知识分子，其伦理观念和道德理想还是传统的。方君瑛留学日本后，明白了封建礼教对女子的压迫，单方面废除了家族为她所定婚约，但仍无法摆脱贞节观念影响，立志终身不嫁。正如方君璧对何孟恒说："现在人之对于旧礼教，道德，贞节等等问题，观念是很不一样的，所以也很难怪人们之不懂了！"③

二 爱情

方君璧的丈夫曾仲鸣，是曾醒的胞弟，1912 年跟随曾醒等人一起赴法留学，先后在波尔多大学和里昂大学取得化学与文学学位。方、曾二人青梅竹马，待长大成人，两家大姐就为他们订立婚约，两人也都欣

---

① 方君璧手书致何孟恒、汪文惺函（副本），1962 年 2 月 25 日，方君璧家属收藏（以下摘引书信出处皆同，注释从略）。
② 李海燕：《心灵革命——现代中国的爱情谱系（1900—1950）》，第 18 页。
③ 方君璧手书致何孟恒、汪文惺函（副本），1962 年 2 月 25 日。

然接受。① 他们同在法国长大，精通法语，喜欢法国文化、艺术，钟情19世纪浪漫主义文学；又同窗共砚，跟汪精卫学习中文，爱好中国诗词，著有《颉颃楼诗词稿》一部。曾仲鸣每成诗一首，必抄录予方君璧评赏。方君璧很珍惜曾仲鸣的爱情，在给他的信中抄录了"此生修得才子妇，不辞清瘦似梅花"的诗句。②

1922年9月4日，方君璧与曾仲鸣在法国安纳西湖畔举行了婚礼。时方君璧在巴黎高等美术学院学画，曾仲鸣在里昂担任中法大学秘书长。1921—1922年，国内政局动荡，教育经费入不敷出，方君璧所依赖的留学官费常常被拖欠或停发。里昂大学经费相对充足，但行政与学生管理方面有颇多棘手问题。③ 曾仲鸣在给方君璧的信中时有牢骚之语。方君璧则劝他说："里昂事若不如意，千万不可以经济关系强留于彼……我必不以稍求舒服，使你受苦。我意每日能有一块面包，数杯清水，亦足矣。……有你的爱情，已是无量之福，还怕饥寒么！……人生于世，不可屈志而求富贵也。"④

她还时常奉劝曾仲鸣心下放宽，努力用功。将来如世界和平，可将所学贡献于社会，如世乱，则一同隐居，学而不辍，留之以传后世，"黄梨州、顾亭林，亦不过如此耳"。又说：法国19世纪初诗歌堕落，"几个诗家出而重建之，有一个做诗六千首，而后始有好诗，其前者皆以之付火。Lamartine（法国浪漫派抒情诗人。——引者注）第二千首之诗始传。是以知欲成一家者，则不仅有天才，亦完全在功夫也。我闻此，勇气百倍，现当拼命用功，待画二千幅后，而终无成者，则弃而不学，现在时间过浅。……你闻之，亦当增你之勇气，好好用功，不可颓丧"。⑤

在当时的留法学生中，有些人生活堕落，悲观厌世，方、曾亲友中即有"饮酒携妓，无所不学"之人，方君璧觉得他们"甚为可悲"，在给曾仲鸣的信中说："吾人处世，宜俱有不屈不挠之精神，向其目的而

---

① 曾仲鲁：《母亲方君璧的故事》，未刊稿。
② 方君璧手书致曾仲鸣函，1922年2月16日。
③ 关于里昂大学的经费与管理问题，参见葛夫平《关于里昂中法大学的几个问题》，《近代史研究》2000年第5期。
④ 方君璧手书致曾仲鸣函，1922年2月16日。
⑤ 方君璧手书致曾仲鸣函，1922年2月12日。

进，岂可随其所共处者之黑白而黑白乎。"① 进而奉劝他自洁自爱，不要胡作非为，否则既丧失人格，又辜负远来求学之意。民初的无政府主义思潮，信奉以增进个人道德作为挽救社会的前提，方君璧作为汪精卫和蔡元培的学生，亦深受这一思想影响，认为中国最可悲者不在旧社会之腐败、新军阀之横行，而在一般青年之无气节、无志向。她在给曾仲鸣信中说："青年者，中国之新肉也。败肌易去，惟若所新生之肉，亦含腐质，则毒在血，而病不可医矣。现今中国之青年多下流腐败，恐不足为好新肉，以补中国之创，故可悲。"② 并与他相约"望你终身皎洁，我亦如白玉无瑕"，为那些堕落青年做一榜样，或能让他们"亦生悔愧之心也"。③

1927 年曾仲鸣随汪精卫回国后，民初赴法的大家庭，只剩下方君璧一人。她思念远方的亲人，忧心国内政局，心中倍感凄苦。但得知 1927 年 3 月 24 日英美军舰炮击南京的消息后，在当天日记中写道："言及南京事，为凄然下泪……我们一日作外人之鱼肉，一日无生命之可言，此时岂可尚说什么鬼爱情，我们的责任大呢。"④ 可见，爱情对于方君璧虽然重要，但她还有高于爱情的价值观。她在爱情中贯穿对美德的追求，这是一种个体化的行为，不同于传统家族伦理要求的懿行妇德，也不同于将"情"作为个体精神表达和道德源头的欧洲早期浪漫主义或以爱情为个体自由象征的五四浪漫主义。⑤ 她屡劝曾仲鸣洁身自爱，不可与卑污者合流，反映出对士君子人格的追求和内在的性别平等意识。在她看来，在学做君子和为国家承担责任的问题上，两性之间并无差别。

曾仲鸣在青年时代初入政坛时，也并非没有革命热忱和改造中国的

---

① 方君璧手书致曾仲鸣函，1921 年 11 月，具体日期不详。
② 方君璧手书致曾仲鸣函，1922 年 4 月 29 日。
③ 方君璧手书致曾仲鸣函，1921 年 11 月 16 日。
④ 方君璧日记手稿，1927 年 3 月 30 日。
⑤ 李海燕以"我爱，故我在"概括五四时代的浪漫主义，她说："五四青年的挣扎与斗争，旨在把个人与异性社会交往纳入中国社会新的组织原则之中，而对于心灵的维特式迷信，正为他们提供了一把有力的武器。……'恋爱'也是一个意义负载极重的术语，当把'自由'置于其面前时，它便成了一代人的战斗口号，而这一代人，便是力求与礼教家庭和父权意识形态决裂的热情饱满的个人主义者。"李海燕：《心灵革命——现代中国的爱情谱系（1900—1950）》，第 96—97、第 36 页。

愿望。1927年3月，他在回国途中，不时写信劝慰方君璧："我等不可忘却是以革命为目的者，万不可因此情感事而灰心。" 又说："做革命不能无牺牲，我们既有了此种决心，分离的愁苦只好视作牺牲之代价。……我决跟了四兄的主张做去。你常常对我说，做事要有负责的精神，此话正确。故我当牢记不忘。"[①] 1927年4月，蒋介石发动四一二政变，在各地屠杀农工和青年。曾仲鸣写信给方君璧说："此间空气紧张，甚有革命意味。……我现在革命的战场，要这样走开，岂不是同逃卒一样……你见了我不是更要弃我、鄙我、打我么。我为要不愧你的爱，我就只好加增我的勇气，百折不挠，永远在革命的战场，为革命而奋斗。"[②]

1927年7月，国共分裂后，汪精卫下野，国民党在桂系与西山会议派主导下达成宁汉合流，旧官僚政客大肆活动，闽中许多人劝曾仲鸣回闽，任教育厅长，曾仲鸣婉言辞却，在致方君璧信中说："我进退自知谨慎，决不嗜利禄而随波逐流，妹可放心。"[③] 但经过几个月政治中的沉浮，他对于革命已感到灰心，在给方君璧信中说："政局混沌至此，便欲从事革命，亦无从着手。"[④] 又说："我细察国内情形，只有寒栗，灭亡有日。而国人——尤其上海，尚奋逐于娱乐之场……我觉得什么事均可厌之极，只好多看书解解闷而已。"[⑤]

全面抗战时期，曾仲鸣人到中年，自己也成了一个"奋逐于娱乐之场"的人。对此，时任国民政府行政院参事的陈克文在日记中多有记载："旋至大东旅馆仲鸣所预约之室内，彼间卑污龌龊之状令人头昏欲呕。仲鸣、正纲、柏生及汪先生底下几位秘书先生，均缱恋其间，亦一可叹。""仲鸣旋来，即围桌打牌……汪先生底下几个亲信，自仲鸣以下，似绝无事业欲望，一味追求娱乐，为可叹耳。"[⑥] 对于曾仲鸣的所为，方君璧并非全不知晓。她日记中还曾提及陈璧君"时时大骂"某小姐，似与曾仲鸣有关。她的态度不是向外部"反抗"，而是返回内

---

① 曾仲鸣手书致方君璧函，1927年3月9日、3月14日。
② 曾仲鸣手书致方君璧函，1927年4月18日。
③ 曾仲鸣手书致方君璧函，1927年9月18日。
④ 曾仲鸣手书致方君璧函，1927年10月25日。
⑤ 曾仲鸣手书致方君璧函，1927年12月7日。
⑥ 陈方正编辑校订《陈克文日记（1937—1952）》（上册），1938年2月15日、16日，台北："中央研究院"近代史研究所，2012，第186—187页。

心，"我总不置一语"，"我无论如何总不负他们。"①

　　1937年全面抗战爆发前，方君璧忽然对命运有了不祥预感，三四月间接连梦到曾仲鸣遇刺。② 7月初又梦到死兵僵尸将长子孟济杀死，"迷糊大哭而醒"。③ 之后流产、高烧，在牯岭山中卧病一月。8月，淞沪会战爆发，战事惨烈，方君璧很关心战局，连日在日记中写道："前晚日机一队来京，掷弹百余，将立法院炸成平地，并将贫民区炸着……日来上海大血战，闻死伤极多，医院皆无处住，互相枕藉，不得救，流血成沟。"④ 她取材新闻照片，画成一幅《不食嗟来食》，表达中国人民"士可杀不可辱"的意志。该画于1951年在巴黎贡底画廊（Galerie de Conti）展出后，被巴黎赛努奇博物馆购藏。11月，淞沪战事失利。曾仲鸣、汪精卫随国民政府撤往汉口，方君璧偕汪、曾两家老小撤往香港避难。

　　1938年初，她再次梦到曾仲鸣遇刺，日记中说："梦十兄被刺受伤，三姊扶入，见我时尚惨笑，慰我云无事，我心伤极而醒，天犹未明。"⑤ 2月下旬，方君璧由香港到汉口看望曾仲鸣，住了20天，这是曾仲鸣在世最后一年中，两人最长的一次相聚。1938年12月，曾仲鸣随汪精卫叛国离渝，重庆随即对汪派展开制裁行动。1939年1月17日，南华日报社社长林柏生在香港被人以利斧砍伤。3天后，一位不速之客来到方君璧在香港的家中，自称"代表一要人，有极秘密严重之言"，要见曾仲鸣。此人名林知渊，是方君璧六兄方声涛的同学，且曾受过汪精卫许多关照。⑥ 方君璧很警惕，当晚写信给曾仲鸣说："（林）所说之言甚古怪……来意如何，不敢言之。望十分注意。"又嘱咐曾仲鸣"死不能怕，因主义而牺牲是应该的"，但要防被人"利用我们之主义，而实行其卖国汉奸之行为"，这些人的危害"将更有甚于刺客"。⑦

---

① 方君璧日记手稿，1937年5月7日。

② 方君璧日记手稿，1937年3月3日："昨晚一夜睡不着，至四时半刚闭上眼睛，即梦见十兄被刺……伤痛至极……噩梦虽无凭，然中心极难过。"1937年4月24日："我昨晚发梦他被刺伤，真令我难过死。他几时才能令我不担心呢。"

③ 方君璧日记手稿，1937年7月1日。

④ 方君璧日记手稿，1937年8月28日、9月5日。

⑤ 方君璧日记手稿，1938年1月9日。

⑥ 林国清：《林知渊传略》，中国人民政治协商会议福州市郊区委员会文史资料工作组编《福州市郊区文史资料》第10辑，1995年，第77—78页。

⑦ 方君璧手书致曾仲鸣函，1939年1月20日。

林知渊正是受了戴笠指派，欲从方君璧处打探汪精卫在河内的住址。林在回忆录中说，他屡不成功，于是1939年3月亲自来到河内寻觅汪精卫踪迹，不想在书肆偶遇曾仲鸣，由曾仲鸣带至高朗街27号，面见了汪精卫。军统特务尾随其后，遂有河内枪杀案发生。① 负责执行刺汪任务的军统特务陈恭澍回忆录不支持林知渊这一戏剧性说法。② 可能林、陈两人亦不知对方的行动。无论如何，1939年3月20日，方君璧从香港来河内探望曾仲鸣的第二天，就发生了枪杀案，曾仲鸣身亡，方君璧身中三枪。她数年来的噩梦终于成真。

三　师友之情

汪精卫对于曾仲鸣和方君璧，既是兄长，又是老师，是具有卡里斯玛（Charismatic）光环的人物。两人"信仰他的宗旨，崇拜他的人格"，视其为生命中的北斗。③ 1914年，汪精卫开始教授他们中国古典诗词与书法。次年汪回国参加讨袁运动，将二人学业托与蔡元培负责。1950年方君璧在法国教小孩学习中国诗词，日记中说："今天教了辁辁读两首诗，一首是杜甫，一首是陆放翁，都是卅几年前四哥教我们的。时间如电，一去不回。我那时也不过辁辁一样大，而我对于诗是那么爱好。"④ 1918年汪精卫回国，奔走国事之余，不忘关心方君璧成长，常在国内购买名画册页寄往法国。⑤ 1921年12月，广东召开"第一回美术展览会"，许多政要家眷前来参观。⑥ 汪精卫很遗憾方君璧不能来，

---

① 林知渊：《政坛浮生录——林知渊自述》，中国人民政治协商会议福建省委员会文史资料委员会编《福建文史资料》第22辑，1989年，第102—103页。

② 少石编《河内血案——行刺汪精卫始末》，档案出版社，1988，第77—107页。

③ 方君璧：《颉颃楼诗词稿序》，曾仲鸣：《颉颃楼诗文集》，香港：槐风书社，2019，第7—8页。

④ 方君璧日记手稿，1950年5月20日。

⑤ 汪精卫手书致曾醒、方君瑛函，1918年5月23日。

⑥ 此次美展由陈炯明担任会长，高剑父担任副会长兼筹备处处长。展览共分绘画、雕塑、刺绣、工艺美术四部分。绘画又分中国画、西洋画、图案等类，展品以传统国画和折中画派的作品为多，西洋画较少，西画有李铁夫、冯钢百、胡根天、许敦谷、陈抱一、关良等人的作品。观众反响热烈，开幕两日就售出游览券五千多张。李若晴：《一次夭折的美育启蒙：陈炯明与广东省第一回美术展览会》，《美术观察》2017年第10期，第105—111页。

在给她的信中说："今年广东开美术展览会，美不胜收，惜妹未得与观。将买邮片奉赠，特仿佛耳。妹宜留心人体画及历史画，此为吾国旧画最大之缺点。历史画并须多读书也。"①

方君璧真诚相信汪是一真纯革命党人，汪在政治上摇摆不定，她只看到他"牺牲"的决心。汪也明白此点，因此十分感铭珍惜。1937 年 7 月，全面抗战爆发，北平、天津相继沦陷，方君璧在庐山养病，日记中说："想起北方的难民，伤兵，都是如何的可怜，我们在此不能救，真愧做人。"② 8 月初，她身体稍愈，即写信给汪精卫，要求出来工作。信中说：大家牺牲，她在此享福，"诚自觉得可耻，难乎为人也"。③ 汪精卫不同意，要她专心抚养小孩，回信中说："譬如妹在营中看护一病人，未见得比连养带教此三小孩为更劳苦也……盼妹善体此意。"④ 方君璧得信，内心十分痛苦，在日记中说："得四兄回信，令我好好教养小孩，我心极凄然。我亦知小孩尚小，无人可托，但国家如此，我不尽力，心之不安，非他人能知。佛云：我不入地狱，谁入地狱，我们不牺牲，谁牺牲。晚大哭。"⑤

1937 年 12 月，日军进攻南京，与中国军队在紫金山麓发生激战，汪精卫居住的陵园新村毁于战火。汪于仓促撤退中，带出一箱勋章，特意委托卸任铁道部长顾孟余带至香港，交给方君璧保存，在给她的信中说："兹托带上一箱，内皆勋章。此为国家名器，不欲转易抛掷，望妹为安存银行保险箱内。……并请告济济，如今国家要紧，房子烧了，想也不必想，将来济济起屋给我住时，国家安全，我更快活，并先谢谢他。"⑥

淞沪会战失败后，求和空气开始在国民党中蔓延。蒋介石在日记中说："各将领战意全消，痛心盍极。"又说："文人老朽以军事失利皆倡

---

① 汪精卫手书致方君璧函，1922 年 1 月 1 日。
② 方君璧日记手稿，1937 年 8 月 3 日。
③ 方君璧日记手稿，1937 年 8 月 6 日。
④ 汪精卫手书致方君璧函，1937 年 8 月 8 日。
⑤ 方君璧日记手稿，1937 年 8 月 9 日。
⑥ 汪精卫手书致方君璧函，1937 年 12 月 22 日。

和议，高级将领皆多落魄，望和投机取巧者更甚若辈。"① 汪精卫本是党内主和路线代表，为避免逼蒋下野嫌疑，他向蒋提出不以南京政府名义，由民间人士出面议和的办法，遭蒋拒绝。② 蒋向主和最力的汪精卫、孔祥熙二人坦言："不能降服于敌，订立各种不堪忍受之条件，以增加我国家与民族永远之束缚。若果不幸全归失败，则革命失败不足为奇耻，只要我国民政府不落黑字于敌手，则敌无所凭借，我国随时可以有恢复主权之机。"最终三人商定，不理会日方提出的议和条件。③

但汪精卫内心并不认同蒋的主张，只是无实力与蒋抗衡。他在给方君璧信中说："所最难堪者，眼见着国事一步一步的越走越狭，心中着急，而手中无力，不能挽之使转，成为干着急，此不惟难堪，而亦无职之甚也。惟事到如此，于无希望中，只有凭着道理做去，则亦无希望中之希望也。"④ 方君璧很同情汪的处境，日记中说："天天打败仗，四兄真可怜，白白见中国如零宰细割一般，今日失一城，明日失一省，我听说他天天晚上在床上哭。"⑤

1938 年 2 月下旬，方君璧由香港来汉口看望曾仲鸣、汪精卫，在汪家住了 20 天。据她日记所载，这些天汪家空气"紧张至极"，陈璧君的脾气异常暴躁，"终日都不高兴"，"动辄骂人"，大家都"战战兢兢，不敢作声"，汪精卫则"终日愁眉不展，不见其笑容"。一天，陈璧君早起即与汪大吵，汪非常痛苦，"几乎欲自杀"。方君璧很替汪精卫难过，在日记中说："做人如是，太可怜了！家已如是，国之大，更将何言。"⑥

汪、陈夫妇的裂隙，很可能与正在进行的国民党中央权力格局变动有关。1938 年 3 月 29 日至 4 月 1 日，国民党召开临时全国代表大会，制定《抗战建国纲领》，确立以蒋介石为总裁、汪精卫为副总裁的新党政关系，规定总裁行使党和国家最高权力，将全国抗战力量统一在蒋介

---

① 中国社会科学院近代史研究所档案馆藏《蒋介石日记》抄件，1937 年 11 月 20 日、28 日、30 日。
② 中国社会科学院近代史研究所档案馆藏《蒋介石日记》抄件，1937 年 12 月 6 日。
③ 中国社会科学院近代史研究所档案馆藏《蒋介石日记》抄件，1937 年 12 月 28 日。
④ 汪精卫手书致方君璧函，1938 年 1 月 6 日。
⑤ 方君璧日记手稿，1938 年 1 月 7 日。
⑥ 方君璧日记手稿，1938 年 2 月 20—24 日。

石一人领导之下。2 月下旬到 3 月上旬，应是酝酿这一格局的关键时期。1938 年 3 月 1 日，方君璧日记中说："阿姊与四哥大吵，四哥说，在此国难期间，他是无论如何同心协力为国家谋生存，不能离汉口，更不能倒台。做事要谨慎，失之毫厘，则很危险。"① 所谓"倒台"，应指倒蒋之台。据此推测，汪内心虽然主和，却不愿与蒋公开决裂。而陈璧君则对汪屈居于蒋之下甚感不满，这种情绪对汪精卫最终脱离重庆应起了推动作用。

1938 年 12 月 18 日，汪精卫乘飞机秘密离开重庆，到达昆明，次日飞往越南河内。12 月 29 日，陈公博、陈春圃将汪精卫手拟的"艳电"和"致中央常务委员会、国防最高会议书"带至香港，约定当日在《南华日报》发表。方君璧、顾孟余阅后，坚决反对，与林柏生等人据理力争，顾孟余并致电汪精卫劝阻。方君璧 12 月 30 日日记中说："四兄尚未有回电，教授急死，陈言无办法，只好发出，因有时间，惟与日约定者。我则以为不可，但我言有何用呢！"② 12 月 31 日，汪精卫复电到来，嘱"暂缓"。方君璧日记中说："四兄有复电，曰'暂缓'，真糟透了。他们之不慎至此，实害死人呢。"又说："四兄之宣言发表，全国哗然，没有一个报纸不骂他的。勇是勇极了，肯以一生的历史及中国前途作孤注。我只望事可成功，则虽被人骂，救得国家，亦是值得。"③

方君璧心中明白，"艳电"将汪精卫送上了万劫不复的汉奸道路。这是她一生中的至暗时刻。她在给曾仲鸣信中说："彼等不等复电，于昨晚发表，几乎将教授气死。……今日我听到'暂缓'两个字，亦几乎气死！为什么他们如此呢！实在不知道多一日是真不可能的么！我问了多少遍，他们都答不可，既然不可，何以有'暂缓'呢！今日是除

---

① 方君璧日记手稿，1938 年 3 月 1 日。

② 方君璧日记手稿，1938 年 12 月 30 日。"教授"即顾孟余，"陈"应为陈公博或陈春圃，笔者推测为陈春圃。顾孟余致汪精卫电云："春圃、公博两先生先后带来两书，均悉。鄙意响应近卫声明，有百害无一利，惟此层非一二言所能详，但就先生对中央建议言之，此系内部商讨大计，今既提出，应俟中央决定，不宜再在报章发表，以免公开决裂。如公开决裂，则对内对外其影响之恶，必至不可收拾。其结果与先生所期望者或正相反。顷与公博先生谈，亦完全赞同此意。特电奉商。如承允诺，祈即电示柏生先生照办。余尚有进言。"香港 1938 年 12 月 30 日 0 时 34 分发，台北"国史馆"：《汪兆铭史料·汪精卫投敌前与政府首要函电（2）》，典藏号：118-010100-0049-056。

③ 方君璧日记手稿，1938 年 12 月 31 日。

夕，我一生里没有过一个如此坏的除夕。一年的收束如是，真要痛哭了。……现在太黑暗了，我太难过了……"①但方君璧不能像顾孟余一样，与汪分道扬镳，她始终是汪的亲人。

1940年3月，南京伪国民政府成立。方君璧在汪政权下生活，内心极为悲苦。1942年元旦，她在日记中说："我终日的想哭……可怜的命运，可怜的国运，如何才能稍有光明的日子。"②一日，她在火车上遇到汪伪宣传部次长胡兰成，胡向她发牢骚说："牺牲的牺牲，收获的收获。"方君璧很不以为然，对胡兰成说："牺牲的人只知道主义的所在，为它来牺牲，不能管将来有没有收获，收获是谁。"③回来后又在日记中感慨：中国有太多的"聪明"人，只想要权利，不想尽义务，几时能多一些"笨人"，中国就好了。④

作为师长，汪精卫高度笼罩了方君璧的世界观；作为知己，他们在精神上则是平等的。在与方君璧的交流中，汪可以从血腥的政治斗争，回到宁静的文学艺术世界。1935年11月1日，汪在国民党四届六中全会开幕式上遇刺，身中三枪。次年3月在曾仲鸣陪同下赴欧洲疗养，西安事变后启程回国。汪精卫回到南京，将在瑞士疗养时所作《几司柏山上》一诗，寄给方君璧。⑤方君璧时在香港，收到汪诗，诵读三遍，爱不释手。汪十分感动，回信中说："此时京沪渐暖，正如昔人所云'陌上花开，可缓缓归矣'。……兄诗能得妹读至三次，何感如之！'画笔所不到，写以声泠泠'之句，正恐妹以为佛意耳。"⑥

汪精卫属羊，方君璧曾作一画羊直幅，请汪题句。汪特用北京荣宝斋出品的马晋三羊图木版水印信笺，抄录"方君璧妹以画羊直幅见贻，题句其上"一首，寄给方君璧。诗云："兀兀高冈，茫茫旷野。陟岵而

---

① 方君璧手书致曾仲鸣函，1938年12月31日。

② 方君璧日记手稿，1942年1月2日。

③ 方君璧日记手稿，1942年1月10日。

④ 方君璧日记手稿，1942年1月11日。

⑤ 全诗如下："平生所观瀑，众妙不可名。惟此幽且奇，每见心为倾。远从雪山来，飞白游青冥。一掷最高峰，其势如建瓴。直下千丈强，石破天为惊。千岩万壑间，往复还相萦。十步一换态，百步一换声。荡荡入平潭，浮绿与天平。山深日已夕，新月犹未生。遥遥望四极，曷曷涵虚明。山色如明湖，湖光如墨晶。画笔所不到，写以声泠泠。胸中若冰雪，对此匹练横。有怀当如何，木末搴流星。"汪精卫《几司柏山上》，《双照楼诗词稿》，第260页。

⑥ 汪精卫手书致方君璧函，1937年3月23日。

瘏，哀吟和寡。临崖却顾，是何为者？君不见风萧萧兮木叶横飞，家家砧杵兮念无衣。羊之有毛兮，亦如蚕之有丝；翦之伐之，其何所辞！恐皮骨之所余，曾不足以疗一朝之饥也，噫！"[1] 陟砠而瘏，出自《诗·周南·卷耳》："陟彼砠矣，我马瘏矣"，比喻独登险阻，精疲力竭，因劳致病，中心忧伤。

曾仲鸣死后，汪精卫内心极感孤独凄凉。他为方君璧所绘《任重致远图》题诗云："负山于背重千钧，足趾沾泥衣着尘。跋涉艰难君莫叹，独行踽踽又何人？"[2] 1942 年夏，方君璧偕三子往北戴河海滨避暑。夜晚明月升空，月影倒映水中，随海波荡漾，好似婴儿熟睡在母亲摇篮之中。方君璧深为感动，写信给汪描绘此景。汪少孤，因怀念慈母，曾先后请广东名家温幼菊与方君璧绘制《秋庭晨课图》，写儿时依慈母读书情景，庶几与天人相隔的慈母于画中聚首。方君璧的信又触动汪的孤苦之情，即赋诗"海波如摇篮，皓月如睡儿"一首寄回，信的末尾写道："诗成尚欲推敲，热泪忽然滂沱，不能不搁笔矣。"[3]

1944 年夏天，汪精卫健康状况急遽恶化，在日本名古屋医院一病不起。方君璧的儿子曾仲鲁回忆说：一天，母亲忽然不见了，"我们被安排住到上海汪夫人的大房子里，由一位管家照顾我们。原来母亲是去了日本看望汪精卫，与他告别"。当时美军在太平洋战场上已对日军取得压倒优势，开始向日本的"绝对国防圈"发起进攻。方君璧冒着生命危险，从南京乘车北上大连，经朝鲜乘船渡海到日本，在名古屋医院陪伴汪精卫一个多月。临别时，汪送给她一块砚台，上刻汪的手书：

---

[1] 汪精卫手稿。该诗写作的具体日期不详，在《双照楼诗词稿·扫叶集》中的顺序，排于 1935 年《秋日重过豁蒙楼》之后，《题高剑父画〈镇海楼图〉》之前，亦在《二十五年一月病少间，展双照楼图，因作此诗以示冰如》一首之前。1935 年 11 月 1 日，汪精卫在国民党四届六中全会的开幕式上遇刺，据此推测，该诗应作于 1935 年秋，汪遇刺之前。《双照楼诗词稿·扫叶集》中所录该诗，在"兀兀高冈，茫茫旷野"后，尚有"青草半枯，红日将下"一句，手稿中无。参见汪精卫《双照楼诗词稿》，香港：天地图书有限公司，2012，第 248 页。（以下摘引《双照楼诗词稿》均出自该版本，注释从略）

[2] 汪精卫：《题画方君璧作〈任重致远图〉》，《双照楼诗词稿》，第 322 页。

[3] 汪精卫手书致方君璧函，日期不详。《双照楼诗词稿》中收录《方君璧妹自北戴河海滨来书云海波荡漾月状如摇篮引申其语作为此诗》一首，与信札中文字略有不同："海波如摇篮，皓月如睡儿。摇篮睡更稳，偃仰随所之。凝碧清且柔，湛若盎中饴。微风作吹息，漾漾生银漪。畴昔喻素娥，有类母中慈。今也儿中孝，形影长不离。青天静无言，周遭如幔帷。殷勤与将护，勿遣朝寒欺。"见《双照楼诗词稿》，第 326 页。

"笔有时而秃，墨有时而竭，惟汝伴我，朝夕矻矻，数十年如一日，是所谓君子之交，坚如是石。以砚赠十一妹，并为之铭。季子。"①

1931年，清末词坛领袖朱祖谋在病榻前，将平生所用朱墨双砚授予学生龙榆生，嘱其完成未了校词之业，并请词坛名宿夏敬观绘制《上彊村授砚图》，以志其事。后龙榆生在战火中完好保存老师遗稿，并亲自校录完竣，得到世人尊重。汪精卫特以朱祖谋旧门生身份，写信给龙榆生，感谢他整理老师旧稿。② 并作《为榆生题上彊村授砚图》奉赠，诗云："蕉叶青花惨不言，墨痕中杂泪痕温。知君落笔深灯里，定有高歌动九原。"③ 汪在病榻前，以砚赠方君璧，既是汪、方对二人一生情谊的总结，也蕴含着他对方君璧的深厚期许。

四　结语

20世纪以来，中国旧式家族制度与社会结构在西潮和革命冲击下渐趋瓦解，一些"新女性"走出由传统家族、亲缘、礼法所规定的伦理角色，获得了"个体"属性。在日益深重的民族危机下，无数"冲决网罗"的女性投身革命政治，女性（个体）/国族（政治）的关系，成为女性史研究关注的核心问题。但是无论中国革命的"妇女解放"叙事，还是西方女性主义话语，都无法讲述方君璧的故事。她强烈的爱国心和对曾仲鸣、汪精卫的深情，她融合中西艺术的事业理想与甘愿闭锁在家庭中的现实，她在爱情中对美德而非幸福的追求，她晚年对新中国的历史成就和中共革命文化的高度认同，甚至主动"改造"自己的思想意识与生活习惯，④ 凡此种种矛盾、选择与上下求索，在"妇女解放"及女性主义话语面前，都处于"失语"状态，也提供了深入理解新旧嬗变时代中国知识女性精神世界的契机。

方君璧从未获得过"个体"属性，她生活在知己与家国构成的情

---

① 曾仲鲁：《汪精卫时代的童年回忆》，未刊稿。
② 张晖：《徘徊在文化与政治之间——汪伪时期词人龙榆生的活动》，张晖编《忍寒庐学记——龙榆生的生平与学术》，生活·读书·新知三联书店，2014，第168页。
③ 汪精卫：《双照楼诗词稿》，第358页。
④ 李志毓：《方君璧归国日记》，《读书》2020年第7期。

感和伦理关系中，成长于是，困顿于是。她出身于富足绅商家庭，成长于革命党人中间，少年留法，有机会接受良好中国传统文化教育，并深入学习西方优秀文化成果。这种特殊的历史-文化条件，培养了她的道德人格主体，其核心是国身通一的意识和对士君子人格的追求。这种道德人格要求自觉将国家人民福祉置于个人利益之上；在面对亲情、爱情等人生基本情感时，崇尚忠贞、持久；在个人不得已处于无可转圜之逆境时，则力求于委曲求全中坚持个人操守，反求诸己，薄责于人，古典诗词学者叶嘉莹称之为"弱德之美"。① 这种"弱德之美"，是方君璧一生追求的理想。正如她在日记中说："美美说人生的智慧是从血泪中寻来的，我说不是智慧，而是人格。食得苦中苦，方为人上人，我以为可以用之于精神方面。历史以来，哪有不牺牲而是一个忠恕的人呢。……忠恕之外，再加以仁，则更完满了。"②

然而，特殊的家庭背景、社会阶层和历史文化环境，既培育了方君璧的道德人格主体，同时也限制了她的社会行动空间。曾仲鸣、汪精卫在世时，她被封闭在家庭和自己阶层的狭隘环境中，远离了广阔、深刻的社会生活。全面抗战期间她要求出来工作，未能如愿。这使她的爱国情感和牺牲精神都接不上地气，成为无根的花朵。只能投射和寄托在身边的男性身上，无法走出对汪精卫的崇拜，无法全面、清醒地认识汪精卫的人格和汪伪政权的实质。

缺乏强有力的社会实践，也影响了方君璧艺术表现的力度和深度。她很少用画笔去表达世间的残暴和痛苦，只用它传达美好的事物，抒发心中的理想。1938年她在汉口，遇到连日大雪，天寒地冻，而屋中一盆垂丝海棠开放得娇艳无比。她不禁为之感动，在日记中说：想不到外面那样冷酷的天气，这花竟似"一贵家小姐，不知道世界事一样"。③ 这也是她的画给人的印象。她说画画让她"将人间一切都可以忘却，那时心魂净洁无比，如皓月一般"。④ 这种皎洁、贞烈的品格，是方君璧

① 叶嘉莹口述，张候萍撰写《红蕖留梦：叶嘉莹谈诗忆往》，生活·读书·新知三联书店，2019，第346页。
② 方君璧日记手稿，1938年2月26日。"美美"是汪精卫之女汪文惺的昵称。
③ 方君璧日记手稿，1938年3月10日。
④ 方君璧日记手稿，1937年10月1日。

作品最能打动人心之处，是其人格自觉锤炼、打磨的结果，但也是她的局限性所在。她经历过血腥、复杂的历史，接受过系统的西画训练，却始终不能用绘画深刻地表现历史和生活，她的作品中所蕴含的社会历史信息是很少的。

可见，女性的主体成长与社会、政治空间扩展息息相关。但指出这一点，并不能贬低女性为操持家庭生活和维护伦理情感所付出的一切努力的价值。正如曾指出激进女性主义推动了美国家庭生活之衰败的女性政论家让·爱尔斯坦所说：她是从自己作为学生、教师、学者、妻子、姐妹、孩子的母亲、父母的孩子等身份的广泛经验中，"学会了批判建立包罗万象的世界的理论建构工作"。[①] 我们在反观中国女性寻求解放与发展的道路，反思女性主体与社会、政治的关系时，也需要建立更广阔的历史视野，包容各种不同背景、身份、经历的女性，特别是理解她们在不同历史、文化、价值系统中的情感经验和伦理信念，以及思考和生活的深度与强度。这些历史视野反过来将建立起新的批判维度，为今日女性的自我成长，提供反思借鉴的资源。

---

① 〔美〕让·爱尔斯坦：《公共的男人，私人的女人——社会和政治思想中的女性》，葛耘娜、陈雪飞译，生活·读书·新知三联书店，2019，第 327、332 页。

国民党道统构建及其问题[*]

——兼论马克思主义者的相关批判

于　磊[**]

　　道统原初基本叙事是"道"的"绝"与"续"，道所指为何、绝于何时、续于何人则属重大问题。按朱熹的经典说法，"道统之传"的内涵是"人心惟危，道心惟微，惟精惟一，允执厥中"（推演此十六字的《中庸》是"孔门传授心法"），孟子后道统失传，二程方复续"千载不传之绪"。道统魅力自不只在谁遥契心传，更在其与政治之关系。道统论经典叙事谓唐虞三代"接夫道统之传"的圣君贤臣后，孔子"不得君师之位以行其政教"，"独取先王之法""以诏后世"，"反有贤于尧舜者"。[①] 无论认为"政治必求能追随学术"，[②] 还是强调"道统与政统相抗衡"，[③] 论者常感道统高于治统的魅力。虽有研究发现道统亦会归于帝王、非士人独享，[④] 但道统与政治的关系仍是重要话题。[⑤]

　　然而，晚近学者多视道统与政治关系为古代史问题，未思及其现代情形。近代西政西学东来，但清廷与正统士人仍尊道统，塑本朝君

　　*　本文系中国人民大学拔尖创新人才培育资助计划成果。

　**　于磊，中国人民大学清史研究所博士研究生。

① （宋）朱熹：《四书章句集注》，中华书局，1983，第1—2、14—15、17页。

② 钱穆：《治统与道统》（1977年4月2日），《中国学术思想史论丛》（九），《钱宾四先生全集》第23册，台北：联经出版事业公司，1998，第60页。

③ 余英时：《道统与政统之间》，《士与中国文化》，上海人民出版社，2003，第92页。

④ 新近研究如刘成国《9—12世纪初的道统"前史"考述》，《史学月刊》2013年第12期；孙明《治道之统：传统中国政治思想的原型与定型》，生活·读书·新知三联书店，2023。

⑤ 相关研究的学理语境，可参见于磊《如何重述道统：现代道统叙事的历史化及其问题》，《河北学刊》2024年第1期。

臣为道统传人。① 清亡，以政治尊道统之举仍未绝迹，其最力者莫如国民党。② 着眼于以蒋介石为代表的国民党人，仍可注意，第一，国民党道统论与道统史的关系。国民党如何认识道统源流，又如何理解道统与其所谓"革命"的关系？第二，国民党道统论与思想界的关系。论者虽指出思想界道统论与国民党道统论相呼应，乃至维护国民党统治，③ 但未能具体揭示国民党道统与思想界道统思想的异同——同者提示双方共识的成因，异者则暗示国民党道统的不稳定性。第三，国民党道统论与道统批评者的关系。有论者关注马克思主义者批评国民党道统哲学，④ 但未能追溯自晚清以降现代道统批评之长脉络与深影响、分析马克思主义者的道统批判与五四新文化运动理念的关系。本文认为，国民党自诩超越前人的道统心法未能成功凝聚人心、挽救政权，马克思主义者在批评国民党道统的同时构建了具人民性的中国思想史脉络。

另需说明何谓道统。论近代道统者常混用道统、孔子、儒学和传统，易将肯定传统却批评道统者归入道统论者。⑤ 故本文所论道统有互相关联的两层：或承前述道统原初叙事，关注道统心法及其绝续脉络，

---

① 光绪二十年（1894），安溪知县黄家鼎谓清圣祖"兼君师之任"，与汤斌等臣共承道统。见黄家鼎《榕村语录续集序》，李光地：《榕村续语录》，中华书局，1995，第6—7页。1921年，《进（清德宗）实录表》颂清德宗"作之君，作之师"，《清德宗实录》又谓德宗"绍心传于精一"。作师关乎道统，"精一"符正文所引道统内涵。见《清实录》第52册，中华书局，1987年影印本，第57、64、72页。

② 相关研究如李良玉《抗日战争时期的新道统思潮》，《江苏社会科学》1991年第4期；李俊领《抗战时期国民党与南京国民政府对孔子的祭祀典礼》，《社会科学评论》2008年第4期；吕厚轩《接续"道统"——国民党实权派对儒家思想的改造与利用（1927~1949）》，山东人民出版社，2013；马克锋《先生、总理与国父——孙中山尊称的历史考察》，《华南师范大学学报》2016年第5期。

③ 侯外庐主编《中国思想通史》第4卷上，人民出版社，2011，第444页；余英时：《〈民主评论〉新儒家的精神取向》，彭国翔：《智者的现世关怀》，台北：联经出版事业股份有限公司，2016，第11—35页。或论国民党去台后学术形成的政治语境，唯重点不在"道统"。参见王晨光《文教何以共谋：战后台湾学术形成的权力语境》，《文史哲》2019年第5期。

④ 如张允熠《中国马克思主义与"道统论"——20世纪对国民党"党哲学"的批判》，《学术界》2020年第11期。

⑤ 如钱穆以道统指"历史文化大传统"，谓在孙中山同时，"章炳麟、梁启超诸人，亦同有治统、道统合一之传统观念"。见钱穆《治统与道统》（1977年4月2日），《中国学术思想史论丛》（九），《钱宾四先生全集》第23册，第61页。但章、梁曾批评宋儒道统论，前者见汤志钧编《章太炎年谱长编》，中华书局，2013，第264、741页；后者见下文。

从而塑造道统传人，如以孙中山继孔子之道、蒋介石以学庸之 "诚" 为心法；或虽异于原初叙事，但明确提及 "道统" 一词并予其新内涵，如钱穆改以 "历史文化大传统" 为道统。[①]

一　孙中山成道统传人的背景

以孙中山为道统传人之论，自戴季陶于 1925 年在《孙文主义之哲学的基础》中提出，便被争论不已。孙中山是否自居道统非本文重点。此文要探讨该论两个背景：第一，孙中山素有肯定传统之意，故有被塑造为道统传人的潜能，与晚清至五四道统批评异趣；第二，蒋介石倡孙中山道统论以因应国民党的内外问题，从 "正人心" 入手领导所谓 "革命"。

清末民初批判道统风潮已呈现西学东渐下的现代特点。梁启超 1902 年谓思想自由是文明进步的总因，"言性理则争道统，各自以为孔教"，"孔教之范围，益日缩日小"，"思想束缚于一点，不能自开生面"，这类行为自难符合 "今日诸学日新思潮横溢之时代"。[②] 这类观点亦体现在 1903 年一篇疑为刘师培所作的《道统辨》中。该文认为，道统论与 "君主之愚民" 有关，流弊有四："不合论理""重诬圣贤""缩圣道之范围""遏人民之思想"。[③] 或与此种思潮相关，趋新人士反感道统、宋学，少有人为宋儒道统论辩护。[④] 熊十力自谓 "少时从事革命，对宋学道统观念，颇不谓然"。[⑤] 后标榜道统尤力的蒋介石回忆，他 18 岁（不知是否虚岁，下同；1904 或 1905 年）"有了民主的思想"，对他后以为关系道统甚切的《大学》，认为 "是讲忠于皇帝，和如何统治天下那一套腐朽的空论"。[⑥] 1916 年，陈独秀谓时尊孔者有两派，甲

---

① 钱穆：《中国儒学与文化传统》（1961 年 10 月），《中国学术通义》，《钱宾四先生全集》第 25 册，第 96—100 页。

② 梁启超：《饮冰室文集之九·保教非所以尊孔论》，《饮冰室合集》文集第 4 册，中华书局，2015，第 55—56 页。

③ 《道统辨》（1903 年 10 月），万任国辑校《刘申叔遗书补遗》，广陵书社，2008，第 58—61 页。

④ 参见郑家栋《断裂中的传统》，中国社会科学出版社，2001，第 134—139 页。

⑤ 熊十力：《读经示要》（1945 年），《熊十力全集》第 3 卷，湖北教育出版社，2001，第 828 页。相关参见刘小枫《共和与经纶》，华夏出版社，2021。

⑥ 蒋介石：《大学之道（上）》（1934 年 9 月 11 日），《科学的学庸》，国民政府军事委员会政治部，1938 年，第 19 页。

派"以三纲五常，为名教之大防"；乙派则认为三纲五常"出于纬书，宋儒盛倡之，遂酿成君权万能之末弊"，此类是"君权化之伪孔教"，则宋儒亦被批评。① 而彼时在他眼中，尊孔且尊倡道统之宋儒者不值一驳（如时人视作孟子、韩愈的林纾）。② 1941 年，陈独秀仍在信中说：

> "正统"等于中国宋儒所谓"道统"，此等素与弟口胃不合，故而见得孔教道理有不对处，便反对孔教。③

道统存续历来与政治相关。传统君主制既终，道统何所托命？1915 年，袁世凯政府颁《特定教育纲要》，谓"道统源流，不可不知"。④ 同年，杨度等促袁世凯登极，赞袁氏"出庶物以宁万邦，勋华遥追二帝（按：尧舜）"。⑤ 换言之，既明古来道统，又立当代圣王。

二者皆成新文化运动批评对象。陈独秀认为，将"纲常伦理""尊为道统"是"文明进步的大障碍"。⑥ 李大钊谓道统之类常被借以欺民（"乡愿大盗假尧、舜、禹、汤、文、武、周、孔之典谟训诰为护符"），如袁世凯"炫罔斯民"，会谓"吾将为汝作尧、舜、汤、武"。⑦ 毛泽东 1919 年言，"道统"之类有"独断态度"之"大病"，侵害"思想自由"。⑧

一方面是新文化运动批判道统，另一方面是一些人重新提倡道统。

---

① 陈独秀：《宪法与孔教》（1916 年 11 月 1 日），《陈独秀著作选编》第 1 卷，上海人民出版社，2009，第 250—251 页。

② 陈独秀：《答臧玉海》（1920 年 2 月 1 日），《陈独秀著作选编》第 2 卷，第 185—186 页。

③ 陈独秀：《致 S 和 H 的信》（1941 年 1 月 19 日），《陈独秀著作选编》第 5 卷，第 367 页。标点有改动。

④ 《特定教育纲要》（1915 年 2 月），《袁世凯全集》第 30 卷，河南大学出版社，2013，第 530 页。

⑤ 杨度：《与孙毓筠等促袁世凯登极折》（1915 年 12 月 19 日），《杨度集》，湖南人民出版社，1986，第 606—607 页。

⑥ 陈独秀：《一封无受信人姓名的信》（1919 年春），《陈独秀著作选编》第 2 卷，第 2—3 页。

⑦ 李大钊：《民彝与政治》（1916 年 5 月 15 日），《李大钊全集》第 1 卷，人民出版社，2013，第 277—278 页。

⑧ 毛泽东：《健学会之成立及进行》（1919 年 7 月 21 日），《毛泽东早期文稿（1912.6—1920.11）》，湖南出版社，1990，第 368 页。

蒋介石谓其 28 岁（1914 或 1915 年）时，孙中山"对我讲大学之道，才恍然大悟，知道这部书是一部最有价值的政治哲学"。[①] 此时孙、蒋应已识宋明道学意义，进而或许会尊道统。但熊十力似不知此。护法时他"赴粤，居半年"，"深觉吾党人绝无在身心上作工夫者，如何拨乱反正"。[②] 这恐因此时《孙文学说·行易知难》尚未出版（1919 年出版）。[③] 后他不再鄙薄道统，而"觉其甚有意义"、表示"一国之学术思想"之"中心"。[④]

此着重探讨孙中山与道统的关系。他持西方得三代遗意之说，上李鸿章谓"泰西诸邦崛起近世，深得三代之遗风"，参与革命则谓"复三代之规，而步泰西之法"。[⑤] 这与五四新文化派异趣。胡适 1929 年便道，国民党有承晚清"保存国粹国光"之绪的成分，孙中山"抬高中国的旧政治思想和旧道德"，"实在不能了解当时的新文化运动"。[⑥] 1920 年，孙中山道：

> 譬如道统，也是把个人来做代表的，如说孔子之道……服从我，就是服从我所主张的革命；服从我的革命，自然应该服从我。

次年，他又言"吾国旧道统"与"孔子所言"。[⑦] 故孙中山道统论至少有其依据与潜能。

晚近研究或称三民主义与"道统""完全对立"，[⑧] 或称孙中山有

---

① 蒋介石：《大学之道（下）》（1934 年 9 月 15 日），《科学的学庸》，第 32 页。
② 《黎涤玄记语》，《十力语要》（1947 年），《熊十力全集》第 4 卷，第 425 页。
③ 孙中山：《建国方略》（1917—1919 年），《孙中山全集》第 6 卷，中华书局，1985，第 157 页。
④ 熊十力：《读经示要》（1945 年），《熊十力全集》第 3 卷，第 828 页。
⑤ 孙中山：《上李鸿章书》（1894 年 6 月）、《复翟理斯函》（1896 年 11 月），《孙中山全集》第 1 卷，中华书局，1981，第 9、46 页。西方似三代参见李欣然《处变观通：郭嵩焘与近代文明竞争思路的开端》，北京大学出版社，2020。
⑥ 胡适：《新文化运动与国民党》（1929 年 11 月 29 日），《胡适文集》第 5 册，北京大学出版社，1998，第 582—584 页。
⑦ 孙中山：《在上海中国国民党本部会议的演说》（1920 年 11 月 4 日）、《在广东省第五次教育大会闭幕式的演说》（1921 年 6 月 30 日），《孙中山全集》第 5 卷，中华书局，1985，第 393—394、563 页。
⑧ 李侃：《孙中山与传统儒学》，《历史研究》1986 年第 5 期。

"道统自觉"。① 早在 1961 年，胡适在孙中山的全书中未得孙中山道统论史源，发现《孙文主义之哲学的基础》谓孙中山自称承"正统的道德思想"而非"道统"，不足为孙中山道统论史源。② 李敖称，孙中山未说过所谓承道统，戴季陶"正统的道德思想"到蒋介石才变成"道统"。③ 亦有研究称孙中山道统论有原型，但经戴、蒋加工。④ 其实对戴、蒋而言，正统与道统类同。1925 年戴氏在《孙文主义之哲学的基础》中称孙中山言：

> 中国有一个正统的道德思想，自尧舜禹汤文武周公至孔子而绝，我的思想，就是继承这一个正统思想来发扬光大的。⑤

此即孙中山道统论之源。戴氏"正统的道德思想"应即"道统"，其挽孙中山便道孙中山"道统直承孔子"。⑥ 蒋介石亦然。1931 年 1 月 14日，其称赞《孙文主义之哲学的基础》，又言孙中山自谓"继承中国固有的道统"。⑦ 19 日，他引戴文则谓孙中山承尧舜周孔"正统"。⑧

孙中山道统论在被蒋介石力主前，仅三民主义解释之一派。1928年，改组派陈公博道：

> 在这各阿所私，各求所欲，各图所逞，各苟所安的时候，三民主义的解释，真是五花八门。也有想把总理位于亚圣之列，承孔丘

① 姚中秋：《论孙中山之道统自觉》，《现代哲学》2015 年第 3 期。
② 胡颂平编著《胡适之先生年谱长编初稿》，台北：联经出版事业公司，1984，第3754—3756 页。
③ 李敖：《孙中山蒋介石与道统》（1985 年 1 月 18 日），《蒋介石研究》下，中国友谊出版公司，2006，第 368—380 页。
④ 程广云：《孙中山的道统论与知难行易说》，《阅江学刊》2021 年第 2 期。
⑤ 戴季陶：《孙文主义之哲学的基础》（1925 年 6 月脱稿），钟离蒙、杨凤麟主编《中国现代哲学史资料汇编》第 1 集第 9 册，辽宁大学哲学系，1981，第 156、161 页。
⑥ 《戴传贤挽联》（1925 年），徐友春、吴志明主编《孙中山奉安大典》，华文出版社，1989，第 29 页。
⑦ 《事略稿本》第 9 册，1931 年 1 月 14 日，台北："国史馆"，2004，第 381、390 页。
⑧ 蒋介石：《中国教育的思想问题》（1931 年 1 月 19 日），《先总统蒋公思想言论总集》第 10 卷，台北：中国国民党中央委员会党史委员会，1984 年，第 450—452 页。

的大成道统。①

同派的施存统也反对三民主义道统说。② 1930 年，或论国民党三民主义道，"党内之各领袖，亦解释各有不同，有胡汉民之连环说，有戴季陶之道统说"，"理论纷歧，达于极点"。③ 因此，伴随蒋介石"总理孙中山先生的唯一继承者"④"继总理后唯一的领袖"⑤ 形象的确定，由戴季陶发其端、由蒋介石总其成的孙中山道统论才会渐成国民党主流论述。

为何在 1931 年左右，蒋介石要宣扬道统论？蒋介石 1933 年谓三民主义的思想渊源是尧舜周孔之"道统"，其根本精神是"用中华民族固有的精神来领导革命"。⑥ 可以推测 1928 年就宣示"不忘总理革命必先革心之遗训"⑦ 的他，要用道统来应对其"革命"的内外问题。

首先，蒋介石认为"世衰道微，人心卑污，本党同志，只知自相疑忌"，"惟私心与权利是争"。⑧ 汪精卫"以小人之心度人"，胡汉民"为小人之尤"，冯玉祥"虚伪"，阎锡山"奸诈"。⑨ 1933 年，蒋介石似侧面批评反对他的汪、胡等"老革命同志"：

> 现在一般人自称为革命党党员，与老革命同志的是什么？是假的！是冒充革命的！这般人完全是自私自利的……大多数革命党党

① 陈公博：《希望实现的四件事不会实现的一件事》，《革命评论》第 14 期，1928 年。标点有改动。

② 存统：《如何保障三民主义？》，《革命评论》第 11 期，1928 年。

③ 关楚璞：《再与汪先生谈党治》（1930 年 1 月 14 日），《反党治论文集》，出版社不明，1932，第 198 页。

④ 邓文仪：《领袖言行》，青年书店，1938，第 1 页。

⑤ 卢兴荣：《蒋公是继总理后唯一的领袖》，《中国的领袖》，更新出版社，1937，第 105 页。

⑥ 蒋介石：《进德修业与革命之途径》（1933 年 3 月 16 日），《先总统蒋公思想言论总集》第 11 卷，第 9 页。

⑦ 蒋介石：《总理广州蒙难六周年纪念告军校学生书》（1928 年 6 月 16 日），《先总统蒋公思想言论总集》第 30 卷，第 103 页。如孙中山承道统之说般，我尚未查得此"遗训"出处。

⑧ 黄自进、潘光哲编《困勉记》上册，1928 年 1 月 16 日、1931 年 1 月 13 日，台北："国史馆"、世界大同文创股份有限公司，2011，第 133、272 页。

⑨ 黄自进、潘光哲编《困勉记》上册，1930 年 2 月 22 日、3 月 5 日，1932 年 12 月 20 日，第 222、224、363 页。

员，完全习于虚伪，毫无诚意来革命的，有权利就拼命争夺，有义务就拼命推诿。

故要"存诚去伪"，"革命的心法，就是要'诚实'"，"只要我们能真诚，何患革命不成功"。蒋介石后以《大学》《中庸》为"我国古圣先贤递相传习之民族的遗教"[①]"治国惟一之心法"；[②] 此时，他则以《大学》之"诚意"、《中庸》之"不诚无物"释此"诚"，则其革命心法便与学庸之道亦即其所谓道统（见下）相结合。[③]

其次，蒋介石认为马克思主义致所谓"人伦道德破坏无余"，故要"维持世道人心"，这就要运用道统——"总理早以接承尧舜禹汤文武周公孔子之道统自承"。[④] 不难发现，此道统论的作用近乎孟子之"正人心"。如前所述，晚清以降多批评道统说。戴季陶复活道统说或可谓石破天惊，蒋介石此举更是对五四新文化运动批评道统的反动。1933年，蒋介石便说中共会认为以孙中山、三民主义承道统是"偶像化""封建思想"。[⑤] 1943年的《中国之命运》认为孟子"正人心"，"奠定中国三千年来一脉相传的正统思想之基础"（依前可知此系蒋介石所谓道统），又批评五四后的自由主义与共产主义"违反了中国固有的文化精神"。[⑥] 中共批判蒋介石为"封建的法西斯主义"（见下），良有以也。

二　国民党构建道统史脉络

既欲以道统领导所谓"革命"，以蒋介石为代表的国民党人如何认知道统史？王汎森认为，蒋介石受理学影响，倾向于将外在的政治事务

① 蒋介石：《中庸的要旨与将领之基本学理》（1936年3月3日），《科学的学庸》，第43—44页。
② 黄自进、潘光哲编《学记》，1936年9月8日，台北："国史馆"、世界大同文创股份有限公司，2011，第101页。
③ 以上见蒋介石《革命的心法：诚》（1933年9月21日），《先总统蒋公思想言论总集》第11卷，第576—578页。
④ 《事略稿本》第10册，1931年4月18日，台北："国史馆"，2004，第450—457页。
⑤ 蒋介石：《进德修业与革命之途径》（1933年3月16日），《先总统蒋公思想言论总集》第11卷，第9页。
⑥ 蒋介石：《中国之命运》（1943年3月），《先总统蒋公思想言论总集》第4卷，第45—46、107页。

化约为内在的心性修养。① 蒋氏持此内圣外王一体思维，已可见于上文；他又批评宋儒详内圣而疏外王，为抬高其道统史地位留空间，也为国民党颂其为所谓"乾纲独断""复兴应运"的道统"圣王"埋伏笔。

上述批评源远流长。如胡适借阐述明清之际费经虞、费密之学批评道统论和道学的空谈性质。② 主道统者如熊十力亦谓孔、孟皆有"内圣外王之道"，宋儒"复孔、孟以心性之学"而明"道统"，却"于治平之道，无所创悟"，无"民族"与"民治"思想；顾炎武、王夫之等则上追孔子、"求内圣外王之全体大用，不复孤穷性道"，又启"民族"与"民治"思想。③

孙中山、蒋介石皆容纳批评道学之论，认为宋儒重内圣而轻外王，构建与熊十力类似的思想脉络，也奠定自身恢复内圣外王全体的道统史地位。1924 年，孙中山道：

> 中国有一段最有系统的政治哲学……就是《大学》中所说的"格物、致知、诚意、正心、修身、齐家、治国、平天下"那一段的话。把一个人从内发扬到外，由一个人的内部做起，推到平天下止……正心、诚意的学问是内治的功夫……宋儒是最讲究这些功夫的……但是说到修身、齐家、治国那些外修的功夫，恐怕我们现在还没有做到。

孙中山似觉宋儒虽精于内圣（"内治"）但疏于外王（"外修"），难称尽体大学之道。④ 蒋介石谓"大学之道"是"孔子继承尧舜禹汤文武

① 王汎森：《宋明理学与近代中国的政治行动》，《思想史》第 10 册，新北：联经出版事业股份有限公司，2021，第 5—46 页。有关蒋介石与宋明道学，另可参见钱穆《中国学术思想史论丛》（十），《钱宾四先生全集》第 23 册，第 97—119 页；黄道炫、陈铁健：《蒋介石：一个力行者的思想资源》，山西人民出版社，2012。

② 胡适：《费经虞与费密》（1924 年 9 月 17 日），《胡适文集》第 3 册，北京大学出版社，1998，第 41—72 页。

③ 熊十力：《读经示要》（1945 年），《熊十力全集》第 3 卷，第 758、824—830、833—838 页；熊十力：《复性书院开讲示诸生》（1939 年 9 月 17 日），《十力语要》，《熊十力全集》第 4 卷，第 252—253 页。

④ 孙中山：《三民主义·民族主义第六讲》（1924 年 3 月 2 日），《孙中山全集》第 9 卷，中华书局，1986，第 247 页。

的道德思想学术系统的结晶","总理的思想学术，也是继承孔子的一贯的系统","三民主义根本思想之渊源是在大学之道'治国平天平（按：应为"下"）之政治哲学'"。换言之，"大学之道"即尧舜孔子的"系统"，又即前所谓"道统"。上述《大学》八目更意味着内圣外王合一，蒋介石论此谓"由内在的德智之修养到外发的事业之完成，为一贯不断进取开展的过程，可说是本末兼赅，体用合一，修己治人，明体达用之道"。①

进而言之，孙中山承孔子道统全体（亦意味其内圣外王兼备），超越前儒。蒋介石说：

> 大学中庸之道是什么？是孔子之道。孔子之道，至汉儒而支离，至宋儒而空虚，至王阳明而复兴，迨至我们总理而集大成。②

孙中山似觉宋儒不谙"外修"，蒋介石则鄙薄宋儒"空虚"。在蒋介石看来，宋代"一般哲人"争"空虚的玄学，无补于国计民生"，王守仁倡知行合一以救之，及明末清初顾、黄、王、颜诸大儒"反两宋以来的空虚玄论"，真正发扬"中国的正统学术"，③"民族主义与民权思想，从此蕴积于民间，历二百余年，竟有辛亥革命，推翻满清专制，建立共和民国"。④蒋介石后更认为，宋儒虽发挥"孔孟性命之理"，但也忽视孔孟真谛——"格物致知、修齐治平、笃行实践精神"。他认为民国以来的反儒学或即因宋儒"专讲性命"、不"实践力行"，"对于国家社会漠不相关"。⑤总之，蒋介石的道统谱系至少包括：孔子—王守仁—顾、黄、王、颜—孙中山。至于阐发孙中山道统的他，也就潜在成为道统谱系下一人。

---

① 蒋介石：《大学之道（上）》（1934年9月11日），《科学的学庸》，第1—2、22—23页。
② 蒋介石：《自述研究革命哲学经过的阶段》（1932年5月16日），《先总统蒋公思想言论总集》第10卷，第544页。标点有改动。
③ 蒋介石：《培养践履笃实的精神》（1943年5月30日），《先总统蒋公思想言论总集》第20卷，第194—195页。
④ 以上见蒋介石《中国之命运》（1943年3月），《先总统蒋公思想言论总集》第4卷，第107页。
⑤ 蒋介石：《孔孟学会第一次大会致词》（1961年4月9日），《先总统蒋公思想言论总集》第27卷，第470页。

蒋介石在 1925 年便欲以"革命"实现《大学》八目、宋儒未能兼备的内圣外王：

> 大学之道在于明德亲民而止于至善，革命之学始于格致诚正而终于修齐治平……革命之道，大学之道也。①

格致诚正先于修齐治平，所以蒋介石 1928 年便自以为"一代领袖，言行举动，皆为一世之风化所关"，必"言不妄发，行不妄动，克己复礼，而后乃可为一世师"。② 换言之，他自期以"领袖"兼"世师"以转移风气。1934 年，阐发孙中山道统论的他又自居君师一体：

> "作之君，作之师"，意思就是说，我们做了人家的上官，就是做了人家先生。③

释"君"为"官"，似有谦虚之意，但这不妨碍有人以描述帝王的"乾纲独断"描述蒋氏，④ 官师一体复成君师一体。蒋介石作民君师，自可承道统，但道统地位确立更需旁人论述。

1936 年蒋介石 50 岁生日，予其道统地位是国民党为其祝寿的一个主题。如钱大钧谓"三代以上，道统立于帝王，三代以下，道统立于儒彦，汉唐聿降，道统凌夷"，近代道统衰颓，"志继心传""复兴应运"的蒋介石则堪承道统：

> 蒋公今日以救国之道统自任，而不欲以建国之道统自私……欲使人人实行新生活，即望人人继承中国之道统。

---

① 蒋介石：《陆军军官学校第三期同学录序》（1925 年 12 月 5 日），《先总统蒋公思想言论总集》第 35 卷，第 113 页。
② 黄自进、潘光哲编《省克记》，1928 年 9 月 13 日，台北："国史馆"、世界大同文创股份有限公司，2011，第 28 页。
③ 蒋介石：《中国魂》（1934 年 7 月 16 日），《先总统蒋公思想言论总集》第 12 卷，第 352 页。标点有改动。
④ 邓济安：《国民政府主席蒋六十寿序》，《元首六旬祝嘏特刊》，贵阳西南印刷所，1946，第 17 页。

他又谓"汤武征诛，未足配其大；周孔制作，未足寓其精；尧舜揖让，未足方其宏"。① 戴季陶挽孙中山言其直承孔子，如今蒋介石已超越孔子了。② 1946 年，国民党中央机关报《中央日报》社论则构建从孔孟到朱熹、王守仁，再到顾、黄、王，又到太平天国后的"经世之学复兴"，终到"孙先生及其继承者蒋先生"的脉络。③

在颂词中，蒋介石承道统合乎天运。孟子言"五百年必有王者兴，其间必有名世者"，《孟子》篇终叙尧舜至孔子诸圣贤皆以五百年相隔，后道统论可溯及此。或承此五百年出道统传人之论④，1936 年陆军大学赞蒋介石"应五百年之世运"。⑤ 1946 年蒋介石 60 岁生日，重庆行辕及所属各军事机关颂蒋介石"协五百之昌期""制道统十三赞"。⑥ 1956 年蒋氏已败退台湾，国民党还祝其寿道"天生圣哲，应五百年名世之徵"。该文被胡适讥讽："国民党的思想如此！"⑦ 1946 年，或谓：

> 古人有云"五百年必有王者兴"，古代所谓"王者"，就是现代的领袖。"作之君，作之师"，也就是当时民众拥戴领袖，信仰领袖的表现。

该文号召"拥护元首"，"师承主席"，⑧ 解释蒋介石何以作君（"领袖"）作师（"师承"）。

---

① 钱大钧：《蒋委员长与新生活运动》，《中央党务月刊》第 99 期，1936 年 10 月。标点有改动。

② 此仅钱氏一家之言。秦孝仪 1984 年仍谓蒋介石"承周孔道统"，"思想渊源，近本乎国父，而国父之思想，实上承尧、舜、禹、汤、文、武、周公、孔子"。见秦孝仪《先总统蒋公思想言论总集序》（1984 年 10 月 31 日），《先总统蒋公思想言论总集》第 1 卷，第 1 页。

③ 《社论 蒋主席六十寿辰献辞》，《中央日报》（南京）1946 年 10 月 31 日，第 2 版。

④ 参见（宋）朱熹《四书章句集注》，第 250、376—377 页。详参笔者另文。

⑤ 《陆大全体电》，《中央日报》（南京）1936 年 10 月 31 日，"庆祝蒋公寿辰特刊"，第 3 版。

⑥ 《蒋主席六秩华诞颂词 重庆行辕及所属各军事机关恭祝》，《中央日报》（重庆）1946 年 10 月 20 日，第 2 版。道统十三赞为宋理宗所制，不知在此为何要用来称颂蒋介石。

⑦ 《胡适日记全集》第 9 册，1957 年 1 月 5 日，台北：联经出版事业股份有限公司，2004 年，第 253—254 页；参见余英时《〈民主评论〉新儒家的精神取向》，彭国翔：《智者的现世关怀》，第 30—32 页。

⑧ 徐政：《崇高伟大的领袖》，《中央日报》（重庆），1946 年 10 月 31 日，"恭祝蒋主席六秩华诞特刊"，第 5 版。标点有改动。

蒋介石要以道统领导所谓"革命"，但其道统心法却未挽救其政权。蒋介石 1952 年曾检讨"过去我对理论并非不加注意，但总没有工夫去作理论的整理工作"。他谓国民党至彼时尚无"一致的理论"，使"革命""毫无成就"。[①] 国民党眼中的道统圣王如此自贬，可知前引颂圣语实为谀辞。至于孙、蒋得道统真谛而内圣外王，也就更近想象了。

不过，蒋介石为在台维系其统治正当性，仍要"远承尧舜禹汤文武周孔之道统""近绍国父三民主义五权宪法之宏规"。[②] 而且，他还要传道统于蒋经国：

> 特手题此四字（按：精一执中）以训之，期其对我国道统深切自勉。[③]

1973 年，蒋经国说蒋介石告之以朱熹《中庸章句序》"指出了中国思想的道统与心法"。[④] 蒋经国不负其父之望，如 1984 年表示要传"承继一贯中华文化道统的三民主义"。[⑤]

三　思想界与国民党道统心法

戴季陶推出孙中山道统论，一反晚清至五四新思潮之批评道统。在此前后，熊十力、蒋介石等则从对道统、心法的鄙夷转向推崇。换言

---

① 蒋介石：《三民主义的本质》（1952 年 7 月 7 日），《先总统蒋公思想言论总集》第 3 卷，第 160—161 页。

② 蒋介石：《对中华文化复兴运动推行委员会第六次全体委员会议书面致词》（1973 年 12 月 7 日），《先总统蒋公思想言论总集》第 40 卷，第 423 页。相关参见叶启承《从建构论探讨两蒋时代政治统治正当性的建构》，台湾大学硕士学位论文，2017 年，第 63—65、90—93 等页。

③ 蒋介石：《"精一执中"跋》（1969 年农历三月十八日），《先总统蒋公思想言论总集》第 35 卷，第 333 页。标点有改动。

④ 蒋经国：《冲破横逆再开新局》（1973 年 11 月 12 日），《蒋经国先生全集》第 9 册，台北："行政院新闻局"，1991，第 543 页。次年，大陆批判"老牌反革命顽固派蒋介石，不久前，还在教他的儿子学习朱熹《中庸》序中提到的'道统与心法'"。见余凡《林彪反革命策略的破产》，《人民日报》1974 年 5 月 15 日，第 2 版（原载《红旗》1974 年第 5 期）。

⑤ 蒋经国：《传续道统实现三民主义的理想》（1984 年 9 月 28 日），《蒋经国先生全集》第 12 册，台北："行政院新闻局"，1991，第 483—484 页。

之，重倡道统心法，是一时共有的思想话题，思想界也与国民党道统心法有或直接或间接的呼应。即便如此，与国民党道统论存有共识的部分道统论者仍意识到国民党道统论下的错误政策，这更形成对国民党道统论的讽刺。

前已述熊十力觉革命党不关心身心工夫、无法拨乱反正，同期孙中山也谓"政治之隆污，系乎人心之振靡"，"心也者，万事之本源"。[1] 蒋介石则谓应"以正人心端风俗为政治的先务"。[2] 皆关注内圣对外王的根本意义，便易得共识。熊十力1943年在《三民主义半月刊》刊文：

> 革命必先革心，是先总理遗训。总裁提倡中国哲学思想，尤其注意于此……公诚二字，是吾先哲骨髓所在……青年为学，急须认识此骨髓，而精思力践，不可徒托空言。[3]

他强调"公诚""力践"，这客观上契合蒋介石（"总裁"）的革命心法与力行哲学。不过，熊十力谓其1927年便闻"蒋介石实非革命党，乃篡党之贼"；[4] 后更认为"政教合一，乃中国治化之本"，"今言训政，似亦张官师合一之帜"，"顾其实，则国败官邪，强贪巨污，剥削百姓，以成乎官僚资本主义"，[5] 对国民党失望，与中共观点有相通处。

明孙、蒋道统心法，进而会以道统归之。贺麟1946年称，学术与政治各有"独立自由"、应"互不侵犯"，但是，学术又是政治的"灵魂"和"命脉"，"从学统、道统的重要以及其与政统的关系看"，"政府尊重学术，就是培养国家的元气"。如何以"学术推动政治"？他认为，需要"每一个政治工作人员都曾经多少受过学术的洗礼，并且继续

---

① 孙中山：《孙文学说：行易知难（心理建设）》，《孙中山全集》第6卷，第158—159页。

② 蒋介石：《心理建设之要义》（1935年9月17日），《先总统蒋公思想言论总集》第3卷，第119页。

③ 熊十力：《为青年申两大义：公诚与自由》，《三民主义半月刊》第2卷第8期，1943年4月（又见第9卷第5期，1946年7月）。

④ 熊十力：《记陈营长癸丑德安就义事》（1961年），《熊十力全集》第8卷，第804—805页。

⑤ 熊十力：《答袁道冲》，《十力语要》（1947年），《熊十力全集》第4卷，第148页。

不断地以求学的态度或精神从事政治"。① 他 1945 年似指出政治受学术
洗礼的典范：

> 孙中山先生与当今国府主席蒋先生就是王（按：守仁）学之
> 发为事功的伟大代表……中山先生说他的思想是承尧、舜、文、
> 武、周公、孔、孟而来的正统思想，而我们所说的新哲学，亦必承
> 此历史的传统，所以其内容势必能与三民主义的内容相合流。

则孙、蒋承接道统，据学问以发事功，堪称内圣外王。政治如此受学术
洗礼，自不会侵害学术自由。贺麟认为，三民主义"容许学术自由"，
"没有狭隘的御用的科学或哲学"。

贺麟颇熟悉蒋介石的道统谱系和革命心法。他说蒋介石青年时"服
膺阳明、梨洲之书"，还表彰蒋介石"革命之道，大学之道也"等说，
并指出蒋介石的"大学之道"即"诚学"或"仁道"。在知难行易上，
他也与孙、蒋一致。孙中山据《孟子》等说明，知难行易作为真理于
事功、心性皆然。② 蒋介石更基于孙说，以孔、孟、《中庸》为例道：
"'知之匪艰，行之惟艰'（按：即知易行难）的古说，并不是中国传统
的心理。"③ 蒋介石又说，《孙文学说：行易知难》是"我们革命最紧要
的心理基础"。④ 贺麟也认为"知难行易之旨，孔、孟、程、朱皆有提
示"，"成为鼓舞国人，为革命建国建立心理基础的一个力量"。⑤

表彰孙、蒋心法的贺麟，却也与熊十力般对国民党有类似批评。贺
麟认为孙中山论"民生主义就是共产主义"是"顺应经济平等的世界
潮流最好的指针"，但国民党"对实行民族主义及民权主义都没有什么
贡献，而对民生主义又殊无表现"，对"大地主、官僚资本、豪门资

---

① 贺麟：《学术与政治》（1946 年），《文化与人生》，上海人民出版社，2010，第 245—
247 页。

② 孙中山：《孙文学说：行易知难（心理建设）》，《孙中山全集》第 6 卷，第 197 页。

③ 蒋介石：《中国之命运》（1943 年 3 月），《先总统蒋公思想言论总集》第 4 卷，第 102—103
页。

④ 蒋介石：《心理建设之要义》（1935 年 9 月 17 日），《先总统蒋公思想言论总集》第 3
卷，第 104 页。

⑤ 以上见贺麟《五十年来的中国哲学》，上海人民出版社，2012，第 1、31—33、87 页。
相关参见黄克武《蒋介石与贺麟》，《近代史研究所集刊》第 67 期，2010 年 3 月。

本，始终无意清算，且力加培养保护"。① 故贺麟亦能接纳中共对官僚资本主义的批判。

1945 年，钱穆提出与贺麟类似的看法，也强调道统、治统的分工及道统对治统的优位：

> 所谓"作之君，作之师"，君主政，师主教……必使教权尊于治权，道统尊于政统，礼治尊于法治，此乃中国儒家陈义，所由为传统文化之主干，亦即中国传统政制精意之所在。

此"作之君，作之师"指君师分立，异于蒋介石之君师一体。钱穆认为当时"以尊中山先生于政统者而一体尊之于道统"，"亦今日学统绌于治统之一例"。② 换言之，孙中山不过属政统而非道统。可知此时钱穆与熊、贺一样，虽与国民党同主道统，但与后者有别。

不过，如贺麟分别道统与治统，却承认孙中山道统地位并表章蒋介石革命心法般，钱穆的政教分工也推出孙、蒋道统传人论。钱穆回忆他1942 年对蒋介石说，希望蒋氏在抗战胜利后下野，"在文化思想、学术教育上领导全国"。③ 1977 年，钱穆谓：

> 中山先生必自居为上承尧、舜、禹、汤、文、武、周公、孔子之大传统……蒋公于治统外亦更知重道统，一如中山先生。

此前，钱穆 1975 年谓"君"和"师"即政治界和知识界配合方能成功，"缺乏一批清明宁定之知识界、深厚稳健之学术界"，"纵复有英明伟大之政治人物之领导，岂得望其指挥若定"。在他看来，一方面是缺乏"从事于学术思想知识方面之深沉寻究之学者"；另一方面是蒋介石"所读所述，一皆我中华民族文化传统精旨所系"。

---

① 贺麟：《反动之分析》（1947 年），《文化与人生》，第 319—320 页。
② 钱穆：《道统与治统》（1945 年 8 月），《政学私言》，《钱宾四先生全集》第 40 册，第 81—95 页。
③ 钱穆：《屡蒙蒋公召见之回忆》（1975 年 4 月 16 日），《中国学术思想史论丛》（十），《钱宾四先生全集》第 23 册，第 82—84 页。

这似说当时只有"圣君"蒋介石，而无"贤士大夫"。政教分工而"教"者失格，唯"重道统"之"君"能体会道统精义。与此相关，以"道统"为"文化传统"的钱穆，[1] 称孙、蒋"可当我民族文化传统之代表"[2]，可谓以道统归二人。

不直接肯定国民党道统心法的道统论者也易被批评为维护国民党统治。冯友兰约 1944 年谓，"道统是主，治统是所以维持道统底"，"立一新中国的道统，是新中国的需要"。[3] 这与贺麟的政府尊重学术相同。侯外庐批评冯友兰"从'道统'上写出'贞元'之书"，"恭维蒋介石王朝正在交了'贞下起元之时'[4]"。[5] 但在当时，冯友兰似未如贺麟般直接承认蒋介石的道统心法，《新世训·应帝王》谓"主逸臣劳"即"上无为而下有为"，"首领""无为"应"总揽大纲，不亲细务"，似是对蒋介石"乾纲独断"的讽谏。[6] 1952 年，殷海光批评牟宗三"如果以残余的'道统'观念"等"强加诸人"，会成"自由发展中的重大障碍"。[7] 后来徐复观提及"有些浅薄的民主人士"认为牟宗三的思想"有帮助国民党一党专制之嫌"。[8] 余英时认为，牟宗三对国民党"愿作

① 以上见钱穆《治统与道统》（1977 年 4 月 2 日），《中国学术思想史论丛》（九），《钱宾四先生全集》第 23 册，第 61、63 页。标点有改动。

② 以上见钱穆《中国学术思想史论丛》（十），《钱宾四先生全集》第 23 册，第 79—80 页；相似观点参见余英时《中国现代的民族主义和知识分子》（1975 年 5 月 1 日），《余英时时论集》，新北：联经出版事业股份有限公司，2022，第 16—27 页。

③ 冯友兰：《论道统》（约 1944 年），《中国哲学史补二集》，中华书局，2017，第 608—612 页。

④ 国民党也曾用之。林森称蒋介石"贞元干运"，陈继承称蒋介石"值贞元之会"，见《林主席电贺蒋院长五秩寿辰》《陈继承电》，《中央日报》（南京）1936 年 10 月 31 日，"庆祝蒋公寿辰特刊"，第 3 版。

⑤ 侯外庐主编《中国思想通史》第 4 卷（上），第 478 页。

⑥ 冯友兰：《新世训》，《贞元六书》，中华书局，2014，第 543—553 页。相关可参见翟志成《冯友兰学思生命前传（1895—1949）》，台北："中央研究院近代史研究所"，2007。胡适曾劝蒋介石"不可多管细事，不可躬亲庶务"，作"无智、无能、无为"的"元首"。见胡颂平编著《胡适之先生年谱长编初稿》，第 2550—2554 页。余英时认为朱熹理想的人主是无为而治的虚君。见余英时《朱熹的历史世界》，生活·读书·新知三联书店，2011，第 172—182 页。可知无为君主观有一长传统。

⑦ 梅蕴理（殷海光）：《我所认识之"真正的自由人"》，《自由中国》第 6 卷第 2 期，1952 年 1 月 16 日。相关参见何卓恩《殷海光与近代中国自由主义》，上海三联书店，2004。

⑧ 徐复观：《牟宗三的思想问题》（1968 年 12 月），《无惭尺布裹头归·交往集》，九州出版社，2014，第 161 页。

善意之督责"，且持有关"道统"的论述；有人"误认为"双方互相唱和，并论支持民主的徐复观[1]如何在客观上呼应国民党以"孔家店"粉饰统治的政策，从而指出牟宗三"凡尊重孔子者皆可合作而相与为善"的原则在实践中不可避免地导向与国民党"相与为恶"的困境。[2] 当然，客观上被"误认为"与国民党唱和者有之，如前所述主观上与国民党道统论相唱和者亦有之。二者同时存在、彼此交融，使道统与政治的关系更加复杂。

四　对国民党道统论的批判

毛泽东指出，中国共产党和若干党外马克思主义者"继承了五四运动的科学和民主的精神，并在马克思主义的基础上加以改造"。[3] 从袁世凯到国民党都尊道统、立所谓圣王；从新文化派到马克思主义者，则都批评道统与政治的交织。马克思主义者用历史唯物主义批判分析具独断性与贵族性的道统，构建人民性思想脉络，一些道统论者在相关方面亦表赞同。

1925 年，戴季陶复活道统论。此时已是中共领导人的陈独秀秉持五四观点，认为"想把中山先生……来继尧、舜、禹、汤、文、武、周、孔的道统之戴季陶"，与同倡传统道德的张宗昌等军阀志同道合，戴氏真"吾道不孤"。[4] 瞿秋白则分析道统论的社会基础。瞿秋白批评道，戴季陶谓孙中山三民主义的哲学基础"只是继承尧、舜、禹、汤、周、孔的道统"，国民革命经由戴季陶解释却成了"少数知识阶级'伐罪救民'的贵族'革命'"。他认为，这类言论荒谬地"把革命的中山主义与贤人政治相混淆，把中山先生做封建时代的孔徒，使国民革命的国民党，变成劝圣主行仁政的保皇党"。瞿秋白认为，戴季陶道统论意

①　徐复观批评国民党等活动，可见徐复观《无惭尺布裹头归·交往集》，第 37—44 页。
②　余英时：《〈民主评论〉新儒家的精神取向》，彭国翔：《智者的现世关怀》，第 19—35 页。
③　毛泽东：《反对党八股》（1942 年 2 月 8 日），《毛泽东选集》第 3 卷，人民出版社，1991，第 832 页。
④　陈独秀：《戴季陶之道不孤矣》（1925 年 10 月 30 日），《陈独秀著作选编》第 3 卷，第 535 页。

味着："上等阶级要利用农工群众的力量来达到他们的目的，却不准农工群众自己有阶级的觉悟。"①

伴随国共对峙，一些马克思主义者认为孙中山三民主义本身（而非仅戴季陶的三民主义解释）就是"贵族"性的。毛泽东 1945 年说，因"蒋介石手里打着孙中山的招牌到处乱杀人"，"相当广大"的中共党员"不喜欢孙中山"，这"反映了内战时期的情绪"。② 中共广州起义失败后，瞿秋白声讨"屠杀广州工农"，"他们的孙总理之孔子道统，仁爱性能……的鬼脸完全撕破了"。他认为孙中山代表"豪绅资产阶级的阶级民权主义"，并批评孙中山"民权主义"是"先知先觉站在民众之上的圣权主义"：

> 圣人是有能，所以政府应当是圣人的，应当是尧、舜、禹、汤、文、武、周公、孔子一脉道统相传，到孙中山、戴季陶（?）或者蒋介石，或者冯玉祥……的。

换言之，他批评"圣权主义"以道统圣人垄断政权，具有前述戴季陶式的"贵族"性，意味着"中国地主、豪绅有充分自由压迫工农，而不准工农争自己的自由"。③

全面抗战时，中共重申肯定孙中山、三民主义进步性，批评异于此的"伪三民主义"。④ 国民党道统心法便属"伪三民主义"和剥削阶级观念。1943 年，周恩来谓戴季陶道统论"完全抽去了孙中山学说中的一切革命的东西"。同年，周恩来批评蒋介石将孙中山思想"完全解释成为极端唯心论"，并说蒋介石最喜引"人心惟危，道心惟微，惟精惟一，允执厥中"，此即《中庸章句序》之道统内涵；周恩来又引前述

---

① 瞿秋白：《中国国民革命与戴季陶主义》（1925 年 8 月）、《国民革命与阶级斗争》（1925 年），《瞿秋白文集：政治理论编》第 3 卷，人民出版社，2013，第 324、393 页。

② 毛泽东：《在中国共产党第七次全国代表大会上的口头政治报告》（1945 年 4 月 24 日），《毛泽东文集》第 3 卷，人民出版社，1996，第 321 页。

③ 瞿秋白：《广州工农兵暴动的信号!》（1927 年 12 月 18 日）、《民权主义与苏维埃制度》（1928 年 1 月），《瞿秋白文集：政治理论编》第 5 卷，人民出版社，2013，第 165、252—253 页。

④ 如毛泽东《新民主主义论》（1940 年 1 月），《毛泽东选集》第 2 卷，人民出版社，1991，第 689 页。

《中国之命运》论孟子奠定正统思想之语，谓蒋介石有"浓厚的传统的剥削阶级意识"。① 同年，《解放日报》社论直接批评蒋介石的道统：

> 蒋介石所著《中国之命运》公开宣传孔孟道统、曾胡衣钵……造成了中国式买办封建的法西斯主义，又名新专制主义，如此而已，岂有他哉！②

与孙中山强调"绝顶的聪明"之"先知先觉"和"虽有人指教他，他也不能知，只能去行"之"不知不觉"的分野不同，③ 也与蒋介石自诩作君作师不同；毛泽东认为"只有代表群众才能教育群众，只有做群众的学生才能做群众的先生"，不能"把自己看作群众的主人，看作高踞于'下等人'头上的贵族"。他指出"革命的政治家"的任务：

> 把群众政治家的意见集中起来，加以提炼，再使之回到群众中去，为群众所接受，所实践，而不是闭门造车，自作聪明，只此一家，别无分店的那种贵族式的所谓"政治家"，——这是无产阶级政治家同腐朽了的资产阶级政治家的原则区别。④

"自作聪明，只此一家，别无分店"的贵族政治家，可谓以道统为护身符的国民党的写照。

对现实中国民党道统论的批评，也成为马克思主义史学评价历史上道统的重要背景。郭沫若为《历史研究》发刊所作文指出，传统史家"要维持'正统'，便不能不维持'道统'"，"尧、舜、禹、汤、文、

---

① 周恩来：《关于一九二四至二六年党对国民党的关系》（1943 年春）、《论中国的法西斯主义》（1943 年 8 月 16 日），《周恩来选集》上卷，人民出版社，1980，第 113—114、145—147 页。

② 《没有共产党，就没有中国》（1943 年 8 月 25 日），中共中央文献研究室、中央档案馆编《建党以来重要文献选编（1921—1949）》第 20 册，中央文献出版社，2011年，第 570、574 页。

③ 孙中山：《三民主义·民权主义第五讲》（1924 年 4 月 20 日），《孙中山全集》第 9卷，第 323 页。

④ 毛泽东：《在延安文艺座谈会上的讲话·结论》（1942 年 5 月 23 日），《毛泽东选集》第 3 卷，第 864、866 页。

武、周公、孔子之道”则属“封建统治的脊梁”。① 此“正统”，便是贺、钱、冯所谓依托、维持“道统”的“治统”或“政统”。侯外庐认为，戴季陶“孙中山的哲学是继承尧、舜、禹、汤、文、武、周公、孔子的道统”之论，“不过是想假借孙中山名义为新的封建王朝论证正统”。② 侯外庐主编《中国思想通史》则认为，研究“道学产生的社会根源和历史意义”十分必要的原因是，“资产阶级学者”欲“粉饰”“道统”以“维护正在崩溃的国民党反动统治”。该书认为，宋代“道统心传式的理学”的社会基础是“豪族地主阶级集团”，“道统”反映着“土地权力的‘安定的垄断’”。③

对马克思主义者而言，既然批评具独断性与贵族性的道统，那么另建人民性的中国思想史脉络也就顺理成章。毛泽东指出，“必须将古代封建统治阶级的一切腐朽的东西和古代优秀的人民文化即多少带有民主性和革命性的东西区别开来”。④ 刘少奇指出，中国共产党“继承着中华民族历代进步思想家、革命家的优良传统”。⑤ 毛泽东论“中国教育史有人民性的一面”列举大量事例，如“孔子的有教无类”“孟子的民贵君轻”“王充、范缜、柳宗元、张载、王夫之的古代唯物论”“关汉卿、施耐庵、吴承恩、曹雪芹的民主文学”。⑥ 览侯外庐主编《中国思想通史》，即有相关内容论述司马迁“思想的人民性”、“马端临史论的人民性”、“王艮的进步思想及其人民性”、方以智“社会思想的人民性”。⑦

一些道统论者也在此前批评国民党的基础上，表示赞同马列主义。毛泽东在延安文艺座谈会指出，“必须继承一切优秀的文学艺术遗产，批判地吸收其中一切有益的东西”。⑧ 熊十力谓“汉宋群儒皆以封建思

① 郭沫若：《开展历史研究，迎接文化建设高潮》（1954 年 1 月 2 日），《郭沫若全集：历史编》第 3 卷，人民出版社，1984，第 439—440 页。
② 侯外庐：《古史领域中“厚今薄古”方针的斗争意义》，《历史研究》1958 年第 5 期。
③ 侯外庐主编《中国思想通史》第 4 卷（上），第 393、444、456 页。
④ 毛泽东：《新民主主义论》（1940 年 1 月），《毛泽东选集》第 2 卷，第 708 页。
⑤ 刘少奇：《论共产党员的修养》（1939 年 7 月），《刘少奇选集》上卷，人民出版社，1981，第 149 页。
⑥ 毛泽东：《教育与劳动结合的原则是不可移易的》（1958 年 8 月），《毛泽东文集》第 7 卷，人民出版社，1999，第 398 页。
⑦ 详参侯外庐主编《中国思想通史》第 1—5 卷，人民出版社，2011。
⑧ 毛泽东：《在延安文艺座谈会上的讲话·结论》（1942 年 5 月 23 日），《毛泽东选集》第 3 卷，第 860 页。

想说经，今当遵毛公评判接受（按：概即"批判地吸收"）之明示慎重整理"，[①]"昭明孔学真相，为吸收马列主义之基础"。[②] 冯友兰以《在延安文艺座谈会上的讲话》为"南针"，"望道便惊天地宽"，要写"以马克思列宁主义、毛泽东思想为指南的中国哲学史"。[③] 贺麟早肯定"先知先觉者也须向不知不觉的民众学习"[④]，实同意毛泽东的"做群众的学生才能做群众的先生"；后来，他更批评孙中山认为"多数人只是缺乏知识，接受先知先觉者领导指挥的实行家"，"未免太明显地反映资产阶级的意识"。他谓毛泽东《实践论》超越孙中山的知难行易，"是中国人民，特别是哲学工作者一个很好的指南"。[⑤]

余　论

道统正当性从来不仅是思想问题，亦是政治问题。朱熹曾以"宋德"为二程接道统的背景："宋德隆盛，治教休明。于是河南程氏两夫子出，而有以接乎孟氏之传。"[⑥] 宋帝本就屡被时人称颂续道统，[⑦] 宋理宗又"推迹道统之传"、正式尊崇道统与道学。[⑧] 理宗《谥议》即谓"本朝治体之纯，道学之粹，远同三代"，理宗"诏祀五臣（周敦颐、二程、张载、朱熹）""为去圣继绝学，为万世开太平""接二帝三王群圣人统宗会元之粹"[⑨]，几以道统圣王归之。[⑩] 后历朝尊道统与立本朝传道君臣，亦概如是。

---

① 熊十力：《论六经》（1951年），《熊十力全集》第5卷，第771页。
② 熊十力：《与郭沫若》（1954年12月15日），《熊十力全集》第8卷，第698页。
③ 冯友兰：《题词》（1962年6月）、《自序》（1962年5月），《中国哲学史新编试稿》，中华书局，2017，第2、4页。
④ 贺麟：《向青年学习》，《文化与人生》，第326—327页。
⑤ 贺麟：《五十年来的中国哲学》，第211—214页。
⑥ （宋）朱熹：《大学章句序》，《四书章句集注》，第2页。
⑦ 可参见［美］蔡涵墨、李卓颖《新近面世之秦桧碑记及其在宋代道学史中的意义》，姜锡东主编《宋史研究论丛》第12辑，河北大学出版社，2011，第1—57页。
⑧ 赵昀：《道统十三赞》，曾枣庄、刘琳主编《全宋文》第345册，上海辞书出版社、安徽教育出版社，2006，第415页；参见刘子健《宋末所谓道统的成立》，《文史》第7辑，中华书局，1979，第142—144页。
⑨ 《宋史全文》卷36《宋理宗六》，中华书局，2016，第2929—2930页。
⑩ 时亦有直言理宗"承道统"者。见《咸淳临安志》卷11，清道光十年钱塘汪氏振绮堂刊本，第14页。

晚清至五四的道统批评者批评道统窒息思想自由、维护君主统治、不利现代文明。国民党一反此潮流，赋予孙中山、蒋介石超越前人的道统史地位。思想界主道统者强调道统的政治意义，或直接或间接成为国民党道统构建之一环。但是，蒋介石本欲以道统心法领导其"革命"成功，却未能挽救国民党政权，国民党道统论也不曾彻底消弭思想界道统论者对国民党的失望与批评。马克思主义者延续五四新文化运动理念，批判具独断性和贵族性的道统，批评其作为统治阶级的工具，并进而构建具有人民性的思想史脉络，一些道统论者在相关方面亦表赞同。

这种道统与政治的复杂交织，似成后来道统研究之一背景。徐复观区分两种"把历史中好的一面发掘出来"，一是发掘"两千年的专制并不是专制""当安住于历史传统政制"；二是发掘史上"以各种方式反抗专制"等类案例。① 道统认识亦可分两种，前者如钱穆论"治统即道统"亦即"政治必求能追随学术"是国史长期事实，② 后者如徐复观谓"一向是政统压倒了道统"、儒家"针对着专制政治"。③ 就后者言，反道统者亦可发挥道统抗衡治统的精神。胡适批评道统与质疑孙中山道统论的史源，但因与蒋介石相左被视为"以道抗势"传统的继承人。④ 既然与现实政治的结合无法确保道统的普遍正当性，历史上对现实政治的抗争也就成为道统的辩护之道。道统与政治的关系是近来学界十分关注的话题，相关研究的现实背景似也应得到关注。

（拙文写作中，承杨念群、孙喆、李坤睿老师和欧阳志成、陶志鑫、唐硕、王苏佳同学赐教，部分资料承夏实远、赵帅淇、杨一帆同学帮助查找，在此谨致谢忱。当然，文责自负）

---

① 徐复观：《良知的迷惘》（1978年12月），《论智识分子》，九州出版社，2014，第400页。
② 钱穆：《治统与道统》（1977年4月2日），《中国学术思想史论丛》（九），《钱宾四先生全集》第23册，第55—65页。
③ 徐复观：《学术与政治之间续篇》第1册，九州出版社，2014，第452—453页。
④ 陈致访谈《余英时访谈录》，中华书局，2012，第75—76页。

图书在版编目（CIP）数据

新史学. 第十七卷，表象中的历史：事件·记忆·
书写/中国人民大学清史研究所主办；李里峰本卷主编
. -- 北京：社会科学文献出版社，2024.7
ISBN 978-7-5228-3726-0

Ⅰ.①新…　Ⅱ.①中…　②李…　Ⅲ.①史学-文集
Ⅳ.①K0-53

中国国家版本馆 CIP 数据核字（2024）第 110874 号

新史学（第十七卷）
表象中的历史——事件·记忆·书写

主　　办/中国人民大学清史研究所
本卷主编/李里峰

出 版 人/冀祥德
责任编辑/石　岩
责任印制/王京美

出　　版/社会科学文献出版社·历史学分社（010）59367256
　　　　　地址：北京市北三环中路甲 29 号院华龙大厦　邮编：100029
　　　　　网址：www.ssap.com.cn
发　　行/社会科学文献出版社（010）59367028
印　　装/三河市龙林印务有限公司

规　　格/开本：787mm×1092mm　1/16
　　　　　印张：23.5　字数：368 千字
版　　次/2024 年 7 月第 1 版　2024 年 7 月第 1 次印刷
书　　号/ISBN 978-7-5228-3726-0
定　　价/98.00 元

读者服务电话：4008918866